TOMÁS DE AQUINO

NORMAN KRETZMANN & ELEONORE STUMP (ORG.)

TOMÁS DE AQUINO

EDITORA
IDEIAS &
LETRAS

DIREÇÃO EDITORIAL:
Marlos Aurélio

CONSELHO EDITORIAL:
Fábio E. R. Silva
Márcio Fabri dos Anjos
Mauro Vilela
Ronaldo S. de Pádua

TRADUÇÃO:
Andrey Ivanov

PREPARAÇÃO E REVISÃO:
Luiz Filipe Armani
Pedro Paulo Rolim Assunção
Thalita de Paula

CAPA E DIAGRAMAÇÃO:
Tatiana A. Crivellari

Coleção Companions & Companions

Título original: *The Cambridge Companion to Aquinas*
© Cambridge University Press, 1993
32 Avenue of the Americas, New York, NY 10013-2473, USA
ISBN: 978-0-521-43769-1 (Paperback) / 978-0-521-43195-8 (Hardback)

Todos os direitos em língua portuguesa, para o Brasil,
reservados à Editora Ideias & Letras, 2022.

2ª impressão

EDITORA
IDEIAS &
LETRAS

Avenida São Gabriel, 495, Conjunto 42 – 4º andar
Jardim Paulista - São Paulo/SP
Cep: 01435-001
Editorial: (11) 3862-4831
Televendas: 0800 777 6004
vendas@ideiaseletras.com.br
www.ideiaseletras.com.br

Dados Internacionais de Catalogação na Publicação (CIP)
de acordo com ISBD

Tomás de Aquino/Organizado por Norman Kretzmann, Eleonore Stump; traduzido por Andrey Ivanov.
São Paulo: Ideias & Letras, 2019.
392 p.; 16cm x 23cm. (Companions & Companions)
Tradução de: The Cambridge Companion to Aquinas
Inclui índice e bibliografia.
ISBN: 978-85-5580-057-3

1. Filosofia 2. Filosofia Medieval 3. Filosofia Escolástica I. Kretzmann, Norman.
II. Stump, Eleonore. III. Ivanov, Andrey. IV. Título. V. Série.

2019-250

CDD 189
CDU 1

Elaborado por Odilio Hilario Moreira Junior - CRB-8/9949

Índices para catálogo sistemático:
1. Filosofia medieval ocidental 189
2. Filosofia 1

Sumário

Sobre os autores – 7

Introdução – 9
Norman Kretzmann e Eleonore Stump

1. A filosofia de Tomás de Aquino em seu contexto histórico – 23
   JAN A. AERTSEN

2. Aristóteles e Tomás de Aquino – 53
   JOSEPH OWENS, C. Ss. R.

3. Tomás de Aquino e os pensadores islâmicos e judeus – 77
   DAVID B. BURRELL, C. S. C.

4. Metafísica – 105
   JOHN F. WIPPEL

5. Filosofia da mente – 151
   NORMAN KRETZMANN

6. Teoria do conhecimento – 185
   SCOTT MACDONALD

7. Ética – 225
   RALPH MCINERNY

8. Direito e política – 249
   PAUL E. SIGMUND

9. Teologia e filosofia – 267
   MARK D. JORDAN

10. Comentário bíblico e filosofia – 289
    ELEONORE STUMP

Bibliografia – 307

Referências às obras de Tomás de Aquino – 323

Índice remissivo – 347

Sobre os autores

JAN A. AERTSEN é professor de filosofia na Universidade Livre de Amsterdam. É autor de *Nature and Creature: Thomas Aquinas's Way of Thought* e de muitos artigos sobre a doutrina medieval dos transcendentais.

DAVID B. BURRELL, C.S.C., tem o duplo cargo de professor de teologia e filosofia na Universidade de Notre Dame. É autor de *Aquinas: God and Action*; *Knowing the Unknowable God: Ibn Sina, Maimonides, Aquinas* e de muitos artigos sobre filosofia medieval e teologia.

MARK D. JORDAN é professor associado no Medieval Institute da Universidade de Notre Dame. Seus estudos publicados sobre Tomás de Aquino incluem *Ordering Wisdom: The Hierarchy of Philosophical Discourses in Aquinas* e "The Alleged Aristotelianism of Thomas Aquinas".

NORMAN KRETZMANN é professor Susan Linn Sage de filosofia na Universidade Cornell. Escreveu extensamente sobre filosofia medieval e filosofia da religião, e foi editor principal do *The Cambridge History of Later Medieval Philosophy*.

SCOTT MACDONALD é professor associado de filosofia na Universidade de Iowa e editor de *Being and Goodness: The concept of the Good in Metaphysics and Philosophical Theology*. Entre os artigos de sua autoria está "Ultimate Ends in Practical Reasoning: Aquinas's Aristotelian Moral Psychology and Anscombe's Fallacy".

RALPH MCINERNY é professor Michael P. Grace de filosofia e diretor do Jacques Maritain Center na Universidade de Notre Dame. Entre seus muitos livros e artigos sobre Tomás de Aquino estão *Ethica Thomistica: The Moral Philosophy of Thomas Aquinas* e *Aquinas on Human Action*.

JOSEPH OWENS, C.Ss.R., membro emérito do Pontifical Institute of Mediaeval Studies na Universidade de Toronto, contribuiu com muitos livros e artigos para os estudos sobre Tomás de Aquino e a filosofia antiga e medieval. Entre eles estão *The Doctrine of Being in the Aristotelian Metaphysics* e *St. Thomas Aquinas on the Existence of God: Collected Papers*.

PAUL E. SIGMUND é professor de política na Universidade de Princeton e autor de *Natural Law in Political Thought* e *St. Thomas Aquinas on Politics and Ethics*.

ELEONORE STUMP é professora Robert J. Henle de filosofia na Universidade de Saint Louis. É autora de vários livros e artigos sobre filosofia da religião e filosofia medieval, incluindo *Dialetic and its Place in the Development of Medieval Logic* e "Aquinas on the Foundations of Knowledge".

JOHN F. WIPPEL é professor de filosofia e vice-presidente acadêmico na Universidade Católica da América. Seus muitos artigos e livros sobre filosofia medieval incluem *Metaphysical Themes in Thomas Aquinas* e "Truth in Thomas Aquinas".

Introdução

NORMAN KRETZMANN E ELEONORE STUMP

A reputação de Tomás de Aquino

As pessoas familiarizadas com a obra de Tomás de Aquino sabem que ele está entre os grandes filósofos, mas o número dessas pessoas ainda é menor do que deveria. Anthony Kenny descreveu e deu uma razão para este estado de coisas há mais de uma década, quando ele era ainda mais deplorável do que agora:

> Tomás de Aquino é pouco lido hoje em dia por filósofos profissionais: ele recebeu muito menos atenção nos departamentos de filosofia, seja na tradição continental ou na anglo-americana, do que pensadores menores, como Berkeley ou Hegel. Ele foi, claro, estudado amplamente nas faculdades de teologia e nos cursos de filosofia das instituições eclesiásticas; mas a aprovação eclesiástica prejudicou a reputação de Tomás com os filósofos seculares [...]. Mas desde o Concilio Vaticano II (1962-1965), Tomás parece ter perdido algo da preeminência que desfrutava nos círculos eclesiásticos [...]. Esse vento de mudança eclesiástica pode não prejudicar a sua reputação nos círculos seculares. (Kenny, 1980, p. 27-28).

A previsão com a qual Kenny termina seu diagnóstico foi lentamente confirmada antes mesmo de sua publicação. Os filósofos, especialmente da tradição anglo-americana, trouxeram Tomás de Aquino para as discussões filosóficas seculares. Entre eles, os filósofos da religião assumiram, compreensivelmente, a liderança desse processo. Era natural que começassem a estudar Tomás devido ao especial interesse em sua teologia filosófica. Mas a abordagem sistemática de Tomás da teologia filosófica o levou a incluir tratados completos de praticamente todas as áreas da filosofia, com as quais ele sempre mostra como, na sua visão, a existência e a natureza de Deus se relacionam. Por conseguinte, os filósofos da religião, que leram pela primeira vez Tomás ligados a uma concepção estreita da sua especialização no século XX, ocuparam-se com investigações válidas de outros aspectos do seu pensamento e foram, pouco a pouco, acompanhados por filósofos que não têm interesse profissional na religião.

Uma vez que este livro se destina a ajudar a acelerar o processo de envolvimento dos filósofos, bem como dos estudantes, no estudo e valorização da filosofia de Tomás de Aquino, faz sentido começar por tentar dissipar os obstáculos aparentes a um reconhecimento mais amplo do valor de Tomás como filósofo.

O estado dos textos

Parece seguro afirmar que Tomás de Aquino é mais conhecido, ao menos de nome, do que qualquer outro filósofo medieval. Do ponto de vista da filosofia contemporânea, no entanto, é provável que mesmo o mais conhecido filósofo medieval pareça mais remoto filosoficamente do que Platão e Aristóteles. De certo modo, esta situação peculiar testemunha as realizações de um grupo de importantes estudiosos da filosofia na segunda metade do século XX, que se dedicaram ao estudo e à apresentação da filosofia antiga por meios que mostraram sua relevância para a filosofia contemporânea. Mas as suas realizações recentes só foram possíveis porque, por muito tempo, quase todos os textos de filosofia antiga estiveram disponíveis em boas edições impressas e, em grande medida, em traduções para o inglês, muitas vezes em várias versões. Por outro lado, todos os esforços correspondentes em prol da filosofia medieval foram enormemente prejudicados pelo estado oposto dos textos relevantes. As obras dos filósofos medievais, em muitos casos, não são inteiramente editadas e publicadas, ou, na melhor das hipóteses – mesmo no caso de Tomás – não são editadas completamente.

As edições que existem muitas vezes não são tão boas quanto deveriam ser, e apenas uma proporção muito pequena dos textos editados foi traduzida para o inglês ou para outras línguas modernas.

A grande disparidade entre o estado atual dos materiais de estudo e ensino da filosofia antiga, por um lado, e da filosofia medieval, por outro, é totalmente injustificada. Há muito mais obras filosóficas medievais do que antigas, e a maioria delas ainda precisa ser estudada. Como uma boa parte das que têm sido estudadas apresentam um alcance intelectual e uma sofisticação tão impressionantes quanto qualquer outra na história da filosofia, o estudo desse material medieval, muito do qual é novo para os leitores do século XX, deverá ser recompensador. Estudo é o que se faz necessário – estudo pioneiro, com todo entusiasmo e risco que acompanham tais iniciativas. Antes que os textos de filosofia medieval possam ser estudados e devidamente avaliados, devem ser extraídos de versões impressas de quatrocentos ou quinhentos anos, não confiáveis e não glosadas, ou dos próprios manuscritos medievais (que ainda são numerosos, apesar da devastação na Europa durante e a partir da Idade Média). É preciso, inclusive, uma formação específica para ler as edições antigas, que normalmente são impressas num latim abreviado; e os manuscritos, que obviamente são fontes muito mais importantes do que as edições antigas e não críticas, podem ser decifrados apenas por pessoas formadas em paleografia latina. Produzir uma edição crítica baseada em mais de um e, às vezes, em muitos manuscritos exige habilidades adicionais, juntamente com grande cuidado e paciência. Tal como as coisas estão, a maioria dos textos de filosofia medieval são literalmente inacessíveis, exceto aos estudiosos altamente especializados, poucos dos quais irão provavelmente compartilhar os interesses dos filósofos contemporâneos, e assim investir tempo extra e esforço necessário para tornar esse material totalmente disponível.

No entanto, um pequeno, mas crescente número de filósofos vislumbrou algo do material filosófico intrigante encontrado nos textos medievais, em tópicos mesmo improváveis como a gramática e a lógica, e vêm se preparando para tornar parte dele disponível a seus colegas e alunos. As edições, traduções, artigos e livros filosóficos que apareceram nos últimos

25 anos começaram a afetar a percepção da filosofia medieval nos filósofos em geral. Há ainda muito por fazer, e tudo isso envolve um trabalho árduo. Mas nenhuma outra área da cultura filosófica é tão rica em material inexplorado ou tão propensa a retribuir o esforço necessário para trazê-lo à luz por vias que irão estimular sua avaliação filosófica. Como seria de esperar, foi dado muito mais atenção acadêmica à filosofia de Tomás de Aquino do que à de qualquer outro filósofo medieval, mas até mesmo sua obra – mais extensa que a de Platão e Aristóteles em conjunto – precisa de melhores edições e traduções, além de um estudo mais aprofundado.

O lugar da filosofia medieval na história da filosofia

As obras dos medievais, em geral, provavelmente seriam mais acessíveis hoje se seu valor filosófico tivesse sido reconhecido anteriormente, mas, também a esse respeito, a história tem sido injusta em relação à filosofia medieval. A disparidade injustificada entre as filosofias medieval e antiga no que se refere, não só aos seus textos, mas também à sua evidente relevância para a filosofia pós-medieval, tem suas raízes históricas nas realizações dos humanistas do Renascimento. A lacuna intelectual entre a filosofia *antiga* e a medieval parece ter sido uma consequência natural dos eventos históricos catastróficos associados às invasões bárbaras, à queda de Roma e à ascensão do cristianismo. Mas, mais de mil anos depois, uma lacuna ainda maior apareceu entre a filosofia medieval e a moderna, que pode ser atribuída, não aos eventos históricos em grande escala, mas às posturas dos humanistas, caracterizadas por amplas considerações culturais mais do que por posições especificamente filosóficas. Os humanistas exaltaram os antigos, condenaram, claro, os escolásticos medievais, contra os quais se rebelavam, e despontaram na cena europeia simultaneamente com o desenvolvimento da imprensa, que deu às suas visões uma vantagem influente, imediata e duradoura sobre as dos seus antecessores medievais. As visões dos humanistas separaram a filosofia medieval da moderna, não apenas por rejeitar a escolástica como incivilizada literalmente e, portanto, linguística, educacional e intelectualmente bárbara, mas também por retratar a filosofia de seu próprio tempo como a primeira sucessora legítima da filosofia da antiguidade, especialmente da filosofia de Platão. É claro que muitas visões promovidas pelos humanistas seguiram na insistência de que a educação consiste quase inteiramente no estudo dos clássicos gregos e latinos. O efeito da sua rejeição generalizada da filosofia medieval por razões culturais durou mais, em certa medida, porque foi reforçada pela rejeição simultânea e também veemente dos reformadores protestantes à filosofia medieval com base na sua associação com o catolicismo e, em parte, porque a rejeição coincidiu com um crescente descontentamento de grande parcela da elite instruída com o cristianismo tradicional.

O sucesso da tentativa deliberada dos humanistas de retomar o desenvolvimento da filosofia, como se os mil anos de filosofia medieval nunca tivessem acontecido, pode ser constatado na filosofia da primeira modernidade. Com exceção de Leibniz, os filósofos mais célebres dos séculos XVII e XVIII mencionam "os escolásticos" apenas para difamar seu pensamento. Na verdade, porém, como os historiadores da filosofia moderna demonstraram, os filósofos da primeira modernidade tiveram por vezes um enorme e não reconhecido débito para com a escolástica.

A filosofia medieval é, portanto, útil para compreeder o pensamento de ambos os períodos que a cercam. A contribuição dos filósofos medievais para a nossa compreensão da filosofia antiga é absolutamente explícita, na medida em que o fazem em seus muitos comentários sobre Aristóteles, dos quais os de Tomás de Aquino são especialmente cuidadosos e esclarecedores. E compreender a contribuição da filosofia medieval à filosofia moderna, vendo as continuidades, bem como as rupturas entre a Idade Média e o Iluminismo, aprofunda a nossa compreensão da obra dos modernos.

O método escolástico na filosofia medieval

Mesmo que um leitor de filosofia antiga, moderna e contemporânea, sem preconceitos e experiente, supere os obstáculos históricos tradicionais que acabamos de discutir, e analise uma boa tradução inglesa de um dos livros de Tomás de Aquino, ele ou ela provavelmente se assustará com a organização desconhecida e excepcionalmente formal da discussão. Tomás escreveu a *Suma Contra os Gentios,* evidentemente a mais filosófica das suas grandes obras teológicas, em capítulos reunidos em quatro livros; mas mesmo este tipo de disposição, comum em textos filosóficos posteriores, é excepcional na versão de Tomás, pelo fato de que centenas de seus capítulos consistem quase inteiramente em conjuntos de argumentos organizados por tópicos, um após o outro.

O formato literário que é característico da obra de Tomás de Aquino (e de outros filósofos escolásticos), o "método escolástico", é uma marca da filosofia medieval. Os tratados escritos neste formato são normalmente divididos em "questões" ou tópicos principais (como "Sobre a verdade"), os quais são subdivididos em "artigos", que são análises detalhadas de questões específicas do tópico (como "Se a verdade se encontra nos sentidos"). A análise realizada no artigo começa com uma tese afirmativa ou negativa em resposta à questão sim-não do artigo, e a tese é, então, apoiada por uma série de argumentos. Como a tese normalmente é oposta à posição que o autor tomará, seus argumentos de apoio são frequentemente chamados de "objeções". Imediatamente após as objeções, há a apresentação de pelo menos uma evidência relativa ao outro lado da questão – o *sed contra* ("Mas, em sentido contrário..."). O *sed contra* é, às vezes, um argumento ou dois, às vezes, simplesmente uma citação de uma autoridade relevante – apenas o suficiente para lembrar ao leitor que, apesar de todos os argumentos que apoiam a tese, há motivos para considerar seriamente o outro lado. O corpo do artigo contém a resposta fundamentada do autor à questão inicial, invariavelmente discutida e muitas vezes introduzida por explicações e distinções pertinentes. O artigo conclui, então, geralmente com as réplicas do autor a todas as objeções (e, às vezes, também ao *sed contra*), de maneira que a forma do artigo é a de uma discussão filosófica ideal.

O método escolástico, derivado das disputas em sala de aula, que caracterizava grande parte do ensino da universidade medieval (e tornou este mais interativo e arriscado do que a forma a que estamos acostumados), é a essência metodológica da filosofia escolástica e ajuda a explicar sua reputação em termos de dificuldade. Mas a filosofia escolástica é dura e seca pela mesma razão pela qual um besouro é duro e seco: seu esqueleto está na parte externa. O argumento, esqueleto de toda filosofia, esteve no interior durante a maior parte da história da filosofia; encoberto pela conversação habilidosa em Platão, pela retórica magistral em Agostinho, pelo discurso enganadoramente simples nos empiristas britânicos. Na medida em que se supera a estranheza inicial com a apresentação cuidadosamente organizada, abundante e direta dos argumentos da filosofia escolástica, esta característica será apreciada, tornando a filosofia escolástica mais acessível e menos ambígua do que é geralmente a filosofia. E o método escolástico – expondo claramente os argumentos e desenvolvendo as questões de tal forma que ambos os lados são atacados e defendidos – fornece uma oportunidade, única entre os tipos de literatura filosófica, para compreender a natureza do raciocínio filosófico e avaliar o seu sucesso ou insucesso. Jan Aertsen, no capítulo "A filosofia de Tomás de Aquino em seu contexto histórico", explica as origens das formas literárias específicas da escolástica e o seu uso por Tomás de Aquino.

Filosofia medieval e teologia

O maior obstáculo para os filósofos contemporâneos concederem à filosofia medieval a atenção que merece é a suspeita ainda difundida de que ela apenas se serve de fragmentos da filosofia, cuidadosamente selecionados para atender aos fins da teologia ou de que a filosofia medieval simplesmente *é* um tipo de teologia que poderia enganar, de vez em quando, um leitor desavisado a pensar que é filosofia.

Podemos começar a dissipar este equívoco observando que a relação da filosofia medieval com a teologia é igual às muitas relações da filosofia com outras disciplinas em outros períodos, e que a filosofia foi notavelmente afetada por uma ou outra influência durante a maior parte da sua história. Por exemplo, a partir de meados do século XIX até o presente, as influências dominantes na filosofia parecem ter sido primeiro a biologia e a geologia, depois a física e a matemática, e agora talvez uma combinação de física, neurofisiologia e ciência da computação. Entretanto, a filosofia medieval, o mais longo dos períodos tradicionalmente reconhecidos na história da filosofia, é também o mais claramente marcado por uma única influência externa, e esta influência é, sem dúvida, o teísmo de um tipo ou de outro – o cristianismo na maior parte da Europa ocidental, o judaísmo ou o islamismo em outros lugares. Até recentemente, considerou-se que a influência do teísmo permeou toda a filosofia medieval, mas isso não aconteceu. Uma grande parte da filosofia medieval – a lógica, a teoria semântica e partes da filosofia natural, por exemplo – poderia ter sido escrita por pessoas completamente sem religião, e talvez algumas delas efetivamente fossem.

A influência do teísmo também costumava ser considerada pouco saudável para a filosofia medieval. Poderia ter sido se a filosofia realmente tivesse se limitado a tópicos teológicos, mas não foi assim; ou se os medievais normalmente tivessem desenvolvido, digamos, suas teorias da inferência, da significação ou da aceleração apenas visando fins religiosos, ou se tivessem aplicado critérios religiosos de algum tipo na avaliação dessas teorias; mas não o fizeram. É claro que passaram muito tempo pensando cuidadosamente sobre questões religiosas e teológicas, um pouco como os filósofos anglo-americanos do século XX fizeram com questões linguísticas, porque consideraram que essas questões eram ainda mais fundamentais do que (e, portanto, explicativas de) muitos problemas filosóficos tradicionais. Desse modo, poderiam, a justo título, ser descritos como preocupados com o teísmo, mas certamente não para excluir outras preocupações, ou de modo a distorcer sua filosofia em pregação, ou para obliterar a fronteira entre ela e a teologia dogmática.

Como Anthony Kenny e Jan Pinborg assinalaram, durante a Idade Média:

> A pesquisa acadêmica mais avançada em filosofia [...] foi feita por estudantes ou mestres na faculdade de teologia (especialmente nos séculos XIII e XIV) [...]. É por isso que muito do estudo da filosofia

medieval está preocupado com os textos teológicos. Mas essa ligação histórica não implica que a filosofia e a teologia não pudessem ser estudadas separadamente, ou que os fins teológicos determinassem a filosofia e a tornassem submissa e não filosófica. Existem amplas seções de pura filosofia em textos teológicos, na medida em que os teólogos consideraram necessário intervir e exigir uma demarcação mais rigorosa dos problemas teológicos. (Kenny, 1982, p. 15)

Os filósofos sempre estiveram, legítima e particularmente, preocupados com a influência da religião na filosofia, por causa da reputação da religião para o anti-intelectualismo, e da sua tendência para tentar resolver as disputas citando apenas a doutrina. Mas a postura profissional dos filósofos e teólogos medievais em relação à religião era decisivamente *anti*-anti-intelectual, e em sua atividade profissional viram a doutrina principalmente como parte da matéria a ser analisada e discutida, e não como um obstáculo ao argumento. Em particular, nenhum leitor de filosofia sem preconceitos pode estudar algumas páginas de Tomás de Aquino sem reconhecer algum parentesco, mesmo quando Tomás trata de um tema inequivocamente teológico como a criação, o conhecimento acerca de Deus, ou a Encarnação. Tomás está, ao menos, tão preocupado quanto nós com o sentido de afirmações obscuras, examinando as implicações e interrelações das proposições teóricas e as afirmando com argumentos válidos, dependentes de premissas plausíveis. Ele não está menos preocupado do que qualquer filósofo responsável com a verdade, a coerência, a consistência e a justificação das suas crenças, suas crenças religiosas não menos do que filosóficas.

Entretanto, teologia não é filosofia, e se alguma obra de algum filósofo medieval parece corretamente caracterizada como teologia, a obra de Tomás de Aquino também o é (como Mark Jordan explica no capítulo "Teologia e filosofia"). Ele teve sua carreira acadêmica como membro da Faculdade de Teologia; suas obras maiores e mais características parecem ser de motivações completamente teológicas; e foi declarado oficialmente Doutor da Igreja. Mas o leitor moderno de filosofia deve compreender que, embora a motivação de Tomás possa ser prontamente descrita como teológica, o que ele produz agindo com essa motivação é, curiosamente, bastante filosófico. Alguns dos elementos mais completamente desenvolvidos e tradicionalmente reconhecidos da filosofia de Tomás são apresentados adiante, em capítulos, por John Wippel, Norman Kretzmann, Scott MacDonald, Ralph McInerny e Paul Sigmund, cada um dos quais se refere inevitável e naturalmente às conexões entre o conteúdo filosófico em particular e as questões teológicas de Tomás.

Um olhar mais atento para a empreitada teológico-filosófica de Tomás de Aquino ao longo de sua vida mostrará que até mesmo a sua motivação pode ser considerada como fundamentalmente filosófica. Na visão aristotélica de Tomás, todos os entes humanos desejam por natureza conhecer, e conhecer uma coisa, um evento ou um estado de coisas é conhecer as suas causas; por conseguinte, o desejo natural humano para conhecer estimulará naturalmente, ou ao menos idealmente, a curiosidade intelectual a buscar o conhecimento da causa primeira de tudo. Tomás considera, é claro, que os entes humanos têm acesso ao conhecimento da causa absolutamente primeira, facilitado pela revelação divina na Escritura. Mas ele está convencido de que muito desse conhecimento também pode ser obtido por uma espécie de critério de aplicação da razão à evidência disponível a todos, sem um texto revelado. Ele também está convencido de que mesmo as proposições transmitidas inicialmente pela revelação e disponíveis apenas desta maneira – como a doutrina da Trindade – podem ser esclarecidas, explicadas e confirmadas de forma instrutiva por um raciocínio que difere de outros raciocínios filosóficos apenas pelo conteúdo. O capítulo de John Wippel ("Metafísica") inclui uma discussão sobre a relação estreita entre filosofia e teologia na metafísica de Tomás, e o capítulo de Eleonore Stump ("Comentário bíblico e filosofia") mostra que, mesmo nos comentários de Tomás à própria Escritura, há bastante material filosófico.

É claro que Tomás não é apenas um filósofo e teólogo, mas o paradigmático filósofo e teólogo *cristão*. No entanto, ele considerava que os cristãos deveriam estar prontos para discutir questões teológicas com os não cristãos de todos os tipos. Uma vez que os judeus aceitam o Antigo Testamento, e os heréticos, o Novo, os cristãos podem discutir com eles com base na autoridade geralmente aceita; mas porque alguns não cristãos, "como os maometanos e os pagãos, não concordam conosco sobre a autoridade de alguma Escritura, pela qual posam ser convencidos [...] é necessário recorrer à razão natural, à qual todos são obrigados a assentir. Ela, no entanto, é deficiente nas coisas divinas" (*SCG* I, c. 2, n. 11). É ainda mais surpreendente que Tomás diferisse da maioria dos cristãos acadêmicos contemporâneos do século XIII pela abrangência e profundidade do seu respeito e senso de parceria para com os filósofos e teólogos islâmicos e judeus Avicena e Maimônides. Como explica David Burrell, no capítulo "Tomás de Aquino e os pensadores islâmicos e judeus", Tomás os via como colegas de trabalho valiosos no vasto projeto de esclarecer e corroborar a doutrina revelada por meio da análise e argumentação filosóficas, descobrindo, no processo, a necessidade de investigar todas as áreas da filosofia tradicionalmente reconhecidas numa nova trama de relações entre si e com a teologia.

O aristotelismo de Tomás de Aquino

Alguns estudiosos, de modo geral, impressionados com as realizações de Tomás de Aquino e simpáticos ao seu cristianismo intelectual, insistiram em vê-lo como um teólogo, em vez de filósofo. Eles tiveram uma visão restrita de filosofia, aproximando-se mais da compreensão de *philosophia* do século XIII de Tomás que de nosso uso de "filosofia" e, com base nisso, estiveram dispostos a classificar apenas os comentários de Tomás a Aristóteles como obras filosóficas. Certamente, esses comentários são filosóficos, tão puramente filosóficos quanto as obras aristotélicas que elucidam. Mas se constituíssem toda a filosofia que Tomás produziu, ninguém poderia razoavelmente situá-lo entre os grandes filósofos. Como Jordan diz no capítulo por ele elaborado, Tomás escreveu esses comentários para entender a filosofia de Aristóteles, não para estabelecer uma filosofia própria. Nossa compreensão de seu valor excepcional como filósofo depende de ver as suas obras, à primeira vista teológicas, como sendo também fundamentalmente filosóficas, como sugerido adiante e desenvolvido de forma diferente por

Aertsen, no capítulo "A filosofia de Tomás de Aquino em seu contexto histórico", e Jordan, no capítulo "Teologia e filosofia".

O objetivo de Tomás de Aquino, nessas diversas obras, exige que se ocupe, muitas vezes, de questões filosóficas tradicionais, especialmente de metafísica (ver Wippel, "Metafísica"), filosofia da mente (ver Kretzmann, "Filosofia da mente"), epistemologia (ver MacDonald, "Teoria do conhecimento"), ética (ver McInerny, "Ética"), política e direito (ver Sigmund, "Direito e política"). Mesmo um leitor ocasional de algumas dessas discussões pormenorizadas notará que, diversas vezes, Tomás cita Aristóteles como fonte ou em apoio a uma tese que defende, e um leitor que conheça bem Aristóteles reconhecerá ainda mais a filosofia de Tomás como aristotélica. Nestas circunstâncias, é natural perguntar se Tomás não é apenas o mais talentoso e proeminente seguidor de Aristóteles. E ainda, mesmo os estudiosos totalmente simpáticos a Tomás e impressionados com suas realizações como filósofo, às vezes, o apresentaram simplesmente como o aristotélico consumado, adotando o termo "aristotélico-tomista" como caracterização sucinta mais apropriada das posições filosóficas de Tomás. Joseph Owens oferece, no capítulo "Aristóteles e Tomás de Aquino", uma análise cuidadosa e bastante crítica a essa visão ainda predominante, dissipando efetivamente a noção de que a filosofia de Tomás é fundamentalmente uma extrapolação daquela de Aristóteles, ajustada aqui e ali para adaptar-se à doutrina cristã.

Conclusão

Tendo explicado e, esperamos, removido os obstáculos tradicionais para levar a filosofia de Tomás de Aquino tão a sério quanto a de qualquer outro filósofo de primeira linha, convidamos o leitor a considerar os colaboradores deste *compêndio* como dez guias especializados em elementos importantes e no contexto intelectual do pensamento de Tomás. Além de discutir algumas das características mais relevantes do seu tópico específico, cada colaborador aponta muitas questões conexas e interessantes, que devem ser procuradas nas próprias obras de Tomás e elucidadas em artigos e livros selecionados a partir de uma vasta literatura secundária. Nenhum livro dessa dimensão, nenhuma estante de livros de um metro e meio, pode ser uma companhia totalmente satisfatória a todos os aspectos do pensamento de Tomás, mas os dez colaboradores esperam ter oferecido um *compêndio* sobre Tomás de Aquino suficiente para introduzi-lo a novos leitores, e mostrar a eles e a outros o caminho para um conhecimento mais amplo e uma avaliação mais profunda de sua filosofia.

1 A filosofia de Tomás de Aquino em seu contexto histórico

Jan A. Aertsen

Introdução

Tomás de Aquino nasceu no final de 1224 ou no início de 1225, em Roccasecca, não muito distante de Nápoles. Ele era o descendente de uma família nobre proeminente, os condes de Aquino. Tomás recebeu sua primeira educação na abadia beneditina de Monte Cassino. Em 1239, foi para a Universidade de Nápoles para estudar as artes liberais.

Em Nápoles, Tomás de Aquino conheceu a Ordem dos Frades Pregadores, relativamente nova, mais conhecida como dominicanos. Assim como os franciscanos, cuja ordem foi fundada no mesmo período, os dominicanos eram mendicantes, radicalizando o ideal evangélico da pobreza. Diferentemente dos beneditinos, os dominicanos não estavam vinculados a um claustro específico. Sua vida era, portanto, marcada por um elevado grau de mobilidade. Os dominicanos foram a primeira ordem religiosa a fazer da devoção ao estudo um dos seus principais objetivos; e, mantendo-o, estabeleceram casas de estudo em cidades com universidades em toda a Europa. Em 1244, Tomás decidiu juntar-se à nova ordem contra a vontade da sua família, que aparentemente tinha outros planos para ele. Ficou preso, por um ano, no castelo da família em Roccasecca, mas a família finalmente aceitou a decisão de Tomás.

Para o seu estudo de teologia, os superiores da ordem dominicana enviaram Tomás de Aquino a Paris, nessa época, o centro intelectual da cristandade, e, em seguida, ao *studium generale* dos dominicanos em Colônia. Ali, estudou de 1248 a 1252 com Alberto Magno, que foi chamado *Doctor universalis* na Idade Média devido aos seus amplos interesses acadêmicos. Para completar sua formação teológica, Tomás retornou à Universidade de Paris (1252-1256). Durante esses anos, a faculdade de teologia nutria uma atmosfera de hostilidade para com os mendicantes. Dominicanos e franciscanos receberam cátedras na faculdade, e os mestres seculares temiam que a sua guilda viesse a ser dominada por membros dessas ordens religiosas. Eles se recusaram a admitir Tomás, bem como seu colega franciscano Boaventura, como mestres. Somente com a intervenção papal a resistência deles chegou ao fim.

De 1256 a 1259, Tomás de Aquino esteve ocupado como mestre de teologia na Universidade de Paris. Em seguida, ensinou por dez anos nas cidades italianas de Orvieto, Roma e Viterbo. A pedido da sua ordem, em 1269, Tomás foi professor em Paris pela segunda vez. As crescentes tensões doutrinais entre alguns mestres da Faculdade de Artes e os teólogos exigiram a sua atenção. Tomás tomou posição nas discussões com duas publicações, como veremos adiante na seção "O conflito das faculdades". Em 1272, foi encarregado de fundar uma escola de teologia em Nápoles. Em 7 de março de 1274, Tomás morreu com apenas 49 anos de idade.[1]

Desse resumo de sua carreira, um ponto é claro: Tomás de Aquino, como muitos outros grandes pensadores medievais, era um *teólogo* de profissão. Ele sempre se viu como um mestre da "doutrina sagrada". Esse fato pode constranger o historiador da filosofia medieval. Um bom exemplo é a experiência que Étienne Gilson – uma das figuras mais proeminentes no estudo da filosofia medieval em nosso tempo – descreve em sua autobiografia intelectual, *O Filósofo e a Teologia*. Sua tese de doutorado, de 1913, tratou de Descartes. Por meio de sua investigação das fontes do filósofo francês, chegou à conclusão, contrariamente ao preconceito geralmente aceito, de que houve uma filosofia verdadeiramente original na Idade Média. Ele elaborou esta ideia em seus estudos do tomismo e da filosofia de Boaventura.

---

1 O melhor estudo sobre a vida e a obra de Tomás de Aquino é de Weisheipl, 1983.

A certeza recém-adquirida de Gilson sobre a existência de uma "filosofia medieval" foi abalada, porém, pelos críticos. Esses objetaram que não há em Tomás nem em Boaventura uma filosofia distinta. "Não me restava mais nada além de teologias", escreve Gilson.[2]

Mas, como este livro ajudará a mostrar, é impensável que o historiador da filosofia seja deixado com pouco a dizer sobre a obra de Tomás de Aquino, que é mais complexa do que o termo "teologia" sugere.[3] Uma indicação desta complexidade pode ser encontrada em um documento de seus contemporâneos. Em 2 de maio de 1274, o reitor da Universidade de Paris e "todos os mestres que ensinam na Faculdade de Artes" enviaram uma carta ao colégio do capítulo geral dos dominicanos em Lião. Nesta carta, expressaram sua tristeza pela morte de Frei Tomás e tornaram público o desejo de que seu local de sepultamento fosse Paris, "a mais nobre de todas as cidades universitárias". Sua carta também tinha um outro propósito. Os mestres solicitaram aos dominicanos para enviar-lhes "alguns escritos de natureza filosófica, iniciados por Tomás em Paris, mas deixados incompletos com sua partida". Além disso, pediram o envio de traduções que "ele próprio prometeu que seriam enviadas a nós", a saber, as versões latinas do comentário de Simplício ao *De Caelo* de Aristóteles, e do comentário de Proclo ao *Timeu* de Platão.[4]

Esse documento é notável por várias razões. Os mestres na Faculdade de Artes (não de Teologia) demonstraram seu interesse nos escritos "de natureza filosófica" de Tomás de Aquino (sugeriu-se que aqui os mestres se referiram ao seu *Comentário à Metafísica de Aristóteles*).[5] Além disso, Tomás aparentemente possuía comentários a textos filosóficos aos quais os mestres de artes não tinham acesso. O quadro que emerge dessa carta é o de Tomás envolvido no estudo exaustivo da tradição filosófica, tanto do aristotelismo quanto do platonismo. O interessante do nosso ponto de vista das disciplinas acadêmicas é o fato de um teólogo profissional ter se dado ao trabalho

---

2 Gilson, 1960, p. 106; tradução inglesa em Gilson, 1962.
3 Ver o capítulo "Teologia e filosofia" deste volume.
4 Denifle; Chatelain, 1889, v. 1, n. 447. Tradução inglesa em Foster, 1959, p. 153-155.
5 Ver Weisheipl, 1983, p. 316; ver também o capítulo "Teologia e filosofia" deste volume.

de escrever um comentário às obras absolutamente filosóficas de Aristóteles – não só à *Metafísica*, mas também a várias outras.[6]

Neste capítulo, a postura de Tomás de Aquino diante da filosofia, suas fontes principais e os objetivos do seu interesse filosófico são esclarecidos de duas maneiras complementares. Primeiro, seus escritos, que são muito volumosos, apesar da sua morte relativamente prematura, serão colocados no contexto histórico do século XIII. Uma visão geral de sua obra e de sua relevância filosófica será fornecida em conexão com os desenvolvimentos intelectuais mais importantes desse período – a ascensão da universidade, a recepção de Aristóteles e o conflito entre as faculdades (seções "Universidade e teologia 'escolástica'"; "Filosofia e a Faculdade de Artes da universidade medieval"; e "'O conflito das faculdades'"). Em segundo lugar, a ideia de Tomás da filosofia e da sua relação com a teologia será elaborada de forma mais sistemática (a partir da seção "'Todos os entes humanos desejam por natureza conhecer': a legitimidade da Filosofia" até a seção "A relação entre filosofia e teologia").

Universidades e teologia "escolástica"

O primeiro desenvolvimento que moldou o pensamento do século XIII foi a ascensão das universidades. A vida e a obra de Tomás de Aquino foram marcadas por essa nova instituição, que foi talvez a contribuição mais importante da Idade Média para a cultura ocidental. Certamente, é impossível imaginar a vida intelectual em nossos dias sem a universidade.[7]

A ascensão das universidades foi, no século XIII, parte de um desenvolvimento social mais geral. A princípio, a universidade não era outra coisa senão um caso especial das corporações e guildas, que, nesse período, surgiram em cidades por toda a Europa Ocidental. Assim como os que eram ativos no mesmo ofício ou comércio se uniram para formar uma guilda de modo

---

6 Ver a seção "Filosofia e a Faculdade de Artes da universidade medieval" neste capítulo e o capítulo "Aristóteles e Tomás de Aquino" deste volume.
7 Sobre a universidade, ver Cobban, 1975; Kenny, 1982, p. 9-42.

a proteger e promover os seus interesses, assim também os mestres e os estudantes se juntaram para formar uma *universitas*. Como resultado, a educação superior foi pela primeira vez institucionalizada, e assim se tornou vinculada a regras e formas fixas. Nos estatutos da universidade era definido o currículo, assim como as obrigações do mestre e as exigências que um estudante devia satisfazer para conseguir, em primeiro lugar, o grau de *baccalaureus*, e mais tarde, o de *magister*, grau que trazia consigo "a licença de ensinar" (*licentia docendi*).

A base da educação na universidade medieval era a *lectio*, a leitura e exposição de um texto. Uma diferença essencial em relação ao sistema atual de educação é a de que o texto não era escolhido pelo próprio mestre; em vez disso, um texto "de autoridade" era prescrito nos estatutos. Esta forma de educação levou ao desenvolvimento de uma hermenêutica sofisticada. Para entender a intenção do autor de autoridade, dedicava-se muita atenção a itens como os sentidos múltiplos das palavras e "as propriedades dos termos" – o efeito do contexto sintático de uma palavra na sua função semântica. O formato estabelecido da *lectio* na universidade também explica que o gênero do comentário fora frequentemente usado durante esse período. Mas o termo "comentário" deve ser tomado aqui em sentido amplo, pois os comentadores medievais se ocupavam do conteúdo de um texto básico de várias maneiras diferentes, que vão desde explicações linha por linha a dissertações cada vez mais originais, às vezes dependentes do original apenas tematicamente.

A segunda obrigação do mestre era travar disputas "várias vezes" ao longo do ano acadêmico. A *disputatio* sobre uma questão colocada pelo mestre fazia parte da formação universitária. Quase sempre, a forma da questão demandava uma resposta afirmativa ou negativa, apresentando assim um problema com dois lados. Um dos bacharéis (equivalente, em sentido amplo, aos estudantes de pós-graduação de hoje) era solicitado a responder aos argumentos desenvolvidos em ambos os lados. No dia seguinte à disputa, o mestre encontrava seus alunos para a *determinatio* ou solução, ponderando cuidadosamente os argumentos a favor e contra e formulando uma resposta sistemática à questão disputada. A versão escrita de um conjunto dessas questões, argumentos e soluções forma o gênero das *quaestiones disputatae*. Este padrão de educação levou naturalmente ao desenvolvimento de um sistema de técnicas refinadas de argumentação.

A *lectio* e a *disputatio* forneciam aos alunos uma formação lógico-semântica que claramente deixou sua marca nos tratados filosóficos e teológicos do século XIII. "Escolástica", um termo utilizado muitas vezes como sinônimo de pensamento medieval, dá expressão a essa ligação estreita entre o modo de pensar e os métodos utilizados nas "escolas". Tanto a forma quanto o conteúdo dos escritos de Tomás de Aquino devem ser entendidos no seu contexto escolástico.[8]

Na faculdade de teologia, onde Tomás de Aquino cumpriu seus deveres acadêmicos, o ciclo de estudo durava oito anos, após os seis anos necessários para a obtenção do grau de bacharel em artes. Durante os últimos anos do estudo para bacharel em teologia, ele foi solicitado a dar aulas sobre as *Sentenças*, uma coleção de textos doutrinariamente centrais da Escritura e dos Padres da Igreja, muitas vezes difíceis, compilados por Pedro Lombardo (1100-1160). Um comentário às *Sentenças* era o requisito formal para o grau de mestre em teologia; pode ser comparado com a tese de doutorado moderna. Tomás lecionou como *sententiarius* em Paris de 1252 a 1256. O comentário de Tomás, seu primeiro grande trabalho sistemático, mostra características originais. Não segue o esquema que Pedro Lombardo usou para organizar os textos que constituem as *Sentenças*. Lombardo havia estruturado sua obra com base numa afirmação de Agostinho no *De Doctrina Christiana* (I, c. 2), segundo a qual "toda doutrina [*doctrina*] se reduz ao ensino das coisas e ao dos signos". No esquema de Tomás, as coisas devem ser consideradas de acordo com o tipo de sua procedência a partir de Deus como sua origem (Trindade, criação, natureza das criaturas), e na medida em que retornam a ele como seu fim (salvação e expiação).[9] Este esquema de *exitus* e *reditus* é derivado do neoplatonismo e desempenha um papel fundamental no pensamento

---

8 Para uma excelente introdução ao contexto intelectual das obras de Tomás de Aquino, ver Chenu, 1964.
9 *In Sent* I, d. 2, divisão do texto.

de Tomás. A origem e o fim das coisas são um e o mesmo. A dinâmica da realidade é um movimento circular (*circulatio*).

O texto de autoridade que constituia a base da *lectio* na faculdade de teologia era a Bíblia. O mestre em teologia era principalmente considerado um "mestre da página sagrada". As aulas sobre a Bíblia, de Tomás de Aquino, resultaram em vários comentários bíblicos, em relação aos quais foi dedicada ainda pouca atenção.[10] Seus comentários mais importantes são aqueles a *Jó*, aos *Salmos*, a *Mateus*, a *João* e às *Cartas de Paulo*.

Os comentários bíblicos escolásticos são de um caráter diferente dos seus homólogos modernos. Um exemplo pode esclarecer isso. Os comentários modernos explicam a passagem inicial do *Evangelho de João* ("No princípio era o Verbo") apontando o contexto histórico dos termos "princípio" e "Verbo" [*Logos*]. Tomás de Aquino começa o seu comentário perguntando o que significa "no princípio" e o que significa "verbo". Sua explicação acerca do "verbo" começa pela conhecida afirmação de Aristóteles (*De Interpretatione* I, 16a4) de que as palavras da fala são signos das "afecções" da alma. Mas Tomás introduz, então, uma ideia que não se encontra em Aristóteles dessa forma, a saber, que os significados imediatos das palavras da fala também são denominados "verbos". Esta observação leva a uma ampla reflexão sobre o verbo "interior", cuja formação ele descreve como termo da operação intelectiva.[11] A concepção do verbo interior é a finalização essencial do conhecimento, e, portanto, encontra-se em toda natureza que tem a capacidade de conhecer. O passo seguinte de Tomás é explicar as diferenças entre o verbo humano e o verbo divino, e utilizar todas essas observações para explicar a natureza e a atividade do Verbo que era no princípio. Como este exemplo mostra, Tomás não hesita em basear a exposição de um texto bíblico em reflexões filosóficas.[12]

Tomás de Aquino também travou disputas, normalmente uma vez a cada duas semanas. Suas *quaestiones disputatae* incluem o *De Veritate* (*Sobre*

---

10 Ver o capítulo "Comentário bíblico e filosofia" deste volume.
11 Ver o capítulo "Filosofia da mente" deste volume.
12 Essa reflexão chamou a atenção do filósofo alemão H.-G. Gadamer, cuja tese é a de que a linguagem adquiriu uma importância especial no pensamento medieval devido ao seu interesse teológico no Verbo. Ver Gadamer, 1979, p. 378-387.

a Verdade), *De Potentia* (*Sobre o Poder de Deus na Criação e Conservação das Coisas*), *De Malo* (*Sobre o Mal*), *De Spiritualibus Creaturis* (*Sobre as Criaturas Espirituais*) e *De Anima* (*Sobre a Alma*). Esses títulos revelam o vasto leque de interesses de Tomás – teológicos na sua motivação, mas muitas vezes filosóficos no conteúdo. Além das disputas regulares, disputas de caráter um pouco diferenciado eram realizadas duas vezes por ano na Universidade de Paris durante o tempo penitencial do Advento e da Quaresma. Os temas nessas ocasiões não eram determinados pelo mestre, mas pela audiência. Assim, tal disputa poderia ser sobre qualquer tema (*de quolibet*). Temos também uma coleção de *Quaestiones Quodlibetales* de Tomás, que frequentemente fornecem uma boa impressão das vivas disputas do dia.

Além desses diversos tipos de obras que resultaram diretamente dos deveres de Tomás de Aquino como professor de teologia, há escritos que não foram produto do seu ensino universitário. Entre estes, merecem uma atenção especial as suas duas grandes sínteses teológicas.[13] Para os missionários dominicanos no mundo muçulmano, ele escreveu a *Suma Contra os Gentios* (*SCG*). Sua intenção nessa obra é tornar "a verdade da fé católica" manifesta mesmo para aqueles que têm crenças opostas a ela. Tomás observa (*SCG* I, c. 3) que há "um duplo modo de verdade" naquilo que os cristãos professam sobre Deus. Algumas verdades sobre Deus, por exemplo, que Deus é trino e uno, excedem a capacidade da razão humana de demonstração. Mas outras verdades podem ser alcançadas pela razão natural, por exemplo, que Deus existe, que há um Deus. Tais verdades, afirma ele, foram provadas demonstrativamente pelos filósofos. Com base nessa distinção, Tomás desenvolve a estrutura da sua *Suma* (I, c. 9). Ele vai proceder nos três primeiros livros "pela via da razão", apresentando argumentos necessários ("demonstrativos") e prováveis, tratando de Deus em si mesmo, da criação, e da ordem das criaturas para Deus como seu fim. No quarto livro, vai empregar a razão de outra forma, esclarecendo verdades que excedem a razão e são conhecidas apenas

---

13 A versão mais curta e posterior do *Compendium Theologiae (Compêndio de Teologia)* fornece frequentemente bons sumários das posições que ele discute mais detalhadamente nas duas *Sumas*.

por revelação. Particularmente, a *SCG* é, nos três primeiros livros, uma importante fonte para as ideias filosóficas de Tomás.

Durante seu período italiano (1259-1269), Tomás de Aquino começou uma segunda síntese, a *Suma de Teologia* (*ST*). Essa obra, principal realização de Tomás, está estruturada de acordo com o método escolástico da disputa: é inteiramente constituída de *quaestiones*, que se dividem novamente em subquestões, *articuli*. Cada "artigo" segue um padrão fixo. É colocada uma pergunta sim-não, originando um exame das duas possibilidades contraditórias, tal como "Deus existe?" [*ST Prima pars*, questão 2, artigo 3 (Iª, q. 2, a. 3)]. O desenvolvimento da questão do artigo consiste em quatro partes que começam com fórmulas fixas:

1. "Parece que isso não é assim" (*Videtur quod non*), a introdução aos argumentos que apoiam a resposta negativa (as "objeções"). Na *ST* Iª, q. 2, a. 3, Tomás de Aquino apresenta o conhecido argumento do mal.
2. "Em sentido contrário" (*Sed contra*), a introdução aos argumentos ou afirmações de autoridade em apoio à resposta contrária. Aqui, Tomás cita um texto de autoridade, *Êxodo* 3,14, onde Deus diz de si próprio: "Eu sou aquele que é". Como essa parte do desenvolvimento quase sempre prefigura a resposta fundamentada de Tomás, é frequentemente pequena em si mesma, simplesmente para lembrar o leitor que há boas razões para considerar seriamente o outro lado.
3. "Em resposta, ..." (*Respondeo dicendum quod...*), o início da própria explicação doutrinária do mestre em apoio à resposta que ele prefere. Aqui, Tomás apresenta cinco provas da existência de Deus, as chamadas "cinco vias".
4. Finalmente, Tomás oferece as réplicas às objeções que foram colocadas no início. Na construção de um artigo, operam juntos dois elementos característicos do método escolástico: a autoridade e o argumento. As duas primeiras partes dependem, muitas vezes, fortemente da autoridade; a terceira e a quarta se baseiam quase inteiramente na argumentação racional.

Esta construção também é instrutiva sob um outro aspecto. Na primeira questão da *ST* Iª, Tomás de Aquino argumenta que a ciência teológica parte dos artigos de fé, revelados aos entes humanos na Bíblia. Para um crente que aceita os artigos de fé, a existência de Deus não está em questão. No entanto, Tomás apresenta provas para isso na *ST* I^a, q. 2. Numa de suas questões quodlibetais, fornece um motivo para esse procedimento. Um mestre que resolve uma questão teológica exclusivamente com base na autoridade, e não com base na razão (*ratio*), não contribui em nada para o conhecimento (*scientia*) e deixa a sua audiência de mãos vazias.[14] Se a teologia aspira a ser uma investigação teórica sistemática, precisa dar espaço ao raciocínio filosófico.

A partir dessa ideia geral das obras teológicas de Tomás de Aquino – seu escrito sobre as *Sentenças*, os comentários bíblicos, as questões disputadas e as *Sumas* – fica evidente que a sua concepção de teologia é mais ampla do que geralmente hoje se entende como "teologia". É uma teologia "escolástica" devido ao seu uso distinto da filosofia.[15] O próprio Tomás reconhece que os teólogos divergem à custa de suas diferentes posições filosóficas. Agostinho e a maioria dos santos seguiram as ideias de Platão em assuntos filosóficos que não tangem à fé, mas outros seguiram Aristóteles.[16] Por isso, é importante descobrir qual filosofia Tomás seguiu. Outros escritos seus fornecem a resposta.

Filosofia e a Faculdade de Artes da universidade medieval

O segundo desenvolvimento que moldou o pensamento europeu ocidental do século XIII foi a recepção das obras completas de Aristóteles em traduções para o latim. A Alta Idade Média conhecia apenas as suas obras de lógica, mas a partir da metade do século XII, seus outros escritos também se tornaram disponíveis em tradução. A aquisição dessa nova literatura filosófica teve consequências profundas para a vida intelectual. O

---

14 *QQ* IV, q. 9, a. 3.
15 Ver Gilson, 1960, p. 109. Ver também o capítulo "Teologia e filosofia" deste volume.
16 *In Sent* II, d. 14, q. 1, a. 2: "Os comentadores da Sagrada Escritura se diversificaram na medida em que foram seguidores de diversos filósofos, pelos quais foram instruídos em matérias filosóficas".

historiador inglês David Knowles justificadamente se referiu a esse movimento como "revolução filosófica" do século XIII.[17] Até aquele momento, o pensamento medieval tinha se voltado principalmente para Agostinho, Boécio e Pseudo-Dionísio, o Areopagita, todos fortemente influenciados pelo platonismo. O aristotelismo agora estava munido de uma filosofia ampla, frequentemente técnica, em que os entes humanos e as outras coisas no mundo físico eram entendidos, não em termos da sua participação nas formas ideais, mas com base nas suas próprias naturezas ou princípios interiores.

O estudo da filosofia aristotélica adquiriu um lugar próprio na universidade medieval. Na Faculdade de Artes, que proporcionava o ciclo de estudos que preparava o aluno para as outras faculdades, as obras de Aristóteles se tornaram os textos básicos da *lectio*. Essa mudança no currículo não ficou sem contestação. A resistência mais forte veio dos eclesiásticos, cuja suspeita contra o pensamento "naturalista" de Aristóteles era ampla e profunda. Em 1210, um sínodo provincial proibiu, na Universidade de Paris, a "leitura" das obras de filosofia natural de Aristóteles "sob pena de excomunhão". Mas essa proibição, renovada mais de uma vez durante as décadas seguintes, não foi generalizada. A filosofia natural de Aristóteles foi estudada na Universidade de Nápoles enquanto Tomás de Aquino ali estudou (Nápoles era parte do reino da Sicília, um dos centros em que as obras de Aristóteles foram traduzidas do árabe para o latim).

O estudo de Aristóteles se espalhou rapidamente pelas universidades. Foi oficialmente aprovado na Universidade de Paris em 19 de março de 1255. Naquela época, a Faculdade de Artes declarou oficialmente que o programa de aulas devia incluir todas as obras de Aristóteles: seus escritos lógicos, é claro, mas também os de filosofia natural, metafísica e ética.[18] Esse decreto pode ser visto como a consagração definitiva do fato de que a Faculdade de Artes, outrora essencialmente preparatória, desenvolveu-se, no século XIII, em Faculdade de Filosofia. Ali o aluno era formado, durante seis anos, no pensamento de Aristóteles, que se tornou conhecido por todos

---

17 Knowles, 1962, p. 221-234.
18 Denifle; Chatelain, 1889, v. I, n. 246.

como "o Filósofo". A discussão teórica escolástica de todos os tipos seria doravante baseada no quadro conceitual aristotélico.

Um dos aspectos mais marcantes da obra de Tomás de Aquino é o de que uma parte considerável de seus escritos consiste em comentários ao "Filósofo". Isso é ainda mais notável porque tal trabalho não pertencia ao seu dever acadêmico próprio: ele nunca foi um mestre na Faculdade de Artes. No entanto, aparentemente reconheceu na recepção de Aristóteles um enorme desafio ao pensamento cristão e, portanto, considerou válido o esforço de analisar profundamente a filosofia aristotélica. Que seus comentários fossem muito conceituados pode-se ver pela carta que os mestres da Faculdade de Artes escreveram logo após sua morte.[19]

Tomás de Aquino procurou obter traduções confiáveis de Aristóteles e de seus comentadores gregos. A esse respeito, recebeu a assistência de um outro frade, o dominicano flamengo Guilherme de Moerbeke, que revisou traduções antigas e fez novas traduções diretamente do grego. Tomás escreveu nada menos que doze comentários, alguns dos quais permaneceram incompletos com sua morte precoce em 1274. Comentou *De Interpretatione*, *Segundos Analíticos*, *Física*, *De Caelo*, *De Generatione et Corruptione*, *Meteora*, *De Anima*, *De Sensu et Sensato*, *De Memoria et Reminiscentia*, *Metafísica*, *Ética a Nicômaco* e *Política*. Seus comentários não são os de um historiador, mas de um filósofo, e sua intenção é sempre buscar a verdade sobre a qual o filósofo pensou. Em um de seus comentários (*In DC* I, lect. 22), diz explicitamente que "o estudo da filosofia não visa conhecer o que os homens compreenderam, mas de que modo se encontra a verdade das coisas".

O envolvimento intenso de Tomás de Aquino com o pensamento de Aristóteles influenciou profundamente o seu próprio pensamento. Ele adota as ideias essenciais de Aristóteles, como é especialmente evidente na sua teoria do conhecimento.[20] Rejeita a ideia de que o ente humano possui ideias inatas. A base do conhecimento humano é a experiência sensitiva. "É natural ao homem chegar às coisas inteligíveis pelas coisas sensíveis, pois todo o nosso conhecimento se inicia nos sentidos" (*ST* I^a, q. 1, a. 9).

---

19 *Ibid.*, n. 447.
20 Ver o capítulo "Teoria do conhecimento" deste volume.

Tomás rejeita também a ideia de Agostinho de que precisamos da iluminação divina para alcançar certo conhecimento. O intelecto humano tem uma "luz natural", que em si é suficiente para o conhecimento das verdades.[21] O caminho para o conhecimento intelectivo ultrapassa o conhecimento sensitivo por meio da abstração: o intelecto abstrai o conteúdo inteligível a partir das imagens sensíveis. A crítica frequente de Tomás aos platônicos é a de que eles projetam o nosso modo de conhecer, necessariamente abstrato, no modo de ser das coisas, o que os leva a afirmar, incorretamente, que aquilo que é abstraído no intelecto também é "separado", isto é, abstraído das coisas físicas na realidade.[22]

No entanto, seria um erro, sem dúvida, considerar o pensamento de Tomás de Aquino como simplesmente uma continuação do aristotelismo, tal como muitas discussões sugerem por meio de termos como "filosofia aristotélico-tomista". Seu pensamento contém elementos essencialmente platônicos. Como já vimos, mesmo no início da sua carreira, no seu *Escrito sobre os Livros das Sentenças*, Tomás empregou o esquema neoplatônico do *exitus* e *reditus* de todas as coisas como um princípio fundamental de organização. Estudos recentes mostraram que a noção de "participação" tem um papel central na metafísica de Tomás.[23] Ele pensa a relação entre o ente criado e Deus em termos de participação, um conceito que Platão havia introduzido para expressar a relação entre as coisas visíveis e as formas, e um conceito que Aristóteles criticou fortemente.

Tomás de Aquino trata extensamente das "ideias dos platônicos" em seu *Comentário ao Liber de Causis* (*Livro sobre as Causas*), obra de um autor anônimo muçulmano. Esse tratado fazia parte também do currículo de artes em Paris, pois era considerado uma obra do "Filósofo". Tomás teve o mérito de ter sido o primeiro na Idade Média a ter reconhecida sua verdadeira *auctoritas*. Em seu comentário, mostra que essa obra é um excerto da *Elementatio*

---

21 Cf. *ST* I^a, q. 79, a. 4; I^a-II^a, q. 109, a. 1.
22 Ver Henle, 1956, p. 323-350. Ver também a comparação crítica entre o platonismo e o aristotelismo, de Tomás de Aquino, em *QDSC*, a. 3.
23 Geiger, 1953; Fabro, 1961; Kremer, 1971; e Wippel, 1987, p. 117-158. Ver também o capítulo "Metafísica" deste volume.

Theologica de Proclo.²⁴ Tomás pôde chegar a essa ideia porque foi o primeiro a ter uma cópia da tradução em latim da *Elementatio*, concluída em 1268 por Guilherme de Moerbeke. Tomás deve ter feito um estudo cuidadoso da obra de Proclo, pois, em seu comentário, se refere repetidas vezes às proposições originais da *Elementatio* em que o autor do *De Causis* se baseava. Assim, o comentário ao *De Causis* de Tomás também pode ser considerado um comentário ao filósofo neoplatônico Proclo.

Mais inusitado para o século XIII foi a redação de Tomás de Aquino dos comentários às duas obras de Boécio, o *De Trinitate* e o *De Hebdomadibus*.²⁵ O título completo da última obra é "De que modo as substâncias, naquilo que são, são boas, uma vez que não são bens substanciais?". Boécio o reduz à questão de saber se os entes são bons por sua própria substância ou por participação em alguma outra coisa. O texto de Boécio foi o ponto de partida da reflexão de Tomás sobre a noção de participação. Seu *Comentário ao De Hebdomadibus* é, portanto, essencial para a nossa compreensão da sua interpretação da doutrina.

No proêmio do seu *Comentário ao De Divinis Nominibus (Sobre os Nomes Divinos)* de Pseudo-Dionísio, Tomás de Aquino fornece uma avaliação do platonismo, em que pretende justificar a maneira platônica de Dionísio falar de Deus como "o Bem em si" e "o Bem *per se*". Descreve os platônicos como aqueles que querem reduzir cada coisa composta a princípios simples, abstratos. É por isso que colocam a existência de formas ideais e separadas das coisas. Eles aplicam essa abordagem não apenas às espécies das coisas naturais, mas também ao que é mais comum, a saber, o bem, o uno e o ente. Eles afirmam a existência de um princípio primeiro, que é a essência da bondade, da unidade e do ente – um princípio, diz Tomás, que chamamos Deus. As outras coisas são classificadas como "bem", "uno" ou "ente", devido à sua derivação do princípio primeiro. Na continuação do proêmio, Tomás rejeita a primeira aplicação do método platônico, subscrevendo a crítica de Aristóteles de que os platônicos projetam o nosso modo abstrato de conhecer

---

24 Tomás de Aquino, 1954, p. 3: "Donde, parecer que [este livro] foi extraído do citado livro de Proclo por algum dos filósofos árabes".
25 Ver McInerny, 1990.

no modo de ser das coisas. Mas no que diz respeito ao princípio primeiro em si mesmo, reconhece a legitimidade da abordagem platônica.²⁶ A redução a princípios abstratos se justifica apenas no nível do que é mais comum, o ente, o uno e o bem. Estas propriedades gerais são chamadas na filosofia medieval de "transcendentais", porque transcendem as categorias aristotélicas. O princípio primeiro "separado" é o próprio ser; as outras coisas participam do ser.

As concepções de Tomás de Aquino, como as de qualquer outro pensador, não podem simplesmente ser reduzidas às suas principais fontes. Sua originalidade aparece claramente no tratado filosófico *De Ente et Essentia (Sobre o Ente e a Essência)*. É uma de suas primeiras obras, escrita antes mesmo de tornar-se mestre em teologia, mas nela já se encontram traços essenciais da sua metafísica. No quarto capítulo, ele discute a essência das "substâncias separadas" ou criaturas espirituais, tais como os anjos (tema este que envolveu muito Tomás – dedicou-lhe até um tratado particular, *De Substantiis Separatis* – e que fornece um contexto em que podem ser recuperadas as intenções mais profundas da sua metafísica). Está em questão a estrutura ontológica das substâncias finitas. Tal estrutura não pode consistir na composição (aristotélica) da forma e da matéria, pois as substâncias *separadas*, embora substâncias, são separadas da matéria. No entanto, embora tais substâncias sejam formas puras, não possuem uma simplicidade absoluta. Elas têm seu ser (*esse*), não a partir de si mesmas, mas a partir de outra coisa. A tese de Tomás, que se distingue por sua ontologia, é a de que todas as criaturas são marcadas pela não identidade da sua essência e do seu *esse*.²⁷

"O conflito das faculdades"

A constelação da universidade medieval trazia nela a semente do conflito. De fato, a Faculdade de Artes tinha se desenvolvido em uma faculdade

---

26 *In DDN*, proêmio: "Mas quanto ao que afirmavam sobre o princípio primeiro das coisas, sua opinião é muito verdadeira e está de acordo com a fé cristã".
27 Ver o capítulo "Metafísica" deste volume.

de filosofia, onde se ensinava a consideração racional do mundo, de Aristóteles. No decorrer do século XIII, os escritos e os comentários a Aristóteles de dois grandes filósofos islâmicos, Avicena e Averróis, também se tornaram disponíveis para esse programa. Mas o estudo das artes continuava preparatório para a Faculdade de Teologia, onde a doutrina da fé cristã era explicada e sistematizada. A filosofia grega e árabe, por um lado, e a teologia cristã, por outro, fazem afirmações divergentes sobre os entes humanos e o mundo, e ambos os lados reivindicam a verdade. As reivindicações à verdade da filosofia e da teologia eram a causa do que se poderia denominar (seguindo Kant) "o conflito das faculdades".

A Faculdade de Artes da Universidade de Paris, chamada por Alberto Magno de "a cidade dos filósofos", depois de 1260, tendia a tornar o estudo da filosofia independente da teologia. Um grupo de jovens mestres, liderado por Síger de Brabante, defendeu a autonomia da filosofia e da razão natural. Em suas análises de Aristóteles, chegaram a conclusões que estavam em conflito com a doutrina cristã. Assim, Síger de Brabante ensinou "a eternidade do mundo" (isto é, que o universo sempre existiu) e "a unidade do intelecto" (que há apenas um intelecto para toda a humanidade). Esse desenvolvimento na Faculdade de Artes perturbou cada vez mais os teólogos. Boaventura foi um dos primeiros a alertar contra "as concepções falsas dos membros da Faculdade de Artes".[28] Em 1270, o bispo de Paris condenou treze teses que eram ensinadas por mestres em artes. Nessa crise intelectual, Tomás de Aquino também tomou posição. Durante sua segunda cátedra em Paris, publicou tratados sobre as duas principais controvérsias.[29]

A controvérsia sobre a unidade do intelecto teve origem numa passagem obscura do *De Anima* de Aristóteles. No livro terceiro, investiga o intelecto, "a parte da alma por meio da qual ela conhece e pensa". Ele o descreve como "separado"; apenas o intelecto é "imortal e eterno" (430a17-23). O filósofo árabe Averróis, tão altamente considerado como um intérprete de Aristóteles no século XIII que foi

---

28 Boaventura, *Collationes in Hexaemeron* I, 9 (*Opera Omnia* V, p. 330).
29 Ver Van Steenberghen, 1980.

chamado "o Comentador", havia lido essa passagem no sentido de que o intelecto é um e o mesmo para todos os entes humanos. Pois, se o intelecto é "separado", não se multiplica nos indivíduos. Essa ideia pareceu particularmente chocante aos teólogos, pois era incompatível com a doutrina cristã da imortalidade individual e da responsabilidade moral pessoal.

Tomás de Aquino reagiu com o seu tratado *De Unitate Intellectus* (certos manuscritos adicionam a este título *contra Averroistas*). Embora Síger de Brabante não seja mencionado, esse trabalho é dirigido principalmente contra ele. A ideia da unidade do intelecto em Averróis implica que a alma racional não seja a forma substancial do corpo humano, mas essa posição é insustentável para Tomás por duas razões. Em primeiro lugar, é contrária à própria concepção de Aristóteles. Tomás deixa isso claro através de uma extensa exegese do *De Anima* e de uma investigação dos comentadores gregos. Sua conclusão (capítulo 2) é a de que Averróis "não era tanto um peripatético, mas sim um corruptor da filosofia peripatética" (*philosophiae peripateticae depravator*). Essa conclusão, que preserva a compatibilidade do aristotelismo com o cristianismo, deve ter fortalecido Tomás em sua convicção de que para um teólogo valia a pena escrever comentários às obras de Aristóteles. Em segundo lugar, a posição averroísta não é apenas exegética, mas filosoficamente insustentável. O argumento fundamental de Tomás repousa no fato evidente de "que este ente humano individual inteligir" – um fato que permaneceria inexplicável se a forma substancial de um ente humano não incluísse o intelecto, o princípio dessa atividade.

O aspecto mais marcante do *De Unitate Intellectus* está na argumentação puramente filosófica. No proêmio, Tomás de Aquino afirma que não é sua intenção mostrar que a posição de Averróis é incorreta porque contradiz a verdade da fé cristã – que é, observa ele, evidente para todos. Sua intenção é mostrar que essa posição contradiz "os princípios da filosofia". Ele quer desafiar Síger de Brabante em seu próprio terreno, não por meio de "documentos de fé", mas com fundamentos estritamente racionais.

O segundo tema acerca do qual a tradição cristã se opunha à filosofia grega era a tese da "eternidade do mundo".[30] Aristóteles concluiu, na *Física*, que o mundo é sem início devido à impossibilidade de explicar um início absoluto do movimento. Os mestres na Faculdade de Artes adotaram, enquanto filósofos, essa conclusão. Mas a doutrina cristã considera que o mundo começou a existir: "No princípio, Deus criou o céu e a terra".

Tomás de Aquino dedicou também um tratado separado a essa controvérsia, seu *De Aeternitate Mundi*. Depois de ter exposto a doutrina de "que a duração do mundo teve um início", coloca imediatamente o problema de saber "se [o mundo] poderia sempre ter existido". Ele argumenta que todo o problema se resume à questão de saber se os conceitos *criado por Deus* e *eterno* (*sem um início*) são contraditórios. A essa altura, torna-se claro contra quem é, de fato, dirigido esse tratado. Tomás se opõe, não aos mestres na Faculdade de Artes, mas aos colegas teólogos. Boaventura argumentou que a ideia de "um mundo eterno criado" contém uma contradição interna. A criação *ex nihilo* implica necessariamente um início no tempo.[31] De acordo com Tomás, por outro lado, a criação "a partir do nada" significa que as coisas são causadas por Deus no seu ser completo, mas essa dependência ontológica não implica necessariamente um início temporal. Uma causa não precede necessariamente o seu efeito na duração, mas pode ser simultânea ao efeito. Uma criação eterna é *possível*, filosoficamente falando. Não há argumentos convincentes que possam ser aduzidos para a "novidade" do mundo. Nesse ponto, nem a opinião dos filósofos de que o mundo é necessariamente eterno pode ser provada. Os argumentos de Aristóteles no sentido eternalista não são demonstrativos nem conclusivos, mas apenas prováveis. Que o mundo teve um início, sabemos apenas com base na revelação divina.[32]

O fato de Tomás de Aquino defender, no *De Aeternitate Mundi*, a possibilidade de uma criação eterna contra os teólogos é digno de nota. Ele

---

30 Ver Dales, 1990.
31 Boaventura, *In Sent* II, d. 1, p. 1, a. 1, q. 2 (*Opera Omnia* II, 22).
32 Ver o capítulo "Aristóteles e Tomás de Aquino" deste volume.

pretende fornecer um aprofundamento metafísico do conceito de criação, destacando que não é o conceito de *início*, mas o de *dependência original do ser* que pertence necessariamente à sua essência.[33] A ideia de Tomás provocou reações ferozes dos teólogos. Alguns anos após sua morte, o franciscano Guilherme de la Mare preparou o *Correctorium Fratris Thomae*, que continha 118 pontos de crítica. Uma das ideias mais censuráveis, para Guilherme, foi a rejeição, do irmão Tomás, da demonstrabilidade do início do mundo no tempo.[34]

"Todos os entes humanos desejam por natureza conhecer": a legitimidade da filosofia

As partes anteriores explicaram o papel da filosofia no pensamento de Tomás de Aquino, colocando suas obras no contexto "escolástico" do século XIII, mas esse quadro deve ser complementado por uma consideração mais direta da própria relação de Tomás com a filosofia.

Um ponto de partida apropriado é um texto do "Filósofo" – a célebre afirmação inicial da *Metafísica* de Aristóteles (980a21): "Todos os entes humanos desejam por natureza conhecer". Este texto de autoridade deve ter provocado um impacto considerável no meio universitário. Tomás de Aquino se refere a ele em vários contextos e também em suas obras teológicas. A afirmação de Aristóteles coloca em palavras algo que Tomás considera como essencial para os entes humanos. O desejo de conhecer é "natural", um desejo enraizado na natureza humana. Os entes humanos, precisamente porque são humanos, visam o conhecimento como seu fim. Por isso, Aristóteles pode inclusive dizer que *todos* os entes humanos desejam conhecer. Essa não é uma observação empírica, mas uma afirmação sobre a essência da humanidade.

---

33 Ver *QDP* q. 3, a. 14, *ad* 8 (*in contr.*): "É da noção de criação ter um princípio de origem [*principium originis*], e não de duração, a não ser compreendendo a criação como a fé compreende". Ver também o capítulo "Metafísica" deste volume.
34 Ver Aertsen, 1990 e Hoenen, 1990.

Esse aspecto ontológico é elaborado por Tomás de Aquino em seu *Comentário à Metafísica* (I, lect. 1-4). Diferentemente de Aristóteles, que apenas faz a afirmação, Tomás desenvolve três argumentos para o desejo de conhecer. O primeiro se baseia na tese de que cada coisa deseja naturalmente sua perfeição. Algo é perfeito na medida em que está completamente em ato, não na medida em que está em potência. O desejo de perfeição numa coisa é o desejo de atualização das suas potencialidades naturalmente essenciais. O que isso significa para os entes humanos? Aquilo pelo qual o ente humano é humano é o intelecto. Ora, através das suas potências cognoscitivas, uma pessoa tem acesso a todas as coisas, porém, apenas potencialmente. Os entes humanos não possuem nenhum conhecimento inato da realidade. O conhecimento é a atualização das potencialidades humanas naturais, a perfeição do ente humano. É por isso que os entes humanos desejam naturalmente conhecer. Com base nesse argumento, Tomás conclui que todo conhecimento científico e sistemático (*omnis scientia*) é bom, uma vez que o conhecimento é a perfeição do ente humano enquanto tal, a satisfação do seu desejo natural.[35]

Com essa conclusão, Tomás de Aquino se opõe a uma outra tradição da Idade Média que foi especialmente poderosa no mundo monástico. Essa tradição discerne e deplora a "curiosidade" humana, um desejo não virtuoso de conhecer do ente humano. Bernardo de Claraval (1090-1153), uma das principais figuras da vida intelectual do século XII, escreve: "Há, com efeito, os que querem conhecer somente por conhecer; e isto é curiosidade vergonhosa".[36] A autoridade por trás dessa tradição é Agostinho.

No Livro X, c. 35 das *Confissões,* Agostinho fala longamente do vício da curiosidade. Ele o chama de "apetite vão e curioso, disfarçado sob o nome de conhecimento".[37] A curiosidade é a tentação de buscar o

---

35 *In DA* I, lect. 1, n. 3: "É evidente que todo conhecimento é bom, porque o bem de uma coisa é aquilo segundo o qual a coisa tem o ser completado, que é o que cada coisa busca e deseja. Portanto, uma vez que o conhecimento é a perfeição do homem enquanto homem, o conhecimento é o bem do homem".
36 Bernardo de Claraval, 1958, *Sermo* 36.
37 N. T.: Assumimos a tradução de Lorenzo Mammì, *Confissões*. São Paulo: Penguin Classics/Companhia das Letras, 2017, p. 293.

conhecimento como um fim em si. Para Agostinho, o "conhecimento" tem um significado instrumental. Deve ser subordinado à salvação humana e orientado para a fé. Deus e a alma humana são as únicas coisas dignas de serem conhecidas. Nessa perspectiva, Agostinho critica a investigação dos filósofos sobre a natureza das coisas: "É essa mesma doença do desejo [...]. É por isso que se insiste em examinar as obras da natureza que estão longe de nós, e cujo conhecimento não ajuda nada; mas os homens desejam apenas saber".[38]

Para Tomás de Aquino, no entanto, o desejo humano de conhecer não é uma vã curiosidade. Seguindo Aristóteles, ele vê o desejo de conhecer como natural, algo que se origina da natureza humana e é dirigido para a perfeição humana. A tradição agostiniana de condenar o vício da curiosidade não desempenha, portanto, nenhum papel na obra de Tomás, caracterizada pelo novo mundo da universidade. Na parte da *ST* que trata do tema da curiosidade, ele afirma que "em si, o estudo da filosofia é lícito e louvável (*licitum et laudabile*)".[39] Os entes humanos se maravilham com as coisas e desejam conhecer as causas do que veem.

O progresso da filosofia

Individualmente e como espécie, nós apenas progredimos gradualmente no conhecimento das causas. O que foi tratado imperfeitamente pelos primeiros filósofos está mais próximo da conclusão por seus sucessores.[40]

Tomás de Aquino esboça essa progressão histórica na *ST* I^a, q. 44, a. 2. Ele coloca a questão "Se a matéria primeira é criada por Deus" e, ao discuti-la, reúne noções de duas tradições diferentes. "Matéria primeira" é um conceito básico em Aristóteles, a expressão filosófica de um

---

38 N.T.: *Ibid.*, p. 294.
39 *ST* II^a-II^{ae}, q.167, a. 1, *ad* 3.
40 Ver *ibid.*, q. 97, a. 1: "Parece ser natural à razão humana chegar do imperfeito gradualmente ao perfeito. Donde vermos nas ciências especulativas que aqueles que primeiro filosofaram transmitiram coisas imperfeitas, que depois pelos pósteros se tornaram mais perfeitas".

pressuposto comum do pensamento grego, a saber, que "do nada, nada é feito" (*ex nihilo nihil fit*). Cada instância do devir requer um substrato, e a matéria primeira é o substrato último. "Criação" é, no entanto, uma noção fundamental na doutrina cristã. Como a primeira objeção no artigo sugere, parece difícil ligar as duas noções, pois a matéria primeira em si mesma não pode vir a ser, uma vez que ela é o substrato de todo devir. Se a matéria primeira viesse a ser, teria o ser antes do seu vir a ser. "Portanto, a matéria primeira não pode ter sido feita". A filosofia grega e a doutrina cristã parecem irreconciliáveis. Em sua resposta, Tomás explica a história da reflexão filosófica sobre a origem do ser: "Os filósofos antigos penetraram pouco a pouco e quase passo a passo no conhecimento da verdade". Para ele, três fases principais podem ser distinguidas na progressão da filosofia.[41]

O primeiro passo foi dado pelos pré-socráticos. Eles estavam ainda tão ligados aos sensíveis que pensavam existir apenas coisas materiais. Consideravam que a matéria é a "substância" das coisas e que todas as formas são acidentes. Postulavam um ou mais substratos (água, fogo, etc.), que viam como princípios não gerados e indestrutíveis de todas as coisas. À medida que reconheceram as mudanças no substrato, isso consistiu apenas na "alteração", na mudança das suas formas acidentais.

A segunda fase no progresso da filosofia foi alcançada quando os filósofos entenderam que há uma distinção entre "matéria" e "forma substancial". Enquanto para os pré-socráticos o substrato era "atual" e o "devir", apenas uma "alteração", os filósofos posteriores postularam uma matéria primeira que é puramente potencial, e que é trazida à atualidade por meio de uma forma. Tomás de Aquino considera isso como um dos grandes méritos de Aristóteles, que, com sua doutrina da potencialidade da matéria, tornou possível reconhecer uma mudança *substancial* ou "geração".[42]

Tomás de Aquino enfatiza, no entanto, que o passo final ainda não havia sido dado, pois a geração também pressupõe algo. Os filósofos da

---

41 Para uma análise mais extensa deste texto, ver Aertsen, 1988, p. 196-201.
42 QDSC, a. 3: "Aristóteles resolve suas dúvidas afirmando que a matéria é apenas em potência".

primeira e da segunda fase consideraram a origem das coisas sob algum aspecto particular, a saber, como *este* ente ou *tal* ente. Assim, as causas que atribuíram ao devir das coisas eram particulares. Sua causalidade está restrita a uma ou outra categoria do ente: o acidente (como na primeira fase) ou a substância (como na segunda). Mesmo a doutrina aristotélica da matéria e da forma é inadequada para explicar a origem radical das coisas.

A terceira fase na progressão teve início quando alguns pensadores (*aliqui*) se elevaram até a consideração do ente enquanto *ente*.[43] Nessa análise metafísica, atribuíram uma causa às coisas, não apenas na medida em que elas são *tais* (por formas acidentais) e *estas* (por formas substanciais), mas consideradas também de acordo com tudo o que pertence ao seu *ser*. Essa processão de todo ente a partir da causa universal não é uma mudança ou devir, porque já não pressupõe nada naquilo que é causado. É criação, *ex nihilo*.

A visão do progresso da filosofia, de Tomás de Aquino, tem duas características marcantes. A primeira é a de que a reflexão filosófica procede de uma consideração particular a uma consideração mais universal do ente. A tese de Aristóteles de que a matéria primeira não é gerada, diz respeito ao modo particular do devir na natureza – o tipo analisado nas categorias aristotélicas. Nesse ponto, afirma-se que "do nada, nada é feito". Mas, para Tomás, isso não é definitivo. "E agora falamos das coisas segundo a sua emanação do princípio universal do ser, da qual certamente a matéria não é excluída" (*ST* I^a, q. 44, a. 2, *ad* 1). A origem considerada pelo metafísico é transcendental: ela concerne ao ente enquanto ente, não ao ente meramente analisado em categorias naturais. Nesse contexto, Tomás elabora sua tese de que todas as coisas criadas são marcadas pela composição de *essência* e de *esse* (que ele já havia desenvolvido no *De Ente et Essentia* e em sua doutrina da participação). As coisas receberam seu

---

43 Quem são esses *aliqui*? A. C. Pegis (1946, p. 162, n. 9) sugere que Tomás de Aquino "tem em mente aqueles pensadores cristãos que deram mais ouvidos ao *Genesis* do que ao platonismo ou aristotelismo". No entanto, há pelo menos um texto em que Tomás afirma que *quidam philosophi*, como Avicena, reconheceram, com base na demonstração, que Deus é o criador das coisas. Ver *In Sent* III, d. 25, q. 1, a. 2, obj. 2.

esse daquele que é o próprio ser, e sua relação com essa causa criadora é a relação de participação no ser.

Uma segunda característica marcante da visão de Tomás de Aquino é a de que a ideia de criação aparece como resultado do desenvolvimento *interno* do pensamento, independente do auxílio externo da revelação. Que o mundo seja criado não é apenas um dado da fé, mas também uma ideia filosófica. Tomás defendeu essa noção filosófica da criação, a produção do ser absolutamente, contra os teólogos no seu tratado *De Aeternitate Mundi*. A razão pode provar que a existência do mundo teve uma origem, mas não que o mundo teve um início temporal.

O desejo natural de conhecer Deus

Em seu *Comentário à Metafísica* (I, lect. 4), Tomás de Aquino desenvolve mais um argumento para a tese de que "todos os entes humanos desejam por natureza conhecer". Esse terceiro argumento é de especial interesse porque conecta a afirmação de Aristóteles com uma ideia neoplatônica. Tomás argumenta que é desejável que cada coisa esteja unida ao seu princípio ou origem, pois é nessa união que consiste a perfeição de cada coisa. Por essa razão, o movimento circular é o movimento mais perfeito, porque o seu final se une ao seu início. Somente por meio do intelecto um ente humano está unido ao seu princípio. Em consequência, o fim último dos entes humanos consiste nessa união. "Portanto, um ente humano deseja naturalmente conhecer".

Nesse argumento, Tomás de Aquino introduz a doutrina neoplatônica do movimento circular da realidade, que conhecia de Proclo e Pseudo-Dionísio.[44] A perfeição de um efeito consiste no retorno ao seu princípio. Aquilo do qual as coisas procedem se revela ser o seu fim: origem e fim, início e final, são idênticos.

Como podemos ver no *Escrito sobre os Livros das Sentenças* de Tomás de Aquino, ele adota a concepção neoplatônica da saída e do retorno das

---

44 Ver *In DDN* c. 1, lect. 3, n. 94: "E além disso, deve ser considerado que todo efeito volta para a causa da qual procede, como os platônicos afirmam".

coisas, embora com certas modificações. As coisas vêm a ser, não numa processão gradual a partir do princípio primeiro, mas porque todas são criadas por Deus. A "autoridade" do *Liber de Causis*, observa Tomás, não é para ser seguida na sua ideia de que as criaturas inferiores são criadas por meio de substâncias superiores.[45] Sua observação ilustra o modo crítico com que os escolásticos tratam um texto de autoridade. Deus, como Criador, é a origem imediata de todas as coisas. Uma vez que ele é o ente mais perfeito, toda criatura retorna naturalmente ao seu princípio. O final corresponde ao início. Portanto, o fim último das coisas não é alguma substância criada, mas apenas Deus.

No processo de retorno das criaturas a Deus, a criatura humana ocupa uma posição especial. Somente a natureza racional tem a capacidade de voltar "explicitamente" à sua origem.[46] Os entes humanos sozinhos são capazes de, por meio de sua atividade, alcançar Deus. Esse retorno é promovido no desejo natural humano de conhecer.

Tomás de Aquino elabora essa ideia na *SCG* III, c. 25. Há, por natureza, em todos os entes humanos o desejo de conhecer as causas de tudo o que veem. A busca não cessa até que se alcance a causa primeira, pois "julgamos que conhecemos perfeitamente quando conhecemos a causa *primeira*". Aqui, Tomás cita a definição de "conhecer" de Aristóteles (*Segundos Analíticos* I, 2, 71b10), mas com um acréscimo: o conhecimento perfeito é o conhecimento da causa *primeira*. Ora, a causa primeira de todas as coisas é Deus. Portanto, o fim último para nós é conhecer Deus. O fim último dos entes humanos e de toda substância intelectual é chamado "felicidade" ou "bem-aventurança". "Portanto, a bem-aventurança e felicidade última de toda substância intelectual é conhecer Deus". Nosso desejo de conhecer é finalmente, na interpretação de Tomás, o desejo natural do conhecimento de Deus. "A filosofia primeira [isto é, a metafísica] é totalmente ordenada ao conhecimento de Deus como ao fim último" (*SCG* III, c. 25).

---

45 *QDP* q. 3, a. 4, *ad* 10: "Este erro se encontra expressamente no livro *De Causis* (prop. 10); de que as criaturas inferiores foram criadas a partir de Deus por meio das superiores; donde, neste ponto, a autoridade daquele [autor] não deve ser aceita".
46 *QDV* q. 22, a. 2.

Os limites da filosofia

A filosofia pode realmente alcançar esse fim? A resposta de Tomás de Aquino a essa pergunta crucial é negativa, baseada na natureza especial do intelecto humano: ele é a forma do corpo. Para o nosso conhecimento intelectivo, dependemos da experiência sensitiva. "É natural aos entes humanos alcançar o inteligível por meio das coisas sensíveis". O conhecimento sistemático diz respeito exclusivamente ao conhecimento sensitivo. É claro, os sentidos não são a causa total de todo o nosso conhecimento, mas fornecem o material indispensável a partir do qual o intelecto abstrai o conteúdo inteligível. Disto se segue que os entes humanos não podem conhecer a essência de uma substância que não é perceptível pelos sentidos.

O único conhecimento de Deus que os filósofos podem alcançar é um conhecimento baseado nos efeitos de Deus no nosso mundo. Podem demonstrar, como Tomás de Aquino faz em suas "cinco vias", que há uma causa universal, Deus; podem fornecer uma resposta à questão de saber se Ele existe. Mas não podem fornecer nada parecido a uma consideração completa sobre *o que* Deus é; o conhecimento da essência divina permanece escondido aos entes humanos. Nesse conhecimento filosófico restrito, no entanto, nosso desejo de conhecer não é satisfeito, pois mantemos por natureza o desejo de conhecer a essência de Deus.[47]

Tomás de Aquino argumenta que a nossa felicidade perfeita, a satisfação do nosso desejo natural, somente pode consistir na contemplação da essência de Deus, na visão de Deus (*visio Dei*), na qual entendemos a resposta à questão sobre *o que* ele é. A partir disso, conclui (*ST* I^a-II^{ae}, q. 3, a. 6) que "a perfeita bem-aventurança não pode consistir na consideração das ciências especulativas", isto é, na filosofia em sentido amplo. A visão de Deus supera nossas potências e capacidades naturais. Esse nosso fim é literalmente sobrenatural.

Com essa conclusão, a filosofia está imersa numa crise. O fim último dos entes humanos parece inatingível por eles. Tomás de Aquino discute

---

47 Ver o capítulo "Metafísica" deste volume.

longamente as soluções de Aristóteles, dos comentadores gregos e dos filósofos islâmicos (*SCG* III, c. 41-48), porém, conclui que suas soluções são inaceitáveis. A filosofia não oferece nenhuma perspectiva de realização da vida humana. "Angústia" (*angustia*) é a palavra significativa usada por Tomás para caracterizar a situação (*SCG* III, c. 48).

A necessidade da teologia

No seu comentário a *Mateus* 5,8 ("bem-aventurados os puros de coração, porque verão a Deus"), Tomás de Aquino observa que alguns sustentam que Deus nunca será visto em sua essência. Mas essa ideia, argumenta ele, contraria a Escritura e a razão. Primeiro, a possibilidade da visão de Deus é prometida na Escritura, o fundamento da fé cristã. Por meio da revelação de Deus, o cristão é libertado da angústia da filosofia. Ele tem o conhecimento de uma realização futura da vida humana, pois, em 1 Jo 3,2 se lê: "O veremos tal como Ele é", e, em 1 Cor 13,12: "Agora vemos em espelho e de maneira confusa, mas, depois, veremos face a face".

A impossibilidade da visão de Deus contraria também a razão, porque a felicidade humana é aquela em que o desejo humano chega a um repouso. Ora, quando vemos um efeito, é nosso desejo natural inquirir a sua causa. Esse desejo não chega a um repouso até que alcancemos a causa primeira, a saber, a própria essência divina. "Portanto, Deus será visto na sua essência". Tomás de Aquino argumenta assim a partir do fenômeno do desejo de conhecer até a sua satisfação. Está implícito neste argumento a ideia de que o desejo de conhecer, por ser um desejo natural, não pode ser em vão; pois a operação da natureza é dirigida para o seu fim pelo Autor da natureza.[48] Com base nessa consideração, Tomás afirma repetidamente (por exemplo, na *SCG* III, c. 51) que deve ser *possível* aos entes humanos ver a essência de Deus.

Na argumentação de Tomás de Aquino, nesse comentário bíblico, o ensino da *fé* cristã a respeito da visão de Deus vai unido com o desejo *natural* de

---

48 Ver *SCG* III, c. 156: "Nas obras de Deus não há nada em vão, como nem nas obras da natureza; pois a natureza tem isto a partir de Deus".

conhecer. Essa síntese é uma indicação de que a fé não deve, de modo algum, ser concebida como uma eliminação da nossa natureza intelectual, mas sim como a sua perfeição. A visão de Deus supera as nossas potências naturais. Se quisermos atingir esse fim sobrenatural, nossa potência intelectiva deve ser fortalecida. A "visão beatífica" se torna um fim conatural aos entes humanos se, pela graça de Deus, alguns dons são acrescentados à natureza humana. Um desses dons é a "luz da fé", pela qual o intelecto humano é iluminado sobre o que supera a luz natural da razão.[49]

Essa perspectiva define a abertura da *Suma de Teologia* de Tomás de Aquino. Na *ST* I^a, q. 1, a. 1, ele investiga a necessidade da teologia. A teologia parece "supérflua" (obj. 1), considerando o fato de que as disciplinas filosóficas tratam de tudo o que é, até do próprio Deus? A resposta de Tomás enfatiza a necessidade, para a salvação humana, de um conhecimento baseado na revelação divina, em adição às ciências filosóficas, baseadas na razão humana. Primeiro, "os entes humanos se dirigem para Deus como um fim que supera a compreensão da razão". Por isso, certas verdades devem-nos ser comunicadas por revelação se quisermos dirigir o nosso pensamento e ações para o fim sobrenatural. E mesmo no que se refere às verdades sobre Deus que a razão humana é capaz de alcançar, a revelação divina não é supérflua, pois essas verdades são conhecidas apenas por poucas pessoas e mescladas com muitos erros. Por essas razões, a teologia, uma investigação racional baseada na revelação, é necessária.

A relação entre filosofia e teologia

O movimento circular de saída e de retorno se conclui na visão de Deus. Esse fim não pode ser alcançado pela filosofia. Um tipo diferente de ensino e de aprendizagem é necessário para mostrar a finalização sobrenatural do desejo humano de conhecer. A visão da relação entre filosofia

---

49 *QDVC*, q. 1, a. 10.

e teologia de Tomás de Aquino pode ser resumida em três princípios, que correspondem aproximadamente aos três grupos de suas obras (discutidas nas seções "O estado dos textos"; "O lugar da filosofia medieval na história da filosofia"; e "O método escolástico na filosofia medieval"), a saber, (a) seus escritos teológicos, (b) seus escritos filosóficos, e (c) seus tratados relativos às controvérsias entre as faculdades de teologia e de artes.

O primeiro princípio é o de que há uma *harmonia* entre a filosofia, guiada pela luz da razão natural, e a teologia, guiada pela luz da fé. É impossível uma verdade teológica contradizer uma verdade filosófica. Se esse fosse o caso, Tomás de Aquino argumenta, então necessariamente uma delas seria falsa. Por conseguinte, uma vez que tanto a luz da razão quanto a luz da fé procedem de Deus, Deus seria o autor do erro. Mas pensar em Deus como um enganador é absurdo. "E se nas afirmações dos filósofos se encontra alguma coisa contrária à fé, isso não é filosofia, mas sim um abuso da filosofia por falta da razão".[50] Um bom exemplo dessa afirmação é a reação de Tomás à doutrina da unidade do intelecto. Sua intenção no *De Unitate Intellectus* é mostrar que essa doutrina contradiz os princípios da filosofia. Na sua visão, um genuíno "conflito das faculdades" é em princípio impossível, porque uma "dupla verdade" é impossível.

O segundo princípio é o de que "a fé *pressupõe* o conhecimento natural, assim como a graça pressupõe a natureza" (*ST* I^a, q. 2, a. 2, *ad* 1). O conhecimento natural é primeiro e fundamental, uma vez que os dons da graça são acrescentados à natureza. A filosofia não deve ser reduzida à teologia; ela tem o seu próprio trabalho a fazer. Impulsionada pelo desejo natural de conhecer, procura as causas do que é visível e discute criticamente os resultados dos pensadores anteriores. É nesse espírito que Tomás de Aquino escreve o *De Ente et Essentia* e os comentários a Aristóteles.

O terceiro princípio é o de que "a graça não suprime a natureza, mas a aperfeiçoa" (*ST* I^a, q. 1, a. 8, *ad* 2). A fé é a perfeição do conhecimento natural. Tomás de Aquino desenvolve esse princípio a fim de explicar por que a teologia, a ciência que se baseia nos artigos de fé, faz uso da "razão

---

50 *In BDT*, q. 2, a. 3.

humana e da autoridade dos filósofos". Em suas obras teológicas, atribui à filosofia um lugar importante na consideração racional da verdade de fé. Tomás é um teólogo de profissão. No entanto, não são os filósofos profissionais do século XIII, mas o teólogo Tomás de Aquino que se encontra entre as figuras proeminentes da história da filosofia.

2 Aristóteles e Tomás de Aquino

JOSEPH OWENS, C. Ss. R.

Semelhanças e diferenças entre Aristóteles e Tomás de Aquino

Atualmente, uma impressão de certa forma predominante liga Aristóteles e Tomás de Aquino, como se ambos representassem o mesmo tipo geral de pensamento filosófico. Indicações *prima facie* parecem, é verdade, apontar para uma tendência unitária nos seus procedimentos filosóficos fundamentais. Tomás utiliza a lógica formal de Aristóteles. Ambos raciocinam em termos de atualidade e potencialidade; de causas material, formal, eficiente e final; e de divisão do pensamento científico em teórico e em prático ou produtivo. Ambos consideram a contemplação intelectual como o objetivo supremo do esforço humano. Ambos consideram a livre escolha como a origem da ação moral. Ambos distinguem claramente o material do imaterial, a sensação da intelecção, o temporal do eterno, o corpo da alma. Ambos fundamentam todo o conhecimento humano naturalmente acessível nas coisas sensíveis exteriores, e não nas sensações, ideias ou linguagem. Ambos consideram o conhecimento como um modo de ser no qual o percipiente e o perceptível, o cognoscente e o cognoscível, são um e o mesmo no ato do conhecimento.

Todos esses princípios estão claramente indicados em Aristóteles e em Tomás de Aquino. Pode parecer que seria difícil encontrar uma similaridade mais próxima entre dois grandes pensadores. Isso pode facilmente dar ocasião à afirmação de que, do ponto de vista estritamente filosófico, o pensamento de Tomás coincide com o de Aristóteles, apesar das diferenças de época histórica e de contexto cultural e religioso. De fato, essas indicações *prima facie* sobre uma coincidência fundamental foram suficientemente impressionantes para causar uma aceitação generalizada do rótulo "aristotélico-tomista" como o tipo de filosofia promovida pela encíclica *Aeterni Patris*[1] do Papa Leão XIII, de 1879, o documento que deu suporte eclesiástico ao tomismo moderno. Havia, é certo, outros tipos de pensamento neoescolástico, principalmente escotista e suareziano, que recorriam a Aristóteles para orientação, enquanto evitavam ou se opunham a Tomás. A absoluta identificação da filosofia aristotélica com o tomismo não foi totalmente unânime nos círculos neoescolásticos. Um neoescolástico poderia ser fortemente aristotélico sem ser tomista.

Além disso, há sérias dificuldades em encontrar uma correspondência direta entre as doutrinas filosóficas importantes em Tomás de Aquino e suas contrapartes em Aristóteles. Para Aristóteles, o ser e a essência são idênticos em cada caso particular. No máximo, podia haver uma distinção conceitual entre eles, embora fosse mais vantajoso para efeitos práticos considerá-los como idênticos.[2] Ambos eram conhecidos por meio da mesma operação intelectiva.[3] Em Tomás, por outro lado, encontra-se uma afirmação explícita de que há, em todas as criaturas, uma distinção real entre a coisa e o seu ser. O ser e a essência ou quididade eram conhecidos por atos intelectivos radicalmente diferentes.[4] De fato, a distinção real entre essência e ser pôde ser considerada nos círculos neotomistas como a verdade fundamental da

---

1 Leão XIII, 1879, p. 97-115. O título do manual neoescolático de Joseph Gredt, amplamente utilizado, foi *Elementa Philosophiae aristotelico-thomisticae* (Gredt, 1937).

2 "Pois, o mesmo é *um homem* e *homem*, e é *homem* e *homem* [...] Além disso, a *substância* de cada coisa é [...] do mesmo modo algo que é" (Aristóteles, *Metafísica*, IV, 2, 1003b26-33). "Mas inclusive nos facilitará o trabalho" (*Ibidem*, b26) não ver nenhuma distinção conceitual entre o ser e o uno na medida em que são "uma natureza" (a23). O mesmo argumento que estamos seguindo nessa passagem estenderá a preferência pela falta de uma distinção conceitual ao caso de uma coisa e seu ser.

3 "Pertence ao mesmo conhecimento tornar manifesto o que é [a quididade] e se isto é [seu ser]" (Aristóteles, *Metafísica*, VI, 1, 1025a17-18).

4 "Como há dois na coisa, a quididade da coisa e seu ser, a esses dois corresponde a dupla operação do intelecto. Uma que se diz 'formação' pelos filósofos, que apreende as quididades das coisas, e que também é chamada de 'inteligência dos indivisíveis' pelo Filósofo em *De Anima* III. Porém, outra atividade compreende o ser da coisa, por meio da composição da afirmação." (*In Sent* I, d. 38, q. 1, a. 3). Cf. I, d. 19, q. 5, a. 1, *ad* 7.

filosofia cristã,⁵ que permeou toda a metafísica tomista. Foi o centro nevrálgico da distinção entre Deus e as criaturas. Foi a base da demonstração da distinção real entre a natureza e as faculdades nas criaturas. Foi essencial para a prova da indestrutibilidade da alma humana, em contraste com o caráter perecível da alma nos outros animais e nas plantas. Foi em tudo crucial para o tomismo. No entanto, foi bastante não aristotélica.

Da mesma forma, as "cinco vias" para demonstrar a existência de Deus foram consideradas na neoescolástica como vitais para o pensamento filosófico tomista. No entanto, mesmo em Aristóteles falta o enquadramento básico para esses argumentos, apesar das semelhanças superficiais de estrutura. A metafísica aristotélica argumenta a partir da eternidade dos processos cósmicos e dos céus animados até a substância separada e imóvel como causa final. Se essa substância separada é única ou uma pluralidade, parecia indiferente a Aristóteles, que deixou a questão para os astrônomos responderem com base no número de movimentos originais que observavam nos céus. Os corpos celestes, dotados de almas, eram necessários a fim de que cada um amasse, desejasse e se esforçasse para a perfeição das substâncias separadas, cada um o melhor que pudesse no seu próprio modo distinto. Tomás de Aquino mesmo alertou seus leitores da firme convicção de Aristóteles na sempiternidade do movimento cósmico e do tempo, uma vez que o raciocínio subjacente a essa convicção se baseava nesses princípios.⁶ Em Aristóteles, não há menção à causalidade eficiente por parte das substâncias separadas. Cada uma tem consciência apenas de si e é incapaz de produzir qualquer realidade fora de si por meio de uma causalidade eficiente própria.

Essa situação aponta para uma diferença radical entre o pensamento filosófico de Tomás de Aquino e o de Aristóteles, apesar da utilização do vocabulário aristotélico por Tomás. O fraseado filosófico empregado pelos dois pensadores pode em grande parte ser o mesmo, mas os significados associados às mesmas expressões podem ser muito diferentes para cada uma delas. Isso suscita a questão geral de como os filósofos podem usar os mesmos

---

5   Ver Prado, 1911. Uma discussão equilibrada desse problema de "*la vérité fondamentale*" pode ser encontrada em Gilson, 1960a, p. 97-128.
6   *In M* XII, lect. 5, n. 2496.

termos e ainda entendê-los de modo totalmente diferente. Nos nossos dias, esse fenômeno pode ser facilmente explicado pelas diferentes circunstâncias históricas e linguísticas em que os vários filósofos se criaram. Cada um pensa dentro das ranhuras em que ele ou ela tenha sido colocado por essas circunstâncias, e seu modo de pensar deve ser sondado e interpretado à luz dessas circunstâncias. Especialmente, no contexto dessas considerações conhecidas, é possível perguntar como Aristóteles e Tomás puderam ter a mesma forma básica de pensar no plano filosófico, se suas circunstâncias culturais eram tão diferentes. Como poderia um teólogo cristão do século XIII, na Universidade de Paris, filosofar da mesma forma que um pensador grego na cultura pagã do século IV a. C., em Atenas?

Circunstâncias históricas e culturais do pensamento de Aristóteles

Aristóteles viveu numa civilização que já tinha experimentado o triunfo da arte pagã na poesia, música, escultura, pintura e arquitetura, no teatro e no atletismo, bem como na filosofia. Ele era filho de um médico, habituado às cortes de Felipe e Alexandre, e à corte de Hérmias em Atarneu e Assos. Foi aluno de Platão e participante das atividades da academia platônica. Deste modo, viveu em contato direto com o melhor da cultura grega, em suas múltiplas ramificações na investigação médica e científica, na vida política e nas atividades intelectuais. Teve um conhecimento excepcional da civilização do seu tempo. Respirando essa intensa atmosfera cultural desde ainda jovem, Aristóteles estava amplamente condicionado a realizar a plenitude do seu próprio pensamento pessoal. Em suas obras de ética, insiste várias vezes sobre a importância fundamental desse hábito cultural para a elaboração da filosofia prática. De fato, por meio desse hábito se adquire inicialmente os pontos de partida ou primeiros princípios da filosofia moral. O restante do pensamento moral procede desses primeiros princípios culturalmente incutidos.

Essa concepção de filosofia prática é explícita no texto aristotélico. A mesma noção pode ser estendida à filosofia teórica? Aristóteles não é tão explícito neste ponto. Mas, na *Metafísica* (II, 1, 993b4), ele diz que o hábito geral do pensamento filosófico foi transmitido pelos predecessores que o exerceram em tempos mais antigos, como se dependesse da educação dada por eles. De igual modo, no mesmo livro (II, 3, 994b32-995a3), insiste que absorvemos a instrução de acordo com os hábitos que adquirimos. Assim, mesmo fora do domínio da filosofia prática, Aristóteles parece reconhecer claramente, desde ainda jovem, a necessidade da educação correta. A influência formadora do meio cultural parece exercer uma determinação sobre a direção do pensamento especulativo. Os ecos emocionais de gratidão para com os antecessores indicam, neste contexto, tendências profundamente enraizadas de amor e de devoção ao tipo de pensamento que eles transmitiram. Em todo caso, a dependência do pensamento filosófico de um *ethos* que foi transmitido permite ao menos a flexibilidade implícita no termo *ethos*, juntamente com sua firmeza e sua eficácia para a determinação do hábito numa direção e não em outra. Isso parece estender à filosofia puramente especulativa a dependência de circunstâncias culturais, ao menos até certo ponto, em paralelo com o que Aristóteles insistira tanto no domínio prático. A noção de dependência essencial de uma filosofia das circunstâncias históricas parece ser tão aristotélica quanto pós-moderna, e toda comparação do pensamento de Aristóteles com o de Tomás de Aquino deve levar plenamente em conta essa dependência.

Quais circunstâncias e perspectivas culturais relevantes é preciso ter em mente quando se compara o pensamento de Aristóteles com o de Tomás de Aquino? A cultura grega era politeísta, suas mitologias consideravam uma pluralidade de deuses. Ela exibia pouco anseio, se é que havia algum, por um pai celeste amoroso, que exerce uma providência dedicada e terna sobre cada detalhe, mesmo o mais ínfimo, da vida humana. Em verdade, S. Paulo recorreu a alguns de seus poetas, que afirmaram serem também de sua descendência, mas faltava o sentimento familiar de proximidade assentado na concepção cristã da graça. A atividade humana como um todo se dirigia a objetivos desse mundo e não a uma vida com um pai celeste após a morte corporal. O pensamento grego podia, de fato, elevar-se a alturas admiráveis de beleza e de apreço pela bondade na sua poesia, arte, drama e filosofia. Mas o foco na felicidade da vida terrena atual era dominante. Esse foco estava muito acima da matéria bruta; no entanto, seu principal impulso se concentrava no que se poderia obter e desfrutar durante a vida na Terra.

Correspondendo a esses fatores culturais, o pensamento filosófico de Aristóteles adotou a noção de forma finita que tinha sido cultivada com sucesso admirável pela arte grega e pela contemplação intelectual. O mundo estava ali diante de seus olhos. Sua existência não suscitava nenhum problema. O argumento de Parmênides de que nada pode vir do nada era totalmente aceito. Os processos cósmicos são, de acordo com isso, sem início temporal e nunca chegam a um fim. A ascensão e queda das civilizações, perpetuamente repetidas, asseguravam a continuação da educação moral necessária ao raciocínio prático e, nesse sentido, não se procurava nenhuma revelação divina. A felicidade humana era alcançada em um vida inteira na Terra por meio da contemplação intelectual dos objetos mais elevados da mente, ou, de forma secundária, por meio do exercício das virtudes práticas que tornam essa contemplação possível. Está ausente de forma nítida a preocupação com os indivíduos física, mental ou economicamente incapazes dessa felicidade.

Circunstâncias históricas e culturais do pensamento de Tomás de Aquino

Um tipo consideravelmente diferente de filosofia é esperado de um pensador cujo hábito, desde ainda jovem, foi profundamente cristão. Tomás de Aquino viveu no século XIII, num momento em que a civilização feudal já havia alcançado seu auge e mostrava sinais de decadência. A família de Tomás, membro da baixa nobreza, fez a sua parte nas querelas feudais do momento e experimentou os desencorajamentos e reveses da mudança das circunstâncias políticas. Revoltas que visavam melhorar as coisas pareciam invariavelmente piorá-las. Em uma de suas obras, Tomás escreve: "Se não for excessiva a tirania, mais conveniente é temporariamente tolerá-la branda, do que, na oposição ao tirano, ficar-se emaranhado em muitos perigos mais graves do que a própria tirania. [...] Verdadeiramente, costuma acontecer, na tirania, tornar-se a posterior mais grave que a precedente, pois não retira os gravames anteriores e, até, pela perversidade do coração, excogita novos".[7] Essa postura pessimista diante dos esforços de mudança política contrasta com o forte *élan* da Atenas do século IV a.C. em relação à vida política. Mas testemunha uma postura de confiança na realização da felicidade pelas forças espirituais, em vez das temporais, uma postura que é perfeitamente lógica quando a felicidade terrena é colocada no esforço para uma felicidade eterna a ser alcançada após a morte corporal.

Quando Tomás de Aquino tinha cinco anos, foi enviado ao mosteiro beneditino em Monte Cassino para começar a sua educação nas artes. A partir dessa idade precoce, conheceu diretamente a vida monástica cristã e absorveu a sua atmosfera espiritual. Ainda em sua juventude, foi arrebatado pela corrente de entusiasmo intelectual que varria as universidades da época. Ele se tornou frade dominicano e viveu a vida religiosa dominicana, enquanto completava a sua educação formal nos *studia* da ordem em Paris e em Colônia. Neste período, lançou-se totalmente nos problemas e controvérsias da época, com uma admiração por Aristóteles que aumentou com os anos. Na última década de sua vida, ocupou-se predominantemente de comentários aos textos aristotélicos.[8]

Não é difícil ver as semelhanças e, ao mesmo tempo, as profundas diferenças na respectiva formação intelectual e habilitação filosófica de Aristóteles e Tomás de Aquino. Assim como Aristóteles, Tomás teve contato direto com as disputas políticas e turbulências do seu século. Assim como Aristóteles, desfrutou das melhores oportunidades educacionais para a filosofia da sua época. Tomás teve Alberto Magno como mestre em Colônia ou Paris, assim como Aristóteles tinha Platão e a Academia em Atenas. Mas apesar dos

---

[7] Ver também Tomás de Aquino, 1949, p. 24-25. [N.T.: Utilizamos a tradução de Francisco Benjamim de Souza Netto (Tomás de Aquino. *Escritos políticos de Santo Tomás de Aquino*. Petrópolis, RJ: Vozes, 2011, p. 143). As referências dessa tradução seguem esta configuração: Souza Netto, ano e página].
[8] Ver o capítulo "A filosofia de Tomás de Aquino em seu contexto histórico" deste volume.

problemas pessoais causados por sua ligação com a Macedônia e seu *status* de estrangeiro em Atenas, Aristóteles ainda podia esperar pelo triunfo da filosofia pura nas mentes individuais e em civilizações cíclicas recorrentes.

Tomás de Aquino, por outro lado, a partir de sua casa e vida familiar cristã, e do conhecimento precoce do monasticismo, acostumou-se desde cedo a considerar a felicidade humana como estando acima de todas as vicissitudes terrenas. Desse ponto de vista, o sucesso ou fracasso na vida cotidiana tinha apenas uma importância secundária. O único objetivo que realmente importava era trabalhar em direção a uma felicidade eterna após a morte, de acordo com os ensinamentos da fé cristã. O destino sobrenatural e ultramundano consistia, de fato, como em Aristóteles, na contemplação intelectual. Mas para a crença cristã, essa contemplação intelectual se alcançava pela graça divina, não pelo esforço humano sem auxílio. Isso significava que, numa visão ampla, o objetivo mais importante era promover a doutrina e a obra da Igreja. O resultado foi que Tomás produziu todos os seus escritos como teólogo, e não como filósofo. Apesar disso, sua formação aristotélica permeia essa obra teológica. Para empregar a sua própria metáfora, a água da filosofia foi absorvida pelo vinho da teologia.[9] Contudo, ela permaneceu filosofia. E a filosofia, empregando a mesma figura de linguagem, foi essencial ao seu pensamento teológico, assim como a água é ao vinho, mesmo que a água possa ser separada apenas por destilação.

A postura e o hábito cristãos fazem inevitavelmente uma grande diferença no pensamento filosófico, o que leva à pergunta: "De que maneira um cristão pode filosofar como se ele ou ela nunca tivesse ouvido falar do cristianismo?".[10] A força probatória de qualquer argumento filosófico deve

---

9 "Daí que aqueles que utilizam os textos filosóficos na doutrina sagrada, reduzindo-os à submissão para com a fé, não misturam a água com o vinho, mas mudam a água em vinho" (*In BDT*, q. 2, a. 3, *ad* 5; Tomás de Aquino, 1987, p. 50). Com Boaventura, havia a questão do vinho da Sagrada Escritura, acompanhada de uma preocupação com as proporções da mistura: "Com efeito, nem tanto da água da filosofia deve ser misturada ao vinho da Sagrada Escritura que a mude de vinho em água" (*Conferências sobre os Seis Dias*, em Boaventura, 1960-1070, V, 291). Sobre esse tópico, ver Quinn, 1973, p. 814-815.
10 "De que maneira os que têm essa revelação poderiam filosofar como se não a tivessem?" [N. T.: Utilizamos a tradução de Eduardo Brandão (GILSON, E. *O Espírito da Filosofia Medieval*. São Paulo: Martins Fontes, 2006, p. 9)]. Ver Gilson, 1940, p. 5.

estar assentada unicamente em razões naturalmente acessíveis à mente humana. Nenhuma premissa divinamente revelada pode ser usada para fins de demonstração na filosofia. Mas o que foi revelado é bom, verdadeiro, existente e caracterizado por inúmeros outros aspectos conhecidos naturalmente. Pode ser um objeto de estudo sob estes aspectos naturalmente conhecidos. Nessa medida, as verdades divinamente reveladas se tornam um objeto de estudo filosófico. Permanecem como objetos e não se tornam meios de demonstração. Mas o hábito cristão para com elas influencia a escolha dos tópicos e das vertentes de interesse e, em plena conformidade com as normas da hermenêutica pós-moderna, deve ser tomado em consideração na interpretação do seu significado filosófico. A influência é recíproca, na medida em que o interesse cultural concentra a atenção sobre um significado que o termo filosófico pode ter, e esse significado, que de outra forma poderia escapar à atenção, enriquece a noção em sua utilização através das áreas puramente filosóficas.

O conceito do ser no pensamento de Aristóteles e de Tomás de Aquino

Determinadas noções naturalmente acessíveis podem servir para ilustrar como o pensamento filosófico aborda os objetos revelados de forma sobrenatural, e como, por sua vez, o hábito para com esses objetos influencia profundamente a filosofia de Tomás de Aquino a seu respeito. A mais destacada é a noção do ser, o objeto que especifica a investigação metafísica. É uma noção tomada das coisas sensíveis tanto em Aristóteles quanto em Tomás.

Tudo o que está na nossa percepção é conhecido como um ser. Se acontece de ser um metal, uma planta, um animal ou uma pessoa humana, é uma substância. Se é uma cor, uma grandeza ou uma relação, é um acidente e requer uma substância na qual sobrevém. Se está bem diante dos nossos olhos, está em ato. Se existirá no futuro, ainda é algo em potência e requer uma causalidade eficiente para torná-lo em ato. Se sofre mudança, é temporal e composto de matéria, que muda de uma forma em outra.

Quando pensamos nas coisas sem matéria e, portanto, sem potencialidade para mudança, consideramos objetos que são apenas seres, em contraste com o vir a ser e o perecer. Eles são as primeiras instâncias do ser. Todas as outras coisas são seres através da referência central a eles.

Eis a explicação de Aristóteles sobre o ser. Todos os seres existem de uma forma ou de outra, seja na realidade ou no pensamento. Mas Aristóteles não mostra uma preocupação especial com o ser enquanto noção filosófica. Não há distinção real entre a coisa e o ser, ambos são conhecidos pela mesma operação mental, e na sua metafísica é mais fácil não apresentar uma distinção conceitual entre os dois.[11] O ser de uma coisa e o que ela é coincidem. Não se coloca o problema do mundo como necessitando de um criador para fazê-lo existir, e uma causa eficiente é explicada em termos do movimento originário, em vez da doação do ser. Por ser totalmente imutável, a forma separada tem em si e por si mesma a natureza do ser. Todas as outras coisas dependem dela através da causalidade final para sua permanência e, consequentemente, para seu ser. Desse modo, a forma separada é a primeira instância do ser, e todo o restante tem o ser através de uma referência central a ela.

Consideremos como essa concepção do ser assumiu drasticamente um novo significado quando foi abordada por Tomás de Aquino. Ele estava condicionado pela leitura das Sagradas Escrituras, cuja frase inicial declara que, no princípio, Deus criou o céu e a terra. Em linguagem filosófica, isso significava que Deus era a causa eficiente primeira de todas as outras coisas. Dessa forma, Deus era a primeira instância do ser. Sua natureza era aquela à qual todos os outros seres tinham referência central como seres. Mais adiante, no *Êxodo* (3,14), Deus revela seu próprio nome em termos do ser. *Ego sum qui sum* ("eu sou aquele que sou") era a maneira como se lia o texto na tradução da *Vulgata*. Essa era, para Tomás, a "verdade sublime" que o cristão conhecia sobre o ser.[12] Era o próprio nome e a natureza de Deus. Em linguagem aristotélica, significava que a primeira instância do ser era Deus, o Deus que agora era revelado como um pai afetuoso e amoroso,

---
11 Ver notas 2 e 3 deste capítulo.
12 Tomás de Aquino, *SCG* I, c. 22.

profundamente interessado e preocupado com os filhos que criou à sua imagem e semelhança. Sua causalidade eficiente se estendia a tudo o que ocorria, na medida em que ele concorria como causa primeira em tudo o que era feito por suas criaturas, e as conservava no ser. A referência central através da causalidade eficiente era assim onipresente.

Embora esse ponto de vista não fosse aristotélico, as noções aristotélicas eram flexíveis o suficiente para dar suporte ao conteúdo ampliado da revelação. Alguns intérpretes contemporâneos consideram, é verdade, incompreensível a união de ambos. Eles afirmam que são incapazes de ver como a substância separada aristotélica, enquanto primeiro motor, pode coincidir com o Deus amoroso e providente das Escrituras. A neutralidade remota e a indiferença do primeiro motor aristotélico permanecem irreconciliáveis com o Deus judaico-cristão. Mas Tomás de Aquino não teve qualquer dificuldade em relação a isso. Ele abordou o problema do ponto de vista da noção do ser que encontrou no *Êxodo*. Deus é, por natureza, ser. Estes são o nome e a natureza adequados a ele. Ninguém mais pode ter essa natureza, pois, de acordo com as Escrituras, não podem ser permitidos os deuses estranhos. Somente Deus tem o ser como sua natureza. Filosoficamente, estava indicada a unidade do ser subsistente.

Nesse aspecto da natureza básica, Deus, na visão de Tomás de Aquino, continuou a ser completamente remoto das outras coisas. Nenhuma criatura pode ter o ser como sua natureza. Seu ser é necessariamente diferente da sua natureza e necessita da doação de uma causa eficiente. Em última análise, o ser é dado por Deus como causa eficiente primeira, por meio de criação, conservação e concorrência na atividade de cada criatura. Essa doação do ser por Deus se estende até o mais ínfimo detalhe. Ela se estende segundo a causalidade pela qual Deus faz os entes humanos à sua imagem e semelhança. Dessa forma, ele os torna, de fato, seus próprios filhos pela graça, com todo afeto e ternura, interesse e preocupação que essa relação implica. Não há frieza nem insensibilidade nessa relação do ente primeiro com as suas criaturas, apesar do abismo infinito que separa as naturezas essenciais do criador e da criatura. Do ponto de vista do ser e da atividade, a relação é extremamente próxima e íntima.

Mas, se a aplicação da filosofia aristotélica à esfera do sagrado não afetou a sublimidade nem mudou a natureza do objeto divino, é possível dizer o mesmo em relação à influência exercida sobre aquelas noções filosóficas por meio do seu contato com a teologia?[13] No caso presente, o que acontece à noção do ser quando é empregada por Tomás de Aquino para explicar esse objeto superior? Tomás elabora o seu próprio pensamento. Ele lera que o nome próprio de Deus é ser, o nome que distingue a natureza de Deus das naturezas de todos os outros seres. O ser não pode ser a natureza nem pertencer à natureza de qualquer outra coisa. Em qualquer caso, o ser da criatura permanecerá distinto da natureza da criatura. O ser não pode vir da própria natureza da criatura, pois sem o ser não haveria criatura para produzi-lo. Deve vir de outra coisa: da causa eficiente primeira. Além disso, na criação proclamada pelo *Gênesis* não havia nada antecedente para receber o ser. Havia apenas a doação do ser.

É um desenvolvimento radical da noção aristotélica de causalidade eficiente. Continua a reconhecer a forma aristotélica como causa do ser, mas somente sob a atividade de uma causa eficiente.[14] Torna a causalidade eficiente anterior a todas as formas finitas, de modo que a forma finita é criada em razão do ato de ser que ela limita e especifica.[15] Agora, a causalidade eficiente tem por objeto toda coisa finita e se estende à produção tanto da matéria quanto da forma por um ato criador – criação ao invés de começo do movimento. Em Aristóteles, a matéria se relacionava com a forma tal como a potência com o ato, mas agora a coisa finita inteira é vista em si mesma como uma potência ao seu próprio ser.[16]

Isso, assim concebido, é muito diferente da noção do ser que fora desenvolvida por Aristóteles. Entretanto, ela é prontamente colocada sob o conceito geral aristotélico de ato, que era suficientemente adaptável para sofrer uma maior extensão. Mas trouxe, desse modo, um ponto de partida metafísico não disponível ao antigo pensador grego. A nova noção era a

---

13 Ver o capítulo "Teologia e filosofia" deste volume.
14 Tomás de Aquino, *ST* Iª, q. 104, a. 1, *ad* 1.
15 Tomás de Aquino, *QDP*, q. 7, a. 2, *ad* 9.
16 Ver o capítulo "Metafísica" deste volume.

de um ato diferente de tudo nas naturezas das coisas sensíveis, um ato que não havia sido destacado na filosofia aristotélica. Aristóteles não havia enfocado o ser das coisas como um ato distinto de suas naturezas. O ser era considerado como o ser das coisas e idêntico a elas na realidade. Se fosse considerado como distinto conceitualmente *das* coisas, não teria um papel na sua metafísica.[17]

Com Tomás de Aquino, ao contrário, o ser da coisa se identifica com o aspecto expressado pelo termo "existência". É um aspecto que contrasta nitidamente com a natureza de uma coisa finita. O ser está presente como natureza apenas em Deus. Todo o restante deve recebê-lo como um ato que procede do exterior a partir de uma causa eficiente. Nesse contexto, Tomás pode seguir a estrutura da argumentação aristotélica a partir das coisas sensíveis, em sua mistura de ato e potência, para um ato que não tem potencialidade. Mas, enquanto para Aristóteles o ato alcançado era a forma finita, para Tomás é o ser infinito. Essa diferença radical surgiu do modo como o ato nas coisas sensíveis foi concebido. Para Aristóteles, as coisas estavam em ato por meio de sua forma. Para Tomás, o composto de forma e matéria se tornava em ato por meio do ser. O ser era, desse modo, o ato principal de toda coisa finita, e sempre distinto da natureza da coisa.

Condicionado por sua crença na afirmação bíblica de que o nome e a natureza de Deus é ser, Tomás de Aquino não poderia contribuir em nada além de fornecer uma consideração mais atenta do modo como o ser das coisas sensíveis é conhecido. Da mesma forma que Aristóteles, localizou a origem de todo conhecimento naturalmente acessível nas coisas sensíveis. Ele viu que elas existem e têm consciência sobre o que são, certamente até onde considerado por Aristóteles. Mas, em sua interpretação de Aristóteles, teve predecessores islâmicos também condicionados por sua crença religiosa de que o mundo recebeu seu ser de Deus.[18] Ele sabia que distinguiram a operação mental pela qual a natureza de uma coisa é conhecida da operação pela qual seu ser é apreendido.[19] Denominaram essas duas operações

---

17 Ver nota 2 deste capítulo.
18 Ver o capítulo "Tomás de Aquino e os pensadores islâmicos e judeus" deste volume.
19 Tomás de Aquino, *In Sent* I, d. 38, q. 1, a. 3. Ver Rahman, 1958, p. 2-4.

de diferentes modos. Ele próprio, com base numa classificação aristotélica, chamou a primeira dessas operações mentais de apreensão de uma quididade simples (mais tarde, classificada como "simples apreensão"). Em contraste, a segunda operação do intelecto era complexa. Consistia em formar uma proposição, na qual um predicado ou noção verbal estava unido ou separado de um sujeito. Era também uma apreensão. Mas, enquanto a primeira operação mental era a apreensão da quididade ou natureza da coisa, a segunda era a apreensão do seu ser[20] (mais tarde, tornou-se conhecida regularmente como "juízo").

Essa epistemologia básica é clara. Ela significa que o conhecimento humano da quididade ou natureza e o conhecimento humano do ser têm duas origens radicalmente diferentes. Contrariamente ao princípio de Aristóteles, *o que uma coisa é* e *que ela é* não são apreendidos pela mesma operação do intelecto. O resultado é que conhecer o que uma coisa é nunca dará o conhecimento do seu ser. É por isso que, para Tomás de Aquino, a definição do que Deus é não pode servir de fundamento para o raciocínio sobre sua existência num argumento ontológico. Para que esse argumento anselmiano fosse conclusivo, ter-se-ia que pressupor na definição em si que, de fato, Deus existe.[21] No próprio procedimento de Tomás, a recepção do ser nas coisas do mundo real é apresentada como procedendo, em última análise, do ser que subsiste. O ser subsistente é então apresentado como a natureza ou quididade de Deus.[22] O ato de ser é, dessa forma, pressuposto e incluído na noção de Deus, do modo como é alcançado filosoficamente por Tomás. Mas nenhuma soma de raciocínios com base no que as coisas são pode levar a uma conclusão sobre o ser.

Essa consideração tem profundas implicações na metafísica de Tomás de Aquino. Conforme ele desenvolveu, significa que o conhecimento humano sobre o que uma coisa é ocorre por uma "abstração não precisiva" da

---

20 "Mas nosso intelecto, cujo conhecimento se origina de coisas que tem ser composto, apreende este ser apenas compondo e dividindo" (*In Sent* I, d. 38, q. 1, a. 3, *ad* 2). Ver também o capítulo "Teoria do conhecimento" deste volume.
21 Tomás de Aquino, *ST* Iª, q. 2, a. 1, *ad* 3.
22 *Idem*, *DEE*, c. 4, n. 94-146.

quididade da coisa a partir dos indivíduos nos quais se encontra.[23] Mesmo aqui, a terminologia marca uma nítida diferença para com Aristóteles. Aristóteles emprega regularmente o termo "abstração", mas apenas para os entes matemáticos. Por "abstração", ele quer dizer que os objetos da matemática são extraídos pela mente em separado das qualidades sensíveis nas quais estão inseridos nas coisas. Após a abstração, as substâncias permanecem para a consideração apenas na medida em que são dimensionais ou calculáveis. Dessa forma, na extensão do termo "abstração", por Tomás, as naturezas substancial e acidental da coisa sensível são consideradas em separado dos indivíduos nos quais elas se encontram no mundo. A noção de *humano* é abstraída de mulheres e homens individuais; a noção *animal*, de humanos e de outros entes sensitivos; a noção *vivo*, a partir destes, juntamente com as plantas; e a noção *corpo*, das coisas com vida e sem vida perceptíveis. Essas noções abstratas fundamentam o nosso conhecimento universal das coisas sensíveis.

Até aqui, os pontos de vista de Tomás de Aquino correspondem aos de Aristóteles, apesar de Aristóteles não empregar o termo "abstração" nesse sentido. Quando o alcance é estendido às coisas além do mundo sensível, é possível notar uma ligeira diferença. Aristóteles considera o sensível e o suprassensível sob a noção única de *ser*, por causa da referência essencial que todos têm com a substância separada, a primeira instância do ser. Tomás, por outro lado, considera uma coisa como um ente por ter o ato de ser.[24] Para ele, então, a referência é ao ser, que é conhecido originalmente por meio do juízo. No que se refere à extensão da noção do *ser* ao suprassensível, ele fala disso, não como ocorrendo por abstração, mas sim por "separação". Envolve uma separação da noção de *forma* da noção de *matéria informada*. Essa separação não se faz por abstração, a qual requer que o intelecto tenha diante de si as instâncias dos tipos relevantes, como acontece no caso de humanos, animais e corpos vivos. Mas o intelecto não tem diante de si as instâncias de coisas corporais e incorporais, de modo que não pode simplesmente abstrair delas uma noção que seja comum ao sensível e ao

---

23 Ver o capítulo "Teoria do conhecimento" deste volume.
24 "O nome ente é tomado do ato de ser, não do que é conforme ao ato de ser" (*QDV*, q. 1. a. 1, *ad* s.c. 3).

suprassensível. Assim, "de acordo com a operação pela qual compõe e divide, distingue um do outro pelo fato de que intelige que um não está no outro".[25] É uma separação feita pela operação do juízo, e não por aquela da simples apreensão.

Em Tomás de Aquino, a abstração não precisiva torna possível a plena identidade de sujeito e predicado, permitindo afirmar que Sócrates é um homem, ou que este cavalo é um animal. Como a expressão "não precisiva" indica, ela não desliga ou exclui qualquer um dos outros elementos; apenas não os leva em consideração. A abstração precisiva, por outro lado, desliga, exclui ou prescinde dos elementos deixados pela abstração. O resultado da abstração precisiva é expressado em português por substantivos abstratos, como exemplo, por "humanidade" em contraste com "ente humano". Não é possível dizer que Sócrates é sua humanidade da forma como se diz que Sócrates é um ente humano. Nem a humanidade é a animalidade da forma como um ente humano é um animal. Nada contradiz Aristóteles nesse desenvolvimento da doutrina da predicação, mas é um avanço notável na compreensão filosófica. Indica o pensamento novo e original de Tomás, permitindo-lhe fazer a afirmação metafisicamente crucial de que uma natureza pode ser abstraída de todo ser, sem prescindir de qualquer um dos modos em que possa existir.[26] Isso mostra porque se pode conhecer o que é uma fênix ou uma montanha de ouro sem conhecer qualquer coisa sobre o seu ser. Mesmo o ser de qualquer objeto no próprio pensamento é conhecido por meio de um juízo, e não por meio de qualquer tipo de conceptualização intelectiva.

---

25 Tomás de Aquino, *In: BDT*, q. 5, a. 3 [N.T.: Citamos de acordo com a tradução de Carlos Arthur R. do Nascimento: Tomás de Aquino. *Comentário ao 'Tratado da Trindade' de Boécio: questões 5 e 6*. São Paulo: Fundação Editora da Unesp, 1999, p. 120]. Tomás de Aquino, 1986, p. 37.

26 "Portanto, é claro que a natureza do homem, absolutamente considerada, abstrai de qualquer ser, de tal modo, porém, que não haja exclusão de nenhum deles [*Ergo patet quod natura hominis absolute considerata abstrahit a quolibet esse, ita tamen quod non fiat praescisio alicuius eorum*]". (*DEE*, c. 3, n. 68-70). [N.T.: Reproduz-se a tradução de Carlos Arthur R. do Nascimento: Tomás de Aquino. *O Ente e a Essência*. Petrópolis, RJ: Vozes, 2009, p. 26. As traduções de Nascimento utilizadas nesta obra serão assim referidas: Nascimento, ano e página].

A falta de qualquer ser na natureza da coisa também permite a Tomás de Aquino ver que o ser deve proceder de outro, e, em última análise, do ser que subsiste. Ele também fornece uma explicação convincente de como a mesma coisa pode existir tanto na realidade quanto no conhecimento e, assim, de como a coisa existindo exteriormente ao conhecimento é a mesma coisa que é conhecida. De modo semelhante, explica como o cognoscente e a coisa conhecida podem ser idênticos no ato cognoscitivo. Essas importantes consequências epistemológicas se seguem à intelecção da essência ou natureza como algo conhecido por meio da conceptualização, ao passo que o ser é conhecido por meio de um ato diferente, a saber, o juízo. Para Aristóteles, ambos eram apreendidos pela mesma operação intelectiva. Embora tenha explicado o fato do conhecimento pela união do cognoscente e da coisa conhecida no ato cognoscitivo, e considerado o sujeito como unido ao predicado pela cópula numa proposição, não tinha a noção de que essas uniões eram efetuadas por um ato para além da natureza da coisa e apreendidas somente pelo ato do juízo. O novo vocabulário de Tomás aponta para uma maior penetração em tópicos que Aristóteles havia tratado e um método original de abordá-los.

Para Tomás de Aquino, o ser enquanto apreendido pelo juízo era um ato que havia escapado à atenção de Aristóteles. No entanto, como percebeu Tomás, era o ato de todo ato e a perfeição de toda perfeição. Sem ele, um objeto não seria absolutamente nada, de modo que isso permeia por completo a metafísica de Tomás. É o fundamento no qual Tomás pode tomar conceitos aristotélicos para a sua argumentação e a partir deles tirar conclusões tão diferentes. Quando Tomás argumenta na direção de um ato sem qualquer potencialidade de uma maneira que é, à primeira vista, aristotélica, o objeto alcançado não é uma forma finita como era em Aristóteles. É o ser infinito, incapaz de ser pluralizado, mas capaz de criar, conhecer e prover às criaturas. O ato puro de Aristóteles estava confinado em si mesmo, incapaz de conhecer qualquer outra coisa ou ter interesse em qualquer outra coisa exterior a si. Podia ser apenas uma causa final, e não uma causa eficiente, um tipo radicalmente diferente de ser do ato puro inferido por Tomás.

A diferença vital entre a argumentação de Tomás de Aquino e a argumentação de Aristóteles reside no tipo de ato do qual cada um parte.

Ambos começam com as coisas do universo sensível. Mas o ato que Aristóteles vê nelas é a forma finita, a forma que determina suas matérias. Desse tipo de ato, argumenta na direção das formas puras, que são finitas. Tomás, ao contrário, começa do ato de ser que as coisas sensíveis recebem de outro. É o ato apreendido por meio do juízo, e não por meio da conceptualização das naturezas finitas. O ser apreendido desse modo é limitado, de fato, pela natureza que ele determina. Mas, na sua própria noção, não contém nenhum fator limitante. Quando alcançado como ato puro, é infinito. Nele, não é possível nenhuma característica limitante.[27] Infinito em toda perfeição, esse ato puro é um criador, conhece até o mínimo detalhe tudo o que foi criado, e exerce o amor e a providência. Assim, o que torna a demonstração de Tomás em seus resultados tão diferente daquela de Aristóteles é a diferença radical do ato a partir do qual começa, apesar de qualquer semelhança estrutural que possa ser vista em seu procedimento.

Essas considerações deveriam ser suficientes para esclarecer tanto o modo como o pensamento filosófico de Tomás de Aquino é dependente e devedor da obra do seu grande predecessor grego, quanto a diferença radical entre os dois tipos de metafísica que são desenvolvidos respectivamente nos seus escritos. A diferença das suas concepções do ser permeia tudo. Outros conceitos metafísicos, tais como os de verdade, bem e relação, também poderiam ser explorados para avaliar as diferenças e as semelhanças entre os dois procedimentos filosóficos. O resultado seria substancialmente o mesmo. O condicionamento de Tomás por meio da sua educação cristã do século XIII, ver-se-á, leva-o a pontos de partida que faltavam ao seu predecessor do século IV a. C. e, em resultado, emerge uma filosofia nova e profundamente original. Seu vocabulário filosófico permanece, em grande medida, o vocabulário de Aristóteles. No entanto, a originalidade do seu pensamento o compele a expressões que, às vezes, são consideravelmente diferentes daquelas de Aristóteles. Mas, mesmo onde a formulação permanece exatamente a mesma, é preciso estar atento à possibilidade de uma mudança profunda de significado. Ainda, onde a formulação é diferente,

---

27 Tomás de Aquino, *ST* Iª, q. 7, a. 1. *SCG* I, c. 43.

é possível suspeitar de uma originalidade profunda, tal como no caso dos conceitos abstraídos não precisivamente.

Questões metodológicas

Duas objeções podem ser levantadas contra esta forma de avaliar as diferenças entre o pensamento filosófico de Aristóteles e o de Tomás de Aquino. A primeira é a de que essa avaliação julga com base na filosofia do final do século XX, à qual nenhum dos dois deve fidelidade. A segunda objeção é a de que a crença religiosa influencia intrinsecamente o caráter do pensamento de Tomás em questões filosóficas, o que coloca a diferença entre Tomás e Aristóteles fora da filosofia propriamente dita.

Embora essas duas objeções sejam diferentes, evocam a mesma resposta. O pensamento filosófico de Tomás de Aquino, como deve ter ficado evidente a partir deste capítulo, procede rigorosamente das coisas sensíveis exteriores, que são conhecidas por todos independentemente da crença religiosa, e emprega apenas pontos de partida ou premissas naturalmente evidentes em seus procedimentos demonstrativos. Todo o problema reside em como esse pensamento pode identificar tais pontos de partida de uma maneira que não estava disponível a Aristóteles, e ainda de uma maneira que os deixa firmemente fundamentados na realidade exterior e não em algum hábito linguístico ou histórico.

É comum, tanto a Aristóteles quanto a Tomás de Aquino, o princípio de que todo conhecimento naturalmente acessível se origina nas coisas sensíveis exteriores. Em sua causalidade eficiente, transmitida por meios apropriados, as coisas exteriores imprimem suas formas nas potências cognoscitivas humanas, e desse modo torna o percipiente a coisa percebida no ato do conhecimento. O conhecimento é diretamente da própria coisa, e somente de maneira concomitante e reflexiva do percipiente e dos atos cognoscitivos. As coisas exteriores permanecem epistemologicamente anteriores. Desse ponto de vista, tanto Aristóteles quanto Tomás permanecem radicalmente distintos dos filósofos modernos, que, desde Descartes, fundamentaram sua filosofia nas ideias, sensações ou fenômenos claros, em vez de diretamente nas próprias coisas exteriores. Da mesma forma, tanto Aristóteles quanto Tomás permanecem tão distintos dos pensadores pós-modernos, que procuram seus pontos de partida na formação linguística e histórica. Os dois filósofos não só respeitam a consciência primordial das pessoas comuns, de que o que é conhecido imediata e diretamente é o mundo exterior à mente, mas também fornecem uma profunda explicação epistemológica do que todos reconhecem como um fato. Uma vez que esse é o caso, por que a diferença entre eles não pode ser explicada somente em termos das coisas sensíveis exteriores, a partir das quais ambos começam o seu raciocínio filosófico? Não seria um critério comum pelo qual ambos poderiam ser avaliados, sem o recurso a quaisquer considerações linguísticas?

É verdade que tanto Aristóteles quanto Tomás de Aquino partem das coisas sensíveis. Nessa medida, eles apresentam um fundamento comum sobre o qual podem ser julgados. Suas semelhanças podem ser explicadas por meio desse fundamento. Mas, nas coisas sensíveis exteriores, Aristóteles vê a forma finita como o ato mais elevado. Tomás, por outro lado, vê o ser como o ato mais elevado. O ser por si mesmo não é finito, uma vez que originalmente é o objeto do juízo, e não da conceptualização. O que se alcança pela conceptualização é, como a forma aristotélica, algo finito. As noções *mesa* e *vermelho* são ambos objetos finitos no juízo "a mesa é vermelha". Mas o mesmo pode ser dito do que é conhecido por meio da cópula "é"? O que se apreende assim não é certamente algo infinito. É algo que em si mesmo escapa às caracterizações de "finito" ou "infinito". Tomado apenas em si, está aberto, mas é finito quando recebido num sujeito limitante, como nas coisas sensíveis, e infinito quando subsiste como uma natureza.

Nessa perspectiva, tanto Tomás de Aquino quanto Aristóteles fundamentam seus pensamentos filosóficos sobre as mesmas coisas sensíveis e, em consequência, oferecem um fundamento comum sobre o qual ambos podem ser avaliados. Mas esse fundamento comum permite que as coisas nele sejam entendidas de maneiras radicalmente diferentes. É rico o suficiente para dar lugar a uma série de filosofias diferentes, tais como as de Avicena, Egídio de Roma, Duns Scotus e Suárez. Em Tomás, deu lugar ao estudo metafísico das coisas do ponto de vista do seu ato de ser enquanto apreendido pelo juízo. O que deve ser explicado é por que Tomás chegou a abordar as coisas sensíveis desse ponto de vista do ser. O que o levou a ver as coisas filosoficamente enquanto entes cujo ato último era algo apreendido originalmente pelo juízo?

Eis precisamente a resposta a essa questão. Tomás de Aquino foi levado pela crença religiosa a considerar o *ser* como o nome próprio e a natureza de um Deus criador e providente. Era, em consequência, diferente, na realidade, da natureza das outras coisas. Se foi dado às outras coisas por meio da causalidade eficiente, ele teve que permanecer realmente distinto das suas naturezas. Essa abordagem das coisas sensíveis exteriores levou à investigação filosófica do modo como essas coisas sensíveis eram conhecidas por meio do conhecimento humano. Do ponto de vista das suas naturezas, eram conhecidas por meio da conceptualização ou simples apreensão. Do ponto de vista dos seus seres, eram conhecidas por meio do juízo. Estava-se, aqui, no domínio estritamente filosófico. Não era algo revelado divinamente, mas acessível à razão humana sem auxílio. Mas, antes de Tomás, ninguém abordara as coisas sensíveis exatamente dessa maneira. Os pensadores islâmicos, também levados por sua crença de que o mundo era criado, distinguiam as coisas e o ser recebido a partir de uma causa.[28] Eles atribuíam a apreensão de cada qual a um tipo diferente de conhecimento. Em tudo isso, estavam desenvolvendo um novo pensamento filosófico, e suas realizações foram utilizadas por Tomás no plano puramente filosófico. Tomás levou o desenvolvimento filosófico ainda mais longe com sua ideia do modo como a natureza e o ser estavam relacionados entre si nas criaturas. O ser era visto como o ato da essência, o ato de todos os atos e a perfeição de todas as perfeições.

Esse desenvolvimento puramente filosófico não considerava, é claro, nenhuma fonte revelada para suas noções de essência e de ser e suas relações entre si. Considerava somente as coisas sensíveis. Entendia que suas naturezas eram conhecidas e universalizadas através da conceptualização, enquanto seu ser era apreendido, em cada caso, através do juízo.

---

28   Ver o capítulo "Tomás de Aquino e os pensadores islâmicos e judeus" deste volume.

A partir destes aspectos conhecidos nas coisas sensíveis, argumentava a seu modo na direção do ser infinitamente perfeito, que era a causa de todo outro ser. O argumento não se assentava em nada que não fosse percebido nas próprias coisas sensíveis. A esse respeito, a função da crença religiosa era comparável à função atribuída por Aristóteles à dialética, que conduziu aos primeiros princípios da argumentação filosófica.[29] Ela conduziu a ver os princípios sem entrar no próprio procedimento demonstrativo. Os pontos de partida do processo filosófico estão firmemente estabelecidos nos entes sensíveis, cada um dos quais se situa epistemologicamente por si só. O caráter da filosofia é, portanto, determinado intrinsecamente pelos novos pontos de partida aos quais a dialética conduziu. Mas cada uma das coisas envolvidas é um ente em si, sem necessidade de algo ulterior para garantir a sua legitimidade como ponto de partida da argumentação.

Na sua dependência dos antecedentes históricos e da educação pessoal do seu autor, o pensamento filosófico de Tomás de Aquino não precisa parecer diferente da maneira como qualquer outro é influenciado por esses fatores. A razão, como insiste a hermenêutica contemporânea, é a de que cada filósofo aprendeu por meio da linguagem e pensa de acordo com as circunstâncias particulares nas quais foi criado. Mas isso ainda está muito longe do princípio de que cada pensador deve tomar os seus pontos de partida da própria tradição. Nesse caso, cada um seria dependente dos predecessores, com esses predecessores, por sua vez, dependentes de circunstâncias e condições linguísticas trazidas por seus próprios antecedentes históricos, e assim por diante numa regressão ao infinito. As diferenças entre as filosofias de Aristóteles e de Tomás não estão aqui sendo avaliadas pelas normas dessa interpretação linguística. Seria um tribunal que nenhuma delas poderia aceitar. Essas diferenças estão sendo julgadas por razões que podem ser observadas por todos nas coisas sensíveis exteriores. É o tribunal de última instância. Não há regressão ao infinito. Aristóteles viu a forma finita como o ato mais elevado nas coisas sensíveis; Tomás viu o ser como

---

29 "[A dialética], sendo investigatória, é o caminho aos princípios de toda investigação" (*Tópicos* I, 2, 101b3-4); Aristóteles, 1982, p. 145.

esse ato. A diferença entre os pontos de partida dos dois modos de pensar é clara e se assenta nas coisas exteriores.

A esse respeito, a abordagem pós-moderna está, de fato, vinculada aos seus próprios antecedentes históricos de um modo que remonta a Descartes. Não pode levar a sério a abordagem das coisas em si mesmas. É incapaz de compreender como as coisas em si mesmas podem ser epistemologicamente anteriores a pensamentos e palavras. Ainda condicionada pelo ascetismo cartesiano de virar as costas à imaturidade do conhecimento sensitivo e, tomando as ideias como pontos de partida do pensamento filosófico, considera incompreensível a posição em que a coisa significada pode ser epistemologicamente anterior ao sinal. Dá um passo adiante, porém, ao afirmar que a linguagem, por sua vez, precede o pensamento na gênese do conhecimento humano, uma vez que por meio da linguagem o pensamento é transmitido de geração em geração. No entanto, a linguagem não altera necessariamente o pensamento. A imagem e a ideia permanecem as mesmas. O sistema solar visível permanece o mesmo, seja ele concebido como geocêntrico ou heliocêntrico. A coisa em si não é alterada pelo nosso pensamento a seu respeito. Nem alterando a nossa linguagem, alteramos as nossas ideias, da mesma forma que alterando as nossas ideias não alteramos as coisas. Pelo contrário, como Aristóteles observou, todas as pessoas podem ter as mesmas imagens mentais embora usem diferentes vozes para expressá-las.[30] A linguagem é verificada, de fato, pelo pensamento para a sua correção e o pensamento, pelas coisas.

Uma vez que a origem cartesiana da filosofia nas ideias foi posta de lado, não é difícil ver como as coisas podem ser epistemologicamente anteriores ao pensamento e à linguagem, com as próprias coisas sensíveis como fundamento sobre o qual devem ser julgadas as diferenças entre as filosofias de Aristóteles e de Tomás de Aquino. Nenhuma delas se encaixa nos cenários moderno ou pós-moderno. Nenhuma dá origem a qualquer tendência "regressiva". Cada uma se ergue por si só. Ambas são válidas atualmente para entender o nosso próprio mundo contemporâneo, bem como para

---

30 *De interpretatione* I, 16a5-8.

entender qualquer outro mundo ou qualquer outra filosofia. Desse ponto de vista, ambas são filosofias de hoje ou de qualquer outra época. Elas são surpreendentemente atuais.

Ambas as formas de pensamento serão, além disso, julgadas por sua conformidade com o mundo sensível realmente existente, o único tribunal a homenagear como filosofias. Cada qual é levada aos seus pontos de partida pelas urgências de suas circunstâncias culturais, mas cada qual encontra esses pontos de partida nas coisas naturalmente cognoscíveis, e não na tradição cultural. Nesse fato reside a resposta à afirmação de que seu valor filosófico deve ser avaliado com base nos princípios hermenêuticos pós-modernos, e à acusação de que o pensamento filosófico de Tomás de Aquino se assenta em crenças religiosas.

Entretanto, cada uma das duas filosofias deve cuidadosamente ser mantida distinta da outra. A filosofia de Aristóteles se assenta nas naturezas sensíveis, a de Tomás, nos entes sensíveis. Agrupá-las num único conjunto seria confundir seus procedimentos distintivos e privar cada uma da sua própria vida característica. Ficaríamos apenas com o aristotelismo morto da Idade Média e com o tomismo pouco inspirador dos manuais neoescolásticos. O quadro poderia ser descrito de forma branda como "dragagem das profundezas da história e ressuscitar um aristotelismo [tomista] extinto".[31] Por outro lado, quando cada uma é compreendida no seu próprio contexto, tanto Aristóteles quanto Tomás podem estar ainda hoje bem vivos, e cada um pode desempenhar um papel importante e muito necessário em nosso pensamento.

---

31 Madison, 1988, p. 166.

3 Tomás de Aquino e os pensadores islâmicos e judeus

David B. Burrell, C. S. C.

As atitudes de Tomás de Aquino para com Avicena, Maimônides e Averróis

A obra de Tomás de Aquino pode ser distinguida daquelas de muitos de seus contemporâneos pela sua atenção aos escritos de Moisés Maimônides (1135-1204), um judeu, e de Ibn Sînâ (Avicena) (980-1037), um muçulmano. Seus contemporâneos, especialmente em Paris, foram receptivos à obra de um outro muçulmano, Ibn Rushd (Averróis) (1126-1198), pela sua reedição das obras filosóficas de Aristóteles, porém a relação de Tomás para com Averróis e os que tomaram a frente a partir dele era muito mais ambivalente. Tomás respeitava o Rabi Moisés e Avicena como companheiros de viagem no árduo esforço intelectual de conciliar os horizontes dos filósofos da Grécia antiga, notadamente Aristóteles, com os que refletem uma revelação originária do antigo Israel, articulada inicialmente nos escritos divinamente inspirados de Moisés. Assim, enquanto Tomás consultava o "O Comentador" (Averróis) sobre questões de interpretação dos textos de Aristóteles, esse mesmo aforismo sugeria os limites da sua dependência dos escritos filosóficos de Averróis, o *qadí* de Córdoba. Com Maimônides e Avicena, sua relação era mais semelhante àquela entre interlocutores, e especialmente para com o Rabi Moisés, cuja extensa conversação dialética com o seu aluno José no *Guia dos Perplexos* se aproximava do próprio projeto de Tomás: o de utilizar a investigação filosófica para articular a fé recebida e, no processo, estender os horizontes dessa investigação incluindo tópicos inesperados por meio daqueles que carecem da revelação divina.

Podemos pensar em Tomás de Aquino recebendo ajuda dos bairros judeus e muçulmanos, especialmente quando refletimos sobre o caráter da sua época: a resposta popular ao chamado às armas nas Cruzadas, bem como uma impressão quase universal da parte dos cristãos de que a Nova Aliança tinha efetivamente eclipsado a Velha. Tomás, pelo que sabemos, pode ter partilhado desses sentimentos, mas sua preocupação primordial na abertura a outros pensadores foi sempre a de aprender com eles na sua investigação da verdade dos assuntos em questão. Nisso, ele personificava o respeito medieval pelo estudo com a sua convicção de que "a verdade estava onde foi encontrada". Desse modo, estava mais inclinado a examinar os argumentos dos pensadores do que a sua fé, confiando na imagem do criador em todos nós para procurar os vestígios da obra divina, uma premissa teológica que se revelará útil para orientar as nossas análises sobre a dependência de Tomás dos pensadores judeus e cristãos, melhor do que lhe atribuir uma perspectiva ecumênica ou inter-religiosa *avant la lettre*. No entanto, não nos seria desfavorável notar como outros pensadores que procuravam empregar a filosofia herdada para elaborar a sua perspectiva de fé eram, por essa razão, úteis a Tomás em sua tarefa profissional.

Vale a pena especular se a perspectiva de Tomás de Aquino e de seus contemporâneos era menos eurocêntrica que a nossa. O que denominamos "Ocidente" estava, de fato, cercado geopoliticamente pelo islã, o qual estabeleceu as rotas comerciais lucrativas com o "Oriente". Além disso, a herança cultural incorporada em notáveis realizações na medicina, matemática, astronomia, bem como a lógica, o comentário filosófico, a tradução e o trabalho original em metafísica iniciados em Bagdá no século X, representou um legado cobiçado pelos pensadores medievais do ocidente.[1] Marshall Hodgson chamou a cultura que fundamentou essa época e se estendeu da Índia à Andaluzia de "os países islamíticos",[2] pretendendo, assim, incluir em seu âmbito pensadores judeus como Maimônides, que desfrutavam do

---

1 Kraemer, 1986, p. 1-30.
2 N.T.: No original, "the Islamicate".

status protegido de *dhimmi* e contribuíam para a civilização muçulmana.³ Cristãos, como João Damasceno, desfrutavam de um *status* similar, reservado pela autoridade corânica ao "povo do livro", contudo divisões na cristandade fizeram com que os pensadores em Paris conhecessem melhor os autores muçulmanos e judeus do que seus correligionários nas regiões islâmicas.

As próprias origens geográficas e sociais de Tomás de Aquino poderiam muito bem tê-lo predisposto a uma relação mais próxima com pensadores representativos dos países islamíticos do que, pode presumir-se, seus contemporâneos tiveram, ao menos em Paris. Pois, sua proveniência de Aquino, na região de Nápoles, parte do reino da Sicília, refletia uma face da Europa voltada para os países islamíticos, como evidenciado nas primeiras traduções encomendadas a partir do árabe: "As culturas latina, muçulmana e judaica se misturavam livremente na Sicília de um modo único que era peculiarmente siciliano".⁴ Além disso, em seus últimos anos, quando a sua província dominicana lhe pediu para dirigir um *studium* teológico, Tomás escolheu expressamente Nápoles (acima de Roma ou Orvieto) por sua localização e por razões intelectuais: "Havia uma vitalidade em Nápoles que era ausente em Roma ou em qualquer outra cidade na província romana".⁵ Por isso, é possível supor que as dimensões da sua própria história pessoal o levavam a ser mais aberto aos pensadores dos países islamíticos do que seus colegas em Colônia ou em Paris possam ter sido. Em todo caso, o número e a centralidade das suas citações de Avicena e de Moisés Maimônides não deixam dúvidas quanto ao lugar delas no seu desenvolvimento intelectual. Ao nomear esse lugar como "interlocutor", tentei resolver a vaga categoria histórica de *influência* em favor de uma mais familiar aos filósofos e teólogos de todos os tempos, e especialmente aos que trabalham conscientemente numa tradição de pesquisa, que valorizam o que aprendem como resultado do confronto com os argumentos dos seus predecessores, mesmo quando os seus interlocutores estão fora do alcance de uma conversação real.

---

3 Hodgson, 1974, p. 58-60.
4 Weisheipl, 1983, p. 15.
5 *Ibid.*, p. 296.

Avicena: a distinção entre ser e essência

Na sua primeira monografia, *De Ente et Essentia*, composta perto da idade de 30 anos quando se tornou mestre em teologia, em Paris, Tomás de Aquino mostrou uma rara perspicácia metafísica, preparando o modo de empregar a filosofia de Aristóteles para elucidar um universo criado por um Deus soberano.[6] Apresentando um léxico de expressões-chave filosóficas – *ens* ("ente"), "essência" considerada em si mesma e na sua relação com *genus*, *species* e *differentia*, bem como essência em substâncias separadas e em "acidentes" –, Tomás aproveita a ocasião para introduzir um novo nível de "composição" nas coisas criadas para além daquele de "matéria" e "forma" estabelecido por Aristóteles. Aqui, seu guia é Avicena, cuja noção de "essência em si" lhe fornecia a premissa-chave no argumento para um novo nível de composição: "Toda essência ou quididade pode ser inteligida sem que algo seja inteligido do seu *ser* (*esse*)" (*DEE*, c. 4, n. 52). Esse fato é utilizado como um sinal de que "não pode ser que o próprio *ser* seja causado pela própria forma ou quididade da coisa" (c. 4, n. 54), a qual então "esteja em potência a respeito do *ser* que recebe de Deus; e esse *ser* é recebido a modo de ato" (c. 4, n. 56).[7] Assim como a forma é ato em relação à matéria para Aristóteles, assim o *ser* será em relação à essência para Tomás. A importância dessa famosa "distinção" no seu projeto geral não aparecerá antes do seu tratamento da criação, em que o *ser* será identificado como "o efeito próprio da causa primeira e universalíssima, que é Deus" (*ST* Iª, q. 45, a. 5), mas seu papel na recepção de Tomás da metafísica aristotélica foi amplamente sondado por Edward Booth.[8] Para apreciar a parte que Ibn Sînâ desempenhou no desenrolar desse drama, vamos tentar compreender os seus termos e algo do elenco de atores que enfrentam Tomás na sua tarefa de adaptar uma ontologia clássica à articulação de um universo livremente criado.

---

6   Tomás de Aquino, 1983. Para uma edição comentada do texto original, ver Roland-Gosselin, 1926.
7   N.T.: Nascimento, 2009, p. 33-34; para esta referência, ver nota 26 do capítulo "Aristóteles e Tomás de Aquino" deste volume.
8   Booth, 1883. Ver também Burrell, 1986a e o capítulo "Aristóteles e Tomás de Aquino" deste volume.

O problema constante, legado à posteridade a partir da *Metafísica* de Aristóteles, diz respeito à relação dos seres individuais com suas "naturezas inteligíveis" (ou *rationes*, como os medievais as identificavam). É claro que Aristóteles queria dizer que a *substância* é exemplificada paradigmaticamente pelos seres individuais, mas é igualmente claro que "o que faz algo ser o que é", sua essência (ou "substância segunda"), inclui o que é cognoscível a seu respeito. Qual dos dois tem o primado ontológico e por quê? É justo dizer que a *Metafísica* deixou isso como um problema radical (ou *aporia*), como testemunhará o conjunto de comentadores de Booth sobre esse texto seminal. O que, no entanto, focou de outra forma uma questão metafísica abstrusa foi a afirmação de um universo criado. Na admirável síntese de Charles Kahn:

> O *ser*, no sentido moderno, torna-se um conceito central na filosofia apenas no período em que a ontologia grega é radicalmente revista à luz de uma metafísica da criação. [...] Até onde posso ver, [os primeiros teólogos cristãos] permaneceram sob a influência da ontologia clássica. A nova metafísica parece ter se delineado na filosofia islâmica, na forma de uma distinção *radical* entre ser necessário e ser contingente: entre o ser de Deus, por um lado, e o ser do mundo criado, por outro.[9]

A "influência da ontologia clássica" foi confirmada e marcada por três figuras que abrangem os séculos III ao V: Plotino (205-270), seu pupilo e divulgador Porfírio (232-305) e Proclo (410-485) (aliás, dois livros atribuídos a Aristóteles e muito influentes entre os pensadores árabes e ocidentais – *A Teologia de Aristóteles* e o *Liber de Causis* – eram, de fato, edições de Plotino e de Proclo respectivamente). Suas tendências neoplatônicas inverteram nitidamente o primado de "substância primeira/segunda" em Aristóteles, na medida em que subjugaram a ontologia à lógica, com o menos geral servindo ao mais universal. A categoria mais inclusiva de todas será então o *ser* (*eis to einai*), em si uma emanação (para

---

9   Kahn, 1982, p. 15. Ver Burrell, 1986b, do qual as páginas seguintes dependem.

Plotino) do Uno. De imenso fascínio para as mentes religiosas pagãs, judaicas ou cristãs (e depois muçulmanas), essa explicação sistemática de todas as coisas por meio de uma emanação que transforma a generalidade crescente da predicação substancial num efluxo causal, dificilmente se poderá dizer que reproduz a preocupação fulcral de Aristóteles para com os indivíduos. A publicação de *A Teologia* sob o seu nome só pode ter sido um ato de devotada deferência, cujo efeito foi criar o híbrido que os árabes mais tarde encontraram como "filosofia".

A testemunha ocidental do esforço subsequente de conter Aristóteles dentro do esquema de emanação neoplatônico, adiando a sua preocupação para com os indivíduos, foi Boécio (c. 480-524). Suas obras lógicas tendem a reproduzir a árvore de Porfírio de um modo que faz lembrar Proclo (*Liber de Causis*), mas ele comenta também a hesitação de Porfírio em relação ao estatuto dos universais, considerando-os abstraídos da experiência como meio de fornecer à experiência uma forma inteligível.[10] Contudo, de uma maneira geral, parece que Boécio evitou decidir "entre as ideias separadas de Platão e os universais de Aristóteles",[11] empregando a concepção realista dos universais antes das coisas (*ante res*) quando precisava expressar que eles contêm prioridade, e a visão conceitualista deles como dependentes das coisas (*post res*) quando se refere à insistência de Aristóteles. Quando reúne ambas, é para afirmar que um sujeito individual pode ser tomado ao mesmo tempo particularmente *e* universalmente, embora o ser (*esse*) seja claramente o do sujeito. Tomás de Aquino comentou duas das obras de Boécio que mostram maior afinidade com a correção monoteísta de Pseudo-Dionísio a Plotino e Proclo: *De Trinitate* e *De Hebdomadibus*. Nessa última, Boécio identifica Deus com o *ipsum esse*, distinguindo cuidadosamente "entre o *esse* que torna Deus *ipsum esse*, e o *ipsum esse* das coisas que derivam dele".[12] É uma noção que Tomás aproveitou, mas apenas após distinguir claramente o *esse* da *essentia*, como vimos.

---

10 Booth, 1983, p. 68.
11 *Ibid.*, p. 66, n. 48.
12 *Ibid.*, p. 74.

A *aporia* central de Aristóteles não admitirá, portanto, solução e voltará a ameaçar a necessidade de reduzir a tensão entre as espécies e o indivíduo ao subsumí-los num esquema de emanação superior. Uma manobra, contudo, ainda não havia sido tentada: distinguir o que constitui o indivíduo, a saber, seu ser, do que o torna o tipo de coisa que ele é. Como sugere Kahn, esse passo não surge antes dos filósofos islâmicos, provavelmente pela primeira vez com al--Fârâbî (870?-950?), e claramente (embora ainda não coerentemente) com Ibn Sînâ. E a pressão de fazê-lo veio da necessidade de distinguir o "ser primeiro" (em al-Fârâbî) de tudo o que não é primeiro e deriva dele. Embora não tendo ainda uma noção coerente da criação, a preocupação de estabelecer um hiato claro no esquema de emanação fez al-Fârâbî separar "um princípio que não tem a essência distinta do *ser* (*huwiyya*) [de todo o resto que] deve ter [seu *ser*] de outro" – a saber, o princípio.[13] O que é necessário para evitar que o princípio seja identificado simplesmente com o primeiro em um esquema lógico – em suma, para assegurar uma noção da criação – é um modo de distinguir claramente o *ser* da essência (*mahiyya*). Assim, somos conduzidos à dificuldade de Ibn Sînâ com essa tarefa. Embora não apareça tão claramente nele como aparecerá mais tarde em Tomás de Aquino, a mesma distinção permitirá superar a *aporia* central de Aristóteles. Através de uma noção da criação, o que diferencia o criador da criação marcará também o que distingue o ente individual das suas explicações essenciais. Mas isso é antecipar o ponto final da história.

As discussões de Ibn Sînâ sobre o *ser* (*mawjûd* ou *anniyya*) como distinto da *essência* (*mahiyya*) são todas no contexto que distingue o ser necessário (*wajîb al-wujûd*) do ser possível (*mumkin al-wujûd*).[14] E a consideração dos universais-em-si, que, digamos, prepara o caminho para a distinção, lembra--nos que "a providência de Deus é responsável pelo ser de algo na medida em que é um animal".[15] Ele tem em vista aqui a essência – *haqîqa* – geralmente

---

13 *Ibid.*, p. 100.
14 Para uma explicação dos vários termos que os primeiros filósofos islâmicos adotaram para traduzir as noções-chave de Aristóteles, ver Shehadi, 1982, *passim*.
15 As referências a Ibn Sînâ são de Avicena, 1960a e Avicena, 1960b, com citações do livro e capítulo, seguido de página: linhas. As traduções francesas de Georges Anawati, Avicena, 1978 e Avicena, 1985, contêm a paginação árabe. As seções relevantes para esta investigação são: 1, 6; 5, 1; 8, 4; a citação é de 5, 1, 205:3.

traduzida pelo termo específico "homem" ou "animal". Ibn Sînâ está, em suma, menos preocupado com o dilema de Aristóteles relativo à forma adequada de caracterizar os seres individuais, de modo a assegurar o seu *status* exemplar, do que em encontrar uma foma de caracterizar as essências, de modo que seu ser nas coisas possa ser propriamente explicado.

Mas isso não significa que tais essências possam existir separadas; de fato, não explicitamente (5, 1, 204:14-17). Tal como a essência do que pode ser possivelmente, algo além dela deve explicar o ser desse animal. Pois, a essência enquanto tal não é universal nem particular, não é um nem muitos; tudo o que ela pode explicar é a coisa ser um animal (e, como vimos, é tudo o que Aristóteles parecia diretamente preocupado em explicar). Quanto ao vir a ser e o falecer do animal individual, bem como o seu continuar a ser como é, insiste Ibn Sînâ, não podem ser explicados pela própria essência. Por que não? Porque todas as essências são essências de seres possíveis, e o "caráter próprio [de tais seres] é que requerem necessariamente alguma outra coisa para torná-los em ato [*bil-fi'l mawjûdan*]" (1, 8, 47:10-11). Há apenas um cujo ser é necessário, e esse, "o primeiro, não tem essência [*mahiyya*], exceto o seu ser [*anniyya*]" (8, 4, 344:10). "O ser necessário não tem essência [*mahiyya*], exceto que é o ser necessário, este é o seu ser [*annayya*]" (8, 4, 346:11).

Ao insistir que a essência (*dhat*) do ser necessário pode ser caracterizada apenas pelo seu próprio ser (*anniyya*), Ibn Sînâ quer evitar um mal-entendido que poderia comprometer todo o seu empreendimento: tomar o ser (*wujûd*) como uma propriedade possuída contingentemente por todas as coisas, com exceção do ser primeiro, que o possui necessariamente.[16] Tal leitura comprometeria todo o seu projeto, pois tornaria a distinção entre ser necessário e ser possível explicável por uma compreensão independente das modalidades (também exigiria compreender *wujûd* como uma propriedade, um ponto que será destacado e comentado adiante). Ibn Sînâ procura antes

---

16 A distinção entre *mahiyya* e *dhat* é aquela entre *quididade* e *essência*, em que *quididade* responde à questão "o que [*quid, mâ*] isso é?" (em termos apropriados: o gênero acrescido da diferença), enquanto *essência* vai tolerar uma resposta menos precisa. Assim, ao responder a "o que é o ser necessário?" não será possível responder com um gênero e uma diferença, mas dizer algo: ele é *anniyya*. Nesse ponto (e em vários outros), beneficiei-me de Shehadi, 1982, p. 84.

um modo independente de caracterizar "o primeiro", que esclarecerá, assim, a sua utilização do ser necessário/possível. Isso significa apresentá-lo como "puro ser, sob a condição de negar qualquer coisa entendida como [adicionando] propriedades a ele" (8, 4, 347:10). O resultado disso é que esse "um só" é absolutamente sem potencialidade e "uma unidade, ao passo que todo o resto é dualidade composta" (1, 7, 47:18).

A afirmação que acaba de ser citada utiliza, na verdade, a palavra comum árabe *fard* ou "indivíduo", mas é melhor traduzida aqui como "unidade", pois todo o capítulo está preocupado em mostrar a unidade radical que está presente no ser necessário. No processo de distinguir o ser necessário do ser possível, Ibn Sînâ consegue identificar um novo modo de composição em tudo o que não é necessário. É uma "dualidade composta" – não de matéria e forma, que ele pressupõe em tudo, mas de essência (*mahiyya*) e algum outro fator que faz com que a coisa individual seja. Esse fator nunca é identificado como tal, embora fosse tentador identificá-lo como *anniyya*. O par *mahiyya-anniyya* soa então como *essência-ser*. No entanto, nunca se separa esse fator; *anniyya* expressa "a existência real de um indivíduo particular" ao invés de identificar o que faz o indivíduo existir.[17]

Além disso, o termo que Ibn Sînâ constantemente prefere, *mawjûd*, que é a forma do particípio de *wujûd*, é provavelmente melhor traduzido como "existente", como fazemos quando buscamos a forma oriunda do particípio presente de "existir" – uma vez que se fixou como adjetivo e substantivo! Assim, dizemos que um ente é uma coisa existente. Mas desse modo não separamos um fator distinto, o ser, razão pela qual traduzi geralmente *wujûd* como "ser" ao invés de "existência", e *mawjûd* como "existente", guardando "existência" (ou "o próprio ser") para *anniyya*.[18] Entretanto, mesmo aqui, seguindo Frank, "existente" tornaria o emprego mais preciso. Mais uma vez, portanto, *existência* nos ilude, contudo estamos no bom

---

17 Sobre *anniyya*, ver Frank, 1956.
18 A abundância de termos pode ser confusa porque os filósofos refinavam esses termos durante o processo; *huwiyya* (ou "ipseidade"), preferido por al-Fârâbî, é gradualmente deslocado por um conjunto de termos que assumem uma forma mais "abstrata" que a do grego original. Ver Shehadi, 1982, p. 88.

caminho. Continuará a nos iludir em Ibn Sînâ, pois ele começa, como observa Anawati, "com a essência, de tal forma a chegar ao *ser* [*esse*] que a afeta como se fosse um acidente".[19] É de fato a sua abordagem do universal-em-si que lhe fornece a alavancagem para considerar o ser (*wujûd*) como algo que "chega à" essência, enquanto garante também que *não* seja considerado como um acidente propriamente dito, isto é, uma propriedade. Sua discussão (5, 1) abandona rapidamente o termo "universal" (*kullî*) e se concentra no homem ou no animal: "O animal na medida em que é animal, e o homem na medida em que é homem, quer dizer, em termos da sua definição e significado, sem referência ao que os acompanha – nada além de homem ou animal" (5, 1, 201:1-3). É impossível não considerar isso uma interpretação compatível ou a fórmula da "substância segunda" de Aristóteles. A universalidade, ou predicabilidade de muitos, pertence à essência somente após a reflexão subsequente sobre a sua função no discurso; portanto, é uma característica que acompanha o "animal como animal".[20]

Ibn Sînâ está buscando uma essência anterior à universalidade ou particularidade, sem quaisquer condições, nem mesmo, insiste ele, a condição expressa de *não* lhe atribuir particularidade ou universalidade (5, 1, 203:18). É a essência tomada em si, sem considerar o ser e, portanto, perto do *status* platônico da separação. É essa, afirma ele, que pode existir e, de fato, "existe na realidade", enquanto a platônica – considerada como *separada* – pode existir apenas na mente (5, 1, 204:5-10). Mas como podemos dizer que "existe na realidade" se não existe separadamente? A tradução latina, que serviu de base para a interpretação ocidental de Avicena, responde inequivocamente traduzindo "na realidade [*fi'l-a'yân*] [como] *in sensibilibus* [nas coisas sensíveis]".[21] Essa interpretação não deixaria dúvidas quanto ao compromisso aristotélico de Ibn Sînâ, sendo tão plausível quanto qualquer interpretação da expressão árabe *fi'l-a'yân*, que tem o sentido original de "na

---

19 Avicena, 1978, p. 78.
20 Lembre-se aqui a preferência de Charles Sanders Peirce por "geral" ao invés de "universal", para não prejudicar a questão tratando do "problema dos universais". Ver Pierce, 1960, 1, 27; 1, 165; 1, 422; 5, 429; 5, 453; 5, 503.
21 Avicena, 1980, p. 236-237.

observação". O essencial, portanto, é que capturamos a nossa consideração para a própria essência – "o animal enquanto animal" – que caso ela fosse existir, existiria nos particulares. No entanto, a estratégia de ater-se a isso é a de mostrar que tal essência não pode explicar a presença de animais.

Se perguntarmos por que ela não pode fazê-lo, a pergunta já inclui claramente a resposta. Pois, a essência de tudo o que não é ser necessário é ela própria indiferente ao ser ou não ser; de fato, é isso que é ser possível (1, 6, 38:12-17). Não ter uma causa é não existir, e existir como tal essência "requer um outro que a fará ser em ato" (1, 7, 47:12). Não resta mais nenhuma questão além daquela implicitamente colocada por Anawati: por que escolher esse ponto de partida? Também não podemos esperar que Ibn Sînâ responda a essa questão; o melhor que podemos fazer é indicar o modo neoplatônico de resolver o dilema de Aristóteles, e observar a predileção dessa tradição (e de grande parte da filosofia) para concentrar-se na própria fórmula.[22]

Encontrando-se em tal tradição, e não querendo dar primado ontológico ao que é mais geral, Ibn Sînâ procurou uma razão para dar primado aos seres individuais. Embora a *aporia* aristotélica não estruturasse a sua investigação e não pudesse ajudá-la, poderia motivá-la. Uma vez que a razão não podia vir do lado formal, devia vir de outro lugar. Com a matéria como mero repositório de possibilidade, podia vir somente do ser "primeiro", cuja própria essência seria ser. A imagem que vem à mente é a do sistema copernicano antes de Newton. Como muito bem observou Belarmino, restou uma provável história da matemática sem uma consideração da origem do movimento.[23] O esquema de emanação plotiniano permaneceu uma teoria lógico-estética sem uma fonte ontológico-cinética. O primeiro motor de Aristóteles explicava a atividade das esferas que governam a geração e corrupção; o "ser primeiro" de Ibn Sînâ explicaria o esquema do ser em ato. Não é de admirar que Kahn tenha insistido na novidade dessa "noção de contingência *radical*, não apenas a antiga ideia aristotélica de que as coisas

---

22 Para uma discussão muito útil sobre os antecedentes da noção de Avicena, ver Verbecke, 1980, p. 2*-19*.
23 A carta de Belarmino pode ser encontrada em Drake, 1957, p. 162-164.

poderiam ter sido diferentes do que de fato são [...], mas que o mundo inteiro da natureza podia não ter sido criado: que ele podia não ter *existido*".²⁴

A perspectiva de uma interpretação metafísica dessa nova situação terá conduzido Tomás de Aquino à "distinção" de Avicena e o levado a transformá-la da maneira que o fez. Pois Ibn Sînâ não havia conseguido formular uma noção da criação que correspondesse a uma contingência tão radical, mais do que era capaz de identificar *o que* estava unido à essência para produzir as dualidades compostas, chamadas *substâncias*.²⁵ Seja o que for, tinha que "acontecer à" ou "chegar à" essência ou ao ser possível (1, 7, 47:12). E uma vez que o verbo árabe para "acontecer/chegar a", assim como o latino *accidere* traduziu em sua forma substantiva o "acidente" de Aristóteles, dizia-se que Ibn Sînâ fez do ser um acidente. Kahn descreve a nova situação de forma clara: "Para o ser contingente do mundo criado [que era originalmente apresentado apenas como uma 'possibilidade' na mente divina], a propriedade da 'existência real' surge como um novo atributo ou 'acidente', um tipo de benefício adicional dado por Deus ao ser possível no ato da criação".²⁶

Não se requer uma perspicácia filosófica excepcional para mostrar que o *ser* não pode, em nenhum sentido próprio, ser um acidente. Pois, a gramática dessa categoria – "o que está em outro" – pressupõe os existentes primários dos quais ele pode ser um acidente. Se o ser é considerado como o que entra na composição com a essência para constituir um existente primário, não poderia ser então de tal modo a pressupor a si mesmo. E se o termo que contrasta com "ser" não é "substância", mas a "essência considerada em si", então Ibn Sînâ poderia muito bem dizer que o *ser* deve *chegar a* tal item para que exista como um indivíduo, mas não teria direito de chamar o que "chegou a" ele como seu acidente. Ibn Rushd (Averróis) ridicularizou esse ponto, pretendendo-o como uma crítica a Ibn Sînâ; na nossa época, Fazlur Rahman e Alexander Altmann elucidaram esse registro.²⁷ No entanto, foi

---

24   Kahn, 1982, p. 8.
25   Verbecke, 1980, p. 30*-36*; 51*-68*.
26   Kahn, 1982, p. 8.
27   Para as objeções de Ibn Rushd (Averróis), ver Averróis, 1954, I, 236. Ver também Rahman, 1858 e Altman, 1969.

preciso o passo metafísico radicalmente novo de Tomás de Aquino na sua obra inicial *De Ente et Essentia (DEE)*, ao elaborar uma resposta adequada que remove o *ser* (*esse*) de todo o quadro das categorias aristotélicas, propondo que fosse entendido em termos da analogia mestra de ato-potência. Seu *status* ontológico formal terá que aguardar o seu tratamento da criação, no qual identifica o "*esse* recebido de Deus" (*DEE*, c. 4, n. 56)[28] enquanto "certa relação para com o criador, como para com o princípio do seu ser" (*ST* Iª, q. 45, a. 3). A *relação-para-com-um-agente-transcendente* é a única maneira possível de identificar o *ato* em cada coisa, que é a expressão da ação pela qual Deus "produz as coisas sem movimento": a criação. Com uma só penada, Tomás conseguiu restaurar o primado que Aristóteles pretendia para os seres individuais, ligando-os diretamente ao seu criador e concedendo à "distinção" de Avicena um *status* ontológico inequívoco. No entanto, como deve ficar claro, isso é mais do que um desenvolvimento a partir de Avicena; é um novo começo, requerendo uma concepção do *ser* que não pode mais ser confundida com um *acidente*, e que tem a capacidade de ligar cada criatura à ação gratuita de um criador livre. Somente de tal maneira, a *novidade* [*hudûth*] radical do universo criado encontra uma expressão coerente, pois o *ser* "recebido de Deus" será a fonte de todas as perfeições e não precisa pressupor algo – seja a matéria ou os "possíveis".

Maimônides: estratégias de conciliação

Se Avicena deu impulso ao projeto de Tomás de Aquino de adaptar a filosofia recebida dos gregos ao projeto maior de elaborar um universo criado e redimido pelo Deus único, é justo dizer que Moisés Maimônides deu a esse projeto a sua forma crítica. Pois, o auxílio que Tomás mais precisava tinha a ver com os respectivos critérios da razão e da revelação, e o diálogo contínuo de Maimônides com o seu aluno José abordava precisamente esse ponto: a interação da razão e da revelação para determinar o que se poderia

---

28   Ver a nota 7 deste capítulo.

afirmar responsavelmente.[29] No meio de Tomás, a tradução do *Guia dos Perplexos* deve ter sido uma benção, pois o objetivo do seu próprio projeto era questionado por dois lados: os agostinianos conservadores, que pretendiam invocar a pura tradição da fé contra o "novo aprendizado", e os averroístas latinos que estavam tão fascinados por Aristóteles a ponto de fazer da sua doutrina uma revelação virtual às mentes filosóficas.[30] Embora Maimônides tenha escrito a sua inquirição dialética com José em árabe judaico, ela foi traduzida para o hebraico em 1204, e daí para o latim na década de 1220. Como mostrou Luís Gardet, Tomás colheu tudo o que sabia dos "teólogos" muçulmanos, os *mutakallimûn*, das exposições disponíveis no *Guia*.[31] Mas estamos menos preocupados com a informação do que com a estratégia. Tendo como foco a questão central da criação, seremos capazes de ver como Tomás se baseou no Rabi Moisés, precisamente no delicado domínio da conciliação das declarações da revelação com as conclusões da razão. Isso nos permitirá traçar essa tutela em três áreas críticas: a "eternidade" ou limitação temporal do cosmos, a estrutura do significado dos nomes divinos, e o conhecimento de Deus sobre os singulares e o alcance da providência.

Um mundo sem começo? Criação e "a distinção"

Uma vez que a criação livre do universo marcava a linha divisória que separa os medievais dos antigos, a tarefa de conciliar a fé bíblica com a metafísica grega encontrava ali o seu foco natural. O papel dos intermediários é aqui também crucial, uma vez que o pensador pagão Plotino fornecia aos filósofos da tradição islâmica incipiente o que parecia ser um modelo promissor para articular a criação: o esquema da emanação necessária com

---

29 O *Dalâlat al-hâ'irîn* ou *Guia dos Perplexos* está disponível em Maimônides, 1956, e mais recentemente Maimônides, 1963. Devo utilizar Pines, alterado conforme o necessário em Maimônides, 1974.

30 Para os agostinianos e seus compromissos filosóficos implícitos, ver Gilson, 1986; para os averroístas latinos, bem como as recepções ocidentais tardias e islâmicas, ver Leaman, 1988, "Averroism", p. 163-178.

31 Gardet, 1974.

base na dedução lógica. Isso permitia a "al-Fârâbî e Avicena reconstruirem a noção tradicional da criação *ex nihilo* em termos da metafísica plotiniana que, por sua compatibilidade com a física de Aristóteles, atribuem ou leem na metafísica de Aristóteles. Assim, para al-Fârâbî e Avicena, a teoria da criação eterna é *a* teoria de Aristóteles, embora, em seu desenvolvimento histórico, Plotino e Proclo sejam seus verdadeiros progenitores".[32] O mesmo pode se dizer de Maimônides, que cataloga a sua "terceira teoria", a da emanação eterna, como sendo de Aristóteles (2, 13). Essa confusão é particularmente significativa, pois nos ajuda a compreender o recurso ao esquema neoplatônico de emanação, quando identificado com Aristóteles, para completar a lacuna na explanação que atormentava a sua *Metafísica*.[33] Além disso, ligar essa teoria a Aristóteles, colocaria um obstáculo imenso ao programa de Maimônides e de Tomás de Aquino. Nenhum considerou serem muito úteis os esforços dos seus companheiros de fé para demonstrar a criação do universo *de novo*. Pelo contrário, ambos reclamam, de fato, que os argumentos aduzidos são tão precários que "fornecem aos infiéis matéria de escárnio, julgando que nós cremos, por tais argumentos, nas coisas que são de fé" (*ST* I^a, q. 46, a. 2).

Maimônides está pensando nos *mutakallimûn*, os pensadores religiosos muçulmanos, que "não conformaram as suas premissas à aparência do que existe [como fez Aristóteles], mas consideraram como o ser deveria constituir-se de modo a fornecer uma prova da correção de uma opinião particular" (1, 71). Para esse efeito, elaboraram uma metafísica atomística "contrária à natureza do ser que é percebido, e assim recorrem à afirmação de que nada possui de modo algum uma natureza". Maimônides se refere especificamente à tese Ash'arite, que pretendia abrir o mundo das criaturas à ação direta de Deus, retirando quaisquer estruturas intermediárias como naturezas, ao passo que Tomás de Aquino se concentra nos seus colegas cristãos, notadamente Boaventura, que não perdeu tempo com a tese ocasionalista, mas ainda assim insistiu igualmente que a criação *ex nihilo* tinha que ser *de*

---

32 Ver a resenha clara de Seymour Feldman sobre as posições em Feldman, 1980, p. 293.
33 Para uma leitura esclarecedora de Plotino a esse respeito, ver Gerson, 1990, p. 203-220; para um juízo similar em Aristóteles, p. 140.

novo.³⁴ O fato de que os argumentos bons ou ruins possam ser tão facilmente compartilhados comprova a precisão da alegação de Maimônides de que a "afirmação da criação temporal do mundo [é] comum a todos nós três, ou seja, judeus, cristãos e muçulmanos" (1, 71). Assim, as divisões surgiram dentro dessas comunidades e não entre elas, e suas origens foram, ao mesmo tempo, metafísicas e semânticas: esclarecendo com precisão a importação de expressões usadas quando o contexto filosófico favorecia certas interpretações em vez de outras. No entanto, tais confusões, como nos lembrou Wittgenstein, podem frequentemente iluminar os contornos das questões em jogo. Nesse caso, os próprios termos "eterno", *ex nihilo*, *de novo* e ainda "criação" estão em causa.

A monografia de Tomás de Aquino acerca desse assunto se intitula *De Aeternitate Mundi (DAM) (Sobre a Eternidade do Mundo)*, mas ele mesmo insiste que "a eternidade, verdadeira e propriamente, só se encontra em Deus" (*ST* Iª, q. 10, a. 3). Como Maimônides, que não hesita em pressupor "a doutrina da eternidade do mundo" na sua demonstração da existência de Deus, *não* porque acredita nela, mas porque deseja "estabelecer [...] a existência de Deus [...] por meio de um método demonstrativo sobre qual não há desacordo" (1, 71), Tomás adota a terminologia usual, enquanto observa explicitamente, quase no final da obra, "que de nenhum modo algo pode ser coeterno com Deus, pois, é claro, nada pode ser imutável a não ser somente Deus" (*DAM* 11; também 10). No entanto, o objetivo do seu argumento é mostrar que não há contradição em afirmar que "algo sempre existiu e, todavia, em tudo o que nele é foi causado por Deus" (*DAM* 1). Assim, "eterno" nessa discussão significa "sempre existiu", um predicado logicamente compatível com "o universo", mesmo quando reconhecemos a sua total derivação de Deus. O argumento prossegue para esclarecer em cada etapa a gramática dos outros termos envolvidos, explicando uma relação tão transcendente. *Ex nihilo* será então analisado, não de acordo com a sua gramática superficial que transformaria *nada* em *algo* "a partir do qual" o universo foi feito, mas enquanto *façon de parler*: "a criatura é feita

---

34 A discussão de Tomás de Aquino sobre esse assunto foi reunida em Vollert, 1984. Para a tese Ash'arite, ver Gimaret, 1990.

'do nada', isto é, ela é feita 'depois do nada'; essa palavra 'depois' implica precisamente uma ordem. [...] antes da duração não existia nada, e depois existiu algo" (*DAM* 7; e também 6). Da mesma forma, *de novo* não pode significar "no tempo", como quando expressamos frequentemente "que o mundo foi criado no tempo", mas, pelo contrário, devemos entender que "por ele [o primeiro momento] começa o tempo" (cf. *ST* I^a, q. 46, a. 1, *ad* 6).

Além disso, nenhum desses esclarecimentos gramaticais poderia ser tentado se a *criação* fosse um processo que requeresse tempo. De fato, a afirmação de que "a criação não pode ser chamada de mudança, a não ser por metáfora, conforme se considera que a coisa criada tem o ser depois do não ser" (*SCG* II, c. 37) formula o cerne do argumento de Tomás de Aquino de que se pode *conceber* o universo como existindo sempre, contudo totalmente dependente do seu criador: se o ato da criação é inerentemente instantâneo, não é necessário então que Deus *preceda* temporalmente o universo para ser o seu criador. Desse modo, a pressão da controvérsia contribui para Tomás esclarecer a noção que escapara a al-Ghazâlî, bem como a Maimônides: que se pode falar propriamente de uma criação livre sem insistir que devesse ser *de novo* (2, 21).[35] No entanto, o clima filosófico predominante, fortemente atraído pelo modelo lógico da emanação intelectual enquanto articulação refinada sobre a origem do universo, teria sustentado *prima facie* a insistência de Maimônides de que "ao conceber o mundo como *criado*, vemo-lo mostrando finalidade e intenção, expressando a vontade de um agente criador livre, [enquanto] ao entender o mundo como *eterno*, vemo-lo exibindo leis determinadas e fixas que governam todos os fenômenos naturais, [de forma que] esses dois quadros conceituais [seriam] modelos mutuamente excludentes nos termos em que a natureza se torna inteligível para [nós]".[36] Assim, a noção de "criação eterna" tem o elo de um oxímoro, se "criação" incluir a ideia da "origem livre" – tão forte é a adesão ao esquema

---

35 Al-Ghazâlî fornece a base para a nossa discussão aqui, pois parece que Tomás de Aquino conhecia apenas seu *Maqâsid al-falâsifâ*, destinado a introduzir as posições dos "filósofos" islâmicos antes de refutá-los em seu *Tahâfut*; cf. Hanley, 1982.

36 Feldman, 1980, p. 294, cuja expressão "modelo" é totalmente verdadeira para a concepção de Maimônides sobre a nossa capacidade de compreender esses assuntos.

de emanação necessária.³⁷ No entanto, se Tomás foi capaz de escapar dessa adesão, foi, sem dúvida, devido ao fato de que o Rabi Moisés preparou efetivamente o caminho para contornar as armadilhas nesse debate, traçando o modo de distinguir o que é próprio dos respectivos domínios da demonstração (razão) e da revelação (fé).

A estratégia de Maimônides para lidar com essa questão controversa é simples – mais um testemunho da sua habilidade como mestre e comentador. Ele introduz os pontos de vista existentes segundo três "opiniões", pressagiando assim a etapa decisiva em seu argumento; nenhuma tem o *status* de uma demonstração filosófica. Essa estratégia exige que ele reduza a visão bíblica à "*opinião* de todos os que creem na Lei de Moisés, [a saber], que o mundo como um todo [...] foi criado por Deus depois de ter sido pura e absolutamente não existente, e que Deus [o qual] existia sozinho [...] por Sua vontade e volição [...] criou a partir do nada todos os seres tal qual são, sendo o próprio tempo uma das coisas criadas" (2, 13). Mas, esse movimento dialético, bem como a pressuposição da eternidade do mundo na prova da existência de Deus, não contraria de modo algum o seu compromisso de fé. A segunda opinião, chamada "a opinião de Platão", sustenta que Deus cria a partir de "uma certa matéria, que é eterna assim como a divindade é eterna", ao passo que a terceira, identificada como "aquela de Aristóteles", insiste que a impassibilidade da divindade implica que o universo "não foi produzido depois de um estado de não existência". Ele se concentra então em Aristóteles, "pois suas opiniões são as que devem ser consideradas" (2, 14), "para deixar claro que Aristóteles, no seu entendimento, não possui uma demonstração da eternidade do mundo" (2, 15). Segue-se uma leitura atenta de Aristóteles para convencer os seus "seguidores contemporâneos, [os quais] consideram que Aristóteles demonstrou a eternidade do mundo", de que o mestre tinha consciência de *não* tê-lo feito, de que sua forma de argumento corrobora a sua declaração explícita de "que essa doutrina era uma opinião e que suas provas em favor dela eram meros argumentos, [e] poderia Aristóteles ter sido ignorante da diferença entre meros argumentos [dialéticos] e demonstrações?" (2, 15).

---

37 Para um estudo das confusões sobre esse assunto na erudição maimonideana, ver Dunphy, 1983.

Já sugeri que essa imagem de Aristóteles, adotando a origem eterna do mundo, era, de fato, obra de al-Fârâbî e Avicena, apoiando-se em Plotino e Proclo. Mas não importa; o fato de que se considerava ser de Aristóteles, é parte daquilo que conferiu ao esquema sua autoridade. Maimônides precisou então separar o esquema dessa autoridade e reduzi-lo a uma opinião entre outras. Assim, poderia examinar os méritos dos outros dois esquemas – de Moisés e Platão. É somente nesse momento que recorreu aos argumentos do *kalam* sobre "propósito e particularização" (2, 20): no entanto, não como demonstrações de algo, mas apenas como "argumentos" em favor da opinião de Moisés, que pode explicar melhor o fato de que o que observamos no movimento dos céus não segue as condições ideais do sistema de Aristóteles. Além disso, uma vez que "a opinião sobre a eternidade tal como Aristóteles a vê – isto é, a opinião segundo a qual o mundo existe em virtude da necessidade [...] destrói a Lei em seu princípio, desmente necessariamente todo milagre e reduz à nulidade todas as esperanças e advertências dadas pela lei" (2, 25), seria um absurdo para os fiéis sentirem que deveriam adotá-la logo que fosse demonstrada. Se fosse esse o caso, insiste Maimônides, "poderíamos interpretar [os textos da Torá] como figurados, assim como fizemos quando negamos a corporalidade [de Deus]" (cf. 1, 1-48), de modo que "nosso abandono da afirmação da eternidade do mundo não se deve a um texto presente na Torá" (1, 25), mas à nossa liberdade para afirmar o que acreditamos ser verdadeiro na ausência de uma *prova* em contrário. O pêndulo no seu tratamento é a "opinião de Platão, [a qual] não destruiria os fundamentos da Lei", e de acordo com a qual "seria possível, além disso, interpretar figuradamente os textos [da Torá]". Mas, dado que esta carece também de demonstração, estamos livres para "tomar os textos de acordo com o seu sentido exterior, e diremos: a Lei nos deu o conhecimento de uma matéria cuja compreensão não está em nosso poder, e o milagre [da própria Torá] atesta a correção das nossas afirmações" (2, 25).[38]

Que tais matérias estejam além do nosso entendimento, uma vez que têm a ver com a ação livre de uma divindade cujos atributos não podemos

---

38 Tem-se falado muito das manobras de Maimônides aqui e se sua preferência declarada pela "opinião" de Moisés reflete a sua verdadeira posição. Para uma avaliação, ver Dunphy, 1989.

conhecer, é doutrina de Maimônides (1, 51-60). O que podemos conhecer são os efeitos da ação divina, revelados tanto pela natureza quanto pela Torá. Que ambas revelem algo da divindade que conhecemos requer, no entanto, "refutar as provas dos filósofos sobre a eternidade do mundo" (1, 71), que nos oferecem um Deus que governou por necessidade; Maimônides considera então essa como a principal tarefa "daquele que adere à Lei". Tomás de Aquino concordou certamente, como mostram seus esforços, mas pareceu, nesse assunto, mais consistente que o Rabi Moisés, pois evitou empregar quaisquer argumentos do *kalam*, deixando o assunto unicamente à fé e não querendo reduzir a afirmação de fé a uma opinião entre outras, mesmo que para fins dialéticos. No entanto, sua transformação da distinção de Avicena entre *ser* e *essência* lhe permitiu uma caracterização mais positiva desse "assunto, cuja compreensão não está em nosso poder", tal como a de um Deus eterno que age livremente "causando continuamente o *ser* [*esse*]" (*ST* I^a, q. 104, a. 3).

Os nomes de Deus

Deve estar claro agora que ambos, Maimônides e Tomás de Aquino, preocupavam-se principalmente com uma compreensão adequada da divindade, embora o contexto fosse a forma de caracterizar a criação. E cada um salvaguardou Deus e as vias de Deus das soluções reducionistas da filosofia pelo recurso a uma *via negativa*, mas sempre disciplinada. Em nenhum lugar isso aparece mais claramente do que no tratamento dos "nomes de Deus", um tópico no qual Tomás contesta explicitamente o Rabi Moisés, embora, na prática, adote as suas preocupações críticas.[39] Seus respectivos tratamentos pressupõem o paralelismo medieval entre semântica e ontologia: o que se pode afirmar *sobre* Deus não pode ser pensado como uma modificação da substância divina, que deve ser "Una em virtude da verdadeira Unidade" (1, 50); "uno ao máximo [...] é o próprio ser subsistente

---

39 Esse é o consenso entre os escritos recentes: ver Broadie, 1987; Burrell, 1986c (c. 4: "Names of God: Attributes of Divine Nature"); e Miller, 1977.

[...] não está dividido [...] segundo qualquer modo de divisão, uma vez que é simples em todos os modos" (*ST* I^a, q. 11, a. 4). A insistência profética de Maimônides inicia o seu tratamento dos diversos "nomes de Deus", ao passo que a afirmação de Tomás é o ponto culminante da sua elaboração metafísica das "características formais" que acompanham a simplicidade divina, mostrando como a nossa perspicácia filosófica nos deve fazer retornar à fé bíblica.[40]

O contexto para Maimônides estava estabelecido pelo debate prolongado nos países islamíticos sobre os atributos divinos, uma discussão ao mesmo tempo alcorânica e de natureza filosófica. É comum o Alcorão dirigir sua exortação lembrando-nos da característica de Deus pertinente ao ponto apresentado – "Ele é o Onisciente, o Prudentíssimo" (34:1), "o Misericordioso, o Indulgente" (34:2) –, no entanto, a revelação primordial respeitou a unidade divina (*tawhîd*). Assim, os primeiros pensadores religiosos, os mutazilîes, usaram a filosofia grega para insistir (de acordo com a síntese de Maimônides) que "não há nenhuma unidade, a não ser crer que há uma essência simples, em que não há nenhuma complexidade ou multiplicação de noções" (1, 51). Os seguidores posteriores de al-Ash'arî se opuseram aos resultados dessa doutrina, que, na prática, reduzia as declarações do Alcorão a expressões metafóricas. Assim, limitaram-se a reconhecer a realidade de tais atributos em um só Deus, mas "sem dizer como [*bi-lâ kayf*]" isso poderia ser possível.[41] Maimônides ironiza essa posição intermediária como inerentemente instável: "Algumas pessoas dedicadas à especulação acabaram afirmando que Seus atributos [...] não são nem Sua essência nem uma coisa exterior a Sua essência – são coisas meramente ditas" (1, 51). Ele propõe, assim, uma abordagem totalmente diferente de tais expressões, familiares a ele a partir dos *Salmos*.

Como nada podemos atribuir *a* uma divindade simples, e como o contexto principal das Escrituras divinas (bem como do Alcorão) fala das

---

40 Ver o meu amplo tratamento dessa questão em Burrell, 1979, c. 2: "The Unknown"; ver também Jordan, 1983.
41 Para um tratamento abrangente dessa discussão, ver Gimaret, 1988; para um exemplo de comentário clássico, ver Burrell, 1991.

ações de Deus em nome do povo, cada afirmação de um atributo deve ser interpretada como a expressão de "um atributo da Sua ação, e não um atributo da Sua essência" (1, 53), assim como "todos os Seus diferentes atos [são] realizados pela Sua essência, e não [...] por uma noção superadicionada" (1, 52). Mesmo os "atributos essenciais" de Deus, sem referência aparente à ação divina em nosso nome – "vida, poder, sabedoria e vontade" – "não devem ser considerados em relação à Sua essência, mas em relação às coisas que são criadas" (1, 53). Com efeito, o que foi dado a conhecer ao próprio Moisés (*Êxodo* 34,6-7) "eram simples atributos puros da ação: *misericordioso e clemente, longânimo*" (1, 54). Se isto é tudo o que Deus pode comunicar a Moisés por meio da revelação direta, o que mais podemos esperar obter da divindade a partir das palavras das Escrituras ou das afirmações da razão? Isso não nos impede, é claro, de considerar algumas dessas expressões como "atributos indicativos de uma perfeição comparada com as nossas perfeições" (1, 53), mas devemos perceber que "os atributos referidos a Ele são atributos das Suas ações e não significam que Ele possui qualidades" (1, 54). O que podemos considerar significativo na solução de Maimônides para essa questão é a forma como ele contorna o emaranhado de questões no debate islâmico favorável ao espírito de entrega a Deus das Escrituras hebraicas.

No entanto, Tomás de Aquino considera a posição expressa por Maimônides instável, e por isso o assume diretamente enfocando um corolário do seu tratamento: que todos esses termos, quando aplicados a Deus, "são puramente equívocos, de forma que seus significados, quando atribuídos a Ele, de maneira alguma são como os seus significados em outras aplicações" (1, 56). Além disso, uma vez que "não há nenhuma composição em [Deus], Ele não pode ter em nenhum aspecto um atributo afirmativo" (1, 58). O melhor que podemos fazer com tais afirmações é interpretar "todo atributo que predicamos Dele como um atributo da ação, ou, se o atributo é destinado à apreensão da Sua essência e não da Sua ação, significa a negação da privação do atributo em questão". Tomás toma isso como a opinião do Rabi Moisés: "Todos esses nomes [como *Deus é bom*], ainda que se digam afirmativamente de Deus, contudo são imaginados mais para afastar alguma coisa de Deus do que para atribuir alguma coisa a ele" (*ST* Iª, q. 13, a. 2). Tomás não se opõe à metafísica implícita na semântica do Rabi Moisés, pois trata do procedimento de nomear Deus imediatamente depois de garantir a simplicidade divina; ele se preocupa mais com o fato de que "isso é contrário à intenção daqueles que falam de Deus". O elaborado esquema de tradução que Maimônides propõe vai na contramão da prática religiosa – presumivelmente judaica, cristã e muçulmana!

Tomás de Aquino dá um passo além nos fundamentos da discussão do seu antecessor, empregando alguns recursos semânticos indisponíveis aos seus interlocutores nos países islamíticos, distinguindo entre "as próprias perfeições significadas [*res significata*], como a bondade, a vida etc., e o modo de significar [*significandi modus*]" (*ST* Iª, q. 13, a. 3). Essa distinção, colhida dos estudos ocidentais do século XII sobre os vários sentidos das Escrituras, permitiu-lhe insistir que, "quanto ao que significam desse modo [*res significata*], os nomes convêm propriamente [*proprie*] a Deus, e mais propriamente do que às criaturas mesmas, e por primeiro são ditos dele. Mas quanto ao modo de significar [*modus significandi*], não são ditos propriamente de Deus, pois têm um modo de significar que convém às criaturas". A distinção diz respeito às adaptações que se deve fazer na área da gramática para construir argumentos silogísticos válidos, mas Tomás já havia lhe dado um uso metafísico, lembrando-nos que "não podemos falar das coisas simples a não ser pelo modo das coisas compostas, das quais recebemos o nosso conhecimento. E por isso, ao falar de Deus, empregamos nomes concretos [*Deus é justo*] para significar a sua subsistência, pois, para nós, não subsistem a não ser as coisas compostas. E empregamos nomes abstratos [*Deus é justiça*] para significar a sua simplicidade" (*ST* Iª, q. 3, a. 3, *ad* 1).

Essa observação remete a uma das preocupações recorrentes de Maimônides: a de que a própria *forma* da predicação nos induzirá ao erro de supor que Deus "possui qualidades" (1, 54). Ela pressupõe também que, empregando a linguagem adequada à nossa condição, teremos consciência quando o tópico em discussão excede essa linguagem, e em que direções específicas. Daí o enfoque nas *perfeições* que Tomás de Aquino pode conceber para representar os vestígios do criador, e cuja estrutura semântica deve refletir esse fato. Pois, nem todos os termos são suscetíveis de serem distinguidos da maneira requerida: apenas aqueles dos quais pode-se dizer que os *significados* ultrapassam o seu *uso* habitual, mas numa direção já insinuada por aquele uso.[42] Essa compreensão altamente articulada das características análogas da linguagem diferencia o tratamento de Tomás dos "nomes divinos" daquele de Maimônides, o qual não só revelou uma compreensão rudimentar (e falsa, no entendimento de Tomás) dos "termos utilizados ambiguamente" (1, 56), mas também enfatizou as diferenças entre o uso bíblico e o uso filosófico pelo ditado rabínico: "A Torá fala na língua dos filhos dos homens" (1, 53), isto é, na linguagem comum.[43] Sem dúvida, cortar os laços com a nossa linguagem comum reforçou as suas próprias convicções de que os "nomes de Deus", que pretendem significar os atributos essenciais, "são puramente equívocos" (1, 56). No entanto, Tomás mostrou como um orador, sensível às distinções já incorporadas à nossa língua viva, pode utilizar certos termos privilegiados dessa língua ("perfeições") que apontam para além do nosso "modo de significar" para "pretender significar" sua fonte em Deus. Assim, "a língua dos filhos dos homens" não deve ser enganosa a respeito da absoluta simplicidade do Uno, nem é preciso ser filósofo para usar corretamente esses termos em referência a Deus. Pois nossa compreensão nativa dos termos relacionados à perfeição requer que ultrapassem o seu sentido descritivo corrente, se quisermos usá-los corretamente – sempre que os usarmos.

O resultado dessa troca quase direta entre os dois é que a solução da questão de Tomás de Aquino conserva uma dose generosa do "incognoscível" que Maimônides procurou assegurar. Não reduzindo, com certeza, as ligações de significado entre, digamos, "o conhecimento" em nosso uso e "o conhecimento" expresso sobre Deus como seu objeto; nem requer que haja uma "semelhança [comum] em relação a alguma noção" (1, 56). Podemos realmente afirmar que Deus conhece (*res significata*) sem nenhuma noção de *como* isso é assim (*significandi modus*). A utilização analógica de Tomás

---

42 Sobre os termos análogos, ver Ross, 1981, bem como Burrell, 1973. Para críticas às diferentes considerações da analogia, ver Sherry, 1976a; Sherry, 1976b; e Burrell, 1985. Ver também Ashworth, 1991.

43 Para uma análise do estado de tais semânticas nos países islamíticos, ver Wolfson, 1973.

não deve ser explicada em termos de *conceitos*, mas de acordo com o *uso*, o que pode explicar por que muitos filósofos parecem ter considerado evasiva a estratégia. Na nossa leitura do objetivo dos dois pensadores religiosos de encontrar um modo de falar da unidade absoluta de Deus sem distorção, parece, no entanto, que a estratégia de Tomás responde às preocupações do seu predecessor sem recorrer à insistência contraproducente do Rabi na "pura equivocidade". Pois, a compreensão de que nós, "seres compostos", podemos ter das "perfeições significadas" como elas são no próprio Deus será sempre tênue; de fato, incluirá uma *via negativa* tão tributária daquela esboçada por Maimônides no seu capítulo culminante sobre os "nomes divinos" (1, 59).

Conhecimento de Deus sobre os singulares e o alcance da providência

O comentador de Maimônides do século XIV, Levi ben Gerson (Gersônides), encontrou a razão decisiva do agnosticismo extremo do seu mestre em relação aos atributos divinos no dilema sobre a presciência de Deus e a liberdade humana.[44] Maimônides insiste que "está em conformidade com a nossa Lei que o *conhecimento* de Deus não ocasiona a realização de uma de duas possibilidades, mesmo que Ele conheça perfeitamente como uma delas acontecerá", e atribui toda a confusão nesses assuntos ao esquecimento de que "entre o nosso conhecimento e o Seu conhecimento não há nada em comum" (3, 20, *grifo meu*). Assim, os modos usuais de gerar o dilema – "se Deus *sabe que* algo acontecerá, então deve ocorrer", tornam-se inúteis se a fórmula "sabe que" não funciona em relação a Deus do modo como a forma do argumento presume que deveria. Insistindo, no entanto, no assunto, Maimônides não deixa por isso e sugere uma diferença específica (inspirado por Avicena): "Uma grande disparidade subsiste entre o conhecimento que um artífice tem da coisa que ele produziu e o conhecimento que alguém tem do artefato em questão" (3, 21). Em suma, se insistimos em comparar o conhecimento de Deus com o nosso, não devemos olhar para os nossos

---

44 Samuelson, 1977, p. 182-224.

"saberes que" nem mesmo para o saber que dirige e resulta no fazer ou na fabricação: "Pois conhecendo a verdadeira realidade da Sua própria essência imutável, Ele conhece também a totalidade do que deriva necessariamente de todos os Seus atos".[45] E enquanto "é impossível para nós conhecermos de algum modo esse tipo de apreensão, [isso] é extraordinário e uma opinião verdadeira; [...] nenhum erro ou distorção será encontrado nela".

Assim, Maimônides aceita a sugestão de Ibn Sînâ sobre a inversão da direção do conhecimento: a partir de nós o conhecimento procede das coisas existentes ao Uno, cujo conhecimento faz as coisas existirem. No entanto, a própria necessidade do esquema de Ibn Sînâ impede a esse mesmo Uno o conhecimento dos indivíduos, "a não ser na medida em que são universais" (8, 6, 360:3). Isso não basta para um seguidor da Torá, que deve insistir que "a providência divina zela [...] pelos indivíduos que pertencem à espécie humana" (3, 17). Tomás de Aquino transforma a asserção em um teorema: "O conhecimento de Deus é a causa das coisas" (*ST* I^a, q. 14, a. 8) e "se estende tanto quanto se estende a sua causalidade. [Por isso], é necessário que o conhecimento de Deus se estenda até as coisas singulares" (*ST* I^a, q. 14, a. 11). Não há, é claro, nenhuma pista de *como* para isso se considera a relação absolutamente fundamental da criação livre; mas podemos saber que tudo o que existe, existe pela participação no próprio ser de Deus, e apenas indivíduos existem. Também somos libertados do vínculo específico do qual Maimônides procurava escapar, a saber, que o conhecimento de Deus de que algo estava para ocorrer determinaria a sua ocorrência, pois o conhecimento prático associado ao criador do próprio ser das coisas é simultâneo ao evento em si e, portanto, não deve ser pensado como uma "presciência".

Nesse ponto, Tomás de Aquino se insurge contra uma restrição que o Rabi Moisés apresenta como "a minha própria crença" – a de que, para todas as espécies abaixo do humano, os indivíduos estão sujeitos apenas ao acaso: "Eu não creio de modo algum que [...] esta aranha devorou esta

---

45 Eis o argumento de Ibn Sînâ: "Não é possível para o ser necessário entender as coisas a partir das próprias coisas [...]; pelo contrário, porque ele é o princípio de todo ser, entende a partir da sua própria essência aquilo do qual ele é o princípio" (8, 6, 358:13; 359:1).

mosca porque neste momento Deus decretou e quis algo a respeito dos indivíduos" (3, 17). O argumento aqui é dos pensadores islâmicos Ash'arite, a quem ele descreve como afirmando que "toda folha cai por ordem e decreto de Deus" (3, 17). Tomás não precisa lidar com tal visão, e assim se concentra no contexto imediato da restrição de Maimônides: "A criatura racional tem, pelo livre-arbítrio, o domínio dos seus atos [...], está submetida à providencia divina de modo especial, a saber, é-lhe imputado algo conforme culpa ou mérito". Mas isso não deve ser tomado no sentido de Maimônides, o qual pensou que "as criaturas irracionais individuais não dizem respeito à providência de Deus" (*ST* I^a, q. 22, a. 2, *ad* 5). Mas em que medida Deus se preocupa com elas? Na medida em que realizam as suas naturezas, o que (de acordo com Aristóteles) contribui para a preservação da espécie. Assim, a afirmação de Tomás parece ir um pouco além da negação de Maimônides, mas suas afirmações diferem segundo o contexto das suas preocupações.

Eles diferem consideravelmente nas suas respectivas caracterizações da providência divina, a qual, para Maimônides, "é decorrente do excesso divino" (3, 17). Ou seja, como diz ele nos capítulos finais do *Guia*, "a providência cuida de todos aqueles dotados de intelecto proporcionalmente à medida do seu intelecto, [o que lhe permite alcançar] a perfeição dos inteligíveis que conduzem ao amor ardente por Ele" (3, 51). Mas enquanto ele parece evocar o modelo de emanação para aceitar uma providência altamente elitista, continua a observar "que o fim das ações prescritas por toda a Lei é ocasionar a paixão" (3, 52), que é alcançada de outro modo pelo "pensamento puro" (3, 51). Onde o Rabi Moisés altera um modelo emanacionista para evocar algo da graça divina, mas deixa a iniciativa para o indivíduo [como também faz para a profecia (2, 37)], Tomás de Aquino levará também o modelo do conhecimento prático para o plano da interação de Deus com os indivíduos, na sua elaboração da elevação de cada pessoa por Deus a um novo plano de participação na vida divina – uma participação comunicada pela morte e ressurreição de Jesus. Mas isso nos transporta para um novo paradigma, introduzido pela elaboração da tradição cristã sobre a pessoa de Jesus. Deveria ser suficiente para nós termos observado os consideráveis paralelos entre esses pensadores exemplares, cristão e judeu; suas diferenças são mais facilmente evidentes.

4 Metafísica

JOHN F. WIPPEL

O "sujeito" da metafísica

Para Tomás de Aquino, metafísica, filosofia primeira e uma ciência filosófica do divino (*scientia divina*) são o mesmo. Seguindo Aristóteles, ele está convencido de que há uma ciência que estuda o ente enquanto ente.[1] Como as outras ciências teóricas, a metafísica deve possuir um determinado "sujeito".[2] De acordo com Tomás, esse "sujeito" é o ente em geral (*ens commune*) ou ente enquanto ente. Tomás descreve dessa forma essa ciência, a fim de distingui-la dos "sujeitos" menos extensos e mais restritos das outras ciências teóricas – a filosofia natural (que estuda o ente enquanto sujeito à mudança e movimento) e a matemática (que estuda o ente enquanto quantificado).[3]

Ao assinalar que o "sujeito" da metafísica é o ente enquanto ente, Tomás de Aquino também define a sua posição numa controvérsia

---

1 *In BDT*, q. 5, a. 4: "[...] que tem como sujeito o ente enquanto é ente"; *In M* proêmio: "[...] embora o sujeito desta ciência seja o ente em geral".
2 N. T.: "Subject", termo que será traduzido, sempre que aparecer nesse contexto, por "sujeito" (assim grifado) uma vez que remete ao *subiectum de quo* (o sujeito do qual se fala), o *subiectum scientiae* (o "sujeito" da ciência) que é aquilo de que trata uma ciência, o que modernamente se chamou *objeto* de uma ciência. É distinto do *subiectum in quo* (o sujeito no qual inere o hábito científico, o sujeito de inerência da ciência).
3 Para uma discussão completa dos diferentes tipos de objetos das três ciências teóricas (física, matemática, metafísica), expressas em termos do seu grau de liberdade e dependência da matéria e do movimento, ver *In BDT* q. 5, a. 1. Sobre o *ens mobile* como "sujeito" da filosofia natural ou física, ver *In Ph* I, lect. 1, n. 3. Sobre a matemática, que estuda o *ens quantum*, ver *In M* IV, lect. 1, n. 532.

anterior a respeito da relação entre a ciência do ente enquanto ente, descrita por Aristóteles na *Metafísica* IV, 1-2, e a "filosofia primeira" ou "ciência divina", desenvolvida na *Metafísica* IV, 1. Enquanto a primeira abordagem salienta a não particularidade do objeto dessa ciência, a segunda parece concentrar mais o seu estudo num tipo particular de ente ou conjunto de entes: o ente separado e imaterial, ou o divino. Aristóteles claramente procurou identificar essas duas como uma e mesma ciência no final da *Metafísica* IV, 1, mas nem todos os intérpretes consideram que ele tenha conseguido.[4]

Avicena, por exemplo, tinha recusado identificar o "sujeito" da metafísica com Deus ou com o divino. Averróis, por outro lado, fez precisamente isso. De acordo com Tomás de Aquino, Avicena e Averróis, nenhuma ciência pode demonstrar a existência do seu próprio "sujeito". Tomás concorda com Avicena que a existência de Deus pode ser demonstrada na metafísica, e não (somente) na física, como sustentava Averróis.[5] Isso força Tomás a excluir Deus como "sujeito" da metafísica. Ao mesmo tempo, Tomás afirma que pertence à mesma ciência estudar o seu "sujeito" e buscar o conhecimento dos princípios e causas desse "sujeito". Se o ente enquanto ente ou ente em geral é o "sujeito" desta ciência, o metafísico deve raciocinar a partir do conhecimento deste "sujeito" para o conhecimento da causa ou princípio de tudo o que está incluído nele, no ente enquanto ente. No modo como Tomás vê as coisas, esse princípio é Deus. Portanto, ele conclui

---

4   Para Aristóteles, ver, em particular, *Metafísica* VI, 1, 1026a29-32. Para algumas discussões recentes sobre essa questão em Aristóteles, ver Owens, 1978, p. xiii-xxvii, 35-67; Owens, 1982, Mansion, 1956a e b; e Dumoulin, 1986, p. 107-174.
5   Para Avicena, ver Avicena, 1977, Bk I, c. 1-2, p. 4-13. Para Averróis, ver Averróis, 1562-1574, vol. 4: *Comentário à 'Física'*, Bk I, com. 83, f. 47rb-48va. Embora Averróis aceite a descrição de Aristóteles da metafísica como ciência do ente enquanto ente, observa que este significa a substância e, de fato, a substância na sua mais alta instância, essa substância que é a primeira forma e o último fim, que move quer como primeira forma quer como causa final. Ver vol. 8: *Comentário à 'Metafísica'*, Bk IV, com. 1, f. 64rb-va; com. 2, f. 65rb-66rb; Bk XII, com. 5, f. 293rb. Para um argumento metafísico a favor da existência de Deus, ver Tomás de Aquino, *DEE*, c. 4, analisado adiante. Tomás também parece conceder uma demonstração na física de um primeiro motor, o qual, ao menos no final do seu *Comentário à Física*, identifica com Deus (ver *In Ph* VIII, lect. 23, n. 1172).

que Deus não só não é o "sujeito" da metafísica, mas também que Deus não está incluído no seu "sujeito" – o ente enquanto ente – como Avicena parece ter sustentado. Em vez disso, Deus pode ser estudado pelo metafísico apenas indiretamente, como causa ou princípio do que está incluído no ente enquanto ente. Essa abordagem permite a Tomás defender a unidade da metafísica e da ciência do divino de uma forma que parece ser única entre os pensadores do século XIII.[6]

Metafísica e teologia

Tomás de Aquino faz uma distinção entre a ciência filosófica ("metafísica", "filosofia primeira" ou "ciência divina"), que estuda Deus apenas indiretamente como a causa do que está incluído no seu "sujeito" (ente enquanto ente), e o outro tipo de teologia, que tem Deus como o seu "sujeito" e depende da fé na revelação divina para os seus princípios.[7] Mesmo assim, Tomás está convencido de que não pode haver um verdadeiro conflito entre fé e razão ou entre fé e filosofia, porque, para ele, ambas derivam da mesma fonte: por um lado, Deus visto como o autor da revelação; por outro, Deus visto como a fonte criadora do intelecto humano e do universo criado, que a filosofia estuda e de onde extrai seus princípios. Admitir que a fé e a razão poderiam estar realmente em contradição entre si seria reconhecer que, nesse caso, uma ou outra seria falsa. Para Tomás, isso tornaria o próprio Deus o autor da falsidade, o que ele rejeita como impossível.[8]

---

6 Ver *In BDT*, q. 5, a. 4; *In M*, proêmio. Para discussão, ver Zimmermann, 1965, p. 159-180. Na *ST* I²-II², q. 66, a. 5, *ad* 4, Tomás escreve que *ens commune* é o efeito próprio da causa mais elevada, Deus. Isso impede de incluir Deus sob o *ens commune*, pois assim ele causaria a si próprio. Tomás se recusa explicitamente a incluir Deus sob o *esse commune* no seu *Comentário aos Nomes Divinos*. Ver *In DDN*, c. 5, lect. 2, n. 660.

7 Ver *In BDT*, q. 5, a. 4; *ST* I², q. 1, a. 1-8; *SCG* I, c. 3-6. Para sua discussão dessas três denominações (metafísica, filosofia primeira, ciência divina), ver *In BDT*, q. 5, a. 1 e *In M* proêmio. Para discussão das diferentes razões que ele fornece nestes textos (um antes e outro depois) a fim de descrever esta ciência como filosofia primeira, ver Wippel, 1984b, c. 3, p. 55-67 ("First Philosophy According to Thomas Aquinas").

8 *In BDT*, q. 2, a. 3. Cf. *SCG* I, c. 7.

A convicção de que deve haver uma harmonia entre fé e razão e entre a teologia fundada na revelação e a teologia ("ciência divina") que é idêntica à metafísica, leva Tomás de Aquino a defender o direito do teólogo de utilizar o raciocínio filosófico na teologia. Ele destaca três modos diferentes em que o teólogo pode empregar o pensamento filosófico: (i) para demonstrar o que Tomás designou como "preâmbulos da fé", ou seja, as verdades a respeito de Deus que a razão natural pode provar, como a existência e a unidade de Deus, as quais, diz ele, a fé pressupõe; (ii) para fornecer analogias que o teólogo pode utilizar para esclarecer ou ilustrar os mistérios da fé, como o uso frequente por Agostinho das analogias filosóficas para ilustrar a Trindade; e (iii) para responder aos ataques contra a fé religiosa, mostrando que são falsos ou, pelo menos, que não foram demonstrados. A identificação de Tomás desses três usos da filosofia pelo teólogo ilustra algo da sua confiança no emprego do raciocínio filosófico para o desenvolvimento da sua própria teologia.[9]

Na *SCG* II, c. 4, Tomás de Aquino distingue entre as ordens a serem seguidas na filosofia e na doutrina baseada na fé. No caso da filosofia, considera-se a realidade criada em si mesma e se passa do exame da realidade para o conhecimento de Deus. Começa-se com a descoberta do ente enquanto ente ou ente em geral; no esforço para compreender esse aspecto, deve-se, em última instância, descobrir o princípio ou causa que é abrangido por ele, Deus. Na doutrina baseada na fé, no entanto, volta-se primeiro para o estudo de Deus e somente depois se examina a realidade criada, na medida em que, de certo modo, imita ou representa a realidade divina. Como nosso interesse aqui é a metafísica de Tomás, devemos seguir a ordem filosófica na apresentação do seu pensamento.[10]

---

9 *In BDT*, q. 2, a. 3.
10 *SCG* II, c. 4. Note-se que o capítulo inteiro desenvolve as diferenças entre os modos com que o filósofo e o religioso estudam a realidade criada, ou seja, como é em si mesma, e como representa a realidade divina e está de certo modo ordenada a Deus. Weisheipl data a *SCG* em 1259-1264 e observa que a data mais antiga possível do Bk II é 1261 (ver Weisheipl, 1983, p. 359-360). Ele situa o *In BDT* em 1252-1259 (ver p. 381 e a correção na p. 482), e o *In M* em 1269-1272 (p. 379). Daí a posição de Tomás de Aquino sobre essa questão ter se mantido consistente.

Descoberta do ente enquanto ente

Se a metafísica tem como seu "sujeito" o ente enquanto ente, a própria possibilidade da metafísica pressupõe que se possa descobrir o ente enquanto ente. Embora Tomás de Aquino pudesse ter manifestado isso mais explicitamente, há boas razões para pensar que ele distingue duas noções ou conceitos de ente. Uma, que podemos descrever como primeira intelecção do ente, está aberta a todo ente humano pensante e está implicada nos nossos conceitos mais específicos e descrições da realidade. Por exemplo, se consideramos um cavalo e o identificamos como uma substância sensitiva-vivente-corporal, também aceitamos e reconhecemos implicitamente que é um ente. Esse é o tipo de intelecção do ente que Tomás parece estar pensando quando escreve (citando Avicena) que "aquilo que o intelecto por primeiro concebe como mais evidente e no qual se resolvem todos os seus conceitos é o ente".[11]

Os intérpretes contemporâneos divergem se Tomás de Aquino considera que essa primeira intelecção do ente é alcançada pelo intelecto somente através da sua primeira operação (na qual conhece o que a coisa é, sem afirmar ou negar algo a seu respeito) ou se é necessária a segunda operação – o juízo (a composição e divisão, na qual o intelecto afirma ou nega). A melhor interpretação lembra que, para Tomás, a noção de ente ("o que é")

---

11 QDV, q. 1, a. 1. Para Avicena, ver *Liber de Philosophia Prima* I, c. 5, p. 31-32. Para outros textos em Tomás, ver *QDV*, q. 21, a. 1; *In BDT*, q. 1, a. 3, obj. 3; *In M* I, lect. 2, n. 46; *ST* Iª-IIª, q. 55, a. 4, *ad* 1. Ver também *ST* Iª-IIª, q. 94, a. 2, onde ele novamente parece estar pensando no processo de resolução (análise), ao qual se referiu em *QDV*, q. 1, a. 1: "Aquilo que o intelecto por primeiro concebe como mais evidente e no qual se resolvem todos os seus conceitos é o ente". Para uma breve discussão do processo de síntese (composição) e de análise (resolução) em outros contextos, especialmente no *In BDT*, q. 6, a. 1, ver Wippel, 1984b, p. 61-67. Para uma coletânea e discussão útil dos textos que tratam da resolução, ver Tavuzzi, 1991; porém, a afirmação do autor de que "a própria possibilidade da ciência da metafísica de Tomás pressupõe uma demonstração anterior da existência de Deus e a apreensão intelectiva de Deus como *ipsum esse subsistens* enquanto *terminus* da resolução metafísica *secundum rem*" (p. 225) é duvidosa, na melhor das hipóteses. Para alguns outros intérpretes que reconhecem a necessidade de distinguir entre uma primeira noção e uma noção metafísica de ente em Tomás, ver Renard, 1956, p. 73; Krapiec, 1956; Klubertanz, 1963, p. 45-52; e Schmidt, 1960, p. 377-380.

é complexa, inclui os elementos quididativo e existencial – essência e ser. Portanto, tanto a simples apreensão quanto o juízo de existência parecem ser necessários para formular essa primeira noção de ente.[12]

Em todo caso, certamente ambos são necessários para a formulação da noção de ente que serve como "sujeito" da metafísica – a noção metafísica de ente. De acordo com Tomás de Aquino, as coisas estudadas pela filosofia natural dependem da matéria tanto para existir quanto para serem inteligidas. Portanto, descobrimos o "sujeito" desta ciência por uma abstração "do todo", ou seja, abstraindo algo universal das condições individuantes da matéria.[13] As coisas estudadas pela matemática também dependem da matéria para existir, mas não dependem da matéria sensível (a matéria como é apreendida pelos sentidos externos) para serem definidas. Portanto, seu "sujeito" pode ser apreendido por uma abstração "da forma", ou seja, abstraindo a matéria, uma vez que é o sujeito da forma acidental da quantidade, das qualidades sensíveis adicionais com as quais a matéria está, de fato, sempre realizada.[14]

As coisas estudadas pela metafísica não dependem da matéria para existir ou para serem inteligidas. Poderá ser assim, no sentido de que elas

---

12 Sobre essas duas operações do intelecto, ver *In BDT*, q. 5, a. 3: "A primeira operação visa à natureza da coisa [...]. A segunda operação visa ao próprio *esse* da coisa". Nesse contexto, *esse* parece designar o ato de ser da coisa. Sobre a discussão de Tomás de Aquino a respeito do verbo "é", às vezes, como predicado por si só ("Sócrates é") e, às vezes, como unido ao predicado principal de modo a ligá-lo com o sujeito ("Sócrates é branco"), ver seu *In Ph* II, lect. 2. Cf. *ST* I ª, q. 3, a. 4, *ad* 2, onde escreve que o *esse* pode significar o ato de ser (*actum essendi*), ou pode significar a composição de uma proposição produzida quando a mente une um predicado a um sujeito. Para outros textos, onde escreve que a primeira operação do intelecto (simples apreensão) visa à quididade da coisa, enquanto a segunda operação (composição e divisão-juízo) visa ao seu *esse*, ver *In Sent* I, d. 19, q. 5, a. 1, *ad* 7; d. 38, q. 1, a. 3. Para discussão, ver Gilson, 1952, p. 190-204; e Owens, 1980a, p. 20-33. Para a rejeição da ideia de que o *esse*, quando considerado como ato de ser da coisa, é apreendido através do juízo, ver Regis, 1959, p. 322-333 (que deve ser comparado com a sua resenha crítica de *Being and Some Philosophers* de Gilson, reproduzida neste último em p. 217-221). Sobre a complexidade da noção de ente, ver *In BDH*, lect. 2, n. 23-24. Ver também *ST* Iª-IIª, q. 26, a. 4.
13 *In BDT*, q. 5, a. 1; q. 5, a. 3.
14 *In BDT*, q. 5, a. 1; q. 5, a. 3; Ver também o capítulo "Teoria do conhecimento" deste volume.

nunca são encontradas na matéria (Deus e os entes separados) ou no sentido de que, às vezes, estão presentes na matéria e, às vezes, não (substância, qualidade, ente, potência, ato, uno, múltiplo, etc.). O "sujeito" da metafísica – o ente enquanto ente – possui esse último tipo de liberdade da matéria; pode ou não ser encontrado na matéria e, portanto, é neutro a esse respeito. Além do juízo afirmativo de existência, necessário para formular a primeira noção de ente, a descoberta da liberdade da matéria, no sentido mencionado acima, também requer um juízo negativo da parte do intelecto. Através desse segundo tipo de juízo, a que Tomás de Aquino chama "separação", reconhece-se que o ente, para ser entendido enquanto tal, não necessita ser material, mutável, quantificado, etc. Pela eliminação dessas restrições à intelecção do ente, justifica-se a consideração do ente enquanto ente. Formula-se, nesse momento, a noção metafísica de ente, estando-se em condições de estabelecer uma ciência que tem como seu "sujeito" o ente enquanto ente.[15]

Os intérpretes contemporâneos de Tomás de Aquino estão divididos sobre se essa descoberta do ente enquanto ente através da separação requer o conhecimento prévio de que o ente imaterial no sentido mais forte existe na realidade, ou seja, que Deus ou outros entes espirituais existem. Na minha opinião, a melhor interpretação é a que não requer esse aspecto, pois Tomás afirma que cabe ao metafísico, como um objetivo ou fim da sua ciência, demonstrar que essa realidade existe ou, como diz ele, alcançar o conhecimento do princípio ou causa do "sujeito" da metafísica, Deus. Isso posto, ele dificilmente poderia pressupor o conhecimento prévio de que esse ente existe como uma condição para descobrir a metafísica e iniciar o seu trabalho![16]

---

15 *In BDT*, q. 5, a. 1 e 3 (sobre a *separatio*); q. 5, a. 4 (sobre os dois modos em que as coisas podem não depender da matéria). Para uma discussão disso tudo, ver Wippel, 1984c; referências adicionais são ali fornecidas.
16 Para a discussão dos textos relevantes, incluindo algumas passagens difíceis de *In M*, ver *ibid.*, p. 83-104. Para acréscimos à literatura secundária, ver Jordan, 1986, p. 149-163; Leroy, 1984 e Leroy, 1948.

Analogia do ente

As ideias de Tomás de Aquino sobre a descoberta do ente enquanto ente levam a outra questão correlata: que tipo de unidade deve caracterizar a noção de ente se ela é aplicada a todos e a cada ente e às diferenças que existem entre os entes? A resposta de Tomás se enquadra em termos da sua visão de que o ente é predicado de maneira análoga, e não puramente unívoca ou puramente equívoca. Ele critica Parmênides por ter pensado erroneamente que "ente" ou "o que é" é usado de um único modo. De fato, contesta Tomás, ele é usado de diferentes modos. Por exemplo, tomado em um sentido significa substância e em outro, acidente, com este último permitindo usos diferentes de acordo com os vários gêneros superiores ou categorias de acidentes. Ou ainda, é possível tomar ente como aplicado tanto à substância quanto ao acidente.[17]

O problema da analogia se coloca, para Tomás de Aquino, em dois planos diferentes. Por um lado, pode ser abordado no plano dos entes, na medida em que são descobertos através da experiência sensitiva e são abrangidos pelo ente enquanto ente ou ente em geral, o "sujeito" da metafísica. É neste plano horizontal que podemos perguntar como "ente" pode ser aplicado significativamente à substância e às outras categorias. Mas essa questão pode ser também abordada no que podemos chamar de plano vertical, ou, na terminologia de Fabro, de plano transcendental.[18] Nesse plano, ocupamo-nos da explicação de como "ente" e outros nomes podem ser aplicados significativamente a tipos diferentes de substância, incluindo não apenas as realidades criadas e finitas, mas inclusive o próprio Deus. Esta seção se concentrará na discussão de Tomás sobre a analogia no plano horizontal ou predicamental (categorial). A analogia no plano vertical ou transcendental será considerada depois

---

17 *In Ph* I, lect. 6, n. 39. Sobre Parmênides, cf. *In M* I, lect. 9, n. 138-139.
18 Ver Fabro, 1961, p. 510-513; 535. Nesse sentido, para a utilização desta terminologia e a divisão do seu próprio livro, ver o relevante estudo Montagnes, 1963. Para outras análises pertinentes a respeito da analogia em Tomás de Aquino, ver Lyttkens, 1952; McInerny, 1961 e 1968; e Klubertanz, 1960.

de uma discussão sobre a argumentação de Tomás a favor da existência de Deus.[19]

No seu primeiro tratado, *De Principiis Naturae*, Tomás de Aquino explica que algo se predica univocamente quando permanece o mesmo no nome e no conteúdo inteligível ou definição. Desse modo, o nome "animal" se predica de um ente humano e de um asno. Algo se predica equivocamente de coisas diferentes quando o nome permanece o mesmo, mas o seu sentido difere nos diferentes usos. Deste modo, o nome "cão" pode ser dito de uma criatura que late e de um corpo celeste. Por último, pode-se predicar uma coisa analogamente de coisas diferentes, que diferem na definição, mas que se relacionam de modo relevante a uma e mesma coisa.[20] Tomás ilustra isso utilizando um exemplo da *Metafísica* IV, 2 de Aristóteles. O nome "saudável" se diz do corpo de um animal, da urina e do medicamento, mas não do mesmo modo. Diz-se da urina porque é um sinal da saúde, do medicamento porque é uma causa da saúde, e do corpo vivo como o sujeito em que a saúde está presente. E cada um desses usos é relacionado de modo relevante a um e mesmo fim – a saúde do animal.[21]

Guiado pelo comentário de Averróis a esta mesma passagem da *Metafísica* de Aristóteles, Tomás de Aquino distingue diferentes ordens causais que podem fundamentar a predicação análoga. Essa predicação pode ser baseada primeiro no fato de que os análogos secundários se ordenam a um e mesmo fim, como no exemplo de saudável. Em segundo lugar, pode ser baseada no fato de que os análogos secundários se ordenam ou relacionam a um e mesmo agente (causa eficiente). Por exemplo, o termo "médico" pode ser aplicado ao médico, que possui a arte da medicina e trabalha por meio dela, à outra pessoa que trabalha sem possuir essa arte, mas tem uma aptidão a ela e, enfim, a um instrumento inclusive, utilizado na prática da medicina; porém, em cada caso, em virtude de uma relação relevante a um agente, a arte da medicina. Em terceiro lugar, a predicação análoga se baseia no fato de que diferentes análogos secundários se ordenam ou relacionam

---

19 Ver a seção "Os nomes de Deus" adiante.
20 *DPN*, que Weisheipl data de 1252-1256 (1983, p. 387).
21 *DPN*. Para o texto de Aristóteles, ver 1003a33-36.

a um e mesmo sujeito. Neste terceiro caso, "ente" se diz da substância, qualidade, quantidade e outros acidentes. Os acidentes são denominados "entes" porque se relacionam de modo relevante a – isto é, inerem em – um sujeito: a substância.[22]

Tomás de Aquino concorda, portanto, com Aristóteles que "ente" se diz primeiramente da substância e das outras categorias, e assim por diante, devido à sua relação com a substância. O ente, então, não deve ser entendido como um gênero, do qual a substância e os vários acidentes seriam as espécies. Ao mesmo tempo, não deveríamos concluir daí que o ente não é realizado nas instâncias secundárias do ente nem na substância. De acordo com Tomás, o ente está presente intrinsecamente nos acidentes, bem como na substância, mas de modo diferente.[23]

Como resume Tomás de Aquino no seu *Comentário à Metafísica* de Aristóteles, mais fracas nas suas pretensões ao ente são as coisas que existem apenas na ordem do pensamento: negações e privações. Um pouco superiores nos seus títulos de ente são a geração, a corrupção, e a mudança ou movimento, pois são processos que levam à substância ou corrupções da substância. Superiores nas suas pretensões ao ente, mas ainda num grau frágil de ente pois existem apenas em outra coisa, são a quantidade, a qualidade e as propriedades da substância. O máximo grau de ente é a substância, que é o mais perfeito porque possui o ser por si.[24]

Frequentemente, Tomás de Aquino assinala que o conteúdo inteligível (*ratio*) correspondente a um termo análogo é "em parte o mesmo e em parte diverso" nos seus vários usos análogos. Ele diz isso pois a cada vez que uma das coisas secundárias, à qual um termo como "ente" é aplicado, relaciona-se diferentemente ao análogo primário (a substância, no caso do ente), o conteúdo inteligível de cada uma também difere. Mas, como os vários análogos secundários se relacionam de modo relevante a uma única

---

22 *DPN*. Para o texto de Averróis, ver *In IV Met.*, com. 2, ed. cit., vol 8, f. 65va. Para uma comparação desses dois textos, ver Montagnes, 1963, p. 178-180. Ver também Tomás de Aquino, *In M* IV, lect. 1, n. 537-539.
23 *DPN*. Sobre a questão de que o ente é intrinsecamente realizado tanto na substância quanto nos acidentes, ver *QDV*, q. 1, a. 1.
24 *In M* IV, lect. 1, n. 540-543.

coisa (à substância, no caso do ente), seus conteúdos inteligíveis também são em parte o mesmo.[25] Em outras palavras, a teoria da predicação análoga de Tomás se baseia na semelhança e diferença que existe na realidade.

Tomás de Aquino distingue entre o que se designa analogia de "muitos para com um" e analogia de "um para com o outro". No primeiro caso, a predicação análoga de um determinado nome se justifica pelo fato de que uma série de diferentes coisas se relacionam de modo relevante a algo anterior a elas. Por exemplo, é com referência a uma mesma saúde que se pode predicar o nome "saudável" de um animal como seu sujeito, da (prática da) arte da medicina como sua causa eficiente, do alimento ou do medicamento como o que preserva a saúde, e da urina como seu sinal. Mas também pode-se predicar um termo analogamente de duas coisas, não por causa de relações que ambos têm com uma terceira coisa, mas apenas porque estão relacionadas de modo relevante a outro. Por exemplo, no mesmo contexto, escreve Tomás que "ente" (*ens*) se predica analogamente da substância e do acidente em virtude da relação do ente com a substância, e não porque ambos se relacionam a uma terceira coisa.[26] Nas *QDP*, ele também observa que se pode predicar "ente" analogamente da qualidade e da quantidade por causa da relação que ambas têm com a substância. Isso ilustra a analogia de "muitos para com um". Mas "ente" se diz da substância e da quantidade por causa da relação da quantidade com a substância (analogia de "um para com outro"). Isso sugere que a analogia de muitos para com um repousa, em última análise, na analogia de um para com outro. Como veremos, quando predica nomes a Deus e às coisas criadas, Tomás rejeita a analogia de muitos para com um e geralmente se volta para a analogia de um para com outro. Nas *QDV*, ele opta supreendentemente por uma analogia de proporcionalidade, mas retorna à analogia de um para com outro nas discussões subsequentes.[27]

---

25 Ver *In M* IV, lect. 1, n. 535. Cf. *In M* XI, lect. 3, n. 2197; *ST* Iª, q. 13, a. 5.
26 Ver *SCG* I, c. 34.
27 *QDP*, q. 7, a. 7. *QDV*, q. 2, a. 11. De acordo com uma analogia de propocionalidade, em vez de predicar um nome como "inteligente" de uma criatura e de Deus, porque Deus causa a inteligência na criatura, argumentar-se-ia que, como o inteligir humano está para o intelecto humano, assim o inteligir divino está para o intelecto divino. Isso justifica a nossa afirmação

Como vimos, Tomás de Aquino nega que o ente seja um gênero. Ele observa nas *QDV*, q. 1, a. 1 que nada pode ser adicionado ao ente do exterior, como se fosse uma natureza extrínseca, do modo como uma diferença é adicionada a um gênero ou um acidente a um sujeito. Isso se deve ao fato de que toda natureza é ente essencialmente, isto é, intrinsecamente. Portanto, pode-se dizer que algo adiciona ao ente apenas enquanto expressa um modo não expresso pelo próprio nome "ente". Isso, por sua vez, pode ocorrer de duas maneiras. O modo expresso por "ente" pode ser algum modo mais particular do ente, como os acidentes ou categorias. Ou pode ser um modo geral que acompanha todo ente, como é o caso do que depois ficaria conhecido como as propriedades transcendentais do ente (especialmente *uno*, *verdadeiro* e *bom*).[28]

No que se refere às categorias, cada uma é denominada tal como ela é na medida em que expressa um modo ou maneira mais particular em que o ente é realizado. Por exemplo, o nome "substância" significa um modo especial de ente, o ente *per se*. O modo de ente designado por cada uma das categorias dos acidentes difere daquele da substância (e dos outros acidentes), mas comporta a sua relação com a substância.[29] E assim, para Tomás de Aquino, os diferentes modos ou maneiras em que o ente é realizado servem como fundamento para as diferentes maneiras pelas quais inteligimos e predicamos o ente, ou seja, para a predicação análoga.[30]

Tomás de Aquino aceita a realidade de diferentes planos do ente e, portanto, de diferentes tipos de substâncias no universo criado – a hierarquia do ente. É bastante evidente a partir dos seus textos, que não se pode predicar "ente" desses diferentes tipos univocamente, mas apenas analogamente. Além disso, embora esse ponto seja contestado pelos comentadores,

---

de que Deus intelige ou é inteligente. Para a discussão sobre esta breve mudança de posição no ano de 1256 (a data das *QDV*, q. 2), ver Montagnes, 1963, p. 70-93.
28 *QDV*, q. 1, a. 1. Note-se especialmente: "Mas se diz que algumas coisas se adicionam ao ente enquanto exprimem um modo do próprio ente que não é expresso pelo nome 'ente'".
29 *Ibid.*
30 *Ibid.* "Há diversos graus [*gradus*] de ente [*entitatis*] de acordo com os quais são tomados os diversos modos de ser [*modi essendi*], e conforme esses modos são tomados os diversos gêneros das coisas".

parece que Tomás precisa também defender a predicação análoga, e não unívoca, do "ente" das diferentes substâncias individuais que se inserem na mesma espécie.³¹

Metafísica da participação

A referência à teoria da hierarquia do ente de Tomás de Aquino leva naturalmente à consideração da sua metafísica da participação. Suas teorias da analogia do ente e da participação no ser são intimamente ligadas. A primeira aborda a unidade e diversidade envolvida na nossa intelecção e predicação do "ente", e a segunda se ocupa da situação ontológica que dá origem a essa unidade e diversidade – ou seja, a unidade e diversidade na realidade. A teoria da participação dos entes no ser de Tomás também está no cerne da sua resposta ao problema do uno e do múltiplo na ordem da realidade. Em termos simples: como pode haver muitos entes, em que cada qual participa do ser e, no entanto, cada qual é diferente de todos os outros?³²

No seu comentário ao *De Hebdomadibus* de Boécio, Tomás de Aquino rapidamente vai além da explicação etimológica de que participar é "como um tomar parte" e explica que "quando alguma coisa recebe particularmente o que pertence a outro universalmente [ou totalmente], diz-se que participa dele".³³ Se uma qualidade ou característica particular é possuída

---

31 O reconhecimento de Tomás de Aquino de uma hierarquia do ente já é claro em grande parte da sua obra inicial, o *DEE* (sobretudo c. 2-5) e do seu relativamente tardio *DSS* (sobretudo c. 8). O *DSS* data de 1271-1273, de acordo com Weisheipl, 1983, p. 388. Para uma confirmação da necessidade da predicação análoga do "ser" de substâncias individuais, ver *In Sent* I, d. 35, q. 1, a. 4: "E, portanto, todas as vezes que a forma significada por um nome é o próprio ser [*esse*], não pode encontrar-se univocamente, pela razão também de que não se predica o ente [*ens*] univocamente". Cf. Fabro, 1950, p. 170-171.
32 Tomás de Aquino conheceu a posição de Parmênides por meio de Aristóteles e defendeu a realidade do não ente pura e simplesmente ou num sentido relativo, no empenho em defender a multiplicidade na ordem do ente. Ver *In M* I, lect. 9, n. 138 e *In Ph* I, lect. 14, n. 121 (sobre Parmênides). Para os textos em que ele desenvolve a noção de não ente relativo, ver Wippel, 1985.
33 *In BDH*, lect. 2.

por um determinado sujeito apenas parcialmente, e não totalmente, diz-se que o sujeito participa da qualidade ou característica. Uma vez que outros sujeitos também podem participar dessa perfeição, diz-se que cada um participa dela. Nenhum deles é idêntico a ela.[34]

Tomás de Aquino distingue várias maneiras diferentes em que a participação pode ocorrer. (1) Diz-se que ente humano participa de animal porque ente humano não possui o conteúdo inteligível total de animal. Da mesma maneira, diz-se que um indivíduo (Sócrates) participa de ente humano. Nesses casos, diz-se que um conteúdo inteligível menos extenso participa de um conteúdo inteligível mais extenso, como uma espécie de um gênero ou um indivíduo de uma espécie. Uma vez que se trata de conteúdos inteligíveis (*rationes*), esse tipo de participação pode ser descrito como "lógico". (2) Assim também, (2a) um sujeito participa de um acidente e (2b) a matéria participa da forma. Ambos podem ser descritos como instâncias da participação, pois as formas em questão, sejam acidentais ou substanciais, embora não restritas a qualquer sujeito determinado quando consideradas em si, limitam-se agora a este ou aquele sujeito particular. Uma vez que em (2a) e (2b) estão envolvidos princípios distintos do ente, e uma vez que em cada caso resulta uma composição real (seja de substância e acidente, ou de matéria e forma), cada um pode ser descrito como uma participação "real" ou "ontológica". (3) Por fim, diz-se que um efeito participa da sua causa, especialmente quando não tem o mesmo poder da sua causa. Neste terceiro tipo de participação real ou ontológica, Tomás parece situar a participação dos entes no ser (*esse*), o caso de maior interesse aqui.[35]

Tomás de Aquino argumenta que o ser (*esse*) não pode participar de outra coisa do modo como uma substância participa de um acidente ou a matéria da forma. Porque, embora um sujeito substancial e uma matéria sejam significados concretamente, o ser é significado abstratamente. O ser também não pode participar de outra coisa do modo como algo menos

---

34 Para uma discussão mais completa e para a literatura secundária, ver Wippel, 1987a. Especialmente importantes são os seguintes estudos: Geiger, 1953; Fabro, 1950 e 1961; e Clarke, 1952a e 1952b.
35 *In BDH*, lect. 2, n. 25.

extenso em conteúdo inteligível participa de algo mais extenso, pois não há nada mais geral de que possa participar do que o ser. Portanto, ele conclui que o ser (*esse*) "é participado pelos outros, mas não participa de alguma outra coisa".³⁶ Ao mesmo tempo, comenta ainda que o ente (*ens*), embora também seja mais universal, é expresso concretamente. Portanto, o ente pode participar do ser (*esse*) do modo como algo tomado concretamente participa de algo tomado abstratamente.³⁷

A essa altura no texto de Tomás de Aquino, não se justificaria pensar que ele ou Boécio teriam chegado à conclusão de um tipo de composição ou diversidade real entre o ente, ou o sujeito concreto, e o ser (*esse*) do qual ele participa. Mas, no contexto seguinte, Tomás observa que, se algo deve ser o sujeito de um acidente, deve participar do *esse* (ou, como ele dissera anteriormente, do ato de ser).³⁸ Em outras palavras, deve existir. E posteriormente, ao comentar outros dois axiomas boecianos, Tomás conclui que, assim como o ser (*esse*) e "o que é" diferem intencionalmente (nocionalmente) no caso dos entes simples, assim eles diferem realmente dos compostos. Ele conclui que há apenas um ente verdadeiramente simples e, por isso, apenas um ente que não particpa do ser, mas é o ser (*esse*) subsistente. Este é Deus.³⁹

Cabe ressaltar que a participação de um ente (*ens*) concreto no ser (*esse*) não pode ser reduzida ao primeiro ou segundo tipo geral de participação de Tomás de Aquino mencionado acima. Não pode ser reduzida ao primeiro tipo, pois envolve uma noção menos geral que participa de uma noção mais geral e, portanto, é apenas intencional ou lógica; mas a participação de um ente no ser (*esse*) é real e conduz à distinção real entre sujeito participante e aquilo do qual participa. Nem pode ser reduzida ao segundo tipo, porque a participação de um ente no ser (*esse*) é mais fundamental do

---

36 *Ibid.*
37 *Ibid.* Note-se que, ao chegar a essa conclusão, Tomás de Aquino também corrobora o axioma boeciano que está comentando diretamente, segundo o qual "o que é" pode participar de algo, mas o *esse* não pode.
38 Ver *In BDH*, lect. 2, n. 29 e 23.
39 Ver *In BDH*, lect. 2, n. 32. Sobre o único ente verdadeiramente simples, que é *esse* subsistente, ver *In BDH*, lect. 2, n. 36.

que a participação da matéria na forma ou de um sujeito em um acidente. Como diz Tomás, para que um sujeito exista, deve primeiro participar do ser (*esse*). Assim também, para que um composto matéria-forma exista, deve participar do *esse*. Conforme foi sugerido acima, segue-se, portanto, que a participação dos entes no *esse* se insere mais naturalmente no terceiro tipo geral de Tomás – aquele em que um efeito participa de uma causa.[40]

Essa explicação da participação suscita duas questões intimamente ligadas: (1) O que Tomás de Aquino compreende por ser (*esse*), do qual, segundo ele, os entes participam? Ele significa com isto o ser (o ato de ser) considerado universalmente (*ens commune*)? Ou está pensando no ser subsistente por si (*esse subsistens*), ou Deus? (2) Ele faz da sua teoria da composição real (extramental) de essência e ser uma parte necessária, ou pelo menos uma condição necessária da sua metafísica da participação?

No que refere à primeira questão, Tomás de Aquino claramente se recusa a identificar o *esse commune* (o ser em geral) com o ser subsistente por si.[41] Ele também distingue o ser em geral de todo conceito abstrato, universal, genérico ou específico. Mas ao se referir ao ser como geral, Tomás não quer dizer que ele é enquanto tal separado dos entes individuais, exceto conceitualmente na ordem do pensamento.[42] Trata-se, pelo contrário, do princípio intrínseco presente no ato "comum" a todo ente (substancial), responsável pelo fato de o ente realmente existir.[43]

Por vezes, Tomás de Aquino fala de outros entes distintos de Deus que participam do ser em geral (*esse commune*). Por exemplo, ao comentar o *De Hebdomadibus* de Boécio, escreve que há certas formas puras que não são na

---

40 Houve uma considerável diferença de opinião entre os estudiosos do século XX tanto sobre o significado de *esse* no próprio texto de Boécio quanto sobre o modo como Tomás de Aquino o interpreta no seu comentário. Para referências e para uma análise crítica de várias dessas interpretações, ver McInerny, 1990, p. 161-198.

41 Ver *SCG* II, c. 52; *QDP*, q. 7, a. 2, *ad* 4; *ST* I^a, q. 3, a. 4, *ad* 1.

42 Além da *SCG* II, c. 52, ver *SCG* I, c. 26 a respeito da segunda razão que Tomás de Aquino fornece para explicar o erro que alguns cometeram ao identificar Deus com o *esse* de todas as coisas.

43 Ver *In DDN*, c. 5, lect. 2, n. 658-659. Tomás se depara aqui com o autor mostrando que o *ipsum esse* é comum a todas as coisas, pois, como explica, "nada pode ser dito existente a não ser que tenha *esse*".

matéria. Uma vez que cada uma determina (limita) o ser, nenhuma é idêntica a ele. Cada uma "tem" o ser (*esse*). Supondo que admitíssemos, com Platão, a existência de uma forma imaterial subsistente para os entes humanos e outra para os cavalos, essas formas subsistentes não seriam idênticas ao ser em geral (*esse commune*), mas apenas participariam dele. Assim também, se admitimos a existência de formas imateriais (as substâncias separadas aristotélicas ou os anjos cristãos), cada qual é uma determinada forma específica e participa do ser (*ipsum esse*), isto é, do *esse commune*.[44] Antes, nesse mesmo contexto, ele havia observado que o ser é o mais universal (*communissimum*). Portanto, é participado por outras coisas, mas não participa de outra coisa.[45] Ou, como ele expressa em outro lugar: "Assim como este homem participa da natureza humana, assim todo ente criado participa, por assim dizer, da natureza do ser; porque somente Deus é seu ser".[46] Por participação na "natureza do ser", Tomás novamente parece estar pensando na participação no *esse commune*.

Em outros textos, Tomás de Aquino fala de um ente causado ou criado que participa do ser divino (ou do *esse subsistens*). Mesmo que ainda tenhamos que considerar a argumentação a favor da existência de Deus de Tomás, devemos ter presente que, nesses textos, ele a assume quer com base na fé, quer como resultado da demonstração filosófica.[47] Por exemplo, no seu *Comentário ao De Divinis Nominibus (Sobre os Nomes Divinos)*, Tomás observa que o autor (Pseudo-Dionísio) escreve que todas (as outras) coisas participam de Deus como sua causa primeira exemplar,[48] e identifica três diferenças no modo como o *esse commune* está em relação a Deus e aos outros entes: (1) Embora os outros entes dependam do *esse commune*, Deus não depende. Pelo contrário, o próprio *esse commune* depende de Deus. (2) Embora todos os outros entes se insiram no *esse commune*, Deus não se insere; pelo contrário, o *esse commune* se insere no poder de Deus. Tomás explica isso assinalando que o poder de Deus se

---

44 *In BDH*, lect. 2, n. 34.
45 *In BDH*, lect. 2, n. 24.
46 *ST* Iª, q. 45, a. 5, *ad* 1.
47 Sobre a argumentação filosófica a favor da existência de Deus de Tomás, ver seção "A existência de Deus" adiante.
48 *In DDN*, c. 5, lect. 1, n. 631.

estende além dos entes (realmente) criados, supostamente a tudo o que poderia ser criado. (3) Todos os outros entes participam do *esse*, mas Deus não participa. Pelo contrário, o *esse* criado é certa participação em Deus e semelhança com ele. Como explica Tomás, ao dizer que o *esse commune* "tem" Deus, Dionísio quer dizer que ele participa da sua semelhança. E ao negar que Deus "tem" *esse*, ele nega que Deus participe dele.[49] Daqui se conclui que, se o *esse commune* participa de Deus, e se os outros entes dependem do *esse* (*commune*), eles também participam do *esse* divino. Isso se coaduna com a observação anterior de Tomás de que todas (as outras) coisas participam de Deus como da causa primeira exemplar.[50]

Este último ponto é apoiado pela estreita conexão que Tomás de Aquino frequentemente estabelece entre ente por participação e ente causado. Por exemplo, na *ST* I^a, q. 44, a. 1, ele escreve que tudo o que existe existe de algum modo a partir de Deus. Se algo se encontra em outro por participação, é necessário que ele lhe seja causado por aquele ao qual ele convém essencialmente. Depois de fazer referência às suas discussões anteriores na *ST* sobre a simplicidade divina e a unidade divina, ele lembra ter mostrado ali que Deus é o ser subsistente e que o ser subsistente só pode ser um. Ele conclui, portanto, que as coisas distintas de Deus não são idênticas ao seu ser, mas apenas participam do ser. Por conseguinte, as coisas que diferem no grau em que participam do ser, de modo a existirem mais ou menos perfeitamente, devem ser causadas por um ente primeiro que existe mais perfeitamente.[51] Tomás cita, com aprovação, a ideia de Platão de que, antes de qualquer multiplicidade, deve existir uma unidade (superior). Ele também encontra apoio para isso na afirmação de

---

49 *In DDN*, c. 5, lect. 2, n. 660. No n. 658, Tomás de Aquino explica que aqui Dionísio mostra que Deus é a causa do próprio *esse commune*. Ele mostra assim que o *esse* é comum a todas as coisas (ver nota 43) e como o *esse commune* está em relação a Deus.

50 Ver nota 48.

51 "Se algo se encontra em outro por participação, é necessário que seja causado nele por aquele ao qual convém essencialmente. [...] Resulta, portanto, que tudo o que é distinto de Deus não é seu *esse*, mas participa do *esse*. É necessário, pois, que todas as coisas que se diversificam conforme diferentes participações no *esse*, de modo a serem mais ou menos perfeitas, sejam causadas por um ente primeiro, que é o mais perfeito". (*ST* I^a, q. 44, a. 1). Ver *ST* I^a, q. 3, a. 4, sobre a simplicidade divina.

Aristóteles na *Metafísica* II, segundo a qual o que é ente e verdadeiro ao máximo é causa de todo outro ente e verdade.⁵²

Em seus *Quodlibets*, Tomás de Aquino observa que algo se torna em ato ao máximo pelo fato de que participa por semelhança do ato puro e primeiro – o ser subsistente, ou Deus. Toda e qualquer coisa recebe a sua perfeição pela participação no ser (*esse*). A partir disso, ele conclui que o *esse* (ser = ato de ser) é a perfeição de toda forma, pois uma forma é aperfeiçoada por ter o ser, e ela tem o ser quando está em ato.⁵³ Aqui, tal como em outros lugares, Tomás utiliza a linguagem da participação "por semelhança" no ato puro e primeiro, ou *esse* subsistente, para evitar qualquer possível sugestão de que a participação no *esse* divino possa significar que, de alguma forma, uma criatura é uma parte de Deus. Ele sabe que uma compreensão não diferenciada da participação pode levar a uma visão panteísta do universo.⁵⁴ Ao mesmo tempo, como acabamos de ver, o presente texto conclui observando que uma coisa recebe a sua perfeição por participação no *esse*, e que ela tem o *esse* quando está em ato. Aqui, Tomás parece ter se deslocado do discurso da participação no *esse* subsistente, ou Deus, para o da participação no ser, tomado como ato de ser que está presente no próprio participante.

Estes dois usos também aparecem num texto importante da sua *Questão Disputada sobre as Criaturas Espirituais*:

> Portanto, tudo o que existe depois do ente [*ens*] primeiro, como não é seu *esse*, tem o *esse* recebido em algo, pelo qual o próprio *esse* é contraído; e assim, em qualquer coisa criada, uma é a natureza da coisa que participa do *esse*, e outro, o próprio *esse* participado. E como toda coisa participa por assimilação do ato primeiro na medida em

---

52 *Ibid.* Para o texto de Aristóteles, ver *Metafísica* II, 1, 993b24-31.
53 QQ XII, q. 5, a. 1. A partir daí, Tomás de Aquino completa a sua resposta à questão inicialmente formulada: "O ser do anjo é seu acidente". Ele responde que o ser (*esse*) substancial de uma coisa não é um acidente, mas o ato de uma forma existente.
54 Cf. *In DDN*, c. 2, lect. 3, n. 158. Ele aí contrasta a comunicação da essência divina às três pessoas divinas na Trindade com a comunicação de uma semelhança da essência divina às criaturas por meio da criação.

que tem o *esse*, é necessário que, em cada uma, o *esse* participado se relacione à natureza da qual participa como o ato à potência.⁵⁵

De acordo com a última sentença, toda coisa participa do ato primeiro (Deus) por assimilação na medida em que ela própria possui o *esse*. Mas o restante dessa sentença, assim como a anterior, faz referência à natureza que participa do *esse* (ou ato de ser) que é intrínseco à criatura.

Isso sugere que Tomás de Aquino fala de entes ou naturezas criadas, ou causadas, que participam do *esse* de três modos: (1) participam do *esse commune* (ser em geral); (2) participam do *esse* subsistente (Deus); (3) participam do *esse* (ato de ser), que é realizado intrinsecamente na criatura existente. Esse último uso é apresentado explicitamente num texto anterior de Tomás: "Cada coisa participa do seu *esse* criado [*suum esse creatum*], pelo qual existe formalmente".⁵⁶ Isso também sugere que é necessário um cuidado considerável por parte dos leitores de Tomás para determinar em que sentido ou sentidos ele usa o termo quando fala de participação no *esse*.⁵⁷

Além disso, se Tomás de Aquino distinguiu três modos em que se pode falar de entes ou naturezas causadas que participam do *esse*, um deles – a participação no *esse* subsistente ou Deus – pressupõe a existência de Deus. Assim, na ordem da descoberta filosófica, a consciência deste uso da participação virá apenas depois de ele ter abordado a questão da existência de Deus. Dos outros dois usos, o conhecimento da participação no *esse commune* parece vir primeiro na ordem da descoberta. Pois, uma coisa participar do seu próprio *esse* é uma aplicação particular da sua participação no *esse commune*. Ao mesmo tempo, para Tomás, falar de um ente enquanto participando do seu próprio *esse* levanta outra questão: sua compreensão da relação entre a essência ou natureza desse ente e seu *esse* ou ato de ser.

Por exemplo, no texto citado acima da *Questão Disputada sobre as Criaturas Espirituais*, ele comenta que nenhum outro ente a não ser Deus é idêntico ao seu *esse* (ser ou ato de ser). Portanto, seu *esse* é recebido por algo que serve

---

55 *QDSC*, a. 1.
56 *In Sent* I, d. 19, q. 5, a. 2.
57 Ver Dümpelmann, 1969, p. 24f., 34-35.

para limitar tal *esse* e não deve ser identificado com ele. Como ele diz ali, uma é a natureza da criatura que participa, e outro, o *esse* do qual participa. Além disso, a natureza participante está para o *esse*, que ela recebe e limita, como a potência está para o ato.[58] Em outras palavras, Tomás de Aquino estabelece uma conexão muito estreita entre a metafísica da participação e a sua visão de que em todos os entes substanciais distintos de Deus há uma composição real (isto é, não apenas dependente da mente) de natureza ou essência, por um lado, e *esse* (ato de ser), por outro. Com isso, retomamos a segunda questão geral acima enunciada sobre a sua teoria da participação. Sua teoria da composição real de essência e *esse* nos entes distintos de Deus é, de fato, uma condição necessária e uma parte da sua metafísica da participação.[59] É assim também porque, para Tomás, a composição de essência e *esse* (ato de ser) é necessária para explicar a presença participada e limitada do *esse* em tais entes.

Essência e esse

Pouco depois da morte de Tomás de Aquino, em 1274, começou a controvérsia sobre se a essência e o ser são realmente distintos nas criaturas. De fato, essa questão já havia sido discutida antes da morte de Tomás por Síger de Brabante. Ao apresentar várias posições diferentes, Síger faz referência à posição de Tomás e parece ter dificuldade em compreendê-la.[60] Não é surpreendente descobrir, assim, que ainda hoje nem todos os intérpretes de Tomás estão totalmente de acordo com as suas ideias sobre essa questão. Ele, com mais frequência, fala da composição de essência e *esse* do que da sua distinção real. Não obstante, às vezes se refere a eles como realmente distintos, provavelmente porque percebe que, se entram

---

58 Citado anteriormente na nota 55.
59 Isso é especialmente verdadeiro se reconhecemos a importância da participação por composição para a explicação de Tomás de Aquino da participação no *esse*. Para essa discussão, bem como a ênfase de Fabro sobre ela, ver Wippel, 1978a, p. 152-158.
60 Ver Síger de Brabante, 1981, *Introductio*, q. 7, p. 44-45 (Ms. Munique); e Síger de Brabante, 1983, *Introductio*, q. 7, p. 32-33 (Ms. Cambridge), *Introductio*, 2, p. 398 (Ms. Paris).

em composição real um com o outro, devem, dessa maneira, ser distintos um do outro.⁶¹

Importa ainda notar que a terminologia de Tomás de Aquino varia quando ele se refere ao princípio nos entes finitos que participam do ser (*esse*). Ele também se refere diversas vezes ao princípio nos entes finitos que entram em composição com o *esse*. Por exemplo, em diferentes ocasiões, ele se refere ao princípio participante e receptor como ente (*ens*) ou como "o que é", ou como substância, essência, forma, criatura, coisa ou natureza, ou simplesmente como aquilo que participa.⁶² Nas discussões a respeito da relação desse princípio ao ato de ser (*esse*), com o qual entra em composição, seu sentido geralmente será expresso fielmente se apenas empregarmos o termo "essência" para descrevê-lo. Parece claro que Tomás defende uma composição de essência e ato de ser (*esse*) em todos os entes substanciais finitos, que é mais do que uma composição puramente mental ou conceitual, e que pode, portanto, ser descrita como real. É também claro que ele não considera a essência ou a existência como um ser por si só. Além disso, em várias passagens, fornece argumentos para sustentar essa composição. Alguns dos seus argumentos são filosóficos e outros, teológicos, no sentido de que eles pressupõem a existência de Deus, seja ela estabelecida com base filosófica, ou como questão de fé.⁶³ Aqui, serão considerados alguns textos e argumentos filosóficos.

---

61   Além do texto do *In BDH*, citado na nota 39, ver *In Sent* I, d. 13, q. 1, a. 3; d. 19, q. 2, a. 2; e *QDV* q. 27, a. 1, *ad* 8 (a ser discutido adiante). Embora o último desses textos fale da composição real de *esse* e *quod est* (o que é), em vez da distinção real, refere-se a esse aspecto; se dois princípios são compostos realmente um com o outro, e não de modo puramente mental, deve ser porque são distintos realmente um do outro.

62   Ver, por exemplo, o uso de *ens* e *id quod est* (*In BDH* citado anteriormente nas notas 37, 38, 39); *substantia* (QQ III, q. 8, a. 1); *forma* (*In BDH* citado anteriormente na n. 44); *natura, res* (*QDSC* citado anteriormente na nota 55); e *essentia* (*DEE*, c. 4 analisado adiante; *QDV*, q. 21, a. 5).

63   Para alguns pensadores do século XX que negaram que Tomás de Aquino tenha defendido um tipo de distinção "real" de essência e *esse*, ver M. Chossat, "Dieu", *Dictionnaire de Théologie Catholique*, v. 4, pt. 1, col. 1180; e F. Cunningham em uma série anterior de artigos que encontram sua última expressão em Cunningham, 1988. Para os autores que não concordam com essa leitura permitindo, ao mesmo tempo, uma variação terminológica em Tomás e em suas interpretações, ver Fabro, 1939 e Fabro, 1950, p. 212-244; Sweeney, 1963; Owens, 1965, p. 19-22; e Wippel, 1984b, c. 5 e 6.

De Ente et Essentia, c. 4

Esta abordagem, frequentemente designada como argumento *intellectus essentiae*, inclui duas e, em última análise, três etapas. No *DEE*, c. 4, Tomás de Aquino pretende mostrar como a essência é realizada nas substâncias separadas, isto é, a alma, as inteligências e a causa primeira (Deus). Embora a simplicidade da causa primeira seja geralmente reconhecida, Tomás observa que alguns, como Avicebron, defendem um tipo de composição matéria-forma tanto na alma humana quanto nas inteligências (ou anjos cristãos). Tomás rejeita a composição matéria-forma nesses entes, como incompatível com as suas naturezas enquanto inteligências. Mesmo assim, embora não haja uma composição matéria-forma nesses entes, ele afirma que há uma composição de forma e *esse*, e cita a prop. IX do *Livro das Causas* em apoio. Depois de defender a existência de substâncias separadas distintas de Deus, Tomás pretende mostrar que elas não são perfeitamente simples de modo a ser ato puro, e que envolvem tanto potência como ato. Esse ponto é importante pois, para que a argumentação subsequente de Tomás funcione, é preciso estabelecer algum tipo de composição real, e não puramente conceitual, de ato e potência nesses entes.[64]

No que podemos tomar como a primeira etapa do argumento, Tomás de Aquino considera que tudo o que não está incluído na intelecção ou noção de uma essência ou quididade vem do exterior e entra em composição com a essência. Para corroborar, ele observa que nenhuma essência pode ser inteligida sem os fatores que são parte da própria essência. Mas, continua ele, toda essência ou quididade pode ser inteligida sem que nada seja inteligido do seu ser (*esse*). Ele observa que posso inteligir o que é um homem ou o que é uma fênix e não saber se existe na realidade. Por isso, conclui ele, é evidente que o *esse* difere, isto é, distingue-se da essência ou quididade.[65]

---

64 "[...] mas têm uma mistura de potência". (*DEE*, c. 4, n. 52; 2009, p. 33). [N.T.: Nascimento, 2009, p. 33; ver nota 26 do capítulo "Aristóteles e Tomás de Aquino deste volume].

65 "O que quer que não é da intelecção da essência ou quididade, isto é, advindo de fora e fazendo composição com a essência; pois nenhuma essência pode ser inteligida sem aquilo que é parte da essência. Ora, toda essência ou quididade pode ser inteligida sem

Se o argumento parasse aqui, poder-se-ia levantar sérias dúvidas a respeito da sua validade. Por exemplo, consegue estabelecer uma verdadeira alteridade ou distinção de essência e *esse*, tomados como princípios intrínsecos a todos esses entes, ou apenas mostra que para nós é diferente conhecer o que algo é e conhecer que ele é? Mais ainda, se o *esse* deve entrar em composição com a essência, parece que deve ser um componente intrínseco real desse ente, seu ato de ser. Mas como o *esse* primeiramente aparece no argumento, apenas se refere ao fato de que algo é ("toda essência ou quididade pode ser inteligida sem que algo seja inteligido do seu ser [*esse*]"). A transição do *esse* que expressa o fato de ser para o *esse* que expressa um ato de ser intrínseco não parece justificada.[66]

No entanto, Tomás de Aquino imediatamente acrescenta uma segunda etapa à argumentação, talvez porque estivesse consciente das deficiências da primeira etapa. Ele agora admite a possibilidade de que haja alguma coisa cuja quididade seja seu próprio *esse* (ato de ser). Mas tal coisa só pode ser primeira e única (é importante notar que ele ainda não assumiu que esse ente único existe; apenas afirma que, se existir, deve ser primeiro e único).[67] Para provar isso, argumenta que só há três modos possíveis de considerar a multiplicação de algo: (1) pela adição de uma diferença, do modo como uma natureza genérica é multiplicada nas suas espécies; (2) pela recepção de uma forma em instâncias diferentes de matéria, do modo como uma natureza específica é multiplicada nos diferentes indivíduos; ou (3) porque uma instância da coisa em questão é não recebida (*absolutum*) e a outra é recebida em outra coisa. Nesse terceiro modo, se houvesse algo como um calor separado, ele se distinguiria do calor que não é separado (isso é, do calor recebido em outra coisa) em virtude da sua separação.

---

que algo seja inteligido do seu ser [*esse*]. Posso, de fato, inteligir o que é o homem ou a fênix e, no entanto, ignorar se tem ser na natureza das coisas. Portanto, é claro que o ser [*esse*] é outro em relação à essência ou quididade". (*DEE*, c. 4, n. 52). [N. T.: Nascimento, 2009, p. 33].

66 Para essa segunda crítica, ver Van Steenberghen, 1980, p. 41.

67 "A não ser que acaso haja alguma coisa cuja quididade seja o seu próprio ser [*esse*]. E esta coisa não pode ser senão única e primeira". (*DEE*, c. 4, n. 53). [N. T.: Nascimento, 2009, p. 33].

Tomás de Aquino rapidamente mostra que, se existisse algo como um *esse* puro e subsistente, não poderia ser multiplicado do primeiro modo; pois então não seria apenas *esse*, mas *esse* e mais uma forma adicionada que serve para diferenciá-lo. Nem poderia ser multiplicado do segundo modo, pois não seria apenas *esse*, mas *esse* e mais a matéria (*esse materiale*). Ele não elimina o terceiro modo, provavelmente porque o aceita. Se existe um tal *esse* subsistente, será distinguido de todas as outras instâncias (recebidas) do *esse* devido ao fato de que só ele é separado. Em todos os outros casos, o *esse* seria recebido por outra coisa. Como diz ele, daí resulta que pode existir apenas uma coisa que seja idêntica ao seu *esse*. O *esse* de qualquer outra coisa é distinto da sua quididade, natureza ou forma. Portanto, o mesmo vale para as inteligências separadas. Nelas, há a forma (essência) e, além da forma, o *esse* (ato de ser).[68]

Até aqui, Tomás de Aquino utilizou a hipótese da existência de um ente primeiro, no qual a essência e o *esse* são idênticos para mostrar, em contraste, que em qualquer outro caso, incluindo as inteligências separadas, a essência e o *esse* não são idênticos. Ele ainda não afirmou expressamente, ou mesmo assumiu que esse ente primeiro existe realmente; nem ainda mostrou que em todos os outros, incluindo as inteligências separadas, a essência e o *esse* estão compostos como potência e ato. Isso explica por que ele agora introduz uma terceira etapa na sua argumentação, a prova da existência de Deus.[69]

Tudo o que pertence a uma determinada coisa é causado pelos princípios da sua natureza (como a capacidade de rir no ente humano), ou advém de algum princípio extrínseco (como a luz está presente no ar devido à influência do sol). Mas o próprio *esse* não pode ser causado eficientemente pela forma ou quididade de uma coisa, pois, nesse caso, essa coisa causaria o ser a si própria, o que Tomás de Aquino rejeita como impossível. Por isso, toda coisa cujo *esse* difere da sua natureza recebe seu *esse* de outra coisa. Uma vez que, o que existe por outro remonta ao que existe por si como à sua causa primeira, segue-se que

---

68 "Donde, resta que tal coisa que seja seu ser [*esse*] não pode ser senão uma só. Donde ser preciso que, em qualquer outra coisa, exceto ela, uma seja o seu ser [*esse*] e outra a sua quididade, natureza ou forma". (*DEE*, c. 4, n. 53). [N. T.: Nascimento, 2009, p. 34].
69 Esse é o maior ponto de desacordo entre a minha interpretação e aquela proposta por J. Owens (ver nota 73 adiante). Quando leio o texto, sua prova de que a essência e o *esse* são realmente distintos não pressupõe o conhecimento prévio do argumento da existência de Deus.

deve haver algo que é a causa do ser de todas as outras coisas devido ao fato de que é seu *esse* (e não *esse* mais alguma coisa). Rejeitar essa conclusão obrigaria a postular uma regressão ao infinito das causas causadas do *esse*.[70]

Depois de concluir que uma inteligência é forma e mais *esse*, e que recebe seu *esse* do ente primeiro que é apenas *esse*, Tomás de Aquino aborda a composição ato-potência das inteligências separadas. O que recebe algo de outro está em potência em relação ao que ele recebe, e o que ele recebe está presente como seu ato. Ele conclui, portanto, que a quididade ou forma que é uma inteligência está em potência ao *esse* que recebe de Deus, e que seu *esse* é recebido como ato. Por isso, potência e ato (essência e *esse*) estão presentes nas inteligências, embora as inteligências sejam sem matéria e forma.[71] Ou, como afirma Tomás, a quididade ou essência de uma inteligência "é o mesmo que ela própria é, e seu ser [*esse*], recebido de Deus, é aquilo pelo que subsiste na natureza das coisas". Fica claro, nesse contexto, que *esse* aqui significa o ato de ser intrínseco pelo qual tal inteligência existe. Tomás também corrobora a sua posição na máxima boeciana de que as substâncias desse tipo são compostas de *quod est* (o que é) e *esse* (ato de ser).[72]

Somente depois de completar a sua argumentação a favor da existência de Deus, Tomás de Aquino retorna em contraste à composição essência-*esse* de uma inteligência, de modo a correlacioná-los com a potência e ato. O próprio argumento a favor da existência de Deus utiliza como ponto de partida a alteridade (distinção) de essência e *esse* em todos os entes (incluindo as inteligências) que não Deus. A argumentação a favor da distinção ou alteridade de essência e *esse* não pressupõe, portanto, o conhecimento prévio da existência de Deus, embora alguns contestem essa leitura do texto de Tomás.[73]

---

70 Note-se o pressuposto-chave do argumento da existência de Deus – a distinção de natureza ou essência e *esse*: "Portanto, é preciso que toda coisa tal que seu ser [*esse*] é outro que sua natureza, tenha o ser [*esse*] a partir de outro". (*DEE*, c. 4, n. 54). [N.T.: Nascimento, 2009, p. 34].
71 Note-se, em particular: "Portanto, é preciso que a própria quididade ou forma, que é a inteligência, esteja em potência a respeito do ser [*esse*] que recebe de Deus; e esse ser [*esse*] é recebido a modo de ato". (*DEE*, c. 4, n. 56). [N.T.: Nascimento, 2009, p. 34].
72 *Ibid*.
73 Para diferentes interpretações desse aspecto, ver Owens, 1965, 1981 e 1986; Wippel, 1979 e 1984a; MacDonald, 1984; e Patt, 1988.

Outros argumentos baseados na unidade do "esse" subsistente por si

Em muitos destes argumentos, Tomás de Aquino toma como certa a existência de Deus e parte dela para a distinção ou composição de essência e *esse* nos outros entes. Isso é perfeitamente razoável dada a estrutura e natureza teológica dos escritos em que eles aparecem. Mas, em pelo menos algumas dessas exposições, a lógica da argumentação é tal que não precisa pressupor que Deus exista. Aqui, serão considerados apenas os argumentos desse último tipo.[74]

Por exemplo, na *SCG* II, c. 52, após ter argumentado contra a composição matéria-forma nas substâncias intelectuais criadas, Tomás de Aquino sustenta que elas são, no entanto, compostas de ato de ser (*esse*) e essência ("o que é"). De acordo com o segundo argumento, qualquer natureza comum, considerada apenas em si como separada, só pode ser uma. É assim, mesmo que muitos indivíduos possam participar dessa natureza. Por exemplo, se a natureza do animal pudesse subsistir por si, separada de todos os tipos particulares de animais, não incluiria em si as diferenças que são próprias de certas espécies, como ente humano ou vaca. Quando as diferenças que constituem a espécie são removidas, o gênero permanece indiviso em si. Se, portanto, o *esse* fosse comum a modo do gênero, haveria apenas um *esse* separado e subsistente. E se, como aliás é o caso, o *esse* não é dividido pelas diferenças como é o gênero, mas apenas porque é recebido neste ou naquele sujeito, segue-se com maior razão que só pode haver uma instância do *esse* subsistente. Uma vez que este é Deus, nada além de Deus pode ser idêntico ao seu próprio *esse*.[75]

Mesmo que Tomás de Aquino possa assumir, e assuma neste argumento, que Deus existe (ele já forneceu a argumentação filosófica a esse respeito na *SCG* I, c. 13), a assunção não é necessária para que o argumento seja válido. O argumento se assenta na impossibilidade de existir mais de um

---

74 Argumentos desse tipo são importantes aqui porque essa apresentação segue a ordem filosófica ao apresentar o pensamento metafísico de Tomás de Aquino. Ver nota 10.
75 A *SCG* II, c. 52 procura mostrar que nas substâncias intelectuais criadas há alguma composição pelo fato de que "nelas *esse* e *quod est* não são o mesmo".

esse subsistente por si. Se existem muitos outros entes, em todos eles, com essa única exceção possível, a essência e o *esse* devem ser diferentes.

Seu terceiro argumento é baseado na impossibilidade de existir mais de um *esse* completamente infinito. O *esse* completamente infinito abrange a perfeição total do ente. Se essa infinitude fosse encontrada em dois entes diferentes, não haveria como distinguir um do outro. Mas o *esse* subsistente deve ser ilimitado, porque não é limitado por qualquer princípio receptor. Portanto, é impossível que exista qualquer outro *esse* subsistente além do ente primeiro.[76] Esse argumento também não precisa pressupor a existência de Deus. Pode existir, no máximo, um ente ilimitado. Como todos os outros entes são limitados, neles o *esse* deve ser recebido por algo distinto do *esse* para que ele possa ser limitado.

Um raciocínio análogo aparece na sua *QDSC*, a. 1. Ali, ele toma como certa a infinitude de Deus, que tem em si a plenitude do ser. Se assim for, o *esse* de Deus não pode ser recebido em qualquer natureza distinta, pois seria limitado por essa natureza. Portanto, Deus é seu próprio *esse*. No entanto, isso não é verdadeiro para nenhum outro ente. Por exemplo, se a brancura pudesse existir em separado, para além de qualquer sujeito receptor, só poderia ser uma. Assim também, só pode existir um *esse* subsistente. Portanto, todo o resto, como não é seu *esse*, deve ter um *esse* recebido em outra coisa, pela qual tal *esse* é limitado. É central nesse argumento a afirmação de Tomás de Aquino de que não pode existir mais de um *esse* subsistente. Mesmo que aqui ele tome como certa a existência de Deus, seu argumento não precisa fazê-lo. Além disso, é baseado na impossibilidade de existir mais do que um *esse* separado.[77]

---

76 *Ibid*. Note-se, em particular: "É necessário que o *esse* subsistente seja infinito, porque não é limitado [*terminatur*] por nenhum recipiente".

77 Note-se que o texto continua com a passagem citada acima na n. 55. Para outros textos, ver *In Ph* VIII, lect. 21, n. 1153, e *DSS*, c. 8. Para discussão, ver Wippel, 1984b, p. 148-149.

O argumento do gênero

Tomás de Aquino atribui a Avicena sua inspiração para esse argumento. Ele o utiliza em textos durante sua carreira, começando com o seu *Escrito sobre os Livros das Sentenças*.[78] Como explica nas *QDV*, q. 27, a. 1, *ad* 8, se algo pertence ao gênero da *substância*, deve ser composto, e por composição real. Essa coisa deve subsistir no seu *esse*, o qual deve diferir dela própria. Caso contrário, essa coisa não diferiria dos outros membros no gênero *substância*, quer em termos do seu *esse*, ou em termos do conteúdo quiditativo que partilha com elas. Por isso, tudo o que se insere na categoria da substância é composto de *esse* e "o que é" (*quod est*), ou seja, de ato de ser e essência.[79] Embora esse tipo de argumento tenha o mérito de mostrar que Tomás pretende estabelecer uma composição real de essência e ato de ser nas substâncias distintas de Deus, e embora não pressuponha a existência de Deus, parece mover-se muito rapidamente, talvez demasido rapidamente, de uma distinção lógica e conceitual a uma composição e distinção ontológica e real de essência e ato de ser.[80]

Argumentos baseados na participação

Frequentemente, Tomás de Aquino argumenta a partir do caráter de participação dos entes finitos para a sua composição de essência e ser (*esse*). Por exemplo, ele fornece duas versões dessa abordagem no seu *Comentário ao De Hebdomadibus*. Ali, procura mostrar que o ser (*esse*) e "o que é"

---

78   *In Sent* I, d. 8, q. 4, a. 2. Para versões posteriores, ver *SCG* I, c. 25; *QDP*, q. 7, a. 3; *ST* Iª, q. 3, a. 5. Para discussão, ver Wippel, 1984b, p. 134-139.
79   Nesse artigo, Tomás de Aquino pergunta se a graça é algo criado positivamente na alma. Após ter argumentado que sim, tem de responder ao oitavo argumento contrário – nada está em um gênero se não é um composto; ora, a graça não é um composto; portanto, não está em um gênero nem é alguma coisa criada. Na resposta, sustenta que o que incorre diretamente no gênero *substância* é, de fato, composto em uma composição real de *esse* e *id quod est*, e apresenta nosso argumento. Isso não se aplica às coisas nas categorias de acidente.
80   Para a discussão desse aspecto, ver Wippel, 1984b, p. 138-139.

diferem conceitualmente nos entes simples, ao passo que diferem realmente nos compostos. Primeiro, argumenta que o próprio ser (*esse*) não participa de nada nem inclui nada além do ser (*esse*) no seu sentido formal. Com isso, conclui que o próprio ser (*esse*) não é composto; portanto, não pode ser identificado com uma coisa composta (ou essência).[81]

Esse argumento se limita aos compostos matéria-forma, mas sua próxima abordagem é mais ampla. As formas ou inteligências subsistentes distintas de Deus não são perfeitamente simples, porque se restringem ao seu determinado tipo de ente. Portanto, nenhuma forma subsistente pode ser identificada com o ser em geral (*esse commune*); cada uma apenas participa dele.[82] Por causa disso, será composta da sua forma ou essência, por um lado, e do seu *esse* (ato de ser), por outro. Essa linha de pensamento é desenvolvida na *ST* Iª, q. 75, a. 5, *ad* 4. Toda característica participada está para o que participa dela como seu ato. Mas toda forma subsistente criada, para que subsista, deve participar do ser (*esse*). E o *esse* participado é limitado à capacidade do que participa dele. Portanto, só Deus, que é idêntico ao seu *esse*, é ato puro e ilimitado. As substâncias intelectuais criadas são compostas de potência e ato, isso é, de forma e *esse* participado.[83] O fulcro desse argumento, nesses textos e em outros, é o seguinte: se algo participa de uma perfeição, o ser (*esse*), no caso em questão, deve ser distinto e entrar em composição com a perfeição da qual participa.[84]

Argumentação baseada na limitação

Embora essa abordagem raramente seja empregada por Tomás de Aquino como um argumento distinto a favor da composição de essência e *esse*, seu princípio subjacente frequentemente aparece ao longo das suas

---

81 *In BDH*, lect. 2, n. 32. Cf. nota 39.
82 *Ibid.*, n. 34: "Ainda que qualquer forma seja o que determina o próprio *esse*, nenhuma é o próprio *esse*, mas o que tem o *esse* [...] a própria forma imaterial subsistente, embora seja alguma coisa determinada em relação à espécie, não é o próprio ser em geral, mas participa dele".
83 "Mas nas substâncias intelectuais há composição [...] de forma e *esse* participado".
84 Cf. o texto das *QDSC*, anteriormente citado na nota 55.

obras. No seu *Escrito sobre os Livros das Sentenças*, é fornecido como um argumento distinto. Toda criatura tem um *esse* limitado. Mas o *esse* que não é recebido em algo, não é finito, mas ilimitado (*absolutum*). Portanto, para explicar o fato de que é limitado, o *esse* da criatura deve ser recebido em outra coisa, e a criatura deve consistir pelo menos nesses dois, a saber, no *esse* e no que o recebe.[85] O princípio ativo – o ato enquanto tal, ou nesse caso o *esse*, não é limitado em si mesmo – aparece em muitos outros contextos nos escritos de Tomás. Por exemplo, ele recorre a esse aspecto para provar que Deus é infinito. Em vez de fornecer uma argumentação filosófica explícita para justificar o princípio, Tomás parece, no entanto, considerá-lo como evidente. Possivelmente, porque facilmente acompanha sua maneira especial de entender o ato de ser, *esse*, como o ato de todos os atos e a perfeição de todas as perfeições. Admitir que o *esse* pudesse ser limitado em si mesmo, sugeriria que a limitação (imperfeição) se explica pelo que é perfeição pura em si e por si (*esse*).[86]

Viu-se as principais partes da solução de Tomás de Aquino para o problema do uno e do múltiplo na ordem do ente. Muitos entes individuais podem existir porque cada um participa do *esse commune*. Nenhum lhe é idêntico ou o esgota. Se os entes particulares participam do *esse* de maneira limitada, é porque em cada um há um princípio de essência que limita o *esse* que recebe. Cada princípio de essência, receptor e limitante, entra em composição real com o ato de ser (*esse*) que recebe. Essa solução encontra a sua explicação mais completa somente depois de a existência de Deus ter sido estabelecida, pois então também se pode apelar para uma participação real, e não hipotética, dos entes finitos no *esse* subsistente por si, ou Deus. Mas, antes de passar aos argumentos de Tomás a favor

---

85 *In Sent* I, d. 8, q. 5, a. 1, s. c. Embora esse argumento apareça no *sed contra* do artigo, fica claro a partir do contexto e da resposta de Tomás de Aquino no corpo do artigo que ele o aceita.
86 Ver *QDP*, q. 7, a. 2, *ad* 9: "Isto a que chamo *esse* é, entre todas as coisas, a mais perfeita, o que fica evidente porque o ato é sempre mais perfeito do que a potência. Ora, qualquer forma designada não é inteligida em ato a não ser pelo fato de que o ser é posto. [...] Donde ser evidente que isto a que chamo *esse* é a atualidade de todos os atos e, por isso, a perfeição de todas as perfeições". Para o uso que Tomás faz desse aspecto para provar que Deus é infinito, ver *In Sent* I, d. 43, q. 1, a. 1; *ST* I[a], q. 7, a. 1; *CT* I, c. 18.

da existência de Deus, devemos considerar alguns outros aspectos da sua metafísica do ente finito.

Substância e acidentes

Como vimos, Tomás de Aquino dependia da *Metafísica* IV, 2 de Aristóteles no desenvolvimento da sua teoria da predicação análoga por referência a um primeiro. Tanto para Aristóteles como para Tomás, as substâncias são entes no sentido primeiro e principal. Como também vimos, diz-se que a substância tem maior pretensão ao ente do que as negações ou privações, a geração, a corrupção, o movimento e os vários acidentes. E isso porque a substância existe em si mesma e *per se*.[87]

Ao comentar a *Metafísica* V, Tomás de Aquino faz referência à substância primeira como a substância particular ou individual, da qual tudo mais se predica. Ele se depara com Aristóteles identificando quatro modos diferentes de substância e, assim como Aristóteles, logo os reduz a dois: (1) a substância primeira, ou o que serve como sujeito fundamental das proposições, subsiste em si e é distinta ou separada das outras coisas no sentido de que não pode ser comunicada ontologicamente a elas; (2) a substância tomada como "forma" ou como essência e quididade que, para Tomás, inclui claramente a forma substancial e a matéria primeira no caso dos compostos. Ele frequentemente evoca essa distinção. Por exemplo, na *ST* Iª, q. 29, a. 2, escreve que a substância pode indicar (a) a quididade de uma coisa, que a sua definição significa (*ousia* em grego e *essentia* em latim), ou (b) o sujeito ou *suppositum* que subsiste no gênero substância.[88]

Tomás de Aquino conhecia, é claro, a distinção de Aristóteles nas *Categorias* entre substância no sentido primário (ou substância primeira) e

---

87 *In M* IV, lect. 1, n. 540-543.
88 *In M* V, lect. 10, n. 898 (sobre a substância primeira); n. 903-905 (sobre a redução dos quatro modos de substância a dois). Note-se a observação de Tomás de Aquino na *ST* Iª, q. 29, a. 2, *ad* 3: "Donde, nas coisas compostas de matéria e forma, a essência não significar apenas a forma nem apenas a matéria, mas o composto de matéria e forma comuns, na medida em que são princípios da espécie".

substância segunda. Embora seja tentador, não se deve simplesmente equiparar essa distinção com a mencionada no parágrafo anterior. Em especial, não se deve identificar a substância tomada como quididade ou essência com a substância segunda. Nos compostos matéria-forma, a substância, tomada como essência, natureza ou quididade, está para a substância, tomada como sujeito, como a parte formal do todo concreto. Mas o sujeito ou todo concreto também inclui as características individuantes. Assim, não podemos dizer "Sócrates é a humanidade". Podemos predicar, no entanto, a substância segunda da substância primeira, dizendo, por exemplo, "Sócrates é um homem". Por conseguinte, a substância segunda não deve ser identificada com a substância tomada como essência, natureza ou quididade.[89]

Embora a substância subsista em si mesma, ela também subjaz aos acidentes ou serve como seu fundamento e suporte.[90] No seu *Comentário à Metafísica* V, Tomás de Aquino recorre aos diversos modos de predicação para derivar os dez predicamentos ou categorias aristotélicas, que incluem a substância e os nove tipos superiores de acidente. Ele nos lembra que esses diferentes modos de predicação correspondem e refletem diferentes modos em que o ente é realizado (*diverse modi essendi*). Essa diversidade na ordem da predicação decorre e depende da diversidade na ordem do ente. Ao se inverter essa perspectiva, por assim dizer, e analisando a diversidade na ordem da predicação, podemos descobrir uma diversidade correspondente na ordem do ente.[91]

Por conseguinte, um predicado pode estar relacionado a um sujeito de três modos. O predicado pode ser idêntico ao sujeito, como, por exemplo, quando se diz "Sócrates é um animal". Pois, Sócrates é o que se diz ser animal. E o termo "Sócrates" se diz que significa a substância primeira – a substância individual da qual tudo se predica.[92]

---

89 Ver *QDP*, q. 9, a. 1. Depois de observar que nos compostos matéria-forma a essência não é inteiramente idêntica à substância tomada como sujeito, Tomás comenta que, no caso das substâncias simples (como os anjos), essência e (a substância tomada como) sujeito são idênticas na realidade, embora possam ser distinguidas conceitualmente (*ratione*).
90 *Ibid.*
91 *In M* V, lect. 9, n. 890.
92 *In M* V, lect. 9, n. 891.

De um segundo modo, o predicado pode ser derivado de algo que está no sujeito em si (absolutamente) e a partir da matéria do sujeito, dando origem à (2) quantidade; ou a partir da sua forma, dando origem à (3) qualidade. Se se toma o predicado de algo que está no sujeito na medida em que o sujeito se ordena a outro, dá-se a categoria (4) relação.[93]

No terceiro modo, o predicado é derivado de algo que é exterior ao sujeito. Se isso do qual é tomado o predicado é totalmente exterior ao sujeito e de nenhum modo determina o sujeito, resulta a categoria (5) *habitus*, tal como usar sapatos ou estar vestido. Se isso do qual é tomado o predicado é realizado totalmente fora do sujeito, mas determina o sujeito, essa determinação pode ser em termos do tempo, dando origem à categoria (6) "quando". Se isso do qual é derivado o predicado determina o sujeito em termos do lugar, resulta a categoria (7) onde (*ubi*). Ou se determina o sujeito não apenas em termos do lugar, mas em termos do modo como as partes do corpo no lugar se ordenam umas para com as outras, o resultado é a categoria (8) posição (*situs*); por exemplo, estar sentado ou estar de pé.[94]

Se isso do qual é tomado o predicado é em parte exterior ao sujeito e interior a ele na medida em que o sujeito é princípio da ação, dá-se a categoria (9) ação. Se aquilo do qual é tomado o predicado é em parte exterior, mas intrínseco ao sujeito como o que recebe a ação, resulta a categoria (10) "ser atuado" (*passio*).[95]

Tanto nesse texto como numa derivação mais ou menos paralela no seu *Comentário à Física*, Tomás de Aquino justifica dez categorias. Suas observações em outros contextos indicam que ele as considera como distintas e irredutíveis a um número menor, embora tais reduções tenham sido feitas por pensadores medievais posteriores como Henrique de Gand e Guilherme de Ockham. Por exemplo, embora Tomás reconheça com Aristóteles que o movimento envolvido numa ação e na sua paixão correspondente é um e mesmo, ele as considera como duas categorias distintas.[96]

---

93 *In M* V, lect. 9, n. 892.
94 *Ibid.*
95 Para discussão, ver Wippel, 1987c, p. 18-23.
96 Para a derivação no *Comentário à Física*, ver *In Ph* III, lect. 5, n. 322. Ver n. 323 sobre a

Em toda sua carreira, Tomás de Aquino considera a substância como uma causa receptora ou material dos acidentes que nela inerem. Quando se trata dos acidentes próprios (*propria*, os que necessariamente se encontram em uma essência de um tipo específico, como a capacidade de rir de um ente humano), Tomás também atribui outros tipos de causalidade às substâncias nas quais inerem. Assim, na *ST* I^a, q. 77, a. 6, *ad* 2, escreve que um sujeito causa um acidente próprio de três modos: (a) como uma causa final; (b) de certo modo como uma causa ativa ou eficiente; e (c) como uma causa material. Para descrever esse segundo tipo de causalidade, ele às vezes se refere aos acidentes próprios como decorrendo ou resultando naturalmente das essências ou princípios dos seus sujeitos substanciais.[97]

Matéria e forma

Tomás de Aquino reconhece a abordagem da composição matéria-forma com base na geração pura e simplesmente (a mudança substancial como distinta da mudança acidental). Ao fazê-lo, segue o procedimento de Aristóteles na *Física* I. Ele estabelece um paralelo ou analogia que se move dos princípios necessários à mudança não essencial ou acidental para os necessários à mudança substancial. Sabemos que a madeira é diferente da forma de um banco ou de uma cama, porque a madeira está agora sob uma forma e depois, sob outra. Esse tipo de mudança é acidental. Mas quando observamos um elemento, como o ar, tornando-se água, também devemos concluir que algo que existia sob a forma de ar está agora sob a forma de água. E, se a madeira é diferente da forma de um banco ou da forma de

---

ação e a paixão como categorias distintas. Para discussão, ver Wippel, 1987c, p. 25-28, e p. 32-34 sobre a visão de Tomás de Aquino de que as categorias são dez e irredutíveis.

97 "Deve-se dizer que o sujeito é causa final e de certo modo causa ativa do acidente próprio, e também causa material enquanto é receptivo do acidente". Ele prossegue, explicando que a essência da alma é causa de todas as suas potências como fim e como princípio ativo, e que ela é um princípio receptivo para algumas delas, por exemplo, o intelecto e a vontade, que estão apenas na alma e não no composto de corpo e alma. Cf. *ST* I^a, q. 77, a. 5. Para uma discussão mais completa, ver Wippel, 1987b.

uma cama, também o sujeito subjacente deve ser diferente da forma de ar e da forma de água. Esse sujeito subjacente deve, portanto, estar para as substâncias naturais do modo como a madeira está para o banco ou a cama. De acordo com Tomás, esse sujeito subjacente é a matéria primeira. A forma e o sujeito subjacente são princípios *per se* do que é produzido segundo a natureza. A privação (a simples ausência no sujeito subjacente da forma a ser adquirida por meio da geração) é um terceiro princípio da mudança, mas apenas um princípio *per accidens*.[98]

Ao comentar a *Metafísica* VII, 3, Tomás de Aquino observa que a investigação da matéria parece pertencer, sobretudo, à filosofia natural. Na *Metafísica*, Aristóteles toma da física o que já havia determinado a respeito da matéria, a saber, que "considerada de acordo com a sua essência, não é de modo nenhum nem alguma coisa, isto é, a substância, nem qualidade, nem algo dos outros gêneros nos quais o ente é dividido ou determinado".[99] Uma vez que a matéria é o primeiro sujeito que permanece sob as mudanças e os movimentos em termos de qualidade, quantidade, etc., mas também em termos de substância, Tomás conclui que a matéria difere na essência de todas as formas substanciais e privações. No entanto, Tomás vê que Aristóteles estabelece a diferença entre a matéria e todas as formas seguindo, não a via da filosofia natural, mas recorrendo à predicação, um procedimento próprio da lógica. E a lógica, observa Tomás, é intimamente ligada à metafísica.[100]

Em poucas palavras, deve haver algo do qual se predicam as várias formas acima mencionadas, de tal modo que o sujeito do qual se predica difere na essência das formas que lhe são predicadas. Tomás de Aquino está pensando aqui na predicação concreta (a que ele chama "denominativa"). Por exemplo, quando se predica branco de um homem, a quididade do branco difere daquela do homem. É neste modo concreto ou denominativo que se predicam os outros gêneros superiores da substância, e que se predica a substância da matéria. Assim, podemos dizer "um homem é branco", mas

---

98 *In Ph* I, lect. 13, n. 118. Sobre os princípios *per se* e *per accidens* da mudança, ver n. 112. Cf. Aristóteles, *Física* I, 7, 191a3-12.
99 *In M* VII, lect. 2, n. 1285. Para o texto de Aristóteles, ver *Metafísica* VII, 3, 1029a20-21.
100 *In M* VII, lect. 2, n. 1286-1287.

não "um homem é a brancura" ou "a humanidade é a brancura". E também podemos dizer "esta coisa material é um homem", mas não "a matéria é um homem" ou "a matéria é a humanidade". Portanto, como a substância (um homem) difere na essência dos acidentes (branco), assim a matéria difere na essência das formas substanciais. Daí que o sujeito elementar (a matéria) não é nem um "o que", isto é, uma substância, nem quantidade, nem algo que se insere num determinado gênero ou categoria.[101] Para Tomás, como veremos adiante, ela é pura potencialidade.

Além desse modo de estabelecer a distinção matéria-forma com base na mudança e apoiado no recurso à lógica (por meio da predicação), Tomás de Aquino fornece uma abordagem metafísica mais rigorosa dos mesmos princípios. Como já observamos, a composição de essência e *esse* é uma parte importante da sua resposta ao problema do uno e do múltiplo na ordem do ente. Mas, no plano dos entes materiais, ele admite que podem existir muitos indivíduos dentro da mesma classe ou espécie. Ele dificilmente pode recorrer ao que é comum a todos os membros de uma determinada espécie para explicar em que cada membro difere de todos os outros. A forma de um ente material explica o fato de possuir esse tipo de ente, e não qualquer outro, e o que tem em comum com os outros membros da sua espécie. Mas para explicar o fato de que um membro individual de uma espécie não esgota esse tipo específico de ente, Tomás recorre a outro princípio dentro da essência de tal ente. Esse princípio limita ou restringe o princípio da forma ou ato dentro da essência desse sujeito particular. Esse outro princípio é a matéria primeira. É central na argumentação de Tomás sua ideia de que o ato enquanto tal e, portanto, a forma enquanto tal, não é limitada em si mesma. Se reconhecemos as instâncias limitadas de um determinado tipo de ente, devemos, pois, postular um princípio de limitação distinto dentro da essência desse ente limitado, ou seja, a matéria primeira.[102]

---

101 In M VII, lect. 2, n. 1287-1289. Para discussão, ver Doig, 1972, p. 317-319. Cf. 280, n. 1. Para a importância que Tomás de Aquino atribui à predicação denominativa ou concreta, ver n. 1289: "Portanto, a predicação concreta ou denominativa mostra que, assim como a substância difere por essência do acidente, assim a matéria difere por essência da forma substancial".
102 Ver In BDH, lect. 2, n. 24: "Porque a forma substancial ou acidental, que por si é uma noção [*ratione*] comum, é limitada [*determinatur*] a este ou aquele sujeito". Cf. ST Iª, q. 11,

Isso significa também, é claro, que nos entes compostos há uma composição dupla ato-potência. A matéria é potencialidade em relação à forma substancial. E a própria essência composta de um ente material está em potência em relação ao ato de ser (*esse*) da coisa.[103] É também importante salientar que, para Tomás de Aquino, a essência de um ente material inclui tanto a matéria primeira quanto a forma substancial; não deve ser reduzida apenas à forma substancial. Significa também que, de acordo com Tomás, como as inteligências puras ou anjos carecem de matéria, não podem ser multiplicados dentro da mesma espécie. Cada anjo é por si mesmo uma espécie separada (esse ponto específico foi contestado durante sua vida e foi incluído entre as 219 proposições condenadas pelo bispo Estevão Tempier, em Paris, em 7 de março de 1277).[104]

Outra parte muito contestada da teoria de matéria e forma de Tomás de Aquino foi a sua visão de que a matéria primeira é pura potencialidade. Muitos pensadores dos séculos XIII e XIV defenderam a posição de que a matéria primeira possui em si algum grau de atualidade, e também afirmaram que Deus poderia manter a matéria primeira no ser sem que fosse informada por qualquer forma substancial.[105] Mesmo no início de sua carreira, Tomás sustentou que a matéria primeira é o sujeito elementar da

---

a. 3, obj. 1; *QDSC*, a. 1: "Pois, a matéria primeira recebe a forma contraindo-a [*contrahendo ipsam*] ao ser [*esse*] individual". Ver também *loc. cit.*, ad 2: "[Há uma limitação da forma] de acordo com a qual a forma da espécie é limitada ao indivíduo; e essa limitação da forma é por meio da matéria". Ver também *In Sent* I, d. 43, q. 1, a. 1; *CT* I, c. 18, onde, enquanto discute a infinitude divina, Tomás de Aquino escreve: "Ora, nenhum ato se encontra limitado, a não ser por uma potência que seja receptiva; descobrimos, então, que as formas são limitadas de acordo com a potência da matéria". Sobre o caráter não aristotélico da ideia de Tomás de que o ato (ou forma) não recebido é ilimitado, ver Clarke, 1952, p. 169-172, 178-183.

103 Ver, por exemplo, *QDSC*, a. 1.

104 Ver, por exemplo, *DEE*, c. 4; *SCG* II, c. 93; *ST* I^a, q. 50, a. 4. Para a condenação do bispo Tempier, ver Denifle e Chatelain, 1889, I, p. 543-561: prop. 81. Cf. prop. 96. Para os antecedentes, ver Wippel, 1977 e Hissette, 1977. Sobre as proposições 81 e 96, ver Hissette, 1977, p. 82-87 (proposições 42 e 43 de acordo com a numeração de Mandonnet, que ele segue). Em resumo, os que se opõem à posição em questão viram nela uma limitação da onipotência divina.

105 Por exemplo, John Pecham, Ricardo de Middleton, Guilherme de Ware, John Duns Scotus e Guilherme de Ockham, como discutido em Wolter, 1965, p. 131-134. A esse respeito em Henrique de Gand, ver Macken, 1979.

forma e da privação, e que em si não inclui nem forma nem privação. Por isso, não tem em si mesma determinação ou ato. Ele defendeu firmemente essa posição durante sua carreira. Para ele, mesmo um grau mínimo de atualidade da parte da matéria primeira comprometeria a unidade essencial de um composto matéria-forma. Assim, por exemplo, logo no início do seu *Comentário à Metafísica* VIII, 1, argumenta que, se a matéria primeira incluísse em si alguma atualidade, quando outra forma substancial fosse introduzida, a matéria não receberia a partir dessa forma o ser substancial ilimitado, mas apenas algum tipo de ser acidental.[106] Por conseguinte, insiste ele, a matéria primeira não pode manter-se no ser sem alguma forma substancial, nem mesmo pelo poder divino. Como diz ele nos *Quodlibets* III (Páscoa de 1270), que a matéria esteja em ato sem alguma forma implica uma contradição, ou seja, a de que a matéria está em ato e não está em ato ao mesmo tempo, o que nem mesmo Deus pode realizar.[107]

A ideia de Tomás de Aquino de que existe uma única forma substancial em cada substância, incluindo os entes humanos, também foi muito contestada durante sua vida e depois da sua morte. Uma das suas principais razões para defender essa ideia é a seguinte: se a forma substancial comunica o ser substancial à matéria e ao composto matéria-forma, uma pluralidade de formas substanciais resultaria numa pluralidade de seres substanciais e destruiria, portanto, a unidade do composto substancial. Se a primeira forma substancial doasse o ser substancial, todas as outras formas somente poderiam contribuir com um *esse* acidental. Como argumenta Tomás na *ST* I^a, q. 76, se um ente humano provém do fato de que vive a partir de uma forma, é animal a partir de outra, e é humano ainda a partir de outra, não seria uno pura e simplesmente.[108]

---

106 Ver, por exemplo, *In Sent* I, d. 39, q. 2, a. 2, *ad* 4; *QDV*, q. 8, a. 6; *SCG* I, c. 17; *QDP*, q. 1, a. 1, *ad* 7; *ST* I^a, q. 5, a. 3, *ad* 3; q. 48, a. 3; q. 115, a. 1, *ad* 2; e *In M* VIII, lect. 1, n. 1689.
107 QQ III, q. 1, a. 1. De acordo com Tomás de Aquino, dizer que Deus não pode realizar algo que é contraditório não é restringir a onipotência divina.
108 Ver: *ST* I^a, q. 76, a. 3 (primeiro argumento contra a pluralidade de almas nos entes humanos); e *ST* I^a, q. 76, a. 4. Cf. *QDSC*, a. 1, *ad* 9; a. 3; *QDA*, a. 9; a. 11.

A existência de Deus

Tomás de Aquino está convencido de que a argumentação filosófica pode provar que Deus existe. Já vimos uma versão inicial dessa argumentação no seu *De Ente et Essentia*. Ao mesmo tempo, ele nega que a existência de Deus seja evidente por si para nós nesta vida. Pode ser estabelecida filosoficamente apenas pela argumentação do efeito à causa: pela demonstração de *quê* (*quia*), e não pela demonstração do *porquê* (*propter quid*), como ele explica na *ST* Iª, q. 2, a. 2.[109] Ele fornece argumentos filosóficos para a existência de Deus em muitos dos seus escritos durante sua carreira, e todos permanecem fiéis a esse esforço para passar do conhecimento do efeito ao conhecimento de Deus como causa, cuja existência deve ser admitida para explicar o efeito. Na argumentação do *DEE*, o efeito em questão é a existência dos entes, cujo *esse* não é idêntico à sua essência, e que são, portanto, dependentes de algo mais para a sua existência. Na *SCG* I, c. 13, dois longos argumentos complexos tomam como o efeito, do qual partem, o fato do movimento no universo. Na *ST* Iª, q. 2, a. 3, sua apresentação mais conhecida dos argumentos a favor da existência de Deus, cada uma das "cinco vias" começa com algum efeito que ele considera evidente para nós.[110]

Assim, a primeira via começa com algo que, de acordo com Tomás de Aquino, é evidente para nós com base na experiência sensitiva: algumas coisas neste mundo se movem. Mas, argumenta, tudo o que se move é movido por outro. Para justificar isso, explica que mover é levar algo da potência ao ato. Algo não pode ser levado da potência ao ato senão por um ente em ato. Como nada pode estar em ato e em potência ao mesmo tempo e sob o mesmo aspecto, conclui que nada pode ser motor e movido ao mesmo tempo (e sob o mesmo aspecto), ou mover a si próprio. Portanto, tudo o que se move é movido por outro. Tomás considera,

---

109 Para sua negação de que a existência de Deus é evidente por si (*per se notum*) para nós, ver *ST* Iª, q. 2, a. 1. Para sua crítica ao argumento do *Proslogion* de Anselmo, ver *ST* Iª, q. 2, a. 1, *ad* 2.

110 Para um estudo detalhado dos diferentes argumentos a favor da existência de Deus de Tomás de Aquino com base num exame cronológico de seus escritos, ver Van Steenberghen, 1980.

mas rejeita como inadequado, o recurso a uma regressão ao infinito de motores movidos. Ele conclui que é preciso admitir a existência de um primiero motor, que não é movido por nenhum outro, o qual todos entendem ser Deus. Como a literatura em torno da primeira via e das demais é vasta, não pode ser detalhada aqui. Basta observar que a afirmação de Tomás de que nada pode ser levado da potência ao ato a não ser por um ente que já esteja em ato não significa que o ente em ato deva possuir formalmente o movimento que comunica ao que é movido. Pode comunicá-lo, ou pode apenas possuir o poder de comunicar esse movimento; ou seja, pode possuir esse movimento virtualmente.[111]

Tomás de Aquino fundamenta a segunda via na causalidade eficiente e na sua observação de uma ordem de causas eficientes nas coisas sensíveis. Ele comenta que é impossível que algo seja causa eficiente de si próprio, porque então seria anterior a si próprio (pelo menos na ordem da natureza). Também aqui rejeita como insuficiente o recurso a uma série infinita de causas eficientes causadas. Na ordem das causas eficientes, a primeira é causa da intermediária, e a intermediária, seja uma ou muitas, é causa do efeito final. Se se nega que existe uma causa eficiente (incausada) primeira, deve-se rejeitar as causas intermediárias e o efeito final. Ele conclui, portanto, pela existência da causa eficiente primeira, a que "todos chamam Deus".[112]

A terceira via consiste em dois passos principais e se baseia no possível e no necessário. O primeiro passo começa com a observação de que temos experiência de coisas que podem ser e não ser, uma vez que se sujeitam à geração e corrupção. É impossível que todas as coisas que existem sejam desse

---

111 Para grande parte dessa literatura, ver *ibid.*, p. 358-366. Ver também Kenny, 1980b, para uma apresentação crítica; e Owens, 1980c, c. 6-11. Ao criticar a aplicação do argumento ato-potência para a primeira via, Kenny não faz distinção entre posse virtual e formal do que um agente comunica (ver p. 21-22). Para discussões interessantes sobre o princípio de que tudo o que se move é movido por outro, ver Kenny, 1980, p. 26-33; e Weisheipl, 1965. Ver também Weisheipl, 1985, c. II e V; e o estudo detalhado de Hassing (1991).
112 Embora tanto esse argumento quanto o fornecido no *DEE*, c. 4 se baseiem na causalidade eficiente, há uma diferença fundamental. Esse argumento toma como ponto de partida processos da causalidade eficiente que são diretamente evidentes à experiência sensitiva. O argumento no *DEE*, toma como ponto de partida uma conclusão metafísica sofisticada: a distinção de essência e *esse* nos entes, inclusive nos entes espirituais, distintos de Deus.

modo (texto revisado), isto é, podendo ser e não ser, pois o que pode não ser não é em algum momento. Se, portanto, tudo pode não ser, houve um momento em que nada existia e, por isso, agora nada existiria. Como nem todos os entes podem ser e não ser, deve existir um ente necessário. Em vez de terminar o argumento aqui, Tomás de Aquino acrescenta, no entanto, o segundo passo. Todo ente necessário (isto é, incorruptível) tem ou não tem a causa da sua necessidade a partir de outra coisa. Não se pode regredir ao infinito nos entes necessários causados, como ele acaba de mostrar na segunda via a respeito das causas eficientes. Portanto, conclui ele, deve existir um ente necessário que não depende de outra coisa para a sua necessidade e que causa a necessidade nos outros. A este ente todos chamam Deus (para uma versão mais simples do argumento baseado na possibilidade e na necessidade, ver *SCG* I, c. 15 e II, c. 15).[113]

A quarta via se baseia nos graus de perfeição. Encontramos nas coisas algumas que são mais e menos boas, mais e menos verdadeiras, e mais e menos nobres do que outras. Porém, o mais e o menos são ditos de diversas coisas conforme se aproximam diferentemente daquilo que é ao máximo. Por exemplo, mais quente é o que mais se aproxima do maximamente quente. Portanto, existe algo que é o mais verdadeiro, o melhor e o mais nobre e, por consequência, ente ao máximo. Tomás de Aquino cita para corroborar a *Metafísica* II, segundo a qual as coisas que são verdadeiras ao máximo são entes ao máximo. Ele evidentemente está pensando aqui na verdade do ente (verdade ontológica) e não na verdade de uma proposição (verdade lógica). Mas em vez de terminar o argumento nesse ponto, ele continua. O que é dito ao máximo em algum gênero é a causa de tudo o que se encontra nesse gênero. Portanto, existe algo que é causa de ser (*esse*), de bondade e de toda perfeição para todos os outros entes, e a este

---

113 Segui uma variante do texto da Leonina e li "*impossibile est autem omnia quae sunt, talia esse*", em vez de "*impossibile est autem omnia quae sunt talia, semper esse*". Tal como Tomás de Aquino compreende aqui o termo "*possibile*", está pensando nas coisas sujeitas à geração e corrupção. Sobre a leitura da variante, ver, por exemplo, Van Steenberghen, 1980, p. 188-189. Para outras discussões desse argumento, ver Owens, 1980b; Knasas, 1980, p. 488-489; e Kenny, 1980b, p. 55-57.

chamamos Deus.¹¹⁴ Embora evidentemente essa seja uma abordagem mais platônica da existência de Deus, é interessante encontrar Tomás citando em corroboração o que poderíamos chamar passagens mais platônicas de Aristóteles. Os leitores menos simpatizantes da abordagem platônica podem ter dificuldade com a primeira parte desse argumento. Um argumento mais satisfatório, ainda que platônico, baseado na participação, pode ser encontrado no *Comentário ao Evangelho de São João*.¹¹⁵

A quinta via se baseia na evidência do governo das coisas, que Tomás de Aquino discerne nos corpos naturais. Ele observa que algumas coisas que carecem de conhecimento, isto é, os corpos naturais, agem em vista de um fim. Isso fica claro – segundo ele argumenta – pelo fato de que, sempre ou na maioria das vezes, agem da mesma maneira a fim de alcançarem o que é o melhor. Daí isto não poder ser explicado pelo acaso; pelo contrário, é por intenção que alcançam o seu fim. Mas as coisas que não têm conhecimento não podem tender a um fim, a não ser dirigidas por um ente cognoscente, como a flecha é dirigida pelo arqueiro. Portanto, existe um ente inteligente pelo qual todas as coisas naturais são ordenadas ao seu fim, e a isso chamamos Deus. Esse argumento não deve ser considerado, portanto, como baseado na ordem e desígnio¹¹⁶, mas na causalidade final. Não são a ordem e o desígnio geral do universo que servem como ponto de partida, mas a finalidade interior dos corpos naturais.¹¹⁷

Tendo Tomás de Aquino fornecido aqui cinco argumentos, terá ele considerado como evidente que todos concluem por um e mesmo ente, ou

---

114 Para o texto de Aristóteles, ver *Metafísica* II, 993b30-31. Para uma discussão mais completa das ideias de Tomás de Aquino sobre verdade do ente e verdade de uma proposição, ver Wippel, 1989 e Wippel, 1990, especialmente p. 543-549.
115 Ver *Lectura super Evangelium Johannis*, ed. Busa, v. 6, p. 227. Aqui, o argumento é apresentado como o dos platônicos e se baseia na participação. Tudo o que é por participação é reduzido ao que é por sua essência, como ao que é primeiro e sumo. Uma vez que todos os entes participam do *esse*, deve existir algo no ápice de todas as coisas que é o *esse* da sua essência. Para discussão, ver Fabro, 1954, especialmente p. 79-90. Ver também Van Steenberghen, 1980, p. 280.
116 N.T.: No original, "design".
117 Para o esforço de Tomás de Aquino por mostrar, em outros lugares, que todo agente age em vista de um fim, ver *SCG* III, c. 2. Ver também Klubertanz, 1959, especialmente p. 104-105.

Deus? Embora, claro, ele pense que sim, é importante notar que reserva um artigo subsequente (*ST* I^a, q. 11, a. 3) para a questão da unidade divina. Se compararmos as cinco vias com o argumento no *DEE*, c. 4, esse último tem o mérito de estabelecer de forma explícita e imediata a singularidade daquele ente cuja essência e *esse* são idênticos. Ali, na segunda etapa, já se disse que pode existir apenas um ente assim. Esse argumento também toma como princípio um ponto de partida mais metafísico, a alteridade de essência e *esse* em todos os entes, com uma possível exceção. Mas as cinco vias têm a vantagem de necessitar menos sofisticação filosófica para identificar os seus respectivos princípios.

Os nomes de Deus

No início da *ST* I^a, q. 3, Tomás de Aquino comenta que, uma vez conhecido *que* algo é, resta determinar *como* é, para conhecer *o que* é. Mas, no caso de Deus, não podemos conhecer o que ele é, e sim o que ele não é. Por conseguinte, Tomás dedica a *ST* I^a, q. 3-11 para determinar *como* Deus *não* é, negando-lhe tudo o que é impróprio. Na *ST* I^a, q. 12, ele procura determinar como Deus pode ser conhecido por nós, e na q. 13 aborda a questão dos nomes divinos. Aqui e em muitos outros lugares, Tomás sustenta que podemos conhecer que Deus é e o que ele não é, mas não o que ele é. Em outras palavras, o conhecimento quiditativo de Deus não é possível aos entes humanos nesta vida, nem como resultado da investigação filosófica, nem como baseado na revelação divina.[118]

Essa posição não impede Tomás de Aquino de reconhecer que alguns dos nomes que aplicamos a Deus se predicam dele substancialmente (*ST* I^a,

---

118 *ST* I^a, q. 3 (introdução): "Mas porque de Deus não podemos conhecer o que é, mas o que não é, não podemos considerar de Deus como é, mas antes como não é". Cf. *ST* I^a, q. 12, a. 12, *ad* 1: "Em relação ao primeiro argumento, deve-se dizer que a razão [humana] não pode alcançar uma forma simples, de modo a conhecer dela o que é". Ver também *SCG* I, c. 30: "Não podemos apreender de Deus o que é, mas o que não é, e de que modo as outras coisas estão em relação a ele". Para discussão, textos adicionais e literatura secundária, ver Wippel, 1984b, c. IX.

q. 13, a. 2) e propriamente (q. 13, a. 3). Isso quer dizer que, com respeito ao que esses nomes (de perfeições puras) significam, dizem-se propriamente de Deus. Mas, com respeito ao modo pelo qual significam (*modus significandi*), não se dizem propriamente de Deus; eles conservam um modo de significar que pertence às criaturas.[119]

Na *ST* Iª, q. 13, a. 5, Tomás de Aquino rejeita a predicação unívoca de todos os nomes de Deus e das criaturas. Ele se recusa a reconhecer que todos os nomes se predicam de Deus e das criaturas de forma puramente equívoca, e, em vez disso, defende a predicação análoga de certos nomes, isto é, nomes de perfeições puras. Aqui, como na maioria das suas discussões maduras dessa questão, ele rejeita a analogia de muitos para com um e opta pela analogia de um para com outro. Isso significa que quando um nome é aplicado a uma criatura e a Deus, diz-se analogamente de Deus devido à relação que a criatura tem para com Deus como seu princípio e causa. Subjacente à defesa de Tomás da predicação análoga desses nomes está a sua convicção de que, não importa quão grande seja a diversidade entre as criaturas e Deus, de algum modo todo efeito é semelhante à sua causa. Essa semelhança entre a criatura, vista como um efeito, e Deus, sua causa incausada, é a justificativa ontológica para a predicação análoga dos nomes divinos.[120]

---

119 Ver *ST* Iª, q. 13, a. 1, *ad* 2; *SCG* I, c. 30; Wippel, 1984b, p. 224-226 (sobre a distinção entre *res significata* e *modus significandi*).
120 Para a distinção entre a analogia de muitos para com um e a analogia de um para com outro, ver a seção "Analogia do ente". Ver também *SCG* I, c. 34; *QDP*, q. 7, a. 7. Para discussão, ver Montagnes, 1963, p. 65-81. Sobre a semelhança de um efeito e sua causa, não importando quão grande seja a dessemelhança entre eles, ver *SCG* I, c. 29 (e o recurso de Tomás de Aquino a esse aspecto na *SCG* I, c. 33 para rejeitar a predicação puramente equívoca dos nomes de Deus e das criaturas); *QDP*, q. 7, a. 7, *ad* 5; *ad* 6 *ad* contra; *ST* Iª, q. 13, a. 5: "E assim, tudo o que se diz de Deus e das criaturas se diz de acordo com alguma relação da criatura a Deus, como ao princípio e causa, no qual preexistem excelentemente todas as perfeições das coisas".

5 Filosofia da mente

NORMAN KRETZMANN

Este capítulo, em primeiro lugar, diz respeito à consideração de Tomás de Aquino sobre o que é a mente e como ela se relaciona com o corpo, e em seguida à sua consideração sobre o que a mente faz e como faz – aspectos metafísico e psicológico da sua filosofia da mente.[1]

A alma como primeiro princípio da vida

O tema central da filosofia da mente de Tomás de Aquino é o que ele chama de "alma racional" (*anima rationalis*) com mais frequência do que chama de "mente" (*mens*). Esse fato aparentemente trivial da sua terminologia tem implicações teóricas.[2] A filosofia da mente de Tomás só pode ser compreendida no contexto da sua teoria mais geral da alma, que naturalmente utiliza muitos elementos da sua metafísica.

Tomás, obviamente, não é um materialista. Deus – o ser subsistente por si, o elemento absolutamente fundamental da metafísica de Tomás[3] –, é claro, não é de nenhum modo material. Mas mesmo algumas criaturas são

---

1 Tomás baseia a sua filosofia da mente na de Aristóteles, da qual T. H. Irwin fornece uma consideração excelente, concisa e crítica em Irwin, 1991.
2 Na utilização de Tomás, relativamente rara, "mente" é em geral um sinônimo de "intelecto" (*intellectus*), que tem esse nome apenas para a faculdade *cognoscitiva* distintiva da alma racional, e não para a sua faculdade *apetitiva* distintiva, a vontade. Ver, por exemplo, ST Iª, q. 75, a. 2, onde ele afirma que esse princípio (fonte ou faculdade) de conhecimento "se diz intelecto ou mente". Mas, como a maioria dos outros filósofos, ele também utiliza, às vezes, esse termo de forma muito ampla – por exemplo, "a alma humana, que se diz intelecto ou mente" (*Ibid.*). Comparar com a nota 8 deste capítulo.
3 Ver o capítulo "Metafísica" deste volume.

totalmente independentes da matéria, a qual Tomás considera como exclusivamente corporal.[4] A divisão fundamental, na sua ampla classificação das coisas criadas, é entre o corporal – como os astros, as árvores e os gatos – e o incorporal (ou espiritual) – por exemplo, os anjos (Tomás chama às vezes as criaturas espirituais de "substâncias separadas" devido à sua incorporalidade). Mas essa divisão exaustiva parece não ser totalmente exclusiva, pois os entes humanos devem ser classificados não apenas como corporais, mas também como espirituais em certos aspectos. Eles têm esse *status* excepcionalmente problemático entre as criaturas em virtude do caráter peculiar da alma humana.

Possuir simplesmente uma alma não é suficiente para conferir a uma criatura um componente espiritual, já que Tomás utiliza "alma" genericamente, de uma forma que mesmo muitos materialistas poderiam tolerar. Ninguém se opõe a dividir as coisas físicas em animadas e inanimadas e, Tomás, ao utilizar de forma genérica o termo *anima*, trata-o como se fosse apenas um substantivo de conveniência relacionado a "coisas animadas" (*animata*): "Para investigar a natureza da alma [humana], é preciso pressupor que 'alma' se diz que é o primeiro princípio de vida nas coisas que vivem entre nós. Com efeito, aos viventes chamamos de 'animados' [ou 'dotados de alma'], e aos sem vida, de 'inanimados' [ou 'não dotados de alma']" (*ST* I^a, q. 75, a. 1).[5] Assim, árvores e gatos, não menos do que nós, possuem almas, embora na visão de Tomás nem as plantas nem os animais não humanos são de algum modo criaturas espirituais. Ele nega ainda enfaticamente que mesmo a alma apenas nutritiva de uma planta, ou a alma nutritiva + sensitiva de um animal, possa ser simplesmente identificada com qualquer

---

4 A esse respeito, ele difere significativamente de muitos de seus predecessores e contemporâneos medievais, que eram hilemorfistas *universais*, ao analisar *todas* as criaturas como compostos de forma e matéria, em detrimento da matéria espiritual e da doutrina da pluralidade de formas substanciais. Essas questões e muitas outras relevantes para os assuntos deste capítulo são explicadas em discussões bem documentadas em Pegis, 1983.

5 Note-se que ele pretende que sua afirmação englobe apenas os entes terrestres biologicamente vivos, aqueles "que vivem entre nós", não todos os entes que podem ser chamados de vivos – como Deus ou os anjos. E ele terá pretendido enfatizar "nas" quando descreve a alma como primeiro princípio de vida nos entes terrenos, uma vez que ele, é claro, considera que Deus é incondicional (e extrinsecamente) o primeiro princípio de vida para as criaturas.

uma das partes corporais dos seres vivos. Encontra uma base para excluir essa possibilidade na medida em que utiliza como fórmula da definição de alma: "o primeiro princípio de vida".

De Aristóteles, Tomás tomou conhecimento dos materialistas pré-socráticos que identificaram simplesmente as almas com corpos – as partes corporais dos seres vivos. Ele vê esses filósofos como tendo começado, com razão, por considerar o que é mais evidente acerca da vida: a presença nos seres vivos de certas operações distintas, que, por naturalmente implicarem a vida (*vita*) em certo grau, são chamadas de "vitais" – por exemplo, o crescimento ou o conhecimento. Mas, na sua visão, esses antigos materialistas e reducionistas, dizendo que "só os corpos são coisas, e o que não é corpo não é nada" (*ST* Iª, q. 75, a. 1), confundiram o projeto, de menor envergadura, de identificar fontes materiais ou explicações parciais (*principia*) de uma ou outra operação vital com a investigação da alma, subjacente a *todas* elas, o *primeiro* princípio, a fonte principal intrínseca ou a explicação de todas as operações vitais do ser vivo e do seu modo de ser.

A confusão no materialismo pré-socrático pode ser demonstrada, considera Tomás, de muitas maneiras. Na *SCG* II, c. 65, ele fornece vários argumentos com esse objetivo, mas nenhum deles é tão consistente quanto o argumento antirreducionista, que apresenta depois na *ST* Iª, q. 75, a. 1, contra a possibilidade de reduzir a alma de um ente animado a qualquer uma das suas partes corporais.

Nesse argumento, ele nos convida a considerar uma operação vital particular, como a percepção visual. É claro, os olhos devem ser incluídos em uma explicação correta da visão – e, ele poderia ter dito, a pele na explicação do tato; raízes ou estômagos nas explicações do crescimento, e assim por diante. Quer dizer, as operações vitais têm normalmente corpos entre seus princípios. E uma vez que um princípio de uma operação *vital* particular pode ser, de fato, considerado um princípio de *vida* (embora apenas nesse aspecto particular e até certo ponto devido), pode-se conceder que certos corpos – como os olhos normais de um animal vivo – sejam princípios de vida. É nesse sentido, especial e limitado, que os antigos materialistas estavam no caminho certo. Mas ninguém, considera Tomás, chamaria de uma *alma* um olho (ou uma raiz, ou um estômago). Assim, diz ele, *certos princípios de vida são claramente corpos, mas eles não são almas.*

É claro que há outros tipos de corpos – pedras, por exemplo – que além de não serem princípios de vida, também são naturalmente sem vida, e, assim, *nenhum* corpo considerado apenas como um corpo possui vida *essencialmente*. Mas um *primeiro princípio intrínseco* de vida (que infunde vida em todo o restante em um corpo animado) deve possuir vida essencialmente. Se não, sua vida seria explicada com base em outra coisa intrínseca a esse corpo vivo, e ele não seria o *primeiro* princípio de vida desse corpo. Portanto, *nenhuma* alma, nenhum *primeiro* princípio de vida, é um corpo. Se uma alma fosse de algum modo corporal – na sua dependência essencial de algum órgão corporal, por exemplo – não seria em virtude da sua corporalidade que ela vivificaria a coisa da qual é a alma.

Por outro lado, todo corpo vegetal ou animal tem a própria vida apenas em virtude de ser um corpo organizado de uma maneira que lhe confere potências naturais para estar em determinados tipos de estados. E um corpo é organizado desta ou daquela maneira, e tem estas ou aquelas potências, devido apenas a um certo princípio que é chamado de *actus* do corpo, a forma substancial que o torna um corpo vegetal ou animal em ato.[6] Portanto, o *primeiro* princípio de vida em um corpo vivo, sua alma, não é parte corporal desse corpo, mas sim sua forma, uma das duas partes metafísicas do composto de matéria e forma em que absolutamente todo corpo consiste.

Esse argumento, que Tomás aplica à explicação da vida em absolutamente qualquer coisa corporal viva, não é eficaz contra todo tipo de materialismo. Os materialistas que toleram o conceito geral de alma de Tomás e que entendem a alma não apenas como um corpo, mas como uma função

---

6 *Actus* é um termo técnico importante para Tomás e outros filósofos medievais. Significa tanto a ação como o ato, de forma que pode ser esclarecido por observações como essa: uma coisa *age* se, e somente na medida em que ela é *em ato*, e não apenas em potência, e é uma coisa desta ou daquela espécie. Consequentemente, seja o que for em virtude do qual a coisa age de certo modo = em virtude do qual ela é realmente uma coisa em ato de certo tipo (apropriado). Portanto, aquilo em virtude do qual *por primeiro* uma coisa age (a primeira fonte intrínseca ou o primeiro princípio de sua ação característica) = a *forma substancial* da coisa. Comparar com *ST* I^a, q. 76, a. 1 e nota 7 deste capítulo.

de um corpo ou como o efeito de uma configuração de elementos físicos, também podem tolerar a posição crítica assumida nesse argumento antirreducionista, no entanto, podem reagir à sua conclusão que identifica a alma com a forma. Somente quando Tomás apresenta a sua explicação da alma *humana* em particular, é que ele toma uma posição totalmente incompatível com as teorias materialistas dos seres vivos.

O caráter peculiar da alma humana

Em uma teoria que reconhece a alma de uma planta como primeiro um princípio intrínseco meramente nutritivo de vida, e a alma de um animal não humano como princípio nutritivo + sensitivo desse tipo, não é nenhuma surpresa o fato de que a alma humana seja analisada como nutritiva + sensitiva + racional. Tomás de Aquino considera a alma humana, não como três formas substanciais encadeadas que cooperam, mas como uma forma única que dá ao ente humano o seu modo específico de ser, incluindo as potências e as funções, da sua constituição genética aos seus talentos mais criativos.[7] E assim, muitas vezes ele identificará simplesmente a alma humana com a alma racional, uma identificação tornada perfeitamente apropriada pelo fato de que *racional* é a diferença da espécie humana no gênero *animal*. Uma consequência dessa identificação é a sua frequente denominação da

---

7 Entre as declarações de Tomás de oposição à doutrina da pluralidade das formas substanciais, talvez esta seja a sua apresentação mais sucinta: "Cumpre saber que essa é a diferença entre forma substancial e forma acidental, que a forma acidental não torna o ente em ato pura e simplesmente [*non facit ens actu simpliciter*], mas o ente em ato *deste ou daquele modo*, por exemplo, grande, branco ou outra coisa desse modo. A forma substancial, no entanto, torna o ente em ato pura e simplesmente. Donde, a forma acidental sobrevir ao sujeito já preexistente em ato. A forma substancial, no entanto, não sobrevém ao sujeito já preexistente em ato, mas apenas existente em potência, a saber, a matéria primeira. A partir disso, é patente que é impossível haver várias formas substanciais de uma coisa; porque a primeira [dessas formas] torna o ente em ato pura e simplesmente, e todas as outras sobrevêm ao sujeito já existente em ato; donde elas sobreviverem acidentalmente ao sujeito já existente em ato, pois não tornam o ente em ato pura e simplesmente, mas sob um certo aspecto" (*In DA* II, lect. 1, n. 224). Para a aplicação dessa posição ao caso da alma humana em particular, ver, por exemplo, *ST* Iª, q. 76, a. 3; a. 4; q. 77, a. 6.

totalidade da forma substancial do ente humano pelo aspecto distintivo da racionalidade,[8] como nesta passagem: "É necessario dizer que o que é o princípio da operação do intelecto, que chamamos de alma do homem, é certo princípio incorporal e subsistente" (*ST* I^a, q. 75, a. 2).[9] Ele revela aqui não apenas o que distingue os entes humanos de todos os outros animais, mas também o que torna a alma humana peculiar: seu *status* de "subsistente", uma condição necessária para a sua existência à parte do corpo, do qual é a forma.

Já vimos Tomás argumentar que nenhuma alma, considerada como principal (ou primeiro) princípio intrínseco de operações vitais de uma criatura corporal, pode ser identificada com algo corporal. E uma vez que aqui ele identifica expressamente a alma de um ente humano com o princípio da operação vital distintivamente humana da intelecção, poderíamos ter antecipado sua afirmação de que esse princípio deve ser incorporal. Mas agora ele se preocupa não apenas com o que esse princípio não poderia ser, mas também com "*aquilo que* é o princípio". Ele vai além da conclusão primeiramente negativa do seu argumento antirreducionista geral para fazer uma argumentação afirmativa adicional sobre a natureza da forma que deve *ser* identificada com a alma humana; e ambas as partes, negativa e afirmativa, dessa tese são teoricamente determinadas ("É necessário dizer que"). A alma humana, por ser distintivamente o princípio da operação intelectiva, não só não deve ser identificada como corporal, ela deve ser descrita como *subsistente*. Por essa razão, ele não pode simplesmente confiar no

---

8 Muitas das 643 utilizações de Tomás do termo *anima rationalis* ocorrem em discussões sobre as faculdades distintivamente racionais do intelecto e da vontade, mas ele também frequentemente utiliza essa denominação para a alma humana em *todos* os seus aspectos (o número preciso dessas utilizações, como inúmeros outros detalhes a respeito dos escritos de Tomás, está disponível nos vários volumes de Busa, 1974-1980, um recurso incrivelmente impressionante para a pesquisa em Tomás; cada uma dessas 643 entradas de "*anima + rationalis*", por exemplo, consiste numa passagem citada, fornecendo um contexto suficiente para permitir ao leitor identificar a natureza da discussão).

9 É claro que a alma de um ente humano é o princípio das operações vitais, como a nutrição e a sensação da pessoa, mas é na sua função de princípio da intelecção (e volição) que a reconhecemos como "a alma de um ente *humano*", e é nessa perspectiva que Tomás precisa considerar a alma de modo a construir seu argumento da subsistência incorporal.

resultado do argumento antirreducionista, que diz respeito geralmente ao primeiro princípio de vida de todo ser vivo e que não implica nada relativo a esse princípio de subsistência. Em vez disso, ele precisa desenvolver um novo argumento da incorporalidade que seja específico para o princípio da operação intelectiva, a faculdade distintivamente humana do intelecto, a faculdade cognoscitiva da alma racional.

Esse novo argumento repousa em duas afirmações altamente teóricas: (A) "o ente humano, pelo intelecto, pode conhecer as naturezas de todos os corpos"; e (B) "o que pode conhecer algumas coisas, não deve ter nada delas na sua natureza" (*ST* Iª, q. 75, a. 2).

A afirmação (A) soa implausível, mas a implausibilidade é reduzida por uma leitura atenta, que mostra que Tomás a intenciona como uma afirmação sobre a *capacidade* humana *geral* em relação às *naturezas* de todos os corpos.[10] Embora pareça não haver possibilidade de *provar* (A),[11] a plausibilidade da sua universalidade foi certamente reforçada desde a época de Tomás pelo desenvolvimento espetacular das ciências naturais, os paradigmas do conhecimento intelectivo sistemático das naturezas dos corpos.

A afirmação (B) significa algo assim: ser uma faculdade cognoscitiva é estar essencialmente num estado de *potencialidade* receptiva para receber determinados tipos de coisas, os objetos próprios da faculdade – como os sons, no caso da faculdade da audição. Assim, se a própria faculdade tem esse tipo de coisa *em ato* – como um zumbido nos ouvidos – ela perde ao menos parte da potencialidade natural receptiva que a torna, em primeiro lugar, uma faculdade cognoscitiva.[12] Cobrir a língua de alguém com algo

---

10 As naturezas das coisas corporais não são os únicos objetos próprios do conhecimento intelectivo, entre os quais Tomás também inclui, por exemplo, os entes matemáticos. Mas as naturezas corporais constituem a grande maioria dos objetos próprios do intelecto, e para o propósito dessa discussão é conveniente concentrar-se exclusivamente nelas. Sua importância se reflete no fato de que Tomás desenvolve sua consideração mais detalhada da intelecção em conexão com o conhecimento das naturezas corporais.
11 Para os argumentos de Tomás que sustentam a afirmação (A), ver, por exemplo, *ST* Iª, q. 84.
12 Cf. *ST* Iª, q. 75, a. 1, *ad* 2. O exemplo favorito de Tomás em apoio de (B) é a pupila do olho, que carece de toda cor. Mas a pupila do olho, como órgão da visão, é receptiva tanto das formas como das cores, apesar de ter uma forma precisa. Da mesma maneira, a pele não

amargo, diminuirá e distorcerá o seu sentido do paladar;[13] apenas porque é um órgão corporal de conhecimento, a língua pode perder assim a potencialidade cognoscitiva como uma consequência da aquisição de uma qualidade física acidental. "Se, portanto, o princípio *intelectual* tivesse em si a natureza de algum corpo, não poderia conhecer todos os corpos. *Cada* corpo, porém, tem *alguma* natureza determinada. É impossível, portanto, que o princípio intelectual seja corpo" (*ST* I^a, q. 75, a. 2).[14] Além disso, mesmo uma língua normal e inalterada, apenas pelo fato de ela própria ser um corpo, não tem o poder para conhecer um corpo que poderia ser incluído entre seus objetos próprios: ela não pode sentir a si mesma. Por outro lado, como a própria existência da psicologia filosófica mostra, "o nosso intelecto intelige a si mesmo".[15]

Uma vez que todo órgão corporal normal de conhecimento (sensitivo), apenas enquanto corporal, deve ser incapaz de conhecer *certos* objetos

---

carece de textura nem é insensitiva à própria textura, e ainda assim as texturas estão entre seus objetos próprios.

13 Tomás diz que essa pessoa será incapaz de sentir algo doce; tudo terá um sabor amargo para ela. Mas não deveria ter dito que ela será incapaz de sentir algo *amargo*? Ou que as coisas que tem um sabor amargo para as pessoas cujas línguas funcionam normalmente serão *sem sabor* (sensitivamente incognoscíveis) para ela? Desenvolver o exemplo nessa linha, parece não apenas mais preciso, mas também corrobora mais precisamente o que ele pretende dizer (assim como para as coisas doces, parece que deveria ter dito que elas poderiam ao menos ter um sabor *diferentemente* amargo para o sujeito).

14 Embora haja um sentido de que os corpos são os objetos do conhecimento intelectivo, é importante notar que seus objetos *imediatos* e *próprios* não são os corpos em si mesmos, mas "as *naturezas* dos corpos", ou, como Tomás costuma dizer, suas *quididades* (ou essências) (ver, por exemplo, *ST* I^a, q. 84, a. 7). Como objetos próprios do intelecto, essas naturezas ou quididades dos corpos devem ser *abstraídas* dos dados fornecidos pelos sentidos. Os órgãos corporais (materiais), simplesmente em virtude da sua materialidade, são apenas receptores dos dados materiais, e assim restritos a determinados objetos materiais. A própria materialidade, na faculdade ou nos seus objetos, é um obstáculo ao conhecimento intelectivo. Ver, por exemplo, *DEE*, c. 4; *SCG* II, c. 51.

15 *ST* I^a, q. 87, a. 1; ver também q. 87, a. 2-4. Tomás insiste que a filosofia da mente deve derivar da consideração daquilo a que temos acesso direto, a operação da intelecção: temos o conhecimento universal do nosso intelecto "na medida em que consideramos a natureza da mente humana a partir do *ato* do intelecto" (*Ibid.*) [N. T.: Seguimos a tradução de Carlos Arthur R. do Nascimento, Tomás de Aquino. *Suma de Teologia*: Primeira Parte – Questões 84-89. Uberlândia: EDUFU, 2004, p. 205. Doravante: Nascimento, ano e página].

corporais e pode, como uma consequência da alteração física, tornar-se incapaz de conhecer ainda mais, segue-se, dada a universalidade da afirmação (A), que o princípio intelectivo não apenas não pode *ser*, mas também não pode *utilizar* diretamente um órgão corporal, na realização da sua operação distinta. É claro que nosso conhecimento de todo corpo particular é sensitivo e, portanto, nosso conhecimento de qualquer coisa que diz respeito a corpos, incluindo as suas naturezas, depende no final das contas do conhecimento sensitivo. Assim, o intelecto depende, *para seus dados*, da operação dos orgãos corporais das outras faculdades, mas ao transformar esses dados não utiliza nenhum corpo do modo direto e essencial como o conhecimento visual utiliza o olho, "como órgão pelo qual essa operação é exercida" (*ST* I^a, q. 75, a. 2, *ad* 3).[16]

De acordo com Tomás, a *subsistência* da alma humana se segue dessa grande tese de sua incorporalidade. A operação vital do conhecimento intelectivo, que distingue a alma humana de todas as outras almas terrestres, é a que tem uma operação "por si (*per se*), a qual não tem parte com o corpo", nem mesmo a ponto de fornecer um órgão para a operação.[17]

---

16 Cf. a discussão paralela em *In DA* III, *lect.* 7, n. 680 *et seq.*: "Nosso intelecto é capaz, por natureza, de inteligir todas as coisas sensíveis e corporais [...] não é cognoscitivo apenas de um gênero de sensíveis, como a visão ou a audição, ou de todas as qualidades e acidentes dos sensíveis comuns ou próprios, mas universalmente de toda natureza sensível. Donde, assim como a visão carece de certo gênero de sensíveis, assim é necessário que o intelecto careça totalmente da natureza sensível".

17 A plausibilidade desse argumento para o *status* da alma humana enquanto ente subsistente depende obviamente da consistência da afirmação de que ela, na sua operação distinta, deve operar de modo totalmente independente. Nesse argumento, Tomás, seguindo o exemplo de Aristóteles, (*De Anima* III, 4, 429a24-27), afirma apenas sua independência das coisas corporais, deixando em aberto a possibilidade teórica de poder ser dependente operacionalmente de certa criatura *espiritual* distinta dela. Avicena e Averróis haviam proposto diferentes teorias da alma humana, que a apresentaram como dependente dessa maneira. Os vários ataques de Tomás às suas teorias foram motivados expressamente por várias outras considerações, contudo, a defesa do seu argumento em favor da subsistência, por si só, poderia ter exigido a sua refutação (para as teorias de Avicena e Averróis e os ataques de Tomás a elas, ver, por exemplo, *SCG* II, c. 59-62; c. 73; c. 75; c. 78; *ST* I^a, q. 76, a. 2; *QDSC*, a. 9; a. 10; QDA, a. 3; *DUI*, *passim*). Suas posições, às vezes chamadas de "monopsiquismo", eram uma tese do "averroismo latino", contra a qual Tomás argumentou; sobre a controvérsia em geral, ver Van Steenberghen, 1980b. Ver também o capítulo "Teoria do conhecimento" deste volume, seção "Cognição das naturezas reais".

Mas nada pode operar por si, nesse sentido forte, a não ser "que subsista por si". Um carvão em brasa, que subsiste por si, pode aquecer algo mais; mas o calor, uma forma acidental, cuja existência real é totalmente dependente da sua ocorrência numa matéria, precisamente por isso é incapaz de aquecer por si alguma coisa. A alma humana, portanto, é "incorporal e subsistente" (ST Iª, q. 75, a. 2).

A alma humana como ente subsistente e forma substancial

A tese da subsistência proposta por Tomás de Aquino, que é claramente incompatível com todo tipo de materialismo, comporta uma vantagem e uma dificuldade para a sua teoria da alma. Pelo lado positivo, estabelece uma condição necessária da imortalidade: se o aspecto distintivamente humano e pessoal do animal humano é algo incorporal e subsistente, a morte biológica não deve ser a morte da pessoa. A subsistência por si da alma humana é a base filosófica para uma justificação da imortalidade pessoal.[18] A dificuldade que a tese da subsistência coloca para a teoria de Tomás é a sua ameaça à unidade do ente humano. Um ente humano é definido como um animal racional; um animal é definido como um ser *corporal*, vivo e sensitivo; e essas definições são essenciais para a consideração geral de Tomás, fundamentalmente aristotélica, da natureza. O próprio Aristóteles garante a coerência dessa parte da consideração na sua explicação da alma humana como forma substancial do corpo humano, uma explicação que, como vimos, Tomás adota sinceramente. A tese da subsistência, no entanto, especialmente quando empregada para fundamentar a imortalidade, ameaça deixar o ente humano *identificado* à alma humana, como um ente subsistente e incorporal que está ligado de modo temporal e

---

18 Para os argumentos de Tomás sobre a incorruptibilidade da alma humana, ver, por exemplo, *SCG* II, c. 79-81; *QQ* X, q. 3, a. 2; *ST* Iª, q. 75, a. 2; a. 6; *QDA*, a. 14. Herbert McCabe ajuda a relatar a questão da imortalidade no restante da filosofia da mente de Tomás, em McCabe, 1969, onde apresenta uma exposição do argumento desenvolvido na *ST* e na *QDA*.

um tanto casual a um corpo – parecendo o ente humano de Platão, e não o de Aristóteles.[19]

Para evitar essa consequência, Tomás necessita fornecer uma consideração mais precisa da subsistência da alma, tentando torná-la compatível com a consideração da alma como forma. Ele se dedica repetidamente a esse desafio,[20] por vezes abordando explicitamente a questão da compatibilidade de duas afirmações, a saber, que (E) a alma é um ente subsistente, e que (F) a alma é uma forma.

Talvez a discussão mais completa a esse respeito se encontre no artigo 1 da *Questão Disputada sobre a Alma* (*QDA*): "Se a alma humana pode ser forma e algo particular [*hoc aliquid*]". Os dezoito argumentos iniciais (as "objeções") sustentam uma resposta negativa com base em um conjunto de considerações bastante crível contra a posição afirmativa de Tomás.[21]

O movimento inicial de Tomás para dissipar a aparente incompatibilidade entre (E) e (F) é a sua introdução de uma distinção concernente à

---

19 Tomás amiúde argumenta expressamente contra o que ele considera ser a concepção de Platão de ente humano. Ver, por exemplo, *DEE*, c. 2; *SCG* II, c. 57; *QDA*, a. 1; *ST* I^a, q. 75, a. 4; *QDSC*, a. 2.
20 Por exemplo, *In Sent* II, d. 1, q. 2, a. 4; d. 17, q. 2, a. 1; *SCG* II, c. 56-69; c. 68-70; *QDP*, q. 3, a. 9; a. 11; *ST* I^a, q. 76, a. 1; *QDSC*, a. 2; *QDA*, a. 1; a. 2; a. 14; *DUI*, c. 3; *In DA* III, *lect.* 7; *CT*, c. 80; c. 87.
21 As objeções, em *QDA*, a. 1, podem ser divididas entre o primeiro tipo "se (E), não (F)", que inclui as objs. 1, 3-7, 9 e 10. O segundo tipo conclui "se (F), não (E)" e inclui apenas a obj. 12. O terceiro tipo conclui, mais amplamente, "não (E) e (F)" e inclui as objs. 2, 8 e 18. Assim, esses três tipos são todos argumentos a favor da incompatibilidade de (E) e (F), sem claramente favorecer um ou outro na consideração da alma; mas as objeções restantes parecem afirmar ou negar (E) ou (F) de uma forma ou de outra. O quarto tipo conclui "não (E)": obj. 11. O quinto tipo conclui "não (F)": obj. 15. O sexto tipo, uma forma mais consistente do primeiro tipo, conclui "uma vez (E), não (F)", ou utiliza (E) como premissa para concluir "não (F)", e assim pode ser caracterizado como platônico; inclui as objs. 13, 14, 16 e 17. Mas os dois "argumentos contrários" (*sed contra*), imediatamente após as objeções, visam mostrar, no entanto, que existem razões convincentes para pensar que a verdade deve ser (E) *e* (F). O primeiro deles discute nessa linha. Uma coisa pertence a uma certa espécie em virtude da "forma própria" da coisa, e uma coisa pertence à espécie humana em virtude da sua alma racional, então (F) a alma racional é a forma própria de um ente humano. Mas o conhecimento intelectivo é a operação específica da alma racional e é realizado pela alma humana *por si própria*. E tudo o que opera totalmente por si próprio deve ser um ente que subsiste por si próprio. Então, (E) a alma humana é um ente subsistente. Portanto, (E) e (F).

noção técnica aristotélica de algo particular (*hoc aliquid*), uma noção mais precisa e ainda mais familiar aos seus contemporâneos do que aquela de um ente subsistente. "*Propriamente*", afirma ele, *hoc aliquid* se diz do "indivíduo no gênero da substância", isto é, uma substância primeira. Algo é propriamente um indivíduo na categoria da substância se, e somente se, (1) não estiver "em outro como no sujeito" (do modo do calor no carvão em brasa) e assim "possa subsistir por si"; e se (2) for "algo completo em alguma espécie e no gênero da substância", algo que ocupa um lugar próprio na ordem natural das coisas. A mão de um ente humano, por exemplo, pertence-lhe não como sua cor lhe pertence, mas como uma parte pertence ao todo, e por isso pode subsistir por si (embora de forma não natural e como uma mão apenas de certa maneira). Mas, é claro, somente o ente humano total é completo no gênero *animal* e na espécie *animal racional*. Uma vez que uma mão humana não tem lugar próprio nos gêneros e espécies da substância, satisfaz (1), mas não (2), e assim conta como *hoc aliquid* apenas em sentido amplo.

Tendo preparado o terreno com essa distinção, seguida da rejeição de várias teorias antigas e insatisfatórias da alma, Tomás apresenta sua própria visão. Como a mão humana, a alma humana está no ente humano, não como o calor no carvão, mas do modo como uma parte está em um todo, e então "é capaz de subsistir por si" – ou seja, satisfaz (1). Quanto a (2), o *status* da alma é mais sutil e superior que o da mão. Como a mão, a alma por si não pode satisfazer (2). Mas, ao contrário da mão e de qualquer outra parte corporal do animal racional, a alma humana "*completa* [*perficiens*] a espécie humana como forma [substancial] do corpo" – ou seja, a alma é não apenas a *racionalidade*, mas, sim, a plena *animalidade racional* do corpo humano, especificando essa coisa corporal como um ente humano. Sem a alma, esse corpo é um cadáver, podendo ser chamado de corpo humano apenas equivocamente. Embora a alma em si não tenha um lugar próprio entre os indivíduos classificados nas espécies e nos gêneros da substância, ela é o que confere ao ente humano seu lugar único nessa classificação, o que permite que este ou aquele ente humano satisfaça (2), e assim é mais *hoc aliquid* do que qualquer parte do corpo poderia ser.[22] Ainda assim, podemos avaliar melhor o *status* peculiar

---

22 A *ST* Iᵃ, q. 75, a. 2, *ad* 1 apresenta uma versão menos consistente e detalhada desse argumento.

que Tomás estabelece para a alma não nos concentrando em suas afirmações sobre a denominação de *hoc aliquid*, mas vendo como ele combina (E) e (F): mostrando que nenhuma dessas afirmações, aparentemente conflitantes sobre a alma humana, pode ser entendida corretamente sem ter a outra em consideração.

Começando pelo que é mais acessível a nós, como sempre prefere fazer, Tomás argumenta a partir das operações vitais do ente humano até o caráter peculiar do primeiro princípio de vida e seu modo de ser:

> Assim, a partir da operação da alma humana, pode ser conhecido o seu modo de ser. Com efeito, na medida em que tem uma operação [a saber, o conhecimento intelectivo] que transcende as coisas materiais, seu ser também se eleva acima do corpo e não depende dele. Mas, na medida em que deve adquirir por natureza o conhecimento imaterial a partir do material, é manifesto que a completude da sua espécie não se pode dar sem a união com o corpo. Com efeito, algo não é completo na espécie se não tem [em si mesmo] o que é requerido para a própria operação da espécie. Se, portanto, a alma humana, na medida em que está unida ao corpo como forma, tem o ser elevado acima do corpo, não dependendo dele, é manifesto que ela mesma está constituída no limite entre as coisas corporais e as substâncias separadas [isso é, puramente espirituais]. (*QDA*, a. 1)[23]

O *status* limítrofe da alma humana não é apenas pitoresco. A operação vital distintivamente humana é intelectiva e, portanto, espiritual, em vez de corporal, visto que o intelecto não é e nem usa um órgão corporal. Mas a intelecção envolve a sensação, que é necessariamente corporal nos seus orgãos e operações; e "envolve" significa aqui mais do que simplesmente "é adicionado a" ou mesmo "depende de". Pois, como vimos, os objetos próprios do intelecto chegam a ele apenas através dos sentidos, mas a alma sensitiva humana, propriamente entendida, é apenas um aspecto da alma racional. E assim, o envolvimento da alma com o corpo não se trata de uma criatura espiritual que se serve de um corpo, como uma pessoa poderia se

---

23 Comparar com o argumento paralelo mais detalhado em *QDSC*, a. 2.

servir de uma lâmpada. A união de alma e corpo pode ser considerada mais precisamente como uma alma humana *que consitui* certa matéria *como* corpo humano vivo, algo semelhante a uma quantidade de eletricidade (que não precisa de lâmpada ou fio para *existir*) que constitui certa matéria como lâmpada acesa.

O intelecto: aspectos filosóficos e teológicos da consideração de Tomás de Aquino

A consideração de Tomás de Aquino sobre o que a mente faz e como faz se divide naturalmente em suas teorias do intelecto e da vontade, as faculdades cognoscitiva e apetitiva da alma racional. Começo concentrando-me no intelecto.[24]

A filosofia da mente de Tomás é como a maioria das outras partes da sua obra em seu entrelaçamento de vertentes filosóficas e teológicas. Entre os fundamentos da sua teoria do conhecimento humano estão algumas doutrinas teológicas básicas (as quais ele elucidou e corroborou com a análise filosófica e a argumentação): Deus, o criador, é onisciente, onipotente e perfeitamente bom; e parte do propósito de Deus ao criar, é a manifestação de si mesmo às criaturas racionais.[25] O teísmo de Tomás é de tal forma fundamentado pela razão que, quando ele combina essas doutrinas com teorias, parece sempre ser guiado pela expectativa de que a teologia e a filosofia vão acabar por ser confirmadas mutuamente, nenhuma se sobrepondo à outra, como nessa consideração característica do corpo e a alma: "O fim próximo do corpo humano é a alma racional e suas operações, pois a matéria é por causa da forma, e os instrumentos, por causa das ações do agente. Digo, portanto, que Deus estabeleceu o corpo humano na melhor disposição de acordo com a conformidade a tal forma e tais operações" (*ST* Iª, q. 91, a. 3).

---

24 Para uma exposição e avaliação sofisticada, porém acessível, dessa parte da filosofia da mente de Tomás, ver Kenny, 1980a, capítulo 3, "Mind" (p. 61-81).

25 Ver, por exemplo, *ST* Iª, q. 2-26 sobre a existência e a natureza de Deus, e q. 44-46 sobre a produção das criaturas por Deus.

O conhecimento sensitivo, como vimos, é indispensável à operação cognoscitiva própria da alma racional; e assim também, diz ele, os sentidos "são dados ao homem não apenas para ocupar-se das necessidades da vida, como nos outros animais, mas também para conhecer" (*ST* I\ :sup:`a`, q. 91, a. 3, *ad* 3).²⁶ Consequentemente, o animal *humano*, diferentemente de todos os outros, é chamado de substância *racional*, em vez de *sensitiva*, "porque o sentido é menos do que aquilo que é próprio do homem [a racionalidade]". Assim, apenas devido à contribuição indispensável da sensação para as operações do intelecto, o sentido "convém ao homem de modo excedente em comparação com os outros animais" (*ST* Iᵃ, q. 108, a. 5).²⁷ Afinal, a alma *racional* se identifica com a única forma substancial de um ente humano, informando *todas* as suas faculdades. As considerações teológicas novamente se encaixam: uma vez que é em relação à alma racional humana, e não ao corpo humano ou seus sentidos, que os entes humanos são feitos à imagem de Deus,²⁸ é perfeitamente razoável que *sua* faculdade cognoscitiva, em particular, manifeste uma excelência especial; e, uma vez que o intelecto humano depende dos sentidos, o criador, que deixa a sua imagem no intelecto, dificilmente poderia deixar que os sentidos fossem menos do que superiormente adequados ao serviço cognoscitivo ao intelecto.²⁹

Considerando a vertente filosófica, os comentários de Tomás a "todos os homens desejam por natureza conhecer" e o restante da passagem inicial da *Metafísica* de Aristóteles contêm todos os elementos necessários para um argumento em bases naturais que confirmaria, por sua vez, suas observações teológicas. Por exemplo, "a operação própria do homem enquanto homem é inteligir. Por isso, ele difere de todas as outras coisas. Donde o desejo do homem inclinar-se naturalmente para inteligir e, por

---

26 Ver também *ST* Iᵃ-IIᵃ, q. 31, a. 6; IIIᵃ, q. 11, a. 2, *ad* 3.
27 Ver também *ST* Iᵃ, q. 91, a. 3, *ad* 3; *In DA* II, lect. 6, n. 301; *QDM*, q. 5, a. 5; *QDA*, a. 8.
28 Ver, por exemplo, *ST* Iᵃ, q. 3, a.1, *ad* 2; q. 93, a. 2; a. 6.
29 Além disso, a visão beatífica, a culminação transcendente do conhecimento e a perfeição da existência humana intencionada pelo criador, é definida como um ato do *intelecto* humano aperfeiçoado, libertado da sua dependência terrena dos sentidos [ver, por exemplo, *ST* Iᵃ, q. 12, sobretudo q. 12, a. 1; Iᵃ-IIᵃ, q. 3, a. 8; *Supl.*, q. 92, a. 1 (*In Sent* IV, d. 49, q. 2, a. 1); *SCG* III, c. 51].

consequência, para conhecer [...] visto que o desejo natural não pode ser em vão" (*M* I, lect. 1, 3-4).[30] Portanto, podemos razoavelmente concluir que a natureza, incluindo as faculdades cognoscitivas humanas, deve estar organizada de modo a permitir que os entes humanos em geral satisfaçam seu desejo natural de conhecer (permitindo amplas diferenças individuais e acidentais). E como o objeto do desejo natural de uma coisa é o seu bem natural, não surpreende encontrar Tomás se referindo frequentemente à observação aristotélica de que a verdade é o bem natural do intelecto, a única coisa a qual um Deus perfeitamente bom garantiria o acesso geral do intelecto.[31]

O intelecto: o realismo direto de Tomás de Aquino

O acesso garantido é totalmente direto até ao ponto da identidade formal entre o objeto extramental e a faculdade cognoscitiva no seu conhecimento desse objeto (embora a terminologia de Tomás de Aquino possa ser inicialmente equívoca a esse respeito):

> O inteligido está naquele que intelige pela sua semelhança. Desse modo, se diz que o inteligido em ato é o intelecto em ato [*intellectum in actu est intellectus in actu*], na medida em que a semelhança da coisa inteligida é a forma do intelecto, assim como a semelhança da coisa sensível é a forma do sentido em ato [por ocasião da percepção sensitiva]. (*ST* I[a], q. 85, a. 2, *ad* 1)[32]

---

30 N. T.: No original, "think and understand" é usado para traduzir *intelligere* e "to acquiring organized knowlwdge" para traduzir *ad sciendum*. Por razões de literalidade e de legibilidade do texto, optamos por traduzir *intelligere* por "inteligir" e *ad sciendum* por "para conhecer".
31 "Assim como o *verdadeiro* é o *bem* do intelecto, assim também o *falso* é o seu *mal*, como diz o livro VI da *Ética* [2, 1139a27-31] (ST I[a], q. 94, a. 4); ver também *In Ph* I, lect. 3, n. 7; *In EN* VI, lect. 2, n. 1130; *In M* VI, lect. 4, n. 1231; *ST* II[a]-II[a], q. 60, a. 4, *ad* 2. Discuto as implicações epistemológicas desse "confiabilismo teístico" em Kretzmann, 1992. Ver também Jenkins, 1991.
32 Ver a estimulante consideração de Geach sobre esse realismo direto, em Anscombe; Geach, 1961. [N. T.: Nascimento, 2004, p. 145].

O fato de essas afirmações consistentes sobre a identidade formal serem expressas em termos de "semelhança", poderia sugerir que os fundamentos da teoria da intelecção, de Tomás, contêm uma mistura duvidosa de realismo direto e representacionismo. Dissipar essa impressão depende de uma visão mais clara da consideração tomista dos dados do conhecimento, sua transmissão e transformação.

A operação do intelecto se origina dos sentidos (*ST* Iª, q. 78, a. 4, *ad* 4).[33] As coisas corporais causam impressões físicas nos orgãos corporais dos "sentidos externos", os quais ambos têm "objetos próprios" (as cores para a vista, os sons para o ouvido, e assim sucessivamente) e "objetos comuns" (as figuras para a vista e o tato, e assim por diante). As impressões sensíveis internalizadas, as espécies sensíveis, são transmitidas aos "sentidos internos", que armazenam as espécies sensíveis e as preparam de várias maneiras.[34] Nossa principal preocupação agora com os sentidos internos é com uma das funções do que Tomás chama de "fantasia": produzir e preservar os dados sensíveis que são indispensáveis para o uso do intelecto, as "fantasias".[35] No próprio intelecto, Tomás distingue duas "potências" aristotélicas: "o intelecto *agente*" (isso é, essencialmente em ato ou produtivo), que opera sobre as fantasias de modo a produzir as "espécies inteligíveis", as quais constituem

---

33 Tomás encontra este princípio em Aristóteles, *Metafísica* I, 1 e *Segundos Analíticos* II, 19, 100a3-14; cf. *ST* Iª, q. 84, a. 6, s.c.

34 Embora as próprias espécies sensíveis se realizem na matéria anatômica do aparato sensitivo do percipiente, o processo de internalização do conhecimento sensitivo separa os aspectos sensíveis correspondentes das coisas externas de sua matéria *original*: "A forma sensível está na coisa que está fora da alma de um modo distinto do modo como está no sentido, que recebe as formas sensíveis sem a matéria, assim como a cor do ouro sem o ouro" (*ST* Iª, q. 84, a. 1). [N. T.: Nascimento, 2004, p. 81]. Sobre os sentidos internos, ver, por exemplo, *ST* Iª, q. 78, a 4.

35 Tomás, às vezes, utiliza a palavra latina *imaginatio* para essa faculdade, mas parece preferir a palavra grega de Aristóteles *phantasia*, pelo menos quando discute sobre o conhecimento. Uma vez que o sentido interno em questão é concebido, em vários aspectos, de maneira mais ampla do que a imaginação tal como tendemos a pensá-la, parece melhor seguir o exemplo de Tomás e manter a palavra estrangeira como um termo técnico. Para a consideração de Tomás da fantasia, ver, por exemplo, *ST* Iª, q. 84, a. 6; a. 7; q. 85, a. 1, s.c. e *ad* 3; a. 2, *ad* 3; *SCG* II, c. 80 e 81, n. 1618. A fonte aristotélica da função produtora e preservadora da fantasia é *De Anima* III, 3, 427a16-429a9; ver o comentário de Tomás (*In DA*) *ad loc*.

os primeiros conteúdos da mente, armazenados no "intelecto *possível*" (isto é, essencialmente receptivo).³⁶

As semelhanças que são identificadas com as espécies sensíveis e fantasias podem ser literalmente "semelhanças": imagens – realizações das formas materiais (cores, sons, texturas, etc.) dos objetos externos numa matéria diversa, a matéria do aparato sensitivo externo/interno do corpo humano.³⁷ De acordo com a teoria da identidade formal, as espécies sensíveis ao menos têm semelhanças que não perdem nenhum detalhe presente nos próprios sentidos externos (que, é claro, variam em sensibilidade entre os indivíduos, e de uma para outra fase do mesmo indivíduo):³⁸ "Com

---

36 Sobre essa distinção das potências intelectivas, ver, por exemplo, *QDV*, q. 10, a. 6: "Com efeito, quando a nossa mente se confronta com as coisas sensíveis que estão fora da alma, encontra-se estando para elas numa dupla relação: de um modo como o *ato para a potência*, a saber, enquanto as coisas que estão fora da alma são inteligíveis em potência, ao passo que a própria mente é inteligível em ato, e de acordo com *isso* é posto na alma um intelecto *agente*, o qual faz os inteligíveis em potência serem inteligíveis em ato; de outro modo como a *potência para o ato*, a saber, na medida em que na nossa mente as formas determinadas das coisas estão apenas em potência, as quais nas coisas fora da alma estão em ato, e de acordo com *isso* é posto na nossa alma um intelecto *possível*, do qual é próprio receber as formas abstratas das coisas sensíveis, feitas inteligíveis em ato pela luz do intelecto agente". E também *QDV*, q. 10, a. 6, *ad* 7: "Na recepção com a qual o intelecto possível recebe as espécies das coisas das fantasias, as fantasias se portam como agente instrumental ou secundário, ao passo que o intelecto age como agente principal e primeiro; e, por isso, o efeito da ação é deixado no intelecto possível de acordo com a condição de ambos e não de acordo com a condição de um só; e, por isso, o intelecto possível recebe as formas como *inteligíveis em ato* por virtude do *intelecto agente*, mas como *semelhanças de coisas determinadas* em consequência do conhecimento das *fantasias*, e assim as formas inteligíveis em ato não são existentes por si, nem na fantasia, nem no intelecto agente, mas apenas no intelecto possível".
37 Embora Tomás se expresse de uma forma que, ao menos, permite a interpretação das espécies sensíveis literalmente como imagens (visuais, auditivas, etc.), uma interpretação delas como codificações de certo tipo, não envolvendo nenhuma semelhança icônica, também é possível e parece não apenas mais plausível, mas também, em alguns aspectos, mais adequada à sua consideração em geral.
38 A identidade formal plena e sua consequente veracidade não se estendem à fantasia (e suas fantasias), porque ela não é puramente passiva, embora seja classificada como um sentido *interno*: "Na parte sensitiva encontra-se uma dupla operação. Uma, na medida apenas da modificação; desse modo perfaz-se a operação do sentido pelo fato de que é modificado pelo sensível. A outra operação é a *formação*, na medida em que a faculdade imaginativa *forma para si* alguma imagem [*idolum*] da coisa ausente ou mesmo nunca vista" (*ST* Iª, q. 85, a. 2, *ad* 3). [N. T.: Nascimento, 2004, p. 147]. A discussão deste capítulo ignora as dificuldades associadas às fantasias não verídicas.

efeito, o órgão do sentido é passivo aos sensíveis, porque sentir é um certo sofrer; donde o sensível, que é o agente [na sensação], tornar ele próprio [o órgão] semelhante em ato, o qual [o órgão] é sensitivo, visto que está em potência a isto" (*In DA* II, lect. 23, n. 547). A semelhança, essencial ao conhecimento sensitivo, não compromete então, de modo algum, o realismo direto; nesse plano, a relação é causal, em vez de representativa no sentido distintivo e mais forte.[39]

É natural que tenhamos o conhecimento de coisas complexas e hilemórficas, diz Tomás:

> Pelo fato de que nossa alma, pela qual conhecemos, é a forma de uma matéria [ou seja, é em si um componente de um composto hilemórfico]. A qual, no entanto, tem *duas* capacidades cognoscitivas. Uma, que é o ato de um órgão corporal. A esta é conatural conhecer as coisas na medida em que estão na matéria individual: donde os sentidos não conhecerem senão os singulares. Sua outra capacidade cognoscitiva é o intelecto, que não é o ato de nenhum órgão corporal. Donde, pelo intelecto ser conatural para nós conhecer as *naturezas*, que, com efeito, não têm o *ser* senão na matéria individual;[40] no entanto, *não* na medida em que estão na matéria individual, mas na medida em que são *abstraídas* dela pela consideração do intelecto. Donde, de acordo com o intelecto podemos conhecer deste modo as coisas em universal, que está mais além da faculdade sensitiva. (*ST* Iª, q. 12, a. 4)

Seria fácil ler essa consideração como se deixasse o conhecimento intelectivo completamente separado da realidade extramental, mas, como veremos, o intelecto também tem acesso aos singulares.

---

39 É claro que os efeitos, por sua natureza, são potencialmente representativos das suas causas. O próprio sentido não tem conhecimento da natureza da relação ou do grau de conformidade entre espécies sensíveis e objetos externos: "Com efeito, embora a vista tenha a semelhança do que é visível, no entanto, não conhece a relação que existe entre a coisa vista e o que ela mesmo apreende dela" (*ST* Iª, q. 16, a. 2).

40 Tomás considera que esse é o único e mais importante aspecto em que o aristotelismo difere do platonismo e alude a isso com muita frequência, daí a locução "com efeito".

O intelecto: as funções de fantasias e espécies inteligíveis

As fantasias são semelhanças de coisas materiais singulares novamente realizadas em configurações físicas do órgão da fantasia, que Tomás de Aquino localiza no cérebro.[41] Embora as formas apresentadas nas fantasias tenham sido despojadas da sua matéria original, a fantasia-semelhança é particularizada pelos seus detalhes, a original individuação da matéria do objeto externo sendo "representada" pelas características da fantasia. As fantasias em si mesmas não são, portanto, objetos próprios do conhecimento intelectivo, embora sejam indispensáveis para isso.

O intelecto pode ter o conhecimento das naturezas das coisas corporais, que estão entre seus objetos próprios, apenas depois de exercer uma abstração, cuja matéria-prima são as fantasias e cujo produto são as "espécies inteligíveis".[42] Tomás vê essa abstração do universal dos particulares de acordo com um princípio aristotélico aceito por ele: "Da maneira que as coisas são separadas da matéria, assim se encontra o intelecto" (*De Anima* III, 429b21); e na medida em que as fantasias da fantasia estão separadas da matéria original do objeto externo, isso de nenhum modo exaure a nossa capacidade de abstração. Mas, é claro, nada poderia fornecer um conhecimento intelectivo da natureza de uma coisa *material*, a menos que, mesmo no grau de abstração próprio da intelecção, incluísse o *conceito* abstraído do componente material da coisa.[43] Assim, uma vez que as substâncias reais e complexas fora da mente são elas próprias indivíduos hilemórficos concretos, ter um conhecimento que depende de "abstrair a forma da matéria individual, que as fantasias representam" é "conhecer a forma existente

---

41 Ver, por exemplo, *In M* IV, lect. 14, n. 693. Kenny, 1969 é muito útil para resolver essas questões.

42 Ver, por exemplo, *ST* Iª, q. 13, a. 9; q. 57, a. 1, *ad* 3; q. 2, *ad* 1; e especialmente q. 85, a. 1, *passim*.

43 "Ora, as coisas naturais são inteligidas por abstração da matéria individual", representações das quais são componentes das fantasias, "mas não por abstração totalmente da matéria sensível. Com efeito, homem é inteligido como composto de carnes e ossos, mas por abstração *destas* carnes e *destes* ossos. Daí provém que não é o intelecto que conhece *diretamente* os singulares, mas os sentidos ou a imaginação" (*In DA* III, lect. 8, n. 716).

individualmente na matéria corporal, não, porém, *na medida em que* está em tal matéria" (*ST* I³, q. 85, a. 1).⁴⁴

No entanto, a abstração não implica nenhuma diminuição da veracidade:

> Se, porém, considerarmos a cor e suas propriedades, nada considerando acerca da fruta colorida ou se também exprimimos pela voz o que assim inteligimos, será sem falsidade da opinião e do discurso. Com efeito, a fruta não pertence à noção [*ratio*] da cor e, por isso, nada impede que inteligamos a cor, nada inteligindo da fruta. [...] Com efeito, é sem falsidade que, o modo do que intelige [uma coisa] ao inteligir, seja distinto do modo da coisa ao existir. (*ST* I³, q. 85, a. 1, *ad* 1)⁴⁵

Assim como a cor da fruta pode ser considerada cognoscitivamente verdadeira independente de qualquer consideração da fruta, então

> aquilo que pertence à noção da espécie [*rationem speciei*] de qualquer coisa material, por exemplo, da pedra ou do ente humano ou do cavalo pode ser considerado sem os princípios individuais, que não pertencem à noção da espécie. Isso é abstrair o universal do particular, ou a espécie inteligível das fantasias, quer dizer, considerar a natureza da espécie [*naturam speciei*] sem consideração dos princípios individuais que são representados pelas fantasias. (*Ibid.*)⁴⁶

As espécies inteligíveis são entes puramente conceituais, não eidéticos, completamente abstratos, que ocorrem apenas no intelecto possível – como o *conceito* que se tem de triangularidade ou a *intelecç*ão que se tem do teorema de Pitágoras, e não como imagens geométricas abstratas.⁴⁷

---

44 Ver também, por exemplo, *ST* I³, q. 85, a. 1, s.c.; *In BDT*, q. 5; q. 6; e, especialmente, *In DA* III, lect. 8, n. 716 citado anteriormente na nota 43 [N. T.: Nascimento, 2004, p. 133].

45 Ver também, por exemplo, *ST* I³, q. 13, a. 12; q. 50, a. 2; *In DDN*, c. 7, lect. 3, n. 724: "Com efeito, é manifesto que todo conhecimento é de acordo com o modo [de ser e operar] daquele pelo qual alguma coisa é conhecida" [N. T.: Nascimento, 2004, p. 135].

46 Ver também, por exemplo, *In DA* III, lect. 8, n. 717; lect. 10, n. 731 [N. T.: Nascimento, 2004, p. 135].

47 As espécies inteligíveis podem ser *conceitos* (de) ou *pensamentos* (sobre). Ver, por exemplo, *ST* I³, q. 55, a. 1. Sobre o caráter não eidético das espécies inteligíveis, ver, por exemplo, *ST* I³, q. 85, a. 1, *ad* 3: "Por virtude do intelecto agente resulta uma certa semelhança no intelecto possível a partir do voltar-se do intelecto agente sobre as fantasias, a qual é,

É importante ver que essas mesmas espécies inteligíveis não são objetos próprios do conhecimento intelectivo mais do que as fantasias o são; o realismo direto dificilmente poderia ser sustentado se qualquer um desses entes internos ao ente humano fosse identificado como um objeto próprio do conhecimento comum e não reflexivo. Tomás reconhece, no entanto, que as espécies inteligíveis constituem objetos imediatos de um tipo de pensamento abstrato que ele parece chamar de "consideração":[48] "Nosso intelecto tanto abstrai as espécies inteligíveis *das* fantasias, na medida em que considera as naturezas das coisas em universal, como, por outra, as intelige *nas* fantasias, pois não pode inteligir mesmo aquilo cujas espécies abstrai, a não ser voltando-se para as fantasias" (*ST* Iª, q. 85, a. 1, *ad* 5).[49] Em conjunto com as fantasias, as espécies inteligíveis são meios de acesso do intelecto aos objetos próprios do conhecimento intelectivo.[50] E os objetos próprios do intelecto incluem as naturezas corporais por si mesmas, as quais só existem fora da mente, nos indivíduos materiais.[51]

A abstração e a universalidade da espécie inteligível poderão sugerir que o conhecimento intelectivo, para Tomás, ocorre numa torre de marfim, isolado da consideração ou mesmo do acesso aos singulares concretos. E seu discurso sobre a necessidade do intelecto "voltar-se para" as fantasias, de modo a ter um conhecimento, pode soar como obrigar o intelecto a olhar

---

de fato, representativa daqueles dos quais são as fantasias, *apenas no que diz respeito à natureza da espécie*. Desse modo, diz-se que a espécie inteligível é abstraída das fantasias; não que alguma forma numericamente a mesma, que primeiro estava nas fantasias, depois se dê no intelecto possível [do modo pelo qual um corpo é retirado de um lugar e transferido para outro]". [N. T.: Nascimento, 2004, p. 139].

48 Note-se a relevância do verbo "considerar" nas duas citações diretas anteriores. Sobre a "consideração" (*consideratio*), ver *ST* IIª-IIª, q. 53, a. 4; q. 180, a. 4.
49 N. T.: Nascimento, 2004, p. 141.
50 Ver, por exemplo, *ST* Iª, q. 85, a. 2 e *ad* 2.
51 Tomás considera que essa característica do conhecimento intelectivo transparece mesmo etimologicamente: "O nome 'intelecto' é tomado do fato de que conhece o interior da coisa [*intima rei*]; pois, inteligir [*intelligere*] é como que ler dentro [*intus legere*]. Com efeito, os sentidos e a imaginação conhecem apenas os acidentes exteriores; só o intelecto alcança o interior e a essência da coisa" (*QDV*, q. 1, a. 12).

ocasionalmente pela janela, de modo a ter contato com a realidade.⁵² Mas sua identificação do objeto próprio do intelecto como sendo a "quididade ou natureza *existente na matéria corporal* "⁵³ mostra que, embora abstração separe a natureza das circunstâncias particularizantes que ainda a acompanham na fantasia, e embora certos tipos de pensamento abstrato se exerçam sobre ela apenas nessa condição despojada, ainda assim o uso da espécie inteligível no conhecimento intelectivo do mundo externo exige examinar a natureza corporal na sua estrutura natural. Voltar-se para as fantasias, então, não é algo que o intelecto deva fazer repetidamente, mas é a sua *orientação* cognoscitiva essencial. Um físico não pode *inteligir* o calor sem abstrair sua natureza das condições individuantes, mas tampouco pode inteligir o *calor* sem estar ciente de que aquilo cuja intelecção adquiriu é uma característica da matéria corporal, externa e individuada. No que se refere aos casos individuais reais, é possível ter o conhecimento intelectivo desse mesmo calor neste carvão particular em brasa? Sim e não. O calor exclusivamente individuado, que agora emana dele, pode ser apenas um objeto do conhecimento sensitivo, mas o intelecto pode conhecer um indivíduo *por meio da sua* natureza, pode conhecer que o que é sentido aqui e agora é o *calor* intenso, que o que está sendo visto aqui e agora é o *vermelho-alaranjado*,

---

52 O latim é *convertere se ad*, com o sentido literal facilmente mal-entendido de "voltar-se para", "virar-se para". Esse sentido literal tem um tipo de exatidão diagramática, se pensarmos em um diagrama sobre a transmissão dos dados dos sentidos externos através das fantasias até o intelecto; mas também sugere um desvio que requer esforço da parte do intelecto, e isso é precisamente falso.
A reiterada afirmação de Tomás de que "é necessário, para que o intelecto intelija em ato seu objeto próprio, que se volte para as fantasias" (*ST* Iª, q. 84, a. 7) é facilmente mal-entendida [N. T.: Nascimento, 2004, p. 121]. Sua principal evidência teórica é realçada, a meu ver, nas suas diversas afirmações de que (a) o intelecto pode *considerar* apenas naturezas universais abstratas, mas (b) naturezas universais como objetos próprios do *conhecimento* intelectivo existem apenas nos particulares corporais, e (c) particulares corporais são *apresentados* ao intelecto apenas nas fantasias. Ver, por exemplo, *ST* Iª, q. 84, a. 7 e nota 53, abaixo. Essa evidência é obscurecida se as duas observações que ele apresenta no início da *ST* Iª, q. 84, a. 7, como indícios (*indices*) evidentes da dependência do intelecto das fantasias, recebem o *status* implausível de "as duas provas [de Tomás] dessa tese" (Kenny, 1969, p. 289).
53 *ST* Iª, q. 84, a. 7; ver também, por exemplo, q. 84, a. 8; q. 85, a. 1; a. 5 e *ad* 3; a. 6; a. 8; q. 86, a. 2; q. 87, a. 3; q. 88, a. 1; a. 3.

e assim por diante. Apenas o sentido (auxiliado pela "potência memorativa", um sentido interno) pode reconhecer Sócrates, porém apenas o intelecto (orientado pelas fantasias) pode descrevê-lo.[54]

O intelecto: seus objetos, operações e alcance

Tomás de Aquino, às vezes, designa o objeto próprio do intelecto sob consideração aqui com termos mais técnicos do que "natureza" – acima de tudo, "o-que-alguma-coisa-é" (*quod quid est*, sua versão do *to ti esti* de Aristóteles), e o termo intimamente ligado, "quididade" de uma coisa.[55] É compreensível que ele considere o conhecimento do intelecto de seu objeto próprio como a *primeira* operação do intelecto, embora, como vimos, a abstração do intelecto agente de espécies inteligíveis seja uma pré-condição necessária ao conhecimento das quididades das coisas.[56]

---

54 "Faz parte, porém, da noção [*ratione*] desta natureza [isto é, deste objeto próprio do conhecimento intelectivo] que exista em algum indivíduo, o que não se dá sem a matéria corporal; assim como faz parte da noção da natureza da pedra que esteja nesta pedra e da noção da natureza do cavalo que esteja neste cavalo, e assim para os demais. Donde, a natureza da pedra ou de qualquer coisa material não poder ser conhecida completa e verdadeiramente, senão na medida em que é conhecida como existente no particular. Ora, apreendemos o particular pelo sentido e pela imaginação. Por isso, é necessário, para que o intelecto intelija em ato seu objeto próprio, que se volte para as fantasias, para que se observe [*speculetur*] a natureza universal existente no particular" (*ST* I ͣ, q. 84, a. 7). [N. T.: Nascimento, 2004, p. 121].
55 Para certos detalhes sobre a terminologia, ver Kretzmann, 1992. Tomás oferece algumas observações introdutórias muito úteis em *In DA* III, lect. 8, n. 705-706 e 712-713: "As quididades das coisas não são distintas das coisas a não ser *por acidente*; por exemplo, a quididade do homem branco e o homem branco não são o mesmo; porque a quididade do homem não contém em si senão o que pertence à espécie do *ente humano*; mas isso a que chamo homem branco tem em si alguma coisa além daquilo que é da espécie humana. [...] Por isso, em todas as coisas em que há forma na matéria não é totalmente o mesmo a coisa e o-que-ela-é. Com efeito, Sócrates não é sua humanidade. [...] Portanto, o intelecto conhece ambos [o universal e o singular], mas de diferentes modos. Com efeito, conhece a natureza da espécie, ou o-que-algo-é, estendendo diretamente a si mesmo, e o singular por certa reflexão, na medida em que se volta para as fantasias, das quais as espécies inteligíveis são abstraídas".
56 Ver, por exemplo, *In Sent* I, d. 19, q. 5, a. 7, *ad* 7.

Parece então que a "primeira operação" do intelecto consiste na formação (pelo intelecto agente no intelecto possível) de conceitos dos objetos externos – exatamente o que se teria podido esperar. Mas, uma vez que os objetos próprios da primeira operação são identificados como quididades, as naturezas essenciais das coisas, essa consideração é especialmente suscetível a um mal-entendido. Pois a ciência da natureza, não importa o quanto seja desenvolvida, também possui as quididades das coisas como seus objetos, e Tomás não tem ilusões sobre a dificuldade em alcançar-se o conhecimento científico.[57] Sua consideração sobre a primeira operação do intelecto depende de reconhecermos que a primeira aquisição do conceito de estrela por uma criança difere apenas em grau do avanço mais recôndito na compreensão da astronomia sobre a natureza de uma estrela.[58] As quididades, objetos próprios da primeira operação do intelecto e, da mesma forma, os objetos do conhecimento culminante sobre a natureza podem bem ser pensados, então, como objetos próprios do conhecimento intelectivo tanto incipiente como culminante (alfa e ômega).

A consideração de Tomás é suscetível aqui de ser mal interpretada, em parte devido a uma ambiguidade nas suas caracterizações da primeira operação.[59] Ele a descreve, às vezes, em termos do objeto próprio em geral, levando-nos a pensar nela simplesmente como um conhecimento

---

57 Ver, por exemplo, *In DA* I, lect. 1, n. 15: "Os princípios essenciais das coisas nos são desconhecidos"; *In Sym Ap*, proêmio: "Nosso conhecimento é de tal forma débil que nenhum filósofo jamais pôde investigar perfeitamente a natureza de uma mosca"; também *QDV*, q. 4, a. 1, *ad* 8; q. 6, a. 1, *ad* 8; q. 10, a. 1 e *ad* 6; *QDSC*, a. 11, *ad* 3; *SCG* I, c. 3, n. 18; *ST* II^a-II^a, q. 8, a. 1; *In PA* I, lect. 4, n. 43; II, lect. 13, n. 533.
58 Ver, por exemplo, *In DA* III, lect. 8, n. 718: "O que o intelecto inteligue é a quididade que está nas coisas [...] Com efeito, é manifesto que as ciências são acerca do que o intelecto inteligue"; *SCG* III, c. 56, n. 2328; "Ora, o objeto próprio do intelecto é o-que-algo-é, ou seja, a substância da coisa. [...] Portanto, seja o que for que esteja na coisa, que não pode ser conhecido pelo conhecimento da sua substância, é preciso que seja desconhecido ao intelecto".
59 Outra fonte de mal-entendido é a aparente afirmação da infalibilidade da intelecção: "O intelecto com respeito ao-que-algo-é é sempre verdadeiro, como o sentido com respeito ao seu objeto próprio". Ver, por exemplo, *ST* I^a, q. 58, a. 5; q. 85, a. 6; *In Ph* I, lect. 2, n. 20; lect. 3, n. 31. Essa questão, que tem mais a ver com a epistemologia do que com a filosofia da mente, é considerada detalhadamente em Kretzmann, 1992. Ver também o capítulo "Teoria do conhecimento" deste volume.

das quididades, merecendo a denominação de "primeira" em virtude do primado do seu objeto. Nesse sentido, a "primeira operação" abrange todo o campo do conhecimento das quididades, de alfa a ômega, e da consideração abstrata ao conhecimento concreto. Mas Tomás descreve também a primeira operação apenas em termos da fase inicial do conhecimento das quididades, a primeira aquisição (e não também o aprofundamento e o refinamento) referente à resposta a "o que isso é", o conhecimento alfa pré-teórico. Essa descrição mais restrita da primeira operação fornece um claro contraste com sua descrição padrão da "*segunda* operação" do intelecto como elaboração de juízos (afirmativos e negativos), ao afirmar "compondo" proposicionalmente os conceitos entre si adquiridos na primeira operação, ao negar "dividindo" estes entre si. Mas, em cada fase depois da aquisição inicial, o conhecimento das quididades dependerá parcialmente dessa segunda operação, bem como do raciocínio:[60] "O intelecto humano não adquire imediatamente na primeira apreensão um conhecimento perfeito da coisa, mas primeiro apreende algo dela, por exemplo, a quididade da própria coisa, que é o objeto primeiro e próprio do intelecto; depois intelige as propriedades, os acidentes e as referências que acompanham a essência da coisa. De acordo com isso, tem necessidade de compor um apreendido com outro ou dividi-los e passar de uma composição ou divisão a outra, o que é raciocinar" (*ST* I ª, q. 85, a. 5).[61] O conhecimento intelectivo completo resultante pode ser teórico ou aplicado.

---

60 Cf. seção "Cognição das naturezas reais" do capítulo "Teoria do conhecimento" deste volume. Como a abstração precede a primeira operação, assim também o raciocínio, o uso das proposições da segunda operação em inferências, segue a segunda operação. Em pelo menos um lugar, Tomás identifica expressamente o raciocínio (*ratiocinatio*) como a terceira operação – não do *intelecto*, mas da *razão*, que, às vezes, pode ser considerada como o intelecto em movimento (*In PA* I, lect. 1, n. 4). Ver também, por exemplo, *In Ioan*, c. 1, lect. 1, n. 26; *In Sent* III, d. 23, q. 1, a. 2.
61 Ver também, por exemplo, *In Sent* III, d. 35, q. 2, a. 2; *SCG* III, c. 58, n. 2836; *ST* I ª, q. 14, a. 6; q. 58, a. 5; q. 75, a. 5; q. 85, a. 3 e *ad* 3; a. 4, *ad* 3. [N. T.: Nascimento, 2004, p. 165].

As potências apetitivas em geral na filosofia de Tomás de Aquino

A filosofia da mente é obviamente relevante para a epistemologia na sua consideração do intelecto, assim como obviamente relevante para a ética na sua consideração da vontade. A epistemologia de Tomás de Aquino se encontra sobretudo na sua consideração do intelecto, especialmente na parte dedicada aos atos do intelecto.[62] Ele estava, no entanto, muito mais preocupado com questões morais do que epistemológicas, e a sua ética é tão plenamente desenvolvida que integra o seu tratamento sistemático e extenso dos atos da vontade, em vez de incluí-lo na sua filosofia da mente.[63] Por essa razão, este capítulo tem menos a dizer sobre a teoria da vontade, de Tomás, do que sobre a sua teoria do intelecto.

Enquanto faculdade das criaturas terrestres, a vontade, a outra faculdade da alma racional, é tão distintamente humana quanto o intelecto e, argumenta Tomás, é um concomitante necessário do intelecto.[64] Mas a proveniência metafísica da vontade é mais primitiva que a do intelecto e totalmente universal. Absolutamente toda forma, afirma Tomás, tem certa espécie de tendência ou *inclinação* essencialmente associada a ela: "Por sua forma, o fogo se inclina a um lugar superior para que gere o semelhante a si" (*ST* I^a, q. 80, a. 1); e assim toda coisa hilemórfica, mesmo inanimada, tem ao menos uma inclinação natural.

A inclinação é o gênero do apetite. As coisas animadas que carecem de faculdades cognoscitivas, e mesmo as coisas inanimadas, necessitam de inclinações simples, chamadas, às vezes, de "apetites naturais" (por exemplo, a atração gravitacional). Os seres vivos com almas apenas nutritivas

---

62 Ver o capítulo "Teoria do conhecimento" deste volume.
63 Ver o capítulo "Ética" deste volume. Na *ST*, a discussão sobre os atos do intelecto, de Tomás, se concentra na I^a, q. 84-89, que é parte do seu estudo da natureza do ente humano (I^a, q. 75-102), ao passo que sua discussão sobre os atos da vontade, apenas esboçada na I^a, q. 82-83, constitui uma parte grande e importante (I^a-II^a, q. 6-21) do seu extenso tratamento da moralidade (I^a-II^a e II^a-II^a). Na sua *QDA*, uma das fontes mais importantes da sua filosofia da mente, a vontade não chega a ser discutida.
64 Ver, por exemplo, *ST* I^a, q. 19, a. 1.

não possuem nenhum conhecimento, mas possuem apetites naturais para além daqueles associados aos corpos inanimados (como o fototropismo nas plantas verdes). No plano da vida animal, há o conhecimento sensitivo, e com o conhecimento aparecem os fins acidentais, dependendo do que se apresenta aos sentidos do animal como desejável ou bom para ele: "O animal pode apetecer (*appetere*) aquelas coisas que apreende, e não somente aquelas coisas às quais se inclina pela forma natural" (*ST* Iª, q. 80, a. 1). Ele não possui apenas o apetite natural, mas também o apetite *sensitivo*, que Tomás chama frequentemente de "sensibilidade", "o apetite que *se segue* à apreensão sensitiva" (*ST* Iª, q. 81, a. 1).

O apetite é o gênero da vontade. A alma humana envolve, é claro, apetites naturais (por exemplo, para alimentos de *certo* tipo), mas seus modos de conhecimento sensitivo e intelectivo trazem consigo apetites sensitivos ou paixões (por exemplo, para *este* alimento), e o apetite *racional* ou volição (para alimentos com colesterol baixo, por exemplo).[65]

Sensibilidade e controle racional

A potência apetitiva associada ao conhecimento sensitivo é aquela que compartilhamos com os animais não humanos – um conjunto de inclinações (paixões) a que somos sujeitos (passivos) por natureza. No inglês do século XX, provavelmente seriam classificadas como instintos, desejos, impulsos, emoções. Tomás de Aquino, seguindo uma linha aristotélica, considera a sensibilidade como dividida em dois apetites ou potências complementares: o *concupiscível* – a inclinação para perseguir o que convém e fugir do que é nocivo (instintos de persecução/fuga) – e o *irascível* – a inclinação para resistir e superar o que oferece impedimento ao que convém ou traz o que é nocivo (instintos de competição/agressão/defesa). Distintos grupos de paixões (ou emoções) estão

---

65 Essa introdução do conceito de vontade, de Tomás, baseia-se sobretudo na *ST* Iª, q. 80, a. 1; para uma consideração similar, diferente em certos aspectos importantes, ver a anterior *QDV*, q. 22, a. 4.

associados a cada uma dessas potências; ao concupiscível: alegria e tristeza, amor e ódio, desejo e repugnância; ao irascível: ousadia e medo, esperança e desespero, ira.[66]

Para a filosofia da mente e para a ética, a questão que se coloca é o modo e a extensão do controle da sensibilidade pelas faculdades racionais, um controle sem o qual a unidade da alma humana é ameaçada e a moralidade de Tomás centrada na virtude é impossível. Podemos ver que a vontade exerce um tipo relevante de controle, porque um ente humano, desde que não esteja se comportando de forma aberrante como um animal irracional, "não se move imediatamente de acordo com o apetite irascível e concupiscível, mas espera o comando da vontade, que é o apetite superior" (*ST* Iª, q. 81, a. 3). O tipo de controle exercido por uma faculdade *cognoscitiva* racional (tradicionalmente identificada nessa função como razão prática, em rigor, e não como intelecto) é menos óbvio e particularmente interessante em vista da consideração do conhecimento intelectivo de Tomás. Alguns aspectos da alma sensitiva estão além do controle da razão. Uma vez que a própria razão não tem controle sobre a presença ou ausência das coisas externas, não pode controlar completamente os sentidos externos, pelo menos no que diz respeito às sensações iniciais. Por outro lado, a sensibilidade e os sentidos internos não são imediatamente dependentes das coisas externas, "por isso, se submetem ao comando da razão" (*ST* Iª, q. 81, a. 3, *ad* 3). Como qualquer um pode descobrir por meio da introspecção, as paixões podem ser provocadas ou acalmadas aplicando certas considerações universais conhecidas intelectivamente às ocasiões ou objetos particulares das paixões, e a razão exerce precisamente esse tipo de controle. Mas como para isso a razão tem de lidar com as faculdades sensitivas, seu âmbito de controle são as fantasias, as quais utiliza e até cria controlando a potência imaginativa.[67]

---

66 Para uma introdução a esse material, ver, por exemplo, *ST* Iª, q. 81, a. 2. Como outras características da consideração de Tomás sobre as potências apetitivas, sua teoria das paixões é desenvolvida como parte do seu estudo da ética: *ST* Iª-IIª, q. 22-48.
67 Ver, por exemplo, *ST* Iª, q. 81, a. 3, *ad* 3; e *QDV*, q. 25, a. 4: "Com efeito, como a mesma coisa, considerada sob diversas condições, pode tornar-se tanto agradável como horrível, a razão apresenta à sensibilidade, mediante a imaginação, alguma coisa sob a

Em sentido lato, o controle racional inverte o diagrama associado ao conhecimento intelectivo.

A moralidade seria então muito mais fácil do que é se essa fosse a história toda, mas, como todos sabem, as paixões são rebeldes. Elaborando um tema aristotélico (*Política* I, 2), Tomás observa que o domínio da alma sobre o corpo (normal) é "despótico": em um corpo normal, toda parte do corpo que pode ser movida por um ato da vontade é movida imediatamente sempre que a vontade comanda. Em contraste, as faculdades racionais governam a sensibilidade "politicamente". As potências e paixões, que são os objetos intencionados por esse governo racional, são também movidas pela imaginação e pelos sentidos, e assim não são escravas da razão. "Donde, experimentarmos que o irascível ou o concupiscível são incompatíveis com a razão, pelo fato de que sentimos ou imaginamos alguma coisa agradável que a razão proíbe, ou desagradável que a razão prescreve" (*ST* Iª, q. 81, a. 3, *ad* 2).

Volição e escolha, necessidade e liberdade

Como todas as outras formas, a forma substancial do ente humano tem uma inclinação essencial. Os animais racionais perseguem o seu bem-estar, ou felicidade (*beatitudo*), tão natural e necessariamente quanto as chamas sobem. E assim, afirma Tomás de Aquino, a vontade persegue necessariamente a felicidade. As implicações morais dessa afirmação e suas razões para fazê-la não estão aqui em causa, nem sua consideração da liberdade humana pode ser completamente examinada aqui, mas devemos considerar sua relevância para as suas concepções da vontade e da relação entre vontade e intelecto.[68]

---

noção do agradável ou desagradável de acordo com o que lhe parece"; ver também *QDV*, q. 25, a. 4, *ad* 4 e 5.

68   Para as implicações morais, ver o capítulo "Ética" deste volume. Lonergan, 1971 contém um estudo muito bem informado e estimulante da consideração de Tomás sobre a liberdade humana; e para uma discussão muito útil de questões relevantes, ver Stump, 1990.

Numa tentativa de introduzir certa precisão na sua consideração da relação entre necessidade e volição, Tomás distingue quatro tipos de necessidade, que correspondem às causas aristotélicas, reconhecendo que um tipo, e *apenas* um, é totalmente incompatível com a volição – a necessidade de *coação* (que corresponde à causa eficiente) ou violência, "que é contra a inclinação da coisa". E como a coação é o único tipo de necessidade totalmente ausente da orientação da vontade para a felicidade, qualquer aparência de incompatibilidade entre essa inclinação humana natural e o exercício da genuína volição pelos entes humanos pode ser explicada teoricamente (*ST* I^a, q. 82, a. 1). Mas, uma vez que Tomás assume a visão familiar de que "somos senhores dos nossos atos na medida em que podemos escolher isto ou aquilo", segue Aristóteles ao reconhecer que nosso "apetite do fim último não é a respeito disto que temos domínio" (*ST* I^a, q. 82, a. 1, *ad* 3).[69] Além disso, uma vez que nossa felicidade é o fim último naturalmente necessário, as considerações sobre ela governam toda a volição, assim como a apreensão do intelecto dos primeiros princípios necessários governa todo o conhecimento.[70] Nossas únicas escolhas dizem respeito aos modos e aos meios de alcançar a nossa felicidade, uma vez que "há certos bens *particulares* que não têm conexão *necessária* com a bem-aventurança" (*ST* I^a, q. 82, a. 2), mas quando escolhemos, escolhemos sempre o que nos parece contribuir de certa forma para a nossa felicidade.

Fazemos então escolhas *livres*? *Estamos* realmente no controle de nossas ações? Tomás responde a essas questões afirmativa e enfaticamente: "É necessário que o homem tenha livre-arbítrio [*liberum arbitrium*], pelo fato mesmo de ser racional" (*ST* I^a, q. 83, a. 1).[71] E, no entanto, há motivos

---

69 Ver *Ética a Nicômaco* III, 3, 1111b26-29; 6, 1113a15.
70 *ST* I^a, q. 82, a. 1; a. 2; segundo Aristóteles, *Física* II, 9, 200a15-34.
71 O termo-padrão de Tomás para "escolha", na sua análise da ação humana (na *ST* I^a-II^a, q. 6-17), é *electio*. Quando ele discute o que parece ser mais próximo de uma concepção de livre-arbítrio do século XX, utiliza *liberum arbitrium*. Mas, por diversas razões, parece útil preservar a diferença terminológica traduzindo *arbitrium*, neste contexto, por "decisão". Ver, por exemplo, *ST* I^a, q. 83, a. 3, *ad* 2: "O juízo é como que a conclusão e o fim da deliberação. Ora, a deliberação se determina primeiro pela resolução [*sententia*] da razão e, em segundo lugar,

para incerteza sobre a sua compreensão da liberdade humana, entre os quais uma aparente mudança na sua distinção entre sensibilidade e vontade.

Como vimos, o sentido apreende os particulares e o intelecto, os universais, mas essa diferença entre os dois modos de conhecimento humano não parece à primeira vista marcar uma diferença significativa entre suas faculdades apetitivas associadas, a sensibilidade e a vontade. Muitos baseariam a distinção entre elas na percepção de que a vontade, ao contrário da sensibilidade, caracteriza-se pela autodeterminação. Como dizia o próprio Tomás no começo da sua carreira, "a vontade não se distingue diretamente do apetite sensitivo pelo fato de que segue esta ou aquela apreensão, mas pelo fato de que determina para si a inclinação ou tem a inclinação determinada por outro" (*QDV*, q. 22, a. 4, *ad* 1). Mais tarde, no entanto, Tomás parece abandonar a autodeterminação enquanto diferença, de modo que sua teoria da vontade mais madura pode parecer uma versão do compatibilismo, que aceita a determinação da vontade por outro: "A potência apetitiva é uma potência passiva, que é naturalmente movida pelo que é apreendido" (*ST* Iª, q. 80, a. 2), e "o bem inteligido move a vontade" (*ST* Iª, q. 82, a. 3, *ad* 2). Ele explica que uma coisa apreendida que move uma potência apetitiva é "motor não movido" (porque move pela causa *final*), ao passo que a potência apetitiva que ele move (a vontade, digamos) é "um motor movido" – por exemplo, a vontade, *movida* pela coisa boa apreendida intelectivamente, *move* a pessoa na sua direção.[72] E, nesse mesmo contexto, sua única base explícita para distinguir entre apetite sensitivo e apetite racional é, de fato, apenas a diferença entre seus objetos de apreensão.[73]

---

pela aceitação do apetite [dessa resolução]. Donde, o Filósofo dizer no livro III da Ética [3, 1113a9-12] que 'julgando pela deliberação, desejamos de acordo com a deliberação'. Desse modo, a própria escolha se diz certo juízo a partir do qual se denomina livre-arbítrio [*liberum arbitrium*]". Essa assimilação da escolha ao juízo por meio da decisão é uma indicação da relação íntima entre vontade e razão, na qual se baseia a concepção de liberdade de Tomás. Ver também nota 74 adiante.

72 Em relação a isso, Tomás cita Aristóteles: *De Anima* III, 10, 433a13-26; *Metafísica* XII, 7, 1072a26-30.

73 "Portanto, uma vez que são de gêneros diferentes, o apreendido pelo intelecto e o apreendido pelo sentido, segue-se que o apetite intelectivo seja uma potência diferente do apetite sensitivo"

O aparente abandono, por parte de Tomás, da autodeterminação enquanto diferença da vontade é uma mudança significativa, porém não acarreta um determinismo ou compatibilismo. A diferença relevante entre apreensão sensitiva e intelectiva reside em que o sentido, como cognoscente apenas dos particulares, apresenta à sensibilidade um objeto que o move "de um modo determinado"; o conhecimento racional, por outro lado, cognoscente dos universais, "reúne várias coisas", apresentando assim à vontade uma variedade de bens particulares do mesmo tipo, "por isso, o apetite intelectivo, a saber, a vontade, pode ser movido por várias coisas, e não por uma só por necessidade" (*ST* I^a, q. 82, a. 2, *ad* 3).[74] Além disso, uma vez que aquilo que o intelecto apreende como bem ele apresenta à vontade como um *fim* (subordinado à felicidade), movendo a vontade apenas a modo de causa *final*, o intelecto *não* coage a escolha da vontade. A vontade, por outro lado, orientada por natureza na direção do que é bom a um ente humano, "move o intelecto e todas as potências da alma" *coercitivamente* a modo de causa *eficiente*, assim como "o rei, que intenciona o bem comum de todo o reino, move por seu comando cada um dos prepostos das cidades" (*ST* I^a, q. 82, a. 4).

Assim, a escolha da vontade, relativa aos bens particulares coletivamente apresentados pelo intelecto, é livre num sentido que Tomás considera necessário e suficiente para seus propósitos teóricos e práticos, e a liberdade dela é muito realçada por seu poder coercitivo sobre o intelecto para direcionar a atenção do intelecto a outras coisas ou outros aspectos do objeto que o intelecto lhe apresenta. Mas o fato de que a consideração de Tomás sobre a escolha apresente-a envolvendo essencial e extensivamente as faculdades cognoscitiva e apetitiva da alma racional, leva-o a atribuir a

---

(*ST* I^a, q. 80, a. 2). Nem todas as dificuldades na teoria da vontade de Tomás aparentemente em evolução podem ser ainda mencionadas neste capítulo. Sua discussão mais completa e unificada dos tópicos relevantes é provavelmente o artigo único da *QDM*, q. 6.

74 Ver também *ST* I^a-II^a, q. 17, a. 1, *ad* 2: "A raiz da liberdade é a vontade como *sujeito*, mas como *causa*, é a razão. Pelo fato, com efeito, de que a vontade pode livremente ser levada [*ferri*] a diversas coisas, porque a razão pode ter diversas concepções do bem. Por isso, os filósofos definem o livre-arbítrio [*liberum arbitrium*] como o "livre juízo da razão" [*liberum de ratione iudicium*], como se a razão fosse a causa da liberdade".

escolha à razão e à vontade em diferentes aspectos: "Aquele ato pelo qual a vontade tende a algo que é apresentado [a ela pela razão] como bem, pelo fato de que ela é ordenada ao fim pela razão, *materialmente* é da vontade e *formalmente*, da razão" (*ST* Iª-IIª, q. 13, a. 1). Uma vez que "a escolha se completa num certo movimento da alma ao bem que é escolhido", e uma vez que a vontade é o agente desse tipo de movimento, fica claro que a escolha "é um ato da potência apetitiva" (*Ibid.*).[75]

---

[75] Sou grato a Scott MacDonald e ao meu coeditor pelos comentários oportunos a uma versão anterior deste capítulo.

6 Teoria do conhecimento

SCOTT MACDONALD

Tomás de Aquino não constrói seu sistema filosófico em torno de uma teoria do conhecimento. De fato, o inverso é verdadeiro: ele constrói sua epistemologia com a base fornecida por outras partes do seu sistema, em particular, sua metafísica e psicologia. Para examinar o que podemos reconhecer como uma teoria do conhecimento distinta e sistemática, precisamos então extrair as suas afirmações estritamente epistemológicas das discussões metafísicas e psicológicas nas quais estão inseridas.[1]

Cognição

Cognição é a categoria epistêmica fundamental de Tomás de Aquino. Ele endossa a visão aristotélica de que a alma é potencialmente todas as coisas e afirma que a cognição envolve seu tornar-se em ato uma determinada coisa, ou como às vezes afirma, seu assimilar-se de certo modo a essa coisa.[2] Para Tomás, o desenvolvimento dessa noção de cognição, como assimilação da alma aos objetos conhecidos, exige que ele trate de dois tipos de questões. Primeiro, ele necessita de uma consideração metafísica dos dois relacionados: a alma humana e o objeto da cognição humana. Aqui, ele recorre principalmente ao seu hilemorfismo aristotélico. Por um lado, a alma é a forma substancial do corpo, devido à qual os entes humanos são

---
1 Tratarei apenas das ideias de Tomás sobre o conhecimento humano, deixando de lado as questões especiais levantadas pela possibilidade de sujeitos epistêmicos incorporais, como Deus e as inteligências separadas.
2 *ST* I\ª, q. 17, a. 3; ver também *ST* I\ª, q. 12, a. 4; q. 76, a. 2, *ad* 4; q. 84, a. 2, *ad* 2.

substâncias com uma forma de vida característica ou um conjunto de potências que os distingue como uma espécie.³ Os objetos da cognição, por outro lado, são sobretudo substâncias corporais particulares, a que temos acesso através da percepção sensitiva.⁴ Em conformidade com a sua metafísica, Tomás explica que o cognoscente se assimila a um objeto da cognição quando a forma que está particularizada nesse objeto – como, por exemplo, uma pedra – passa a existir na alma do cognoscente.⁵

Em segundo lugar, Tomás se vê necessitando explicar a capacidade da alma de assimilar-se desse modo aos objetos. A explicação que ele fornece é sobretudo psicológica, identificando os tipos de potências que a alma deve possuir e os processos que deve envolver, se a assimilação cognoscitiva do tipo que ele identificou for possível.⁶ Como animais, os entes humanos possuem uma potência cognoscitiva sensitiva que lhes dá acesso cognoscitivo às substâncias corporais particulares e aos acidentes que habitam o mundo externo. Além disso, se os entes humanos devem conhecer os universais, devem ter potências cognoscitivas intelectivas, em virtude das quais são capazes de transformar as formas imanentes à matéria e particularizadas que existem nos objetos sensíveis no que Tomás chama de espécies inteligíveis.⁷ Na cognição intelectiva, o cognoscente é assimilado ao objeto da cognição ao ser informado pelas espécies inteligíveis do objeto – isto é, como um resultado da forma do objeto (a qual, na medida em que existe no objeto, é particular e apenas inteligível em potência) que vem a existir na alma intelectiva (um modo de ser no qual a forma é universal e inteligível em ato).

Grande parte dessa história psicológica da cognição fornece uma explicação rudimentar de como podemos assimilar-nos cognoscitivamente ao que

---

3 *ST* Iª, q. 75-76.
4 *ST* Iª, q. 84; *QDV*, q. 10, a. 6. Para saber mais sobre o "empirismo" de Tomás, ver a seção "Cognição das naturezas reais" neste capítulo.
5 *ST* Iª, q. 75, a. 5; q. 84, a. 1; q. 85, a. 2. O exemplo da pedra provém de Aristóteles (*De Anima* III, 8).
6 Tomás desenvolve sua explicação ao longo do seu tratado sobre a alma: *ST* Iª, q. 75-79 e q. 84-86. Ver também o capítulo "Filosofia da mente" deste volume.
7 Tomás afirma que a matéria é o princípio de individuação dos entes compostos, e assim todo objeto material ou objeto existente na matéria é particular.

Tomás considera serem elementos simples da realidade, as substâncias e os seus acidentes. Na cognição intelectiva, possuímos várias formas substanciais e acidentais, que Tomás chama de naturezas ou quididades das coisas, na medida em que são abstraídas das suas condições materiais nas substâncias corporais particulares, com as quais temos contato sensitivo. Mas os elementos simples na realidade existem juntos em complexos – acidentes particulares inerem em substâncias particulares – e assim, para assimilar-se à realidade, a alma deve não apenas possuir as formas dos elementos simples da realidade, mas também manipulá-las de modo a formar complexos isomórficos com a realidade (proposições sujeito-predicado). Na visão de Tomás, o intelecto é a potência devido à qual podemos ser assimilados desse modo à realidade, e devido à operação do intelecto (*intellectus*) podemos tanto apreender as naturezas das coisas quanto usá-las como componentes das proposições (Tomás chama essa última operação de composição e divisão).[8]

Além disso, Tomás afirma que a cognição não se restringe ao tipo de captação de informação tornada possível pela percepção sensitiva e pela intelecção. Os entes humanos são capazes também de adquirir a cognição de novas coisas raciocinando discursivamente com base em coisas já conhecidas. Em virtude da sua operação distinta do raciocínio (*ratio, ratiocinatio*), o intelecto nos capacita a inferir certas proposições de outras proposições.[9]

As ideias estritamente epistemológicas de Tomás devem se encontrar dentro dessa ampla consideração da cognição, metafísica e psicologicamente orientada. De acordo com essa consideração, sua epistemologia se divide naturalmente em duas partes: uma que trata da fase do processo anterior de captação de dados, e outra que trata da sua fase posterior inferencial. Tomás subsume a consideração da fase de captação de dados sob a sua filosofia psicológica, em que recorre fortemente ao *De Anima* de Aristóteles.[10] Ele desenvolve a sua consideração da fase inferencial como uma parte da sua lógica, seguindo o exemplo de Aristóteles nos *Segundos Analíticos*.[11]

---

8   *In PA* I, proêmio; *QDV*, q. 1, a. 3; *ST* I^a, q. 16, a. 2; q. 85, a. 5; *In PH I,* proêmio.
9   *In PA* I, proêmio; *ST* I^a, q. 79, a. 8; *QDV*, q. 15, a. 1.
10 *ST* I^a, q. 75-79; q. 84-86; *QDV*, q. 10, a. 4-6; *In DA*.
11 Ver, principalmente, *In PA*; *In BDT*. Mas ver também suas apresentações resumidas dessa parte da consideração em *ST* I^a, q. 1-2; II^a-II^a, q. 1-2; e *QDV*, q. 14.

Conhecimento

Cognição, o conceito epistêmico fundamental de Tomás de Aquino, claramente não é o próprio conhecimento, pois ele admite que podemos ter cognição falsa.[12] Além disso, ele parece admitir não apenas que a nossa assimilação conceitual e proposicional relativamente sofisticada da realidade possa constituir uma cognição, mas que nossos tipos mais primitivos de assimilação – nossa posse de dados sensíveis brutos, por exemplo – possam também constituir uma cognição. Na consideração de Tomás, portanto, a cognição é mais ampla do que o conhecimento.

Os comentadores adotaram algumas vezes a noção de *scientia*, de Tomás, para explicar o seu conceito de conhecimento.[13] Ele concebe a *scientia* como uma espécie de cognição, definindo-a como cognição completa e certa da verdade. Mas a *scientia* não só é mais estreita do que a cognição, como também é mais estreita do que conhecimento, como veremos. Na minha opinião, Tomás não tem um termo que corresponda precisamente à palavra inglesa "knowledge", mas penso que o quadro geral da cognição, esboçado aqui, identifica um espaço na sua abordagem que corresponde à nossa noção de conhecimento.[14]

---

12 Por exemplo, *ST* I^a, q. 17, a. 3. Assim, Ross está errado ao equiparar cognição e conhecimento (Ross, 1984), e a maioria das traduções inglesas de Tomás, que traduzem *cognitio* como "knowledge" e *cognoscere* como "know", podem induzir erros a esse respeito.

13 Para Tomás, que, nesses assuntos, segue de perto os *Segundos Analíticos*, *scientia* pode designar um tipo de estado ou disposição mental – o que poderíamos chamar de uma atitude proposicional. Mas também pode designar um conjunto de proposições organizadas pelo assunto e de acordo com as propriedades e relações lógicas e epistêmicas das proposições-membros – o que poderíamos chamar de um corpo organizado de conhecimento, uma teoria ou uma ciência. Este capítulo se preocupa apenas com o que ele tem a dizer sobre a primeira, a saber, a *scientia* considerada como um tipo de atitude proposicional.

14 Tomás utiliza geralmente três substantivos abstratos – *cognitio*, *scientia* e *notitia* (e seus cognatos verbais e participiais) – todos os quais estão perto do inglês "knowledge" (e seus cognatos). Para Tomás, no entanto, os três não são sinônimos. De modo a evitar a confusão, reterei o latim *scientia* (*scire* = ter *scientia*) e traduzirei *cognitio* (*cognoscere*) como "cognição". Não traduzirei nenhum dos seus termos epistêmicos como "conhecimento" (e seus cognatos), com a exceção do particípio passado *nota* (= conhecido). Eu fornecerei o latim nessas ocasiões.

Tomás afirma que a potência intelectiva, diferentemente de outras potências cognoscitivas da alma humana, é autorreflexiva em relação aos seus atos.[15] Quer dizer, o intelecto pode tomar seus próprios atos, incluindo seus atos de cognição, como objetos de pensamento e juízo. Como resultado, uma criatura dotada de intelecto tem a capacidade não apenas de estar cognoscitivamente em conformidade com a realidade, mas também de considerar se suas cognições, de fato, conformam-se ou não com a realidade – isto é, de engajar-se em um tipo de cognição de segunda ordem que requer tanto uma cognição de primeira ordem quanto a cognição da conformidade dessa cognição de primeira ordem com a realidade. Como Tomás considera que a verdade consiste principalmente na adequação ou conformidade da cognição (ou pensamento) com a realidade, ele chama o juízo de segunda ordem (de que uma determinada cognição se conforma com a realidade) de cognição da *verdade* do que é conhecido.[16] Por possuírem intelecto, os entes humanos têm uma capacidade autorreflexiva para conhecer a verdade das suas cognições.

O significado epistemológico dessa capacidade de cognição autorreflexiva é que a cognição autorreflexiva possibilita que os entes humanos não apenas aceitem ou afirmem proposições, mas também que tenham fundamentos ou razões para afirmá-las. A consideração reflexiva sobre se uma proposição se conforma ou não com a realidade é essencial para avaliar e governar os nossos próprios juízos e processos de pensamento. Poderíamos dizer que, na visão de Tomás, a capacidade autorreflexiva do intelecto torna os entes humanos o tipo de criatura para a qual a justificação epistêmica pode ser um problema.[17]

Assim, a noção de cognição da verdade do que é conhecido, de Tomás, abre um espaço na sua abordagem conceitual para as questões sobre justificação epistêmica; e suas discussões sobre os tipos particulares de conhecimento, incluindo a

---

15 *QDV*, q. 1, a. 9; *In Ph* I, lect. 3; *ST* I^a, q. 17, a. 3; q. 87, a. 3.
16 Para a consideração da verdade como adequação, ver *QDV*, q. 1, a. 1-2; *In Ph* I, lect. 2-3. Para a noção de cognição da verdade, ver *QDV*, q. 1, a. 9; *In Ph* I, lect. 3; *ST* I^a, q. 16, a. 2.
17 *In PA* I, proêmio. Por meio de um raciocínio análogo a esse, Tomás afirma que a capacidade autorreflexiva do intelecto é o fundamento necessário do raciocínio prático e da responsabilidade moral (ver MacDonald, 1991b).

scientia, podem ser vistas principalmente como tentativas de identificar e explicar diferentes tipos e graus de justificação epistêmica.[18] Essas considerações especificam e avaliam os vários tipos de fundamentos epistêmicos que podemos ter para julgar que nossas cognições se conformam com as coisas, isto é, os fundamentos devido aos quais podemos conhecer a verdade das nossas cognições.

Scientia e justificação inferencial

Tomás de Aquino concebe a *scientia* como o paradigma do conhecimento. Logo no início do seu *Comentário aos Segundos Analíticos*, ele nos diz que a visão comum sobre o que é *scientia* afirma que ter *scientia* de algo é ter cognição *completa e certa* da sua verdade.[19] A *scientia* é conhecimento paradigmático porque a cognição completa e certa da verdade de uma dada proposição constitui uma justificação impecável – um tipo e um grau de justificação que garante a verdade da proposição.

Tomás utiliza essa visão da *scientia* como o ponto de partida da sua análise filosófica. Esta nos diz, de modo geral, o que é *scientia*, na medida em que o que queremos de uma teoria filosófica é uma especificação dessa consideração geral, a qual nos dirá precisamente em que consiste ter a cognição completa e certa. A análise aristotélica de Tomás é uma teoria da demonstração: o objeto próprio da *scientia* é a conclusão de um silogismo demonstrativo (Tomás começa pela definição de silogismo demonstrativo como um silogismo produtivo de *scientia*), e assim, ter *scientia* de alguma proposição *P* é afirmar *P* com base em um silogismo demonstrativo, isto é, afirmar *P* onde os fundamentos epistêmicos de *P* são as premissas do silogismo e o fato de *P* ser implicado por essas premissas.[20]

---

18 *In PA* I, proêmio, por exemplo, Tomás descreve os *Segundos Analíticos* como destinados a ajudar-nos a avaliar e governar o raciocínio demonstrativo. Um governo desse tipo somente nos é possível se pudermos aplicar refletidamente normas aos nossos processos de raciocínio e às cognições às quais eles dão origem.
19 *In PA* I, lect. 4, n. 5.
20 *In PA* I, lect. 4, n. 9. Tomás recorre a essa concepção demonstrativa da justificação epistêmica em passagens nas quais ele distingue explicitamente a *scientia* de outras atitudes

Portanto, ter *scientia* de alguma proposição *P* é afirmar *P* com um certo tipo de justificação inferencial. Ora, Tomás afirma que, como o tipo de justificação essencial para a *scientia* é inferencial, ela também é derivativa. A *scientia* adquire seu *status* epistêmico positivo das premissas do silogismo demonstrativo e da natureza da inferência silogística.[21]

> [Aristóteles] diz que, uma vez que cremos [*credimus*] em alguma coisa que foi concluída e temos *scientia* [*scimus*] dela pelo fato de que temos um silogismo demonstrativo, e isso é na medida em que temos *scientia* do silogismo demonstrativo [*in quantum scimus syllogismum demonstrativum*], é preciso não apenas conhecer antecipadamente os primeiros princípios da conclusão, mas também conhecê-los mais do que a conclusão. (*In PA* I, lect. 6, n. 2)

Imediatamente, Tomás prossegue oferecendo sua própria explicação e defesa desse argumento aristotélico:

> *Aquilo pelo qual cada um é, é mais do que ele* [...] Mas temos *scientia* [*scimus*] das conclusões e cremos nelas por causa dos princípios. Portanto, temos mais *scientia* dos princípios e cremos mais neles do que nas conclusões. Ora, acerca desse argumento deve ser considerado que a causa é sempre melhor [*potior*] que seu efeito. (*In PA* I, lect. 6, n. 3-4).

Nessa passagem, Tomás é compelido pelo texto de Aristóteles a utilizar *scientia* num sentido mais amplo do que o sentido técnico que assinala para

---

proposicionais epistêmicas. Ver, por exemplo, *ST* II^a-II^a, q. 1, a. 4, onde ele identifica a *scientia* como assentimento intelectual a uma proposição com base em alguma outra coisa que é conhecida (*per aliud cognitum, sicut patet de conclusionibus, quarum est scientia*). Ver também *QDV*, q. 14, a. 1 e *In BDT*, q. 2, a. 2, *ad* 4, onde afirma que o raciocínio discursivo (representado em uma demonstração) precede e produz (*facit*) o assentimento à conclusão, que é *scientia*. Presumo que o tipo de posterioridade e dependência que Tomás identifica como essencial ao assentimento intelectual, que é *scientia*, não é (apenas) causal, mas epistêmico.
21 A consideração de Tomás foca quase exclusivamente a natureza das premissas, ignorando questões sobre a natureza da inferência silogística. É claro, ele considera que questões desse tipo são o assunto próprio dos *Primeiros Analíticos* e, portanto, sente-se sem dúvida justificado ao tratá-las como resolvidas para efeitos da discussão nos *Segundos Analíticos*.

esse termo em seus comentários adjacentes e em outras partes.[22] Ele afirma aqui que temos *scientia* não apenas das conclusões da demonstração, mas também dos seus princípios (ou premissas). O propósito dele, no entanto, é claro: se alguém está justificado epistemicamente ao afirmar uma proposição com base em um silogismo demonstrativo, então deve estar justificado em maior grau ao afirmar as premissas da demonstração. Como o *status* epistêmico positivo da conclusão da demonstração depende do *status* epistêmico positivo das suas premissas, o *status* epistêmico das premissas deve ser maior e mais forte do que o *status* epistêmico da conclusão.

O princípio de justificação inferencial e o princípio causal geral que Tomás deriva dele podem parecer fortemente implausíveis. Por que uma causa deve ser *maior* do que seu efeito nos aspectos aqui concernentes? Da mesma forma, por que deveria ser impossível, para a justificação inferencial de alguém, afirmar uma proposição de modo a alcançar o nível de justificação que se tem das premissas da inferência? (Não posso aceitar aqui o princípio causal, mas voltarei a essa preocupação, uma vez que ela se aplica especificamente ao princípio de justificação inferencial).[23]

Se pensarmos em proposições cujo *status* epistêmico positivo é a fonte do *status* epistêmico positivo de alguma outra proposição, como sendo *epistemicamente anteriores* a esta outra proposição, então podemos atribuir a Tomás a ideia de que, para alguém que tem *scientia* de uma dada proposição (e assim a afirma como conclusão de uma demonstração), as premissas da demonstração devem ser epistemicamente anteriores à conclusão da demonstração.[24] Devido à sua consideração da *scientia* como um tipo de justificação inferencial, necessitamos então de um entendimento acerca da natureza dessa anterioridade epistêmica. Se a justificação

---

22 Ver *In PA* I, lect. 7, n. 8 (citada na seção "Proposições imediatas e fundamentos epistêmicos" deste capítulo). Ver também *In PA* I, lect. 4; *In BDT*, q. 2, a. 2; *QDV*, q. 14, a. 9; *ST* Iª, q. 1, a. 2; IIª-IIª, q. 1, a. 4; q. 9, a. 1, *ad* 1.

23 Para a discussão do princípio causal em geral e seu papel nas provas cosmológicas da existência de Deus, ver MacDonald, 1991a.

24 Tomás afirma esse princípio de prioridade epistêmica de diferentes maneiras em diferentes passagens. Às vezes, ele diz que os princípios da demonstração devem ser *mais conhecidos* do que a conclusão; às vezes, que os princípios devem ser *mais certos* do que a conclusão.

característica da *scientia* é derivativa, qual é a natureza da justificação da qual ela deriva?

Scientia e fundacionismo

Tomás de Aquino admite que, quando temos *scientia* (no sentido estrito) de alguma proposição *P*, é possível que afirmemos algumas das premissas das demonstrações com base nas quais afirmamos *P*, com base em outros silogismos demonstrativos dos quais elas, por sua vez, são as conclusões. Mas ele nega que todas as premissas nas demonstrações produtoras de *scientia* possam ser afirmadas com base em outras demonstrações. Algumas proposições devem ter seu *status* epistêmico positivo, não por uma inferência (*per demonstrationem*), mas não inferencialmente, por si (*per se*).[25] As proposições que são conhecidas por si (*per se nota*) são os primeiros princípios epistêmicos de Tomás, os fundamentos da *scientia*.

Tomás oferece dois tipos de argumento para a sua visão de que a *scientia* requer fundamentos. O primeiro, uma versão do argumento aristotélico que se tornou o argumento mais conhecido do fundacionismo epistemológico, procede atacando as considerações rivais da justificação, concluindo que a justificação inferencial é possível apenas se houver justificação não inferencial. Esse argumento é essencialmente negativo, sustentando uma espécie de fundacionismo por defeito, por assim dizer, e deixando aberta a possibilidade cética de que não haja justificação inferencial. A caracterização positiva, de Tomás, da natureza da justificação não inferencial constitui o seu segundo tipo de defesa do fundacionismo. O primeiro tipo de argumento se considera nesta seção e o segundo, na próxima.

Tomás identifica as posições opostas à sua como aquelas comprometidas com a ideia de que (A) toda justificação epistêmica é inferencial. Além disso, como ele deixa claro que alguém não pode estar justificado ao afirmar uma proposição com base em uma inferência a partir de proposições que

---

25 *In PA* I, lect. 7, n. 5-8.

alguém está injustificado ao afirmá-las, ele assume que seus rivais epistemológicos compartilham com ele um compromisso com um princípio de justificação inferencial, segundo o qual (B) alguém pode estar justificado inferencialmente ao afirmar uma proposição somente se alguém está justificado ao afirmar alguma outra proposição.[26] Tomás, seguindo Aristóteles, identifica duas posições distintas construídas com base em (A) e (B).

A primeira posição – a alternativa cética – utiliza (A) e (B) como o ponto de partida de um argumento cético. O princípio da justificação inferencial (B) implica que (1) se uma pessoa S está justificada inferencialmente ao afirmar uma dada proposição P, então S está justificada ao afirmar alguma outra proposição Q. Mas (A) implica que (2) a justificação de S para afirmar Q somente pode ser inferencial. Portanto, – por meio de (B) – (3) se S está justificada ao afirmar Q, S deve estar justificada ao afirmar alguma outra proposição R. Ora, (4) essa regressão da justificação é infinita ou para em algumas proposições em que S não está justificada ao afirmá-las. (5) Se para em proposições em que S não está justificada ao afirmá-las, então – por meio de (B) – S não está justificada ao afirmar qualquer das proposições inferidas (direta ou indiretamente) a partir delas. Mas (6) se a regressão da justificação continua *ad infinitum*, então se S deve estar justificada ao afirmar P, S deve passar por um número infinito de inferências distintas envolvendo um número infinito de proposições distintas. Mas (7) é impossível passar por um número infinito de inferências envolvendo um número infinito de proposições.[27] Portanto, (8) é impossível para S estar justificada ao afirmar P (ou para qualquer pessoa estar justificada ao afirmar qualquer proposição).[28]

A segunda posição endossa (A) e (B), mas tenta evitar a conclusão cética da primeira posição, permitindo o que Tomás chama de demonstração circular. De acordo com essa visão, a regressão da justificação inferencial pode ser infinita sem ser viciosa se ela retornar para si mesma. Por exemplo,

---

26 Como vimos, a própria versão de Tomás desse princípio exige que se esteja justificado *em maior grau* ao afirmar as premissas da inferência, porém ele renuncia explicitamente a esse reforço qualificativo em vista do argumento. Ver *In PA* I, lect. 7, n. 2.
27 *In PA* I, lect. 7, n. 3.
28 Forneci a premissa (6), pois a validade da inferência de (7) a (8), de Tomás, a requer.

S pode estar justificada inferencialmente ao afirmar *P* com base em *Q*, *Q* com base em *R*, e *R* com base em *P*, quando a cadeia de inferências começa a repetir-se. Esse tipo de regressão da justificação será infinita (uma vez que o retorno a *P* não termina a busca pela justificação, mas apenas nos inicia novamente no mesmo percurso), mas, diferentemente de uma cadeia infinita não circular, não precisa conter um número infinito de inferências distintas. Essa posição, portanto, defende a falsidade da premissa (6) do argumento cético. Ela compartilha com a posição cética um compromisso com (A) e (B), mas afirma com elas que (C) a justificação inferencial é (em última análise) circular.

Tomás rejeita ambas as posições.[29] Na resposta à segunda posição, ele recorre à assimetria da relação de apoio epistêmico. Ele argumenta que, se nossa justificativa para afirmar alguma proposição *P* é dependente da nossa justificativa para afirmar outra proposição *Q*, então, para nós, *Q* é epistemicamente anterior e mais fundamental do que *P*. Mas se estamos justificados inferencialmente ao afirmar *P* com base em *Q*, e justificados inferencialmente ao afirmar *Q* com base em *P*, então, de um ponto de vista epistêmico, *P* é para nós *ambos*, anterior e posterior a *Q*, o que é impossível. Seu segundo argumento recorre à vacuidade do raciocínio circular como fonte de justificação. Se estamos justificados ao afirmar *P* pelo fato de inferi-lo de *Q*, e se estamos justificados ao afirmar *Q* pelo fato de inferi-lo de *P*, então parece que essencialmente não fizemos nada além do que inferir *P* de si mesmo, e parece absurdo supor que podemos adquirir justificação para afirmar *P* inferindo-o de si mesmo, quando não estamos justificados ao afirmar *P* por si só. O absurdo é patente quando o círculo contém apenas duas proposições, e tornar o círculo maior não elimina o absurdo. Tomás conclui que a noção de justificação inferencial circular é absurda, e que alguém não pode defender a possibilidade da justificação inferencial recorrendo a ela.

Sua resposta à alternativa cética é mais aquiescente. Ele consente que, assumindo (A) e (B), o argumento cético é sólido: se assumimos que toda justificação é inferencial, então estamos, de fato, comprometidos

---

29 *In PA* I, lect. 7-8.

com uma regressão viciosa da justificação e com a conclusão cética de que não pode haver justificação.[30] Sua resposta ao argumento consiste simplesmente em salientar que não precisamos fazer a suposição correspondente. Se, ao invés disso, assumimos que alguma justificação é não inferencial, isto é, se aceitamos um tipo de fundacionismo, então podemos evitar a conclusão cética.

A visão de Tomás, então, é que a *scientia* requer fundamentos. Ter *scientia* de alguma proposição *P* requer que alguém esteja justificado inferencialmente ao afirmar *P* com base em um silogismo demonstrativo ou uma cadeia de silogismos demonstrativos, cujas premissas fundamentais alguém está justificado não inferencialmente ao afirmá-las.

> Suposto, portanto, que um demonstrador silogiza [para uma dada conclusão] a partir de premissas demonstráveis ou mediatas, ou ele tem então a demonstração delas, ou não tem; se não tem, então não tem *scientia* das premissas, e assim nem das conclusões por causa das premissas; mas se tem, como nas demonstrações não se pode ir *in infinitum*, [...] chegará finalmente a algumas premissas imediatas e indemonstráveis. Assim, é preciso que a demonstração proceda a partir de premissas imediatas, ou diretamente, ou por algumas proposições médias [*per aliqua media*]. (*In* PA I, lect. 4, n. 14)

Que razão Tomás pode nos dar para preferir à suposição cética de que toda justificação é inferencial, sua própria suposição de que há a *scientia* e o tipo de justificação não inferencial requerida para ela? Creio que parte da resposta deve se encontrar na sua explicação positiva da justificação não inferencial. Se essa explicação for independentemente defensável, então teremos uma boa razão para pensar que há justificação não inferencial, e a resposta modesta de Tomás ao argumento cético será suficiente.

---

30 "Nisto [os céticos] argumentam retamente. Pois, ignorados os primeiros [*ignoratis primus*], os posteriores não podem ser conhecidos (*In PA* I, lect. 7, n. 3)."

Proposições imediatas e fundamentos epistêmicos

No texto que acaba de ser citado, e ao longo dos capítulos iniciais do *In PA*, Tomás de Aquino prefere chamar as proposições que constituem os fundamentos da *scientia* de proposições *imediatas*. Essa designação assinala seu lugar na teoria da demonstração que ele desenvolve.

> Se se pergunta, portanto, de que modo se tem *scientia* dos [princípios] imediatos, [Aristóteles] responde que não apenas há *scientia* deles, e mais ainda que o conhecimento dos princípios é um certo princípio de toda *scientia*. Pois, a partir do conhecimento dos princípios é derivado o conhecimento das conclusões, das quais há propriamente *scientia*. Os próprios princípios imediatos, porém, não são conhecidos por meio de algum intermediário extrínseco, mas pelo conhecimento dos seus próprios termos. Com efeito, tendo *scientia* do que é o todo e do que é a parte, conhece-se que qualquer todo é maior que a sua parte, porque nessa proposição [...] o predicado pertence à noção do sujeito [*praedicatum est de ratione subiecti*]. Por isso, é razoável que o conhecimento desses princípios seja a causa do conhecimento das conclusões, porque o que é por si [*per se*] sempre é causa do que é por outro [*per aliud*]. (In PA I, lect. 7, n. 8)

Uma demonstração é uma espécie de silogismo, e uma conclusão de um silogismo categórico se segue validamente das suas premissas quando, e somente quando, o sujeito e o predicado da conclusão (os termos extremos do silogismo) devem estar relacionados da maneira como a conclusão afirma, desde que esses termos estejam cada qual relacionados a algum terceiro termo (o termo médio do silogismo) da maneira como as duas premissas afirmam. A conclusão de um silogismo válido, portanto, é uma proposição mediata, na medida em que seu predicado se mostra estar relacionado de maneira apropriada ao seu sujeito devido a algum terceiro, o termo médio externo à própria conclusão. Dizer que as premissas fundamentais da teoria da demonstração são proposições imediatas é dizer que elas mesmas não são conclusões das demonstrações; elas são indemonstráveis.

A lógica e a epistemologia de Tomás são baseadas aqui no seu realismo metafísico. Ele afirma que existem naturezas reais de substâncias e acidentes de ocorrência natural, e que essas naturezas reais podem fornecer o conteúdo para proposições categóricas universais. Termos genuínos se referem às naturezas reais, e as definições reais explicam essas naturezas identificando um tipo de gênero e diferença específica (que também são naturezas reais). Assim, "ente humano" se refere à natureza real do *ente humano*, cuja definição real é *animal racional*.[31] Quando Tomás diz que uma proposição imediata é aquela na qual o predicado pertence à explicação (ou definição – *ratio*) do sujeito, ele quer dizer que a natureza real referida pelo termo do predicado é um elemento na definição real do sujeito, que o termo do predicado nomeia o gênero do sujeito ou a diferença específica (por exemplo, *um ente humano é um animal*).[32] Que as proposições sejam imediatas, então, depende unicamente de quais naturezas reais existem e quais relações mantêm entre si, isto é, da estrutura básica do mundo, e não da psicologia ou estrutura de crenças de um dado sujeito epistêmico. Proposições são

---

31 Para Tomás, portanto, as definições não são primeiramente entes linguísticos. Além disso, ele afirma que elas não são proposicionais na estrutura (elas não predicam algo de algo). A proposição "um ente humano é um animal racional" não é ela própria uma definição; seu predicado expressa a definição do sujeito. Ver *In PA* I, lect. 19, n. 5; II, lect. 2, n. 11.

32 Tomás permite certas variações, identificando três tipos do que ele chama de proposições *per se*. Ver *In PA* I, lect. 10 e 33.
Dadas as suas ideias sobre a definição real, quando Tomás diz que o predicado da proposição pertence à explicação do sujeito, ele não quer dizer que o termo do predicado é parte do significado do termo do sujeito, se os significados dos termos forem entendidos como os tipos de coisas que todo falante competente de uma língua entende. Ele distingue entre conhecer a significação do termo (*grosso modo*, conhecer uma descrição que na maioria das vezes funciona na captação dos objetos aos quais o termo se refere: por exemplo, conhecer que "trovão" significa certo ruído nas nuvens) e conhecer a definição real associada ao termo (*grosso modo*, conhecer a explicação metafísica precisa – em termos de gênero e diferença – das coisas referidas pelo termo: por exemplo, conhecer que o trovão é um ruído causado pela colisão ígnea nas nuvens, ou algo do tipo). Na visão de Tomás, um usuário competente da língua conhecerá o significado do termo, mas não necessariamente a definição real da coisa nomeada pelo termo. Consequentemente, na sua visão, um usuário competente da língua pode conhecer a significação do sujeito e predicar termos de uma proposição imediata, e então, em certo sentido, "entender" a proposição, mas mesmo assim deixar de ver que o predicado pertence à explicação do sujeito porque não entendeu as definições reais do sujeito e do predicado. Ver *In PA* I, lect. 2 e 4; II, lect. 8.

imediatas na medida em que expressam o que pode ser chamado de relações ou fatos metafisicamente imediatos, as relações mantidas entre as naturezas e seus componentes essenciais.³³

Esse quadro metafísico nos permite ver o tipo de exigência objetivista que Tomás incorpora na teoria da demonstração. Quando ele afirma que os primeiros princípios da demonstração devem ser imediatos e indemonstráveis, está afirmando que devem expressar proposições imediatas metafisicamente, e não apenas proposições que são epistemicamente fundamentais e indemonstráveis para algum sujeito epistêmico particular. Que aconteça de uma dada proposição P ser indemonstrável *para alguma pessoa S*, porque não há outras proposições na estrutura de crenças de S com base na qual S estaria justificada ao afirmar P, não é garantia de que P seja, na visão de Tomás, uma proposição imediata e indemonstrável.³⁴ A estrutura da demonstração, portanto, é isomórfica com a estrutura metafísica da realidade: proposições imediatas e indemonstráveis expressam fatos imediatos metafisicamente, ao passo que proposições mediatas e demonstráveis expressam fatos mediatos metafisicamente.³⁵

Além disso, Tomás afirma que, como as demonstrações totalmente desenvolvidas são isomórficas com a realidade, as premissas em uma demonstração podem ser consideradas como a *causa* da conclusão. *Causa*, nesses contextos, poderia ser melhor traduzida como "explicação", uma vez que o tipo de causalidade que ele tem em mente não se restringe à (e, de fato, tipicamente não é) causalidade eficiente. As premissas em uma

---

33 Tomás toma a chamada árvore de Porfírio para representar as relações metafísicas mantidas entre as naturezas na categoria da substância. Cada nó terminal de uma árvore completamente desenvolvida desse tipo representa uma espécie inferior, cujos componentes essenciais imediatos são o gênero, representado pelo nó imediatamente superior à espécie, e a diferença que distingue essa espécie de outra espécie do mesmo gênero.
34 Ele admite que uma proposição pode ser imediata *para alguma pessoa* sem ser imediata pura e simplesmente; ver a seção "Qualificação e extensão da Sicentia" deste capítulo.
35 Essa conexão entre a metafísica e a lógica da demonstração explica a conexão entre os dois sentidos de *scientia* que identifiquei anteriormente (nota 13). A *scientia* (a atitude proposicional) em relação a *P* exige a demonstração de *P*. Mas, como a demonstração deve mapear a realidade da maneira certa, a exigência da demonstração implica uma exigência de um tipo de teoria verdadeira na qual *P* se encaixe.

demonstração forneçam a explicação da conclusão, no sentido de que elas citam fatos implícitos e metafisicamente mais básicos, devido aos quais a conclusão é verdadeira; elas fornecem o que poderíamos considerar como uma explicação teórica detalhada.[36] Por exemplo, que uma figura de certo tipo tenha a soma de seus ângulos internos igual a dois ângulos retos é demonstrado e explicado recorrendo ao fato de que figuras desse tipo são triângulos, e triângulos têm a soma de seus ângulos internos igual a dois ângulos retos. Que os triângulos tenham a soma de seus ângulos internos igual a dois ângulos retos, é, paradigmaticamente, uma proposição imediata, e fornece uma explicação paradigmaticamente formal-causal do fato de que um tipo particular de figura tem ângulos internos iguais a dois ângulos retos: figuras desse tipo têm ângulos internos iguais a dois ângulos retos porque são triângulos, e triângulos, por sua própria natureza, são figuras que têm a soma de seus ângulos internos igual a dois ângulos retos.[37]

Esse quadro metafísico explica como as proposições imediatas expressam os fundamentos metafísicos e como fazem o papel de fundamentos epistêmicos. Primeiro, devido a serem predicações nas quais o predicado pertence à explicação do sujeito, elas são predicações essenciais e, como tais, universal e necessariamente verdadeiras. Em segundo lugar, Tomás afirma que os fatos expressados pelas proposições imediatas são tais que, quando os conhecemos, não podemos deixar de ver a sua necessidade; isto é, não podemos conceber a falsidade dessas proposições.[38] Conhecê-los, portanto, é estar justificado não inferencialmente ao afirmar as proposições imediatas que os expressam. Tomás frequentemente afirma que proposições desse tipo são tais que, uma vez concebidos os seus termos, conhece-se a verdade das proposições. Isso porque, para ele, conceber os termos de uma proposição imediata consiste em alcançar uma intelecção explícita das naturezas reais nomeadas por esses termos. Assim, conceber o sujeito da proposição "um ente humano é um animal" exige ter uma definição real explícita para os

---

36 Poderíamos pensar nesses fatos metafísicos mais básicos como anteriores metafisicamente – ou, como prefere Tomás, mais cognoscíveis *por natureza* – ao fato que eles explicam.
37 *In PA* I, lect. 2, n. 9.
38 *In PA* I, lect. 19, n. 2; lect. 20, n. 6; e lect. 44, n. 8.

entes humanos, isto é, conceber os entes humanos *como* essencialmente animais racionais. A ideia de Tomás é que não se pode conhecer explicitamente que ser um ente humano consiste essencialmente em ser um animal racional e, ao mesmo tempo, não conhecer que um ente humano é um animal. Conceber o sujeito e o predicado de uma proposição imediata é, portanto, conhecer diretamente a verdade necessária da proposição.[39]

A justificação não inferencial, então, consiste em conhecer diretamente os fatos imediatos que fundamentam a verdade necessária de uma proposição. Quando se entende que uma proposição expressa um fato imediato desse tipo, não se pode duvidar da sua verdade (pois não se pode conceber que seja falsa) ou estar enganado ao afirmá-la.[40] Tomás diz que, nesses casos, as proposições imediatas são evidentes para nós.

Quando Tomás se concentra no *status* epistemológico, e não no lógico ou metafísico das proposições imediatas, ele as descreve como conhecidas (*cognita*, *nota*) por si (*per se*). Poderia tê-lo feito melhor dizendo que são cognoscíveis ou conhecíveis por si, pois afirma que o fato de uma proposição ser imediata não é garantia de que será conhecida por todo ente humano.

> Qualquer proposição cujo predicado está na noção do sujeito é imediata e conhecida por si [*per se nota*], tal como é em si [*quantum est in se*]. Mas, em algumas dessas proposições, os termos são tais que estão no conhecimento de todos [*in notitia omnium*] [...]. Portanto, é preciso que tais proposições sejam consideradas como conhecidas por si, não apenas em si, mas também por todas as pessoas [*quod omnes*]. Por exemplo, "que não acontece à mesma coisa ser e não ser", "que o todo é maior do que sua parte" e outras semelhantes. [...] Algumas proposições, porém, são imediatas, cujos termos não são conhecidos por todas as pessoas [*non sunt apud omnes noti*]. Donde, embora o predicado [nessas proposições] esteja na noção do sujeito, no entanto,

---

39   *ST* Iª, q. 79, a. 8; *QDV*, q. 15, a. 1.
40   "O intelecto é sempre reto, na medida em que é intelecto dos princípios. A respeito dos quais não se engana, pela mesma razão pela qual não se engana a respeito do que algo é (*quod quid est*). Pois os princípios conhecidos *per se* são aqueles que, inteligidos os termos, são conhecidos imediatamente (*statim*), pelo fato de que o predicado é posto na definição do sujeito" (*ST* Iª, q. 17, a. 3, *ad* 2).

como a definição do sujeito não é conhecida [*nota*] por todos, não é necessário que tais proposições sejam concedidas por todos. Assim como esta proposição: "todos os ângulos retos são iguais". (*In PA* I, lect. 5, n. 7)

As proposições imediatas, então, podem ser conhecidas por si e, portanto, são os objetos próprios do conhecimento não derivado. Mas o fato de serem conhecidas por si exige que se conheça os fatos expressados por essas proposições, as quais exigem que se conceba os seus termos. Tomás faz a distinção entre proposições imediatas cujos termos são comuns e apreendidos por todos, as quais chama de princípios comuns ou concepções comuns da mente, e proposições cujos termos são concebidos somente por algumas pessoas.[41]

Na visão de Tomás, então, temos uma justificação não inferencial para afirmar proposições imediatas cujos termos concebemos. Nossa justificação não inferencial para afirmá-las consiste em termos conhecimento direto da necessidade dos fatos que elas expressam. Ora, parece que ele supõe que temos uma evidência fenomenológica da existência de justificações não inferenciais desse tipo. Vimos que ele afirma que existem proposições imediatas cujos termos são concebidos por todos, e assim cada um de nós terá uma experiência do conhecimento direto de fatos necessários metafisicamente imediatos, fatos expressados por proposições que não podem ser falsas e que não podemos conceber como sendo falsas.[42] Esse apelo fenomenológico implícito constitui os fundamentos para o seu fundacionismo, que independem da sua rejeição de teorias epistemológicas rivais: nossa experiência de estarmos justificados não inferencialmente ao afirmar certas proposições é razão suficiente para considerar que há justificação não inferencial.

Assim, Tomás assevera que ter *scientia* de alguma proposição *P* é afirmar *P* com base em uma demonstração, cujas premissas fundamentais são

---

41 *In PA* I, lect. 19, n. 2; lect. 36, n. 7; *ST* Iª, q. 2, a. 1; e *In BDH*, lect. 1.
42 Tomás sugere que não podemos estar no estado de intelecção de um primeiro princípio e isso nos ser desconhecido. (*In PA* I, lect. 20, n. 4).

proposições que estamos justificados não inferencialmente ao afirmá-las. Esses primeiros princípios serão (a) imediatos, (b) universais e (c) necessários, e com relação às conclusões demonstrativas que implicam, serão (d) epistemicamente anteriores e expressam fatos que são (e) metafisicamente anteriores e (f) explicativos. Entender essas características da sua consideração nos coloca na posição de entender como essa teoria demonstrativa da *scientia* poderia ser tomada para explicar a concepção de *scientia* com que Tomás iniciou a sua discussão, a concepção de *scientia* como cognição completa e certa. Por um lado, termos *scientia* de uma proposição *P* se caracteriza pela certeza em virtude do nosso afirmar *P* com base em inferências silogísticas válidas, cujas premissas fundamentais são necessariamente proposições verdadeiras cuja falsidade é inconcebível para nós. Inferências desse tipo, a partir de premissas desse tipo, estabelecem a verdade necessária (e, portanto, a certeza objetiva) das suas conclusões, e, assim, nos fornecem a evidência paradigmaticamente convincente (e, portanto, a certeza subjetiva a respeito) dessas conclusões.[43] Por outro lado, nós termos *scientia* de *P* constitui uma cognição completa de *P*, porque afirmar *P* com base na demonstração é ter situado *P* em uma teoria ou estrutura explicativa mais ampla que mapeia com precisão a realidade objetiva.

Podemos ver também como os primeiros princípios de Tomás concordam com o seu princípio forte de justificação inferencial. Vimos que ele, no caso da *scientia*, afirma que estar justificado inferencialmente ao afirmar *P* requer não apenas estar justificado, mas *mais* justificado ao afirmar proposições das quais se infere *P*. Nossa justificação para afirmar proposições que entendemos como imediatas é caracterizada pela absoluta certeza: não podemos conceber a possibilidade da falsidade das proposições que apreendemos dessa maneira. Esse tipo de certeza, fundado unicamente no nosso conhecimento direto da verdade necessária de uma proposição imediata, pode plausivelmente ser considerado como consitutivo de *mais* justificação do que o tipo de certeza cuja base é uma inferência envolvendo duas ou

---

43 Tomás diz frequentemente que ter uma demonstração de alguma proposição obriga ou necessita o assentimento de alguém a essa proposição; ver, por exemplo, *QDV*, q. 14, a. 1; *ST* I^a, q. 82, a. 2.

mais proposições distintas.⁴⁴ O primeiro tipo de justificação é uma fonte apropriada para o segundo.

Qualificação e extensão da *Scientia*

Os críticos frequentemente apontam a estreiteza da consideração de Tomás de Aquino acerca da *scientia*. Parece que apenas as verdades *a priori* de sistemas axiomáticos, como a lógica e a matemática, podem satisfazer suas condições estritas (os críticos afirmam que não é por acaso que a maioria dos exemplos de Aristóteles e Tomás vêm da geometria). Mas muitas objeções desse tipo se assentam em suposições errôneas sobre a visão de Tomás. Esta seção apresenta três características da sua epistemologia que mostram que ela é mais sutil e resiliente do que muitos críticos admitiram.

Scientia como *paradigma*

A acusação de que a consideração de Tomás de Aquino tem uma aplicação extremamente estreita ignora as suas próprias disposições explícitas para estendê-la além desses limites estreitos. Sua estratégia geral é tomar as condições da *scientia* que o vimos desenvolver, não como condições estritamente necessárias, mas sim como condições que são *totalmente* satisfeitas apenas pelo caso do paradigma, embora sejam satisfeitas em certa medida por casos que ficam aquém do paradigma [nas discussões que vimos, ele frequentemente especifica que está falando sobre ter *scientia* pura e simplesmente (*scire simpliciter*)].⁴⁵ A *scientia* pura e simplesmente ou estrita satisfará as condições que estabelecemos. Mas nossa cognição da verdade do que conhecemos admite graus que culminam na completude e certeza, e nossa justificação para afirmar uma dada proposição pode se aproximar do paradigma sem alcançá-lo. Tomás, então, pode admitir que

---
44 *In PA* I, lect. 42, n. 8; lect. 44, n. 9; e II, lect. 19, n. 5.
45 Por exemplo, é assim que ele introduz a discussão sobre a *scientia* em *In PA* I, lect. 4, n. 4.

a *scientia* paradigmática consegue ser alcançada apenas em disciplinas *a priori*, como a lógica e a geometria, permitindo, porém, que se possa dizer corretamente que temos *scientia* (embora *scientia* não paradigmática) de muitos outros tipos de proposição.[46] Vou mencionar dois modos pelos quais ele abre espaço na sua consideração para o que poderíamos pensar como *scientia* secundária; cada um dos dois modos envolve a extensão ou a perda de um dos critérios da *scientia* estrita ou paradigmática.

1. O primeiro modo constitui uma tentativa de acomodar a consideração estrita da *scientia* à perspectiva dos sujeitos epistêmicos humanos. Tomás afirma que, como criaturas corporais, os entes humanos têm acesso cognoscitivo ao mundo pelos sentidos corporais. A cognição humana deve começar e contar com a percepção sensitiva; primeiro, adquirimos proposições sobre objetos sensíveis, as quais achamos psicologicamente mais fáceis de assentir. Por essa razão, muitas proposições desse tipo podem ser consideradas como epistemicamente anteriores *quanto a nós*. "Ora, o conhecimento sensitivo é em nós anterior ao conhecimento intelectivo, porque a cognição intelectiva procede, em nós, a partir dos sentidos. Donde, o singular ser anterior e mais cognoscível (*notius*) para nós do que o universal" (*In PA* I, lect. 4, n. 16).[47] Tomás constrói um tipo de *scientia* não paradigmática sobre essas características distintivas da nossa situação epistêmica.[48]

---

46 Tomás afirma que os objetos inteligíveis podem ser distinguidos com base na sua relação com a matéria: (1) alguns (objetos corporais) dependem da matéria para seu ser e incluem a matéria em suas definições; (2) alguns (objetos matemáticos, por exemplo) dependem da matéria apenas para seu ser e também não incluem a matéria em suas definições; (3) alguns (Deus, por exemplo) nem dependem da matéria para seu ser nem incluem a matéria em suas definições. Ele sustenta que os objetos inteligíveis do segundo tipo podem ser objetos de uma *scientia a priori* estritamente e assim a *scientia* a seu respeito será mais certa do que a *scientia* a respeito dos objetos do primeiro tipo. Ver *In BDT*, q. 5; *In PA* I, lect. 25, n. 4; lect. 41, n. 2-3; e *ST* I\ua, q. 85, a. 1, *ad 2*.

47 Em contraste, Tomás afirma que as proposições da filosofia primeira (ou metafísica), que são as mais universais, são mais cognoscíveis pura e simplesmente; ver *In PA* I, lect. 17, n. 5. Ele sugere que podemos alcançar o paradigma da *scientia* nos casos em que as proposições que são mais cognoscíveis pura e simplesmente são também mais cognoscíveis para nós, como no caso das disciplinas puramente formais ou *a priori*; ver *In PA* I, lect. 4, n. 16. Ver também nota 46 anterior.

48 Alguns exemplos de Tomás recorrem às limitações impostas, não por nossa natureza corporal, mas por nosso ponto de observação, como a nossa restrição de observar um eclipse

As proposições sobre os objetos sensíveis particulares são então, às vezes, mais cognoscíveis para nós, apesar de não serem mais cognoscíveis por natureza ou consideradas em si mesmas. Como tais, podem constituir proposições imediatas *para nós* e funcionar como primeiros princípios epistêmicos que fundamentam o que é *para nós scientia* (embora não pura e simplesmente). É claro que o fato de que esses tipos de proposições fiquem aquém de um tipo de anterioridade, universalidade e necessidade metafísica, característica dos primeiros princípios paradigmáticos, deixa aberta a possibilidade de nos enganarmos com elas. Mas isso é apenas para dizer que o tipo de *scientia* que elas fundamentam não é paradigmaticamente uma cognição completa e certa, mas apenas se aproxima dela até certo ponto.

Ora, como em certos casos os fatos metafisicamente posteriores (os efeitos) são epistemicamente mais acessíveis a nós do que os fatos metafisicamente anteriores e, de um ponto de vista objetivo, explicativos (as causas), Tomás se dispõe a estender a condição de que as premissas da demonstração, produzindo *scientia*, forneçam a causa da conclusão. Ele admite que, em alguns casos, podemos ter *scientia* (não paradigmática) de proposições metafisicamente anteriores, que afirmamos com base naquelas metafisicamente posteriores. Em casos desse tipo, então, podemos inferir a causa a partir do efeito (com base nos princípios causais necessários), e não o efeito a partir da causa. Tomás chama as demonstrações desse tipo de demonstrações de *quê* (*demonstrationes quia*), porque estabelecem que algo acontece, sem fornecer uma explicação teoricamente profunda sobre isso, do tipo que os fatos metafisicamente anteriores forneceriam. Em contrapartida, ele chama as demonstrações cujas premissas fornecem a causa ou explicação da conclusão de demonstrações do *porquê* (*demonstrationes propter quid*).[49] A *scientia* paradigmática requer a demonstração

---

lunar da Terra e não da Lua, e nossa incapacidade de observar os poros microscópicos que permitem a luz atravessar o vidro (*In PA* I, lect. 42).

49 Tomás desenvolve a distinção detalhadamente em *In PA* I, lect. 23, mas chama a nossa atenção para isso no início da sua discussão sobre a *scientia* (I, lect. 4, n. 8), como se nos alertasse de que a consideração muito estrita que está desenvolvendo da *scientia* não se reduz a isso.

do porquê, porém, meras demonstrações do fato nos fornecem *scientia* de algum tipo.⁵⁰

Seus exemplos favoritos de tais casos são as proposições da ciência natural e da teologia. Nesses casos, nossos pontos de partida epistêmicos refletem as limitações impostas pela nossa natureza corporal, e não a ordem natural do mundo. Na ciência natural, por exemplo, devemos partir dos acidentes sensíveis dos objetos corporais, já que estes são mais acessíveis a nós, e apenas posteriormente adquirimos os fatos sobre a natureza real desses objetos. Os fatos sobre a natureza real dos objetos corporais são anteriores pura e simplesmente, e explicam os fatos sobre suas características acidentais, mas esses fatos metafisicamente anteriores, ao menos inicialmente, estão ocultos a nós.⁵¹

Da mesma forma, Tomás afirma que nossas naturezas corporais limitam o tipo de bases epistêmicas que podemos ter para a *scientia* relativa às proposições sobre assuntos divinos. Poderíamos ter *scientia* paradigmática relativa às proposições sobre Deus apenas se pudéssemos fundamentar essas proposições por meio de demonstrações paradigmáticas em proposições imediatas sobre a natureza real de Deus. É claro que as limitações cognoscitivas humanas impedem nossa concepção da natureza de Deus como ela é

---

50 Tomás discute também sob o título de *demonstrationes quia* o que ele chama de *scientia* subordinada ou subalternada. Alguém tem *scientia* desse tipo quando afirma uma proposição com base em uma demonstração cujas premissas fundamentais afirma porque as toma como conclusões de demonstrações explicativas estritas conhecidas por alguém, mas não por si. Nesse caso, o que funciona como premissas fundamentais para alguém (porque não tem demonstração delas) não são os primeiros princípios paradigmáticos, uma vez que são demonstráveis – Tomás chama os primeiros princípios não paradigmáticos desse tipo de *suposições* (*In PA* I, lect. 5, n. 7). As demonstrações desse tipo são apenas factuais e não totalmente explicativas devido à nossa incapacidade de fundamentá-las em primeiros princípios objetivos.

51 "Às vezes, o que é mais cognoscível para nós não é cognoscível pura e simplesmente, assim como acontece nas coisas naturais, nas quais as essências e as capacidades das coisas, por estarem na matéria, são ocultas, mas se tornam conhecidas [*innotescunt*] a nós pelo que delas aparece exteriormente. Donde, em tais coisas, as demonstrações serem feitas na maioria das vezes [*ut plurimum*] pelos efeitos, que são mais cognoscíveis para nós, e não pura e simplesmente" (*In PA* I, lect. 4, n. 16).

em si mesma.⁵² Tomás, no entanto, admite que podemos estar justificados ao afirmar proposições sobre Deus com base nas demonstrações que partem, em última análise, de proposições sobre os efeitos de Deus (criaturas), que são evidentes à percepção sensitiva. Para ele, pode-se dizer que temos *scientia* de proposições que afirmamos nesta base, apesar da nossa justificação a seu respeito estar longe de fornecer o tipo de justificação teórica detalhada e completa fornecida pelas demonstrações do porquê. Podemos ter esse tipo de *scientia* não paradigmática, por exemplo, quanto a proposições que afirmam a existência de Deus e lhe conferem certos atributos.⁵³

2. O segundo modo no qual Tomás admite formas não paradigmáticas de *scientia* envolve acomodar o paradigma de *scientia* a objetos que não são absolutamente necessários. Ele afirma que, por sua particularidade e materialidade, os objetos da ciência natural – as substâncias corporais no reino da natureza – admitem contingência. Ele admite que podemos ter *scientia* deles, no entanto, na medida em que podemos torná-los universais. Ele nos diz, por exemplo, que um eclipse lunar particular pode ser visto como universal e necessário quanto à sua causa, "pois nunca falta, pelo contrário sempre há eclipse lunar todas as vezes que a terra se interpõe diametralmente entre o sol e a lua" (*In PA* I, lect. 16, n. 8). Da mesma forma, podemos ter *scientia* daquilo que ele chama de verdades na-maioria-das-vezes – proposições que expressam estados de coisas resultantes das tendências naturais das coisas, desde que fatores causais externos não interfiram – pela construção de demonstrações especificando que se obtém alguma condição, ou pela exclusão da existência de condições que impediriam as tendências naturais respectivas. Onde houver

---

52 Tomás sustenta que, objetivamente, há uma *scientia* paradigmática acerca de Deus. O próprio Deus e os bem-aventurados, que vêem a essência de Deus na visão beatífica, têm o tipo de acesso aos fundamentos objetivos epistêmicos que são necessários à *scientia* a respeito desses assuntos.

53 *ST* Iª, q. 1; *SCG* I, c. 3-9; c. 28-29; *In BDT*, q. 1, a. 2; q. 2, a. 2-3; q. 5, a. 4; q. 6, a. 1. Tomás afirma também que temos cognição das verdades sobre Deus por meio da revelação. Além disso, ele afirma que as proposições contidas na revelação podem funcionar *para nós* como primeiros princípios (ver as notas 50 e 51), fundamentando a *scientia* subordinada ou subalternada. Em relação a nós, essas proposições não são nem demonstráveis nem vistas como imediatas, mas são demonstráveis pura e simplesmente (da perspectiva de Deus), e podemos tomá-las como pontos de partida, supondo que estão, de fato, devidamente fundamentadas.

então necessidade natural causal ou condicional, podemos ter *scientia* de algum tipo, mesmo que não seja uma *scientia* paradigmática.

Além disso, ele ainda admite que generalizações e proposições probabilísticas possam ser objetos de *scientia*, apesar de não serem, em sentido estrito, universais e necessárias. Ele afirma que podemos ter demonstrações das verdades na-maioria-das-vezes que começam a partir de premissas que são também verdades na-maioria-das-vezes.

> Essas demonstrações, porém, não fazem conhecer pura e simplesmente que o que se conclui é verdadeiro, mas de certa maneira, a saber, o que é verdadeiro na maioria das vezes; e assim também os princípios que se toma [nas demonstrações desse tipo] possuem verdade. Donde, tais *scientiae* serem deficientes em relação às *scientiae* que são absolutamente necessárias quanto à certeza da demonstração. (*In PA* II, lect. 12, n. 5)[54]

Essa passagem parece claramente admitir o que poderíamos chamar de *scientia* probabilística.[55]

Tomás, portanto, afirma que o paradigma da justificação, alcançável em certas disciplinas *a priori* e puramente formais, garante a verdade da cognição em virtude de fundamentá-la na universalidade e necessidade dos objetos conhecidos e na infalibilidade do nosso acesso a eles.[56] Mas ele admite tipos e graus de justificação que apenas se aproximam dessa necessidade e infalibilidade. Portanto, é um erro supor que sua epistemologia é coextensiva com sua consideração da *scientia* estrita, mas ele considera a

---

54 Ver também *In PA* I, lect. 42, n. 3: "É de considerar, porém, que a respeito dessas coisas que, de fato, ocorrem na maioria das vezes, acontece haver demonstração na medida em que nelas há alguma necessidade."
55 A probabilidade aqui é entendida, não no sentido de frequências relativas, mas no sentido de tendências naturais. Presumo que o raciocínio probabilístico, do tipo que Tomás identifica aqui, difere do que ele chama em outros lugares de raciocínio dialético ou provável, devido ao primeiro ser fundamentado em verdades sobre as tendências naturais das coisas.
56 "Ora, a necessidade [...] é de um modo nas coisas naturais, que são frequentemente verdadeiras e raramente [*in minori parte*] deficientes; e de outro modo nas disciplinas, isto é, nas matemáticas, que são sempre verdadeiras. Pois, nas disciplinas, a necessidade é *a priori*; nas coisas naturais, porém, *a posteriori*" (*In PA* I, lect. 42, n. 3).

scientia estrita, tal como a concebe, como o paradigma da justificação epistêmica e o modelo pelo qual outros tipos de justificação devem ser entendidos e com base no qual devem ser avaliados. Nesse sentido, a consideração da *scientia* não é apenas uma parte da sua teoria do conhecimento, mas a sua pedra angular.

A adoção de Tomás da *scientia* paradigmática como modelo para entender a justificação epistêmica, leva-o geralmente a dedicar menos atenção do que gostaríamos à consideração das variedades de justificação não paradigmáticas e derivadas. Na maioria das vezes, ele não demarca limites precisos entre os diferentes tipos de justificação não paradigmática, e não especifica critérios exatos para determinar se um determinado caso de justificação não paradigmática se aproxima o suficiente ou não do paradigma para fundamentar a aceitação racional ou o conhecimento.

Dificuldade dos primeiros princípios

A exigência de Tomás de Aquino de que a *scientia* se baseie em proposições que são cognoscíveis por si (*per se nota*) foi mal interpretada, como se exigisse que os fundamentos da *scientia* devessem ser proposições evidentes por si, de tal maneira que fossem clara e obviamente verdadeiras para todo adulto normal ou usuário competente da língua.[57] Os críticos salientam, com razão, que, nessa maneira de interpretar a exigência, apenas as verdades mais simples da lógica e da aritmética são candidatas plausíveis aos fundamentos da *scientia*, de Tomás, uma vez que para praticamente qualquer proposição (incluindo as proposições analíticas e necessárias) pode-se encontrar pessoas comuns que não apenas não a considerem *obviamente* verdadeira, mas até mesmo a rejeitem.

Acabo de argumentar que Tomás admite que a *scientia* não paradigmática pode tomar como seus fundamentos proposições que não são proposições imediatas pura e simplesmente. Mas, deixando de lado esse

---

57 Ver, por exemplo, Plantinga, 1983, p. 57.

ponto, vimos que a concepção de Tomás sobre as proposições imediatas e a nossa relação epistêmica para com elas é mais rica e mais sofisticada do que aquela má interpretação admite. Como vimos, na sua consideração, as proposições imediatas não precisam ser inteligíveis, muito menos óbvias para todos. Alguém conhece diretamente a verdade necessária de uma proposição imediata apenas quando concebe a natureza do sujeito e do predicado. Além disso, Tomás afirma que é difícil alcançar a concepção completa de certas coisas. Daí resulta que o conhecimento direto da verdade necessária de uma proposição imediata sobre certas coisas será difícil de alcançar. Proposições desse tipo, então, podem ser fundamentos epistêmicos pura e simplesmente, apesar de serem obscuras para alguns, ou mesmo para muitas pessoas comuns.

Uma objeção intimamente ligada ao fundacionismo de Tomás denuncia que quem o afirma é autorreferecialmente inconsistente.[58] Na consideração de Tomás, a pessoa pode estar justificada (paradigmaticamente) ao afirmar uma dada proposição somente se uma de duas condições for atendida: (1) a proposição é conhecida por si para essa pessoa, ou (2) a pessoa a afirma, em última análise, com base em proposições que são conhecidas por si para essa pessoa. Chame-se essa tese de *T*. Ora, de acordo com *T*, alguém está justificado (paradigmaticamente) ao afirmar a própria *T* somente se (1) ou (2) forem atendidos. Mas *T* não é claramente evidente por si (afinal, muitos epistemólogos rejeitaram esse tipo de consideração). Além disso, é difícil entender como ela poderia ser derivada de proposições que são evidentes por si. Portanto, mesmo que *T* seja verdadeira, não podemos estar (paradigmaticamente) justificados ao aceitá-la.

No máximo, esse argumento constituiria uma objeção à consideração da *scientia* estrita de Tomás, uma vez que a tese *T* caracteriza apenas essa parte da sua teoria do conhecimento. Mas a objeção fracassa, em todo caso, por duas razões. Primeiro, Tomás nega que o fato de muitos rejeitarem alguma proposição mostre que a proposição não pode ser conhecida por si. Assim, o fato de que *T* é controversa não contribui em nada para mostrar

---

58 *Ibid.*, p. 60-62.

que a condição (1) não foi atendida. Em segundo lugar, Tomás, de fato, diz estar justificado ao afirmar *T* devido à condição (2). Vimos que ele sustenta que os componentes de *T* são instâncias de princípios metafísicos gerais, a saber, que qualquer coisa que seja *F* deve ser *F* por si, ou por outro que seja suficiente em aspectos relevantes para ter causado seu ser *F*, e que não pode acontecer que todas as coisas que sejam *F* sejam derivativamente *F* (sejam *F* por outro). Tomás deriva *T* diretamente desses princípios e adota princípios metafísicos básicos desse tipo, suas versões dos princípios de razão suficiente, de modo a serem proposições imediatas cognoscíveis por si.[59] Pode-se, é claro, objetar nesse ponto que esses princípios metafísicos não são claramente evidentes por si. Mas, como vimos, dada a sua visão sobre o que é uma proposição cognoscível por si, esse protesto por si só não é capaz de convencer Tomás de qualquer inconsistência ou incoerência.

Justificação não demonstrativa

A relevância que Tomás de Aquino confere a essa consideração da *scientia* levou alguns a supor erroneamente que essa consideração esgota a sua teoria do conhecimento, quando, na verdade, é apenas uma parte dela. Tomás reconhece um tipo de justificação adquirida, não a partir do conhecimento direto de proposições imediatas (intelecção) nem a partir da demonstração (*scientia*), mas a partir do que ele chama de raciocínio dialético ou provável (*probabilis, persuasoria*).[60] O raciocínio dialético se distingue por produzir conclusões que não são certas, mas apenas prováveis. Os argumentos prováveis não se restringem a derivar conclusões a partir de proposições imediatas por meio de formas silogísticas válidas; podem basear-se em premissas que não são necessárias e certas, mas que possuem certo *status* epistêmico positivo (proposições afirmadas pela maioria das pessoas, em boa autoridade, em bases indutivas, etc.) e fazem uso de formas argumentativas amplamente indutivas.

---

59 Note-se o exato paralelo entre a estrutura desses argumentos sobre a justificação epistêmica e as provas causais de Tomás da existência de Deus (*ST* Iª, q. 3, a. 2).
60 *In PA* I, proêmio; *In BDT*, q. 2, a. 1, *ad* 5; e *SCG* I, c. 9.

Tomás considera claramente que o raciocínio dialético pode fornecer uma justificação epistêmica, e que possuímos esse tipo de justificação para muitas das proposições que estamos justificados ao afirmá-las. "No processo da razão que não é acompanhado da certeza completa, encontram-se alguns graus na medida em que se aproxima mais ou menos da certeza perfeita. Com efeito, embora por esse processo algumas vezes, de fato, não se produza *scientia*, no entanto, produz-se crença [*fides*] ou opinião por causa da probabilidade das proposições das quais se procede" (*In PA* I, proêmio).⁶¹ Nessa passagem, Tomás indica uma atitude proposicional epistêmica distinta da intelecção e da *scientia* – a crença ou a opinião – que constitui nossa postura epistêmica para com as proposições que consideramos ser contingentes.⁶² Perceber uma proposição como contingente é perceber que os fundamentos que se tem para ela não garantem a sua verdade, ou seja, é ter menos do que a cognição completa e certa da sua verdade. Ele, no entanto, não desenvolve, para essa atitude epistêmica ou o raciocínio provável no qual se baseia, o tipo de consideração sistemática que fornece para a *scientia*.⁶³

Assim, quando as ideias de Tomás o obrigam a negar que temos *scientia* de alguma proposição, ou quando afirma que não temos nenhuma demonstração para essa proposição, ele não deve ser lido como negando que a conhecemos ou que estamos justificados ao afirmá-la. Embora ele negue, por exemplo, que possamos ter *scientia* de muitas das proposições da doutrina cristã, no entanto, considera que estamos justificados ao afirmá-las com base (entre outras coisas) em sua derivação de uma autoridade razoável.⁶⁴ Da mesma forma, não devemos rejeitar sua teoria do conhecimento alegando que sua consideração da *scientia* é muito estreita para constituir uma epistemologia completa.

---

61 Ver também *ST* IIª-IIª, q. 2, a. 9, *ad* 3; e *SCG* I, c. 6, onde Tomás sugere que estamos justificados ao afirmar certas proposições em virtude de haver boas razões para a sua verdade, mas que não são demonstrativas.
62 Ver também *In PA* I, lect. 44; *QDV*, q. 15, a. 2, *ad* 3.
63 Havia teorias do raciocínio dialético bem desenvolvidas e amplamente conhecidas na Idade Média; ver Stump, 1989.
64 A autoridade, é claro, é Deus, e Tomás argumenta a favor da origem divina da revelação por meio de argumentos apenas prováveis que recorrem a certos fatos históricos, incluindo a ocorrência de milagres. Ver *SCG* I, c. 6.

Cognição das naturezas reais

Como vimos, a consideração de Tomás de Aquino da justificação não inferencial recorre à noção de concebermos os sujeitos e os predicados das proposições imediatas, e Tomás considera esses sujeitos e predicados como naturezas reais. Sua teoria do conhecimento, então, leva-o a uma discussão sobre as nossas relações cognoscitivas com esses entes, entes que ele considera como os elementos logicamente simples a partir dos quais o conhecimento complexo (proposicional) é construído.

Embora nossa cognição das naturezas ou quididades seja uma condição necessária da nossa cognição das proposições imediatas, que são os primeiros princípios epistêmicos, a consideração de Tomás desse tipo de cognição não é estritamente epistemológica. Isso porque a questão da verdade não se coloca para esse tipo de cognição, uma vez que seus objetos não são proposições, as quais são as portadoras apropriadas dos valores de verdade. Assim, quando ele começa sua discussão do notoriamente difícil capítulo final dos *Segundos Analíticos*, salientando que será muito útil saber "como se conhece os primeiros princípios" (*In PA* II, lect. 20, n. 2), está introduzindo, não uma discussão sobre o que nos *justifica* ao afirmar os primeiros e imediatos princípios, mas uma discussão sobre os mecanismos causais ou processos psicológicos que originam certos tipos de estados ou disposições psicológicas.[65]

Sua resposta à questão genética sobre como chegamos a ter cognição dos primeiros princípios é que temos certas potências cognoscitivas (incluindo a percepção sensitiva, a memória e um intelecto agente e possível) que nos possibilitam ter cognição das naturezas ou quididades das coisas, os universais que são os constituintes das proposições categóricas[66] (os detalhes da sua

---

65 Já vimos sua resposta à questão sobre o que nos justifica ao afirmar princípios imediatos: estamos justificados não inferencialmente ao afirmá-los devido à nossa incapacidade de conceber os seus contrários, tendo em conta a nossa concepção dos termos dessas proposições.
66 "Alguém, no entanto, poderia crer que apenas o sentido ou a memória dos singulares é suficiente para causar a cognição intelectiva dos princípios [...]; assim, para excluir isso, o Filósofo supõe que é preciso pressupor, simultaneamente com o sentido, tal natureza da alma que pudesse sofrer isso, isto é, que fosse receptiva da cognição do universal, que se dá, de

consideração da natureza e operação dessas potências cognoscitivas vão além da epistemologia na psicologia e até na fisiologia, e assim não podem ser explicitados aqui).[67] Mas, em geral, Tomás pensa na consideração como uma solução para um antigo problema, essencialmente epistemológico.

O problema que Platão herdou dos pré-socráticos e ficou famoso é sobre como os entes humanos, cujos sentidos dão acesso a um mundo de objetos corporais irredutivelmente particulares, podem ter cognição dos universais. Poderíamos pensar no problema enquanto chamando a nossa atenção para uma lacuna epistemológica entre cognoscentes humanos dependentes da percepção sensitiva e a cognição dos universais. Tomás entende todas as principais posições epistemológicas que conhece como motivadas por esse problema básico. Ele divide essas ideias em três grupos principais.[68] Dois grupos aceitam o problema e admitem que a lacuna é intransponível: a percepção sensitiva, por sua própria natureza, é incapaz de nos colocar em contato cognoscitivo com universais, e assim os objetos da nossa cognição universal devem ser extrassensoriais. De acordo com esses dois grupos, se quisermos ter cognição dos universais, devemos ter acesso cognoscitivo a objetos inteligíveis para além da percepção sensitiva.

Tomás distingue esses dois grupos com base em suas ideias sobre a natureza dessa origem da cognição universal. O primeiro grupo afirma que as origens da cognição universal são *totalmente extrínsecas* à alma. Tomás coloca nesse grupo tanto um tipo de platonismo, de acordo com o qual os objetos inteligíveis são formas separadas (imateriais, existentes independentemente) das quais o intelecto humano participa, quanto um tipo de neoplatonismo muçulmano, de acordo com o qual as inteligências separadas (imateriais, almas intelectivas existentes independentemente) imprimem as formas inteligíveis no intelecto humano. O segundo grupo

---

fato, por meio do intelecto possível; e, em segundo lugar, que pudesse operar isso [*possit agere hoc*] de acordo com o intelecto agente, que faz os inteligíveis em ato por abstração dos universais a partir dos singulares" (*In PA* II, lect. 20, n. 12).

67 Para um desenvolvimento detalhado da doutrina da abstração aqui referida, ver *ST* I^a, q. 79 e q. 84-86. Ver também os capítulos "Aristóteles e Tomás de Aquino" e "Filosofia da mente" deste volume.

68 *QDV*, q. 10, a. 6; *ST* I^a, q. 84, a. 4.

sustenta que as origens da cognição universal são *totalmente intrínsecas* à alma. Aqueles que, inspirados por Platão, afirmam que os universais são inatos na alma, embora a cognição inata da alma deles fosse obscurecida pela união da alma com o corpo, inserem-se nesse grupo, assim como aqueles que sustentam que a presença dos objetos sensíveis é a ocasião, embora não a causa, de que a alma construa formas inteligíveis para si mesma *ex nihilo*, por assim dizer.

O terceiro grupo, os aristotélicos, não podem recorrer a um tipo de acesso extrassensorial a universais independentes, pois afirmam que toda cognição humana tem origem na percepção sensitiva. Esse empirismo aristotélico se baseia na visão de que os entes humanos são, por natureza, substâncias corporais únicas, cuja forma natural de acesso ao mundo se faz por meio dos sentidos corporais.[69] Se quiserem evitar o ceticismo, os aristotélicos devem então resolver o problema e preencher a lacuna epistemológica. Tomás apresenta sua teoria da abstração intelectiva como solução. Ele vê sua posição como um tipo de meio-termo entre as outras duas posições, afirmando que as origens da cognição universal são em parte extrínsecas e em parte intrínsecas à alma. Seu empirismo identifica uma origem externa: a cognição dos universais, como toda cognição humana, origina-se da percepção sensitiva e, portanto, do mundo externo dos particulares materiais. Mas ele reconhece que, do lado da alma, algo é necessário, a saber, uma capacidade cognoscitiva (em particular, um intelecto agente) que manipula os dados sensíveis para produzir os universais inteligíveis. Conhecemos as naturezas reais universais que constituem o sujeito e o predicado dos primeiros princípios epistêmicos, quando possuímos as espécies ou formas inteligíveis em ato, abstraídas por esse mecanismo das condições materiais que as tornam somente inteligíveis em potência.

Deixando de lado os detalhes da teoria da abstração, Tomás resume a sua postura geral nos parágrafos finais dos *Segundos Analíticos*:

---

69 Tomás argumenta contra as posições que sustentam que os entes humanos podem ter acesso aos objetos inteligíveis sem qualquer recurso à percepção sensitiva, afirmando que uma cognição desse tipo seria *antinatural* para os entes humanos, dada a sua natureza corporal.

Com efeito, é manifesto que o singular é sentido propriamente e por si [*per se*], mas, apesar disso, a sensação é de certo modo também do próprio universal. Pois conhece Cálias não apenas enquanto é Cálias, mas também enquanto é este homem, e da mesma forma Sócrates enquanto é este homem. Em seguida a essa recepção preexistente no sentido, a alma intelectiva pode considerar o *ente humano* em ambos. Ora, se fosse assim que o sentido apreendesse apenas o que pertence à particularidade, e com isso não apreendesse de nenhum modo a natureza universal no particular, não seria possível que a cognição universal fosse causada em nós a partir da apreensão dos sentidos. [...] Portanto, como recebemos a cognição do universal a partir dos singulares, [Aristóteles] conclui ser manifesto que é necessário conhecer os primeiros princípios universais por meio da indução. Deste modo, com efeito, a saber, por via de indução, o sentido produz o universal dentro da alma [*facit universale intus in anima*] na medida em que todos os singulares são considerados. (*In PA* II, lect. 20, n. 14)

Dois aspectos dessa passagem requerem comentários. Primeiro, não devemos confundir os primeiros princípios *universais*, de que Tomás fala nessa passagem, com os primeiros princípios *imediatos* que fundamentam a sua teoria da demonstração. Esses primeiros princípios universais não são proposições, mas naturezas universais às quais se referem os termos das proposições imediatas; são princípios (ou elementos fundamentais), não das demonstrações, mas das proposições.[70] Em segundo lugar, quando Tomás diz que conhecemos esses princípios universais por meio da indução, não faz uma observação sobre a nossa justificação epistêmica ao afirmá-los. Ele não quer dizer que estamos justificados inferencialmente ao

---

70 Tomás utiliza o termo "princípio" para designar tanto as *proposições* que são premissas de uma demonstração quanto os *termos* a partir dos quais uma demonstração é construída. Ver *In PA* II, lect. 2, n. 2-3 (onde o sujeito da conclusão e o *proprium* que se predica do sujeito na conclusão são chamados de princípios); I, lect. 5, n. 9 (onde ele afirma que, como a definição não pode ser uma proposição imediata – porque ela não é uma proposição de nenhum tipo –, deve ser considerada como um princípio imediato); I, lect. 18, n. 7; e II, lect. 2, n. 9 ("definições são princípios das demonstrações").

afirmar esses princípios universais com base em uma generalização indutiva. Por um lado, esses princípios universais não são proposições, e somente proposições podem ser justificadas por inferência indutiva. Por outro lado, Tomás utiliza frequentemente o termo "indução", como faz aqui, simplesmente para descrever o processo de percorrer os casos individuais. Nessa passagem, seu argumento é que o processo de refletir e comparar os casos particulares é a *causa* de o intelecto apreender o universal contido nos particulares, e não que o processo de examinar os casos particulares dê origem a uma generalização indutiva sobre alguma natureza universal.[71]

A discussão de Tomás sobre o funcionamento cognoscitivo humano dá a impressão, às vezes, de que ele considera a realização da cognição intelectiva dos universais como uma realização relativamente simples e quase automática. Mas essa impressão é enganosa. A passagem que acaba de ser citada, e outras observações ocasionais, sugerem que Tomás considera que, ao menos em certos casos, o processo pode ser longo e difícil. O fato de nossa apreensão de um universal necessitar de indução, isto é, o contato repetido com os particulares sensíveis relevantes e a experiência (*experimentum*) acumulada, indica que o processo de abstração intelectiva pode ser deliberado, refletido e progressivo.[72] Nossos contatos iniciais com os objetos sensíveis nos dão apenas uma cognição rudimentar, obscura ou vaga das

---

71 Um exemplo de processo causal não epistêmico de indução seria o ensino a uma criança que 1 + 1 = 2, colocando uma maçã na mesa, depois uma segunda, e explicando que adicionamos uma maçã a uma maçã com o resultado de termos duas maçãs; depois, repetindo o processo com moedas de um centavo, peças de madeira e assim por diante, até que a criança compreenda o princípio. Quando a criança finalmente compreende (e assim pode afirmar que conhece) que 1 + 1 = 2, seu conhecimento será o resultado causal desse processo de passar por instâncias particulares. É evidente que a *justificação* da criança para afirmar a proposição aritmética não é uma inferência indutiva que recorre a certas experiências particulares de maçãs, moedas de um centavo, blocos de madeira e assim por diante. Da mesma forma, tomaríamos os fatos sobre como *nós* aprendemos que 1 + 1 = 2 (os tipos de fatos que poderíamos aprender com os nossos pais e os primeiros professores) como completamente irrelevantes à nossa justificação para crer nessa proposição. Para uma visão diferente sobre o recurso de Tomás à indução nessa passagem e outras similares, ver Stump, 1992.
72 "Para isso [para que os objetos inteligíveis se tornem inteligíveis em ato] é necessário, além da presença do intelecto agente, a presença das fantasias, a boa disposição das potências sensitivas e a *prática em operações de tal natureza*" (*ST* Iª, q. 79, a. 4, *ad* 3).

suas naturezas reais, cognição que pode ser desenvolvida e refinada com a experiência posterior. Tendo em conta essas observações, parece melhor considerar o ato de abstração do intelecto agente, não como um tipo de produção instantânea misteriosa de uma forma universal a partir dos dados sensíveis, mas como um gradual, provavelmente árduo, processo intelectual.[73]

Essa concepção acerca da nossa cognição das naturezas universais como progressiva e em desenvolvimento cabe na visão de Tomás sobre a existência de proposições imediatas que não são conhecidas por todos. A cognição intelectiva dos universais nem sempre é fácil e direta. Quando ela é difícil, nem todos alcançarão a cognição desses universais, e nem todos conhecerão as proposições imediatas em que essas naturezas universais são os elementos.

Parece então que a consideração de Tomás da nossa cognição dos universais, tal como a sua consideração da *scientia*, foca o caso paradigmático, o caso no qual o aparato psicológico funciona perfeitamente. No entanto, nossa cognição em ato das naturezas reais universais, se aproximará do paradigma de diferentes formas e graus. Como no caso da *scientia*, Tomás considera que o paradigma é mais fácil de se alcançar no tocante a alguns objetos do que a outros. Por um lado, ele afirma que as naturezas matemáticas universais são mais facilmente acessíveis a nós do que as naturezas de outros tipos de coisas, mas, por outro lado, ele não é de todo otimista sobre a nossa capacidade de alcançar a cognição intelectiva das naturezas reais das substâncias corporais.[74] Assim, quando Tomás afirma que possuímos capacidades cognoscitivas que explicam a nossa capacidade de conhecer os universais e descreve o mecanismo causal pelo qual essas capacidades alcançam seu resultado, não precisamos considerá-lo como afirmando que cada instância da nossa cognição das naturezas reais das coisas satisfaz as condições que ele expôs.

---

73 Ver Kretzmann, 1992.
74 Ver, por exemplo, *In PA* I, lect. 4; II, lect. 13; *ST* Iª, q. 29, a. 1; q. 77, a. 1, *ad* 7; IIª-IIª, q. 8, a. 1; *SCG* I, c. 3; e *QDV*, q. 4, a. 1.

Otimismo epistemológico

Para o leitor moderno, é uma característica marcante das várias discussões epistemológicas de Tomás de Aquino que elas raramente abordem explicitamente preocupações céticas. A consideração da cognição universal, discutida na seção anterior, é um exemplo típico. Sua estratégia ao longo do desenvolvimento dessa consideração é a de argumentar que a cognição das naturezas reais dos objetos corporais apenas é possível se a alma tiver certos tipos de potências e se engajar em certos tipos de atos cognoscitivos. Ele simplesmente assume que temos, de fato, uma cognição desse tipo.[75] Por que Tomás não se preocupa com as questões céticas que nos parecem claras e urgentes?

Tem sido sugerido muitas vezes que a visão de mundo completamente teológica de Tomás é a causa de ele não levar a sério possibilidades desse tipo, uma vez que implicariam que as criaturas criadas por Deus estivessem, na maior parte, radicalmente enganadas sobre a natureza do mundo. Há, certamente, alguma verdade na afirmação de que os compromissos teológicos de Tomás ditam em certa medida as questões que ele considera mais interessantes e importantes. Mas gostaríamos de saber não apenas o que causou a falta de preocupação de Tomás com o ceticismo, mas que justificativa ele tem (caso exista) para ignorá-lo.

Alguns comentadores recentes argumentaram que, apesar das aparências, Tomás é um externalista sobre a justificação e o conhecimento, e que seu externalismo explica a sua falta de preocupação com o ceticismo.[76] Se

---

75 Essa estratégia é evidente nos argumentos do tipo encontrado na *ST* Iª, q. 75, a. 5 e q. 79, a. 3. Na *ST* Iª, q. 79, a. 4, no entanto, Tomás sugere que temos a *experiência* de abstrair as naturezas universais a partir da percepção sensitiva dos particulares. Talvez ele tenha a intenção de basear a sua consideração parcialmente em um recurso fenomenológico desse tipo; ver a seção anterior, "Proposições imediatas e fundamentos epistêmicos".

76 Para os nossos propósitos, podemos tomar o externalismo na epistemologia como a negação do internalismo, onde o internalismo afirma que, para uma pessoa conhecer ou estar epistemicamente justificada ao afirmar alguma proposição, essa pessoa deve, em certo sentido, ter acesso ou ter conhecimento do fato de que ela satisfaz as condições necessárias ao conhecimento ou justificação a respeito dessa proposição. Para a afirmação de que Tomás é um externalista, ver Jenkins, 1989, e Stump, 1992.

Tomás manteve um tipo de confiabilismo externalista, de acordo com o qual estar justificado ao afirmar alguma proposição *P* consiste em afirmar *P* como resultado do funcionamento adequado de um mecanismo confiável de formação de crenças – uma condição cuja satisfação não é preciso cumprir ou ter conhecimento –, poderíamos então entender por que as preocupações céticas não têm força para ele. No geral, as epistemologias externalistas modernas abandonaram a tentativa de refutar os céticos. Presumem que nossas faculdades epistêmicas estão essencialmente em ordem e perguntam que tipo de análise do conhecimento pode explicar que tenhamos isso. Além disso, a explicação de Tomás do funcionamento cognoscitivo humano inclui claramente uma explicação do que ele considera ser um mecanismo confiável de formação de crenças.

Essa visão é insustentável como interpretação de Tomás, no entanto, ela se compromete de forma muito explícita com uma versão forte do internalismo em relação ao conhecimento paradigmático e a justificação. Como vimos em muitas passagens citadas neste capítulo, Tomás, consistente e repetidamente, torna uma exigência à justificação que uma pessoa *possua* ou tenha acesso aos fundamentos constitutivos da sua justificação. Não se pode dizer que uma pessoa que não possua uma demonstração tenha *scientia* (*In PA* I, lect. 6, n. 2); não se pode dizer que alguém que não possua a demonstração de uma premissa demonstrável tenha *scientia* da conclusão derivada dessa premissa (*In PA* I, lect. 4, n. 14); é preciso crer na proposição que justifica alguém ao afirmar alguma outra proposição em grau maior do que se crê nessa proposição (*In PA* I, lect. 6, n. 4); não podemos dizer que temos *scientia* de proposições de fé porque as demonstrações para elas não são acessíveis a nós (*ST* II^a-II^a, q. 1, a. 5); é preciso ter conhecimento de que uma proposição imediata é imediata e necessária, caso contrário, ter-se-á apenas uma opinião a seu respeito (*In PA* I, lect. 44, n. 8-9).[77]

Para além dessa convincente evidência textual, há duas características centrais da epistemologia de Tomás que a marcam como claramente internalista. Primeiro, como vimos, Tomás afirma que a potência cognoscitiva

---

77 Ver também as passagens citadas na nota 20.

que distingue os entes humanos dos outros animais, a saber, o intelecto, torna-os genuínos conhecedores precisamente porque é uma potência autorreflexiva que lhes permite ter não apenas cognições, mas também a cognição da verdade das suas cognições. Quer dizer, é absolutamente central na epistemologia de Tomás que os entes humanos tenham acesso cognoscitivo aos seus próprios atos de cognição e seus fundamentos para julgar que alguns deles correspondem à realidade.[78] Em segundo lugar, as principais posições epistemológicas de Tomás são praticamente instáveis sem recorrer à sua própria metáfora da visão intelectiva, uma metáfora paradigmaticamente internalista. A intelecção e a *scientia* tornam certas proposições *evidentes* para nós, e seus objetos são coisas que são vistas (*visa*) como verdadeiras.[79] A elevação de Tomás desse vocabulário essencialmente metafórico a um *status* praticamente técnico é um testemunho da natureza completamente internalista da sua teoria do conhecimento.

Além disso, o compromisso explícito de Tomás com a confiabilidade das nossas faculdades cognoscitivas não tem tendência a mostrar que sua visão é confiabilista ou externalista. O confiabilista deve afirmar não apenas que nossos mecanismos de formação de crenças são confiáveis, mas também que nossa justificação para afirmar uma dada proposição *consiste em* nossa crença ter sido causada por um mecanismo desse tipo. As passagens que acabei de citar mostram claramente que Tomás rejeita essa segunda afirmação. De fato, a maioria dos internalistas afirmou que nossas faculdades cognoscitivas são confiáveis, e alguns deles, Tomás e Descartes entre eles, ofereceram argumentos internalistas a favor dessa visão. Eles consideraram que, para estarmos justificados ao afirmar que

---

78 Presumo que, para Tomás, ter cognição de algo (uma coisa ou uma proposição) é ter acesso a ele no sentido de "acesso" que interessa ao internalista (é claro que a exigência internalista de acesso não precisa implicar o conhecimento *ocorrido*). Portanto, o fato de termos a cognição da verdade de uma determinada cognição envolve termos acesso tanto à cognição quanto aos fundamentos para considerar que ela corresponde à realidade (no caso da justificação paradigmática, isso envolveria o conhecimento direto do próprio fato ou o conhecimento direto dos fatos que requerem o que é conhecido – junto com o conhecimento da necessidade).

79 Por exemplo, *QDV*, q. 10, a. 4, *ad* 1; *ST* II[a]-II[a], q. 1, a. 5.

nossas faculdades cognoscitivas são confiáveis, devemos ter razões internalistas para considerar que elas o são. Descartes, notoriamente, tenta construir argumentos que satisfaçam as exigências do seu fundacionismo internalista paradigmático para mostrar, primeiramente, que Deus existe e não é enganador, e então que nossas faculdades cognoscitivas são confiáveis quando devidamente governadas. Parece-me claro que as próprias razões de Tomás para considerar as nossas faculdades como confiáveis são semelhantes às de Descartes. Se perguntado o que o justifica ao considerar as nossas faculdades como confiáveis, ele certamente responderia, não afirmando que sua crença na nossa confiabilidade cognoscitiva é ela própria causada por um mecanismo de formação de crenças confiável, mas apontando-nos sua teologia filosófica e seus argumentos fundacionistas a favor da existência de um criador bondoso de cognoscentes humanos, e recorrendo aos casos em que temos cognição certa e infalível da verdade.

A aparente confiança de Tomás no fato de que o ceticismo é falso pode muito bem derivar da sua certeza de que o ceticismo *geral* é falso. Nosso conhecimento direto da verdade necessária de certas proposições imediatas constitui um acesso indubitável e infalível a essas verdades, e assim, em relação a essas proposições e às proposições que derivamos delas por via de demonstrações rigorosas, o ceticismo é provavelmente falso. Tomás pode supor que, dada essa certificação da capacidade de o intelecto apreender a verdade nos casos particulares, estamos justificados ao supor que nossas faculdades cognoscitivas geralmente nos dão acesso à realidade, ao menos na ausência de razões convincentes para pensar o contrário. Não temos o tipo de garantia direta da correção de todas as faculdades e processos que temos de alguns, mas a garantia direta que temos de alguns nos dá boas razões para confiar nos outros. Ora, em nenhum lugar Tomás desenvolve um argumento desse tipo, mas é o tipo de orientação que se poderia esperar que ele reconhecesse e retomasse a partir de Agostinho. A resposta explícita de Agostinho ao ceticismo termina efetivamente com a afirmação da falsidade do ceticismo geral, presumivelmente porque Agostinho considera que essa conclusão transfere o ônus da prova para os ombros do cético.[80] Além disso, seu frequente recurso fenomenológico à nossa experiência de cognição completa e certa da verdade sugere que ele considera que esses casos fornecem a evidência para um otimismo mais geral.

Mas, apesar da sua orientação geral realista e anticética, a epistemologia de Tomás não deve ser caracterizada como particularmente otimista. Na sua visão, os entes humanos são entes cognoscitivos limitados, com acesso restrito à realidade. Ele reconhece que o que eles podem conhecer sobre a estrutura da natureza e o reino dos entes imateriais é incompleto em profundidade e extensão. O fato de sua teoria do conhecimento focar-se nos paradigmas, descrevendo o funcionamento completo e eficaz das potências cognoscitivas humanas, pode nos levar a ignorar o fato de que ele considera que é muitas vezes difícil para nós alcançar o paradigma.[81]

---

80 *Contra Acadêmicos*, ver Agostinho, 1922, seção I, parte III.
81 Meus agradecimentos a Jan Aertsen, Panayot Butchvarov, Richard Fumerton, Norman Kretzmann e Eleonore Stump pelos comentários a uma versão deste capítulo, e registro o apoio do *Center of Advanced Studies* da Universidade de Iowa.

7 Ética

RALPH MCINERNY

Introdução

Seja de caráter filosófico ou teológico, a teoria moral de Tomás de Aquino deriva da reflexão sobre as ações realizadas pelos agentes humanos. Esse truísmo chama a atenção para a prioridade da ação moral sobre a teoria moral. Uma vez que as pessoas humanas envolvidas na ação têm conhecimento do que estão fazendo e porquê, a distinção entre teoria e ação não é aquela entre conhecimento e não conhecimento – entre saber e querer, digamos – mas uma distinção entre dois tipos de conhecimento prático. Nas seções seguintes, apresento um resumo da filosofia moral de Tomás, enfatizando a centralidade da análise da ação humana para essa teoria e o modo pelo qual suas doutrinas da virtude e da lei natural resultam da sua teoria da ação. Termino com uma discussão sobre um dos tópicos centrais da distinção, e complementaridade, entre filosofia moral e teologia moral: as pessoas humanas têm dois fins últimos?

Os atos humanos

Tomás de Aquino sustenta que os atos realizados pelos agentes humanos são atos morais, razão pela qual a teoria acerca deles é a teoria moral. Para ser em tudo plausível, isso requer a distinção que Tomás faz entre atos humanos (*actus humani*) e atos de um ente humano (*actus hominis*). Estes últimos são toda e qualquer atividade ou operação que pode ser verdadeiramente atribuída aos entes humanos, *mas não enquanto humanos*, não *qua* humanos. Os atos humanos constituem a ordem moral: "Assim, portanto, é próprio da filosofia moral, à qual se dirige a presente intenção, considerar as ações humanas na medida em que são ordenadas mutuamente e a um fim".¹ Essa descrição da filosofia moral fundamenta a sua subdivisão em monástica, econômica e política. O tema da filosofia moral é apresentado também como "a ação humana ordenada a um fim" e "o ente humano na medida em que age voluntariamente por causa do fim".² Toda ação humana, propriamente dita, cabe à filosofia moral.

Mas certamente Tomás jogou uma rede demasiado ampla. Se os atos humanos são o que os humanos fazem, e se os entes humanos caem quando derrubados, têm fome e sede, envelhecem e se desgastam, parece necessário falar de todas essas atividades ou operações como atos morais. Mas certamente isso seria completamente pickwickiano. Faz sentido, talvez, falar de envelhecer graciosamente, mas o inelutável envelhecimento do organismo humano não parece censurável ou louvável em si, precisamente porque não é objeto de escolha.

Foram tais considerações que levaram Tomás a fazer sua conhecida distinção entre atos humanos e atos de um ente humano,³ entre atividades atribuídas ou não atribuídas aos agentes humanos *apenas na medida em que são humanos, qua* humanos. Como podemos dizer se uma determinada ação cabe a uma categoria ou outra?

Os atos humanos são aqueles que são atribuídos *per se* ou enquanto tais aos agentes humanos, isso é, atribuídos a um tipo de coisa e a toda e qualquer instância desse tipo, e a nada que não seja uma instância desse tipo. Aristóteles chama isso de propriedade proporcionalmente universal.⁴ Portanto, aquelas ações que, embora verdadeiramente atribuídas aos entes humanos, não são atribuídas apenas aos entes humanos – isto é, não são

---

1 *In EN* I, lect. 1, n. 2.
2 *In EN* I, lect. 1, n. 3.
3 *ST* Iª-IIª, q. 1, a. 1.
4 O ensinamento de Aristóteles sobre os modos de perseidade se encontra nos *Segundos Analíticos*, 73a34-73b26, e na *Metafísica* V, 19. Ver os comentários de Tomás sobre essas discussões.

atribuídas a eles *qua* humanos, não são propriedades proporcionalmente universais, não são atributos *per se* – a elas é negado o *status* de *atos humanos*. Apenas as ações que são realizadas ou engajadas voluntária e conscientemente contam como humanas. Os atos humanos têm a sua fonte na razão e na vontade, faculdades peculiares dos entes humanos. "Ora, o homem difere das criaturas irracionais nisto: ele tem o domínio dos seus atos. Donde, somente serem chamadas de propriamente humanas aquelas ações sobre as quais o homem tem domínio. O homem, porém, tem domínio dos seus atos pela razão e pela vontade: donde, também se dizer livre-arbítrio [*liberum arbitrium*] da *faculdade da vontade e da razão*".[5]

Dessa forma, a sugestão, inicialmente surpreendente, de que independente do que os entes humanos fizerem, todos os seus atos são atos morais, torna-se mais precisa e mais plausível. Mas as dificuldades permanecem.

Deveríamos dizer que todos os atos que somente os entes humanos realizam são assim moralmente significativos? A lista que começamos acima contém ações que ninguém, a não ser um ente humano, poderia realizar, mas sua apreciação correta não parece ser moral. Ser considerado um bom golfista, poeta, flautista ou vendedor não é como tal ser considerado moralmente bom. É melhor adiar a discussão sobre essa dificuldade mais interessante até que tenhamos dito algo sobre o papel do bem, particularmente enquanto objetivo final.

A ação é em vista de um fim

A ação humana é ordenada a um fim; agimos em vista de um fim na medida em que temos uma razão para a ação. Como caracteristicamente humana, a ação procede do intelecto e da vontade, isto é, o agente se direciona conscientemente para um certo fim e o faz livremente. A responsabilidade moral é estabelecida pela relevância da pergunta "Por quê?" dirigida a essas ações: "Por que está fazendo isso?", "Por que eu fiz isso?". Ao contrário dos

---

5 *ST* Iª-IIª, q. 1, a. 1.

"atos de um ente humano", os atos humanos são aqueles sobre os quais temos domínio, e o domínio é obtido graças à razão e à vontade. Se eu perguntar a alguém por que ele está ganhando peso, a resposta pode muito bem ser uma explicação sobre o efeito de certo tipo de alimentos sobre o corpo humano. Se eu perguntar: "Mas por que come tanto?"; ou: "Por que come alimentos desse tipo?", a resposta será de outro gênero. A barba de um homem cresce de qualquer maneira, mas alguns homens deixam a barba crescer e outros não. Nem todos os "atos de um ente humano" podem tornar-se elementos de uma ação humana desse modo, mas alguns podem mostrar a amplitude da moral. É na medida em que ocasionamos alguma coisa livremente, ou livremente a deixamos acontecer, que somos responsáveis por isso e nossa ação é considerada um ato humano. Tomás de Aquino considera esse uso da nossa liberdade como ininteligível sem algum fim em vista do qual seja exercido.

Aristóteles não quis se contentar com a afirmação de que todas as ações visam algum fim ou outro; ele afirma que há um fim ou bem em vista do qual todas as ações são realizadas.[6] Ou seja, há um fim último, global, abrangente, em tudo o que os entes humanos fazem. Tomás se move na direção da mesma posição por meio de uma série de passos.

O primeiro passo, é claro, é a afirmação de que todo e qualquer ato humano visa algum bem como seu fim. Considera-se como uma propriedade da ação humana enquanto emanando da razão e da vontade. A ação é a ação que é por causa do objetivo que o agente tem em mente ao realizá-la. O que Tomás, às vezes, chama de objeto de uma ação – cortar queijo, cortar madeira, curar as feridas, correr sem sair do lugar – é o fim próximo da ação, o que a torna individual.[7] Poderíamos, é claro, individualizar os atos recorrendo aos agentes individuais que os realizam – atos de Ralph, atos de Thelma, atos cesarinos, atos elizabetanos –, mas poderíamos utilizar o fim que o indivíduo tem em vista para distinguir os diferentes atos realizados pelo mesmo indivíduo (quando o mesmo fim caracteriza vários atos do mesmo indivíduo – fazer a própria barba – poderíamos, é claro, individualizar pelo tempo). Isso indica que todo ato individual é um ato de um determinado tipo, e o seu tipo é tomado do seu fim ou objetivo.

---

6 Ver MacDonald, 1991b.
7 Ver Finnis, 1991.

O segundo passo é notar que podemos falar de fim adicional em vista do qual um objetivo é perseguido. A alguém que está cortando madeira, ainda pode ser perguntado por que está fazendo isso. O objetivo adicional poderia ser o combustível de inverno, necessário para um lar aquecido, que, por sua vez, é propício ao bem-estar dos habitantes da casa. Muitos tipos diferentes de atos podem ser ordenados ao mesmo fim remoto do bem-estar físico – limpar a chaminé, vestir um suéter, correr, comer adequadamente, ter a casa com isolamento, e assim por diante. Chamamos saudáveis uma variedade de coisas devido a essa orientação ao mesmo fim remoto. Isso dá origem à noção de fim último, o objetivo ao qual os objetivos das outras ações se subordinam.

Distinguindo entre ordem da intenção e ordem da execução, Tomás argumenta que em cada caso deve haver algum primeiro ou último. Buscando um determinado fim – chegar ao topo do monte Everest – esclareço na minha mente os passos a dar para chegar lá. O objetivo último que procuro ordena o meu pensamento quanto ao que devo fazer. Assim também, do ponto de vista da ordem da execução, a realização das etapas, faço coisas cuja justificação é tirada do fim visado.[8]

Uma pessoa pode ter uma pluralidade de fins últimos? Se a saúde conta como um fim último, nossa resposta, é claro, será afirmativa. Podemos ter muitos fins últimos na medida em que vários dos nossos atos podem ser agrupados e subordinados a um objetivo para além dos seus objetivos particulares. Aristóteles deu como exemplos de fim último os objetivos do construtor e do general.[9] O construtor ordena os fins do pedreiro, do carpinteiro, do vidraceiro e do eletricista ao fim último superior, mas subordinado, da casa; o general dirige os fins da infantaria, da cavalaria, do material bélico, dos oficiais e da artilharia para o fim da vitória. Mas falar de fim último leva a uma questão muito mais interessante: existe algum fim ao qual os fins de todos os atos humanos devam ser subordinados? Que existe um fim último da vida humana, nesse sentido absoluto, Aristóteles assumiu de forma clara a partir de

---

8 *ST* Iª-IIª, q. 1, a. 4.
9 *Ética a Nicômaco* I, 1.

duas considerações.[10] Primeiro, os legisladores regulam todas as ações humanas públicas em uma comunidade tendo em vista o bem comum dos membros dessa comunidade. Como esse bem comum é o bem de todos os cidadãos, pode ser o fim último de cada um deles. Em segundo lugar, temos um nome para isso: felicidade. Tudo o que fazemos, fazemos para sermos felizes. A felicidade é o fim último da vida humana.

É claro que é banal e verdadeiro dizer que todos agem em vista da felicidade, mas o que isso nos diz? Devemos, como Aristóteles, continuar e examinar as várias considerações que foram dadas da felicidade humana e perguntar quais poderiam ser os critérios da sua verdade e falsidade, adequação e inadequação. Poderia haver, talvez, uma pluralidade de considerações mutuamente compatíveis da felicidade humana? E quanto à afirmação de que existe um único fim último para todos?

Tomás tem Aristóteles bem presente quando discute essas questões, mas sua abordagem é um tanto diferente. "Tudo o que o homem deseja, deseja sob a noção de bem [*sub ratione boni*]. Com efeito, quanto a esse fato se não é desejado como bem perfeito, que é o fim último, é necessário que seja desejado como aquele que tende ao bem perfeito, porque sempre o começo de alguma coisa é ordenado à sua consumação".[11] Algo é visto como bom e atrai a vontade na medida em que é um componente do bem completo e perfeito do agente. Tomás se baseia em dois pressupostos óbvios. Não podemos querer o que é perverso ou mau: perverso ou mau *significa* o oposto de apetecível. Somente podemos querer alguma coisa na medida em que a entendemos como boa para nós, entendemos o fato de tê-la ou fazê-la como preferível a não tê-la ou fazê-la. Além disso, há uma distinção entre a coisa procurada e a razão para procurá-la, o aspecto sob o qual é procurada. As coisas que procuramos são inumeráveis, mas cada uma delas é procurada porque é boa, porque é entendida sob o aspecto do bem. Nosso bem é o que nos satisfaz e completa. Assim, todo objeto da ação deve ser entendido ao menos como uma parte do nosso bem geral. Não quero a comida

---

10   *Ibid.*, I, 2 e 4.
11   *ST* I^a-II^a, q. 1, a. 6.

simplesmente como o bem do meu paladar, mas para o meu bem-estar físico, que é uma parte do meu bem geral (ficará claro que meu bem geral não pode ser apenas *meu* bem).

Quando Tomás fala de todo agente humano procurando necessariamente o mesmo fim último, ele quer dizer que todo e qualquer agente humano faz tudo o que ele faz com o pressuposto de que fazê-lo é bom, ou seja, satisfazendo o tipo de agente que ele é, a saber, um agente humano. A noção de bem humano está implícita em toda ação humana. Seria absurdo dizer que todos os agentes humanos fazem ou deveriam fazer o mesmo tipo ou os mesmos tipos de ato, como cortar lenha, escrever poemas, ler grego, escalar montanhas. Mas não é absurdo dizer que, de fato, é inevitavelmente verdadeiro que, na medida em que o agente humano realiza um ato humano, esta ação seja efetuada na suposição implícita de que agir dessa forma é perfectivo do agente ("perfectivo", aqui, está vinculado ao ato de alcançar o seu termo, isso é, ser um ato perfeito, não significa santidade ou bondade extraordinária). Essa é a base de Tomás para dizer que todos os agentes humanos realmente perseguem o mesmo fim último.

Mas os entes humanos vivem suas vidas diferentemente; eles organizam seus dias e atividades de várias maneiras. De fato, suas sociedades diferem em organização; alguns são membros de sociedades rudes e primitivas; alguns vivem em South Bend, Indiana. E quando o olho da mente considera a existência diacrônica da raça, ameaça-se uma vertigem. Não apenas parece inexpressivamente banal dizer, então, que todos os entes humanos procuram o mesmo fim na medida em que procuram o que é satisfatório ou perfectivo; parece ser um erro derivado do que poderíamos chamar de falácia da abstração. Aristóteles e Tomás fracassaram?

As pessoas, é claro, podem estar enganadas sobre o que é bom para elas nas ações individuais, e podem estar enganadas quanto aos fins superiores e subordinantes que estabelecem para si mesmas. A felicidade consistirá na obtenção daquilo que *verdadeiramente* realiza a *ratio boni*.

O leitor moderno provavelmente se perguntará se Tomás está falando aqui do que acontece ou do que deveria acontecer. É importante entender que ele está falando de ambos. Há um sentido de fim último, tal que nenhum agente humano pode deixar de procurá-lo, uma vez que se resume à afirmação verdadeira autoevidente de que nenhum de nós pode agir a não ser em vista do que consideramos bom. Mas, assim como podemos estar enganados sobre o bem em uma instância particular da ação, podemos estar enganados sobre o que é um objetivo digno superior e subordinante de nossos atos. Se chegarmos a entender que não-*A* em vez de *A* contribui para a nossa felicidade, temos a mesma razão para fazer não-*A* que pensávamos ter para fazer *A*. Fizemos *A* na crença equivocada de que era bom para nós; quando entendemos que nosso juízo estava errado, não precisamos de nehuma outra *razão* para não procurar *A*. Queremos agora e necessariamente o que pensamos ser bom para nós, e entendemos agora que *A* não é. Assim também, embora muitas coisas diferentes possam ser consideradas como o objetivo último da vida, o que é comum a todas elas é a suposição (muitas vezes não articulada) de que organizar a própria vida é bom para o tipo de agente que se é. Quando discordamos, não discordamos que os entes humanos deveriam fazer o que lhes é satisfatório ou perfectivo: discordamos sobre onde essa satisfação ou perfeição deve ser encontrada. As discordâncias podem ser profundas, até mesmo radicais, mas nunca podem ser totais.

A virtude

O agente humano é precisamente aquele que realiza ações humanas com vista ao bem. Se queremos saber se algo ou alguém é bom, perguntamos qual é a sua função. Essa é uma das grandes contribuições de Aristóteles para a análise moral. Posso dizer que um olho é bom se realiza a sua função de ver bem. O órgão é chamado bom pelo fato de que suas operações são boas, são realizadas bem. O "bem" de uma ação, seu modo adverbial, é a base do discurso sobre a virtude.

A "virtude" de qualquer coisa consiste em realizar bem a sua função natural ou tarefa própria.

Como Tomás emprega aqui uma variação do argumento da função da *Ética a Nicômaco*,[12] não é de surpreender que ele encontre muitas das mesmas dificuldades que foram reconhecidas no argumento de Aristóteles. Bernard Williams, que reconhece a força do argumento da função tal como reintroduzido por Peter Geach,[13] é um exemplo típico ao objetar que não podemos fazer a transição das funções particulares para a função humana. Aristóteles tem razão em dizer que, se o homem tem uma função, será bom na medida em que realiza bem essa função; mas não existe tal função.

O ato humano é aquele em que apenas o agente humano realiza. Mas, como vimos, podemos começar uma lista aparentemente interminável dessas ações exclusivamente humanas.

A resposta de Tomás a isso é a mesma de Aristóteles. O que caracteriza o agente humano é a operação racional – tendo domínio sobre os seus atos graças à razão e à vontade – e a virtude *dessa* atividade torna o agente humano bom. Mas "operação racional" é uma expressão comum a muitos atos, e ela é comum não univocamente, mas analogamente. Num primeiro sentido, operação racional é a operação da faculdade da razão em si mesma. Essa, por sua vez, é subdividida nos usos teórico (ou especulativo) e prático da razão. Em segundo lugar, uma operação é chamada de racional, não porque é o ato da razão enquanto tal, mas porque está sob o domínio da razão,

---

12 *Ética a Nicômaco* I, 7: "Se a função do homem é o exercício das faculdades da alma em conformidade com a razão, ou pelo menos não dissociativamente da razão, e se dissermos que são idênticas à função de um indivíduo e àquela de um bom indivíduo pertencentes ao mesmo gênero (por exemplo, um harpista e um bom harpista, e assim em geral para todos os gêneros), a excelência, devida à virtude, sendo acrescida à função (de fato, a função de um harpista é tocar a harpa, aquela de um bom harpista é tocar bem a harpa), se assim for e se dissermos que a função do homem é um certo gênero de vida, que consiste no exercício das faculdades da alma e no agir, em associação com a razão, e se dissermos que a função de um homem bom é executar essas atividades bem e corretamente, e se uma função é bem executada quando é executada de acordo com a sua própria excelência, se assim for, o bem do homem é o exercício das faculdades da alma em conformidade com a virtude, e se houver diversas virtudes, em conformidade com a melhor e mais perfeita".
13 Ver Williams, 1972 e Geach, 1956.

embora seja um ato de outra faculdade humana. Assim, nossas emoções podem tornar-se humanizadas, racionalizadas, na medida em que estão sob o domínio da razão.[14]

Se operação racional é um termo análogo, de modo que existe um conjunto ordenado de tipos de operação racional, e se realizar bem cada um desses tipos de operação racional será um tipo distinto de virtude, segue-se que o bem humano consiste nos atos de uma pluralidade de virtudes. Mas, assim como a operação da qual elas são virtudes é analogamente comum, assim também "virtude" é um termo análogo. Tomás emprega a definição aristotélica no sentido de que a virtude é o que torna alguém que a possui bom e torna sua operação boa. O bem sendo o objeto do apetite, segue-se, paradoxalmente, que as vitudes perfectivas da operação racional, no sentido participativo desse termo (por exemplo, nossos sentimentos na medida em que estão sob o domínio da razão), são mais propriamente chamadas de virtudes, ao passo que as virtudes perfectivas do intelecto especulativo, a operação humana característica por excelência, são virtudes apenas num sentido extenso e diminuído do termo. A geometria pode aperfeiçoar a nossa consideração da quantidade contínua, mas chamar alguém de bom geômetra não é uma avaliação a seu respeito como pessoa. Se a geometria é uma virtude, não é uma virtude moral.[15]

> A virtude humana é certo hábito que aperfeiçoa o ente humano para operar bem. Ora, o princípio dos atos humanos no ente humano não é senão duplo, a saber, o intelecto ou razão, e o apetite. [...] Donde, ser preciso que toda virtude humana seja perfectiva de um desses princípios. De fato, se, portanto, for perfectiva do intelecto especulativo ou prático para o bom ato do ente humano, será virtude intelectual; mas se for perfectiva da parte apetitiva, será virtude moral.[16]

Estamos agora em condições de considerar uma dificuldade que encontramos no início. A identificação de Tomás dos atos humanos com os

---

14 Ver o magnífico capítulo 13 do livro 1 da *Ética a Nicômaco*, onde Aristóteles desenvolve o material esquematizado aqui.
15 Ver McInerny, 1968, p. 24-29.
16 *ST* Iª-IIª, q. 58, a. 3.

atos morais parece ignorar o fato de que, às vezes, avaliamos os atos humanos de modos que não são avaliações morais. Uma análise da sua tacada de golfe ou do modo como aposta no *bridge* falará, sem dúvida, de bom e mau, bem e mal, deve e não deve, certo e errado, mas esses usos, talvez devêssemos chamá-los de usos técnicos, e não morais, desses termos de avaliação. E Tomás concordará. As virtudes especulativas, a geometria e a mecânica quântica permitem-nos, digamos, realizar bem certos tipos de atividade mental, e dizer de alguém que é um bom geômetra ou físico não é, em si, um elogio moral. Mas se podemos avaliar certos atos humanos de modo não moral, parece errado identificar ação humana e ação moral.

Tomás, no entanto, aferra-se com razão a essa identificação. Sua razão é a de que qualquer ação humana que possa ser avaliada tecnicamente também pode ser avaliada moralmente. Faz sentido perguntar se é bom para alguém fazer bem a geometria nesta ou naquela circunstância. O fato de que alguém ganha conhecimento da psicologia humana não justifica todos os procedimentos que possam ser empregados. Consta que as virtudes intelectuais, sejam aquelas do intelecto teórico ou a virtude do intelecto prático, que Aristóteles e Tomás chamam de arte (que tem uma gama ampla e análoga, da sapataria à lógica), nos dão a capacidade (*facultas*) de fazer algo, mas nosso emprego (*usus*) dessa capacidade é outro problema.[17]

A virtude, em sentido estrito e próprio, assegura um amor estável ao bem e, portanto, envolve essencialmente a vontade, sendo que o bem é o objeto da vontade, e o amor, o ato da vontade. A virtude, num sentido secundário, fornece apenas uma capacidade, a qual podemos usar bem ou mal dependendo da disposição da nossa vontade: é o uso, e não a capacidade, que depende da vontade. Mas Tomás isenta duas virtudes intelectuais dessa limitação, a saber: a prudência e a fé divina.

Se aprendi lógica, posso raciocinar bem, mas a lógica não me incita a usar a capacidade que ela confere. As virtudes intelectuais, uma vez que podem ser usadas bem ou mal, não são virtudes no sentido pleno do termo, de acordo com o qual uma virtude torna aquele que a possui e sua operação

---

17 *ST* Iª-IIª, q. 56, a. 3; q. 57, a. 4.

bons. Apenas os hábitos que dispõem os apetites dão tanto a capacidade como a inclinação para usar bem a capacidade; de fato, a capacidade é a tendência a agir bem de um certo modo.

A sabedoria prática ou prudência é uma virtude do intelecto prático que depende de um modo especial das virtudes morais, do apetite, e é mais propriamente uma virtude do que as outras virtudes intelectuais. "A prudência, porém, não apenas confere a capacidade para o trabalho bom, mas também o uso; de fato, diz respeito ao apetite, como aquilo que pressupõe a retidão do apetite".[18]

O bem para o ente humano, portanto, consiste numa pluralidade de virtudes morais e intelectuais. Nenhuma virtude sozinha poderia tornar o agente humano bom, porque a função humana não é algo univocamente uno. Para ser moralmente bom, precisa-se das virtudes morais, as quais, por sua vez, são dependentes da virtude do intelecto prático, que Tomás chama de prudência. As virtudes morais permitem ordenar os bens do apetite sensitivo ao bem geral do agente; elas têm, lembremos, maior direito à designação de "virtude", porque têm sua sede no apetite – fornecem não apenas uma capacidade mas uma disposição ou inclinação ao bem. A justiça tem como "sujeito" o apetite racional ou vontade e, assim, nos permite agir de forma a procurar nossos fins particulares tendo em vista o que é devido a outros, seja pelos negócios específicos que realizamos com eles, seja pelo bem geral que compartilhamos como membros da mesma cidade, nação e, eventualmente, espécie.[19] Somos tão próximos dos membros da nossa família que não há distanciamento suficiente para a justiça. A justiça é a preocupação com o "bem do outro", mas nossos pais e filhos – até mesmo nosso cônjuge – são insuficientemente outros para que a justiça, em sentido estrito, estabeleça-se entre nós e eles.[20]

---

18 ST Iª-IIª, q. 57, a. 4.
19 ST Iª-IIª, q. 56, a. 6.
20 Dada a natureza e o propósito da *Suma de Teologia*, espera-se que Tomás traga à cena uma doutrina tão tradicional quanto a das quatro virtudes cardeais. Como teólogo, ele também deve incluir as virtudes teologais – fé, esperança e caridade – e inserir na sua consideração também as bem-aventuranças, os dons e os frutos do Espírito Santo. A *ST* Iª-IIª, q. 60, a. 2 fornece um resumo notável da doutrina de Aristóteles sobre as virtudes morais.

A análise da ação

Tomás de Aquino, como Aristóteles, procura encontrar uma interpretação da tese de Platão, "o conhecimento é virtude", que seja verdadeira. Para isso, utiliza uma concepção de silogismo ou discurso prático, sugerindo que um princípio ou regra da ação pode ser considerado como primeira premissa. Eu sei o que devo fazer. Esse conhecimento pode ser expresso em juízos como "não se deve prejudicar o inocente", "deve-se defender seu país", "deve-se proteger os que estão sob sua responsabilidade". Lord Jim conhecia o último, mas sua ação negou o conhecimento. Como ele pôde fazer o que sabia que não deveria fazer? O próprio problema faz com que a identificação entre conhecimento e virtude pareça insana. E se disséssemos que se pode conhecer e, no entanto, não conhecer as suas circunstâncias particulares à luz desse conhecimento? Então se poderia conhecer e não conhecer ao mesmo tempo. Não se pode simplesmente entender as circunstâncias particulares à luz do juízo comum. Mais interessante para os nossos propósitos, pode-se dolosamente não aplicar o que se sabe (em geral) que deve ser feito para essas circunstâncias aqui e agora. Isto é possível porque as circunstâncias criam uma oposição entre o princípio ou regra e o que eu *realmente* quero, que é o objeto do meu apetite, por causa do comportamento anterior. Meus hábitos e caráter são tais que meu bem particular imediato, do meu ponto de vista, é oposto ao bem expresso no princípio da ação, ao qual dou meu assentimento apenas enquanto for mantido geral.

Essa análise fornece uma abordagem negativa do papel da virtude moral no juízo da prudência. A virtude moral dispõe ao fim e permite que a prudência julgue eficazmente sobre os meios a serem escolhidos. O juízo da prudência é um conhecimento de um tipo diferente daquele expresso em princípios. Às vezes, Tomás contrasta o conhecimento geral e o tipo de conhecimento da prudência, descrevendo o primeiro como conhecimento racional (*per modum rationis*), e o segundo, como conhecimento conatural

---

Tomás enumera dez virtudes morais que têm a ver com as paixões ou emoções. Essas, mais a justiça, dão um total de onze virtudes morais.

(*per modum inclinationis* ou *per modum connaturalitatis*).²¹ Esse conhecimento conatural da prudência equivale à virtude.²²

O discurso da razão prática é descrito, às vezes, como um movimento a partir de uma premissa maior, que expressa uma regra geral ou princípio, para uma premissa menor, que é uma avaliação das circunstâncias particulares à luz do princípio, com a conclusão sendo o comando da prudência quanto ao que se deve fazer. Mas a premissa maior somente pode funcionar nesse discurso se houver uma disposição apetitiva à boa ação que ela expressa.²³ Quando há uma falha de aplicação por parte de alguém que conhece e aceita o princípio geral, pode ser devido ao fato de que ele não está disposto apetitivamente a isso. Então, Aristóteles sugere que há um princípio geral suprimido que, se articulado, talvez constrangesse o agente, um princípio como "nenhum prazer deve ser renunciado". Em todo caso, um silogismo prático, que emite uma escolha, deve envolver uma premissa maior, que é mais do que uma postura cognoscitiva.

Essa análise da ação humana em termos de fim/meios é ainda mais proeminente no tratado que Tomás dedica aos componentes de um ato humano completo.²⁴ O que, às vezes, foi considerado como uma multiplicação fantástica de entes, foi recentemente valorizado como um discernimento dos momentos do ato complexo, revelado quando uma ação é interrompida em vários pontos.²⁵ A análise depende de uma série de distinções: primeiro, entre ato interno e externo. Quando pego meu porrete, bato no peito e ataco o inimigo ferozmente, esse ato externo expressa um comando interno. Em segundo lugar, Tomás distingue entre ordem da intenção e ordem da execução. O raciocínio prático começa com o fim e procura os meios para alcançá-lo, movendo-se dos meios remotos aos próximos e chegando finalmente ao que posso fazer aqui e agora. É isso que Tomás entende por ordem da intenção. A ordem da execução, começando

---

21 *ST* Iª, q. 1, a. 6, *ad* 3.
22 *ST* Iª-IIª, q. 58, a. 2.
23 Ver *ibid.* para o uso de *connaturale* a esse respeito.
24 *ST* Iª, q. 1, a. 8-17. Ver Donagan, 1982. Esta é uma apresentação muito perspicaz da doutrina de Tomás. Discuto as críticas de Donagan em McInerny, 1992.
25 Um dos grandes méritos do artigo de Donagan é ter enfatizado isso.

com o ato que posso fazer aqui e agora e prosseguindo até alcançar o fim, é o inverso da ordem da intenção.

A análise do ato interior chama a atenção para a interação dos atos do intelecto e da vontade, primeiro na ordem da intenção e depois na ordem da execução. Aqueles na ordem da intenção se relacionam com o fim. Um primeiro ato da vontade se relaciona com o que a mente entende como bem, como um fim a ser perseguido. Um objeto é entendido como bom quando o considero de tal forma que sou movido por ele enquanto satisfaz as minhas necessidades. O pensamento continuado nele produz prazer e contentamento na medida em que imagino tê-lo. Como a mente continua a explorar os atrativos do bem, a vontade, atraída pelo que lhe é apresentado como atraente, aprecia a perspectiva de tê-lo e, então, pode vir a intencioná-lo, isto é, desejá-lo como algo a ser alcançado por etapas ainda não especificadas. O bem desejado e o prazer nele devem ser alcançados e, portanto, intencionados. Esses três atos da vontade – volição, prazer e intenção – pertencem, é claro, à ordem da intenção. O ato interno se move agora para a escolha dos meios, e aqui também Tomás distingue diferentes atos da vontade. Pode ser que haja muitas formas de alcançar o bem intencionado, e nos encontramos aprovando várias dentre as quais teremos que escolher. O que Tomás chama de consentimento (*consensus*) precede a escolha dos meios quando há uma pluralidade de meios atraentes. A razão comanda a procura dos meios escolhidos, e isso envolve o uso por parte da vontade de outras potências diferentes da vontade, talvez mais notadamente as do corpo. Embora isso possa significar a opção de seguir uma certa linha de argumento, em cujo caso o comando se relaciona com o uso da nossa mente, o comando é mais obviamente compreendido como relacionado com o uso das nossas potências motoras, nossos membros, várias ferramentas e instrumentos. Os três atos na ordem da execução são, portanto, consentimento, escolha e uso.

Estamos raramente cientes dessa complexidade em nossas ações, mas, por outro lado, raramente pensamos em quão complicado é andar. Os momentos do ato completo chegam ao nosso conhecimento apenas quando o ato é interrompido. Estamos constantemente cientes dos bens que movem a nossa vontade de forma preliminar, mas esse é o fim dela. No entanto, podemos persistir e ter prazer na contemplação do curso da ação ou do estado de coisas e não fazer do bem um objeto da intenção, um objetivo a ser alcançado por meio de etapas intermediárias. Somente se o intencionamos, nossa mente procurará as formas e os meios de alcançá-lo. Se há apenas uma forma de atravessar o rio e nossa intenção é atravessá-lo, consentir e escolher seriam o mesmo. Como geralmente há uma pluralidade de meios atrativos, o consentimento geralmente precede a escolha. O comando leva então a vontade a usar uma outra faculdade, embora, às vezes, o ato do comando possa ser interno e, às vezes, seja um ato externo. Um exemplo é pegar o porrete, e assim por diante, conforme mencionado anteriormente.

Essa análise do ato humano completo em seus componentes é um outro olhar para o discurso prático emitido no comando da prudência. Em ambos os casos, os pontos de partida são considerados fins. No entanto, no caso do discurso ou silogismo prático, os fins foram tidos como incorporados em juízos ou preceitos sobre o que é o bem para nós. Essa é a visão sobre eles que leva a uma outra característica da doutrina moral de Tomás, a lei natural.

A lei natural

É uma característica da filosofia aristotélica, adotada por Tomás de Aquino, a ideia de que há pontos de partida do pensamento humano que são acessíveis a todos. A conversação demanda pressupostos compartilhados de como as coisas são e o tipo de agentes que somos, verdades tão básicas que suas articulações em comum ou básicas parecem quase uma vaidade. Os princípios aristotélicos estão incorporados nas práticas de nossa vida e pensamento, e vêm à mente como implícitos em outros pensamentos e juízos. Se sua procura pela raquete de tênis no sótão continua até o momento em que diz: "Bem, ou a maldita coisa está aqui ou não está", isso mais parece jocoso do que a enunciação de um princípio.

Quando Tomás fala de princípios ou pontos de partida dos pensamentos, refere-se a essas verdades mais profundamente incorporadas, e não a um conjunto de axiomas que dispomos regularmente antes de dar outros passos. Elas são explicitadas sob pressão. É impossível para algo ser e não ser, essa verdade mais fundamental sobre as coisas é articulada quando sofisticamente é posta em questão. Os princípios básicos da moralidade, aqueles que não estão limitados por nossa cidade ou pessoas, são expressos quando nos deparamos com outros que parecem pensar o contrário e precisamos esclarecer o que nós mesmos pensamos. "Lei natural" é o título que Tomás aplica aos princípios subjacentes à prática e ao discurso moral, que são extraídos da reflexão sobre o discurso menos geral.

Pelo termo "lei" queremos dizer, se ele estiver certo, uma ordenação da razão para o bem comum promulgada por aquele que tem o governo da comunidade.[26] Essa consideração nos faz lembrar imediatamente o que emana de legisladores, reguladores, juízes e – no passado, pelo menos – de monarcas mais limitados do que estes em seu poder: uma regra da ação proposta, discutida, e depois votada, que governa efetivamente nosso comportamento. O suposto objetivo dessas restrições à nossa liberdade é preservar o bem comum dos cidadãos. Leis de caça; leis de trânsito; leis que regem a compra e venda, a construção e reforma, a condução de veículos, a preparação de alimentos – a gama de nossas leis é de tirar o fôlego, mas, teoricamente, o fim último em vista é o bem comum. O uso do termo "lei", para falar dos princípios mais profundamente incorporados no discurso moral dos entes humanos, envolve um significado do termo que tanto se apoia quanto se distingue do seu primeiro e óbvio sentido. Esse uso não começa com Tomás, mas ele passa algum tempo justificando-o.[27]

A lei civil fornece orientações de ação como aquelas que funcionam como premissas maiores dos silogismos práticos. É claro, nem todo preceito

---

26 *ST* Iª-IIª, q. 90, a. 4.
27 O termo "lei" é, em suma, um termo análogo, o significado primário do qual, no que diz respeito ao uso do termo, é a lei civil. No que se refere à classificação real ou ontológica, a lei eterna é primeira. Tomás aceita e defende a visão aristotélica de que primeiro conhecemos e nomeamos as coisas ontologicamente menos perfeitas, que são acessíveis a nós por meio dos nossos sentidos e, então, com base em argumentos fundados no nosso conhecimento dessas coisas, conhecemos e nomeamos as suas causas transcendentes. Os vários significados de "lei" são discutidos na *ST* Iª-IIª, q. 91: lei eterna, lei natural, lei divina, lei da carne.

ou orientação é um assunto da lei civil; antes, a lei civil se apropria desses juízos morais para sua força. No mínimo, as leis civis não devem estar em conflito com as verdades morais fundamentais. Algumas coisas são certas ou erradas porque uma lei foi aprovada; às vezes, aprova-se uma lei que expressa o que já se reconhece como errado. Dirigir do lado errado da estrada acarreta sanções punitivas, não porque alguma coisa sobre o lado direito ou esquerdo da estrada requer essa determinação legal, mas porque o trânsito precisa ser regulado para evitar o caos. As leis contra a morte de inocentes não estabelecem a iniquidade dessa ação. Envolver-se em tal comportamento é errado, independentemente de sua sanção na lei civil.[28]

É porque a lei civil não é completamente um caso arbitrário, mas, às vezes, expressa juízos morais e deve sempre evitar conflitos com eles, que os juízos morais passaram a ser mencionados como uma lei não escrita, uma lei anterior à lei escrita. Até certo ponto, as duas têm uma fonte comum. Se uma sociedade aprovasse uma lei que tornasse obrigatório matar irlandeses, os membros dessa sociedade não poderiam escapar da nossa censura apelando à lei. Algumas leis civis, devemos dizer, não obrigam e, embora tenha a aparência de lei, na verdade são uma perversão dela.

Nossas ações na sociedade são restringidas por leis, mas o pressuposto é que se trata de uma orientação da nossa liberdade para o verdadeiro bem compartilhado da comunidade da qual fazemos parte. De onde vem o poder restritivo da lei moral? Por que somos obrigados por juízos morais? A noção de *dever* depende da relação dos meios para com um fim. Se há apenas um meio para um fim, ou apenas um meio disponível, somos obrigados a escolher esse fim. O "dever" está associado assim, no sentido primário do termo, antes aos meios do que aos fins. Alguns meios são obrigatórios, dados os nossos fins. Essa restrição da nossa liberdade é, portanto, hipotética. Aquele que quer o fim, deve querer os meios, no velho ditado. Mas e os próprios fins? E os fins aos quais estamos dispostos pela posse das virtudes morais?

A vontade, como apetite intelectivo, tem relação com as coisas que a mente entende como bens, e há certas coisas que são entendidas como

---

28 A maneira pela qual a lei positiva humana é derivada da lei natural é discutida na *ST* Iª-IIª, q. 95, a. 2.

componentes necessários do bem humano completo. De fato, a mente os apreende como bens aos quais já estamos naturalmente inclinados. A virtude, como segunda natureza, é a perfeição de uma inclinação natural ao bem.[29] Os juízos sobre os bens aos quais já estamos naturalmente inclinados formam os pontos de partida ou princípios do discurso moral. Se as escolhas particulares são analisadas em termos de um tipo de silogismo que aplica uma regra moral a circunstâncias particulares, os princípios são preceitos não contraditáveis que articulamos quando orientações menos gerais da ação são questionadas. O conjunto dos princípios do discurso moral é o que Tomás entende por lei natural.[30] Esses juízos sobre o que se deve fazer não podem ser coerentemente negados. Nisto são parecidos aos primeiros princípios do raciocínio em geral. Tomás tem em mente o modo pelo qual o princípio de não contradição é defendido. Não se pode provar se é o primeiro princípio, mas isso não significa que possa ser coerentemente negado. Alguém que negue este princípio tem de invocá-lo, pelo menos no plano da linguagem, como argumentou Aristóteles. Para que a afirmação "é possível alguma coisa ser e não ser ao mesmo tempo e sob o mesmo aspecto" seja verdadeira, sua contrária, é claro, deve ser falsa. Ainda mais, basicamente, os termos em que é expressa não podem ser tomados simultaneamente como significando *X* e *não X*.

O equivalente do princípio de não contradição na ordem moral é "o bem deve ser feito e perseguido, e o mal, evitado". Não faz sentido elogiar o mal, porque se deve elogiá-lo como algo bom, desejável e digno de ser procurado. Esse é o único princípio moral de não contradição? Sim e não. Existem outros, mas são articulações e especificações dele. "Sobre isso estão fundamentados todos os demais preceitos da lei da natureza, de tal modo que tudo o que deve ser praticado ou evitado, que a razão prática naturalmente apreende ser bem humano, pertence aos preceitos da lei da natureza".[31] Com que base a razão prática julgará alguma coisa como sendo um bem humano, um

---

29 Ver *ST* Iª-IIª, q. 65, a. 1 e, para o contrário no vício, q. 75, a. 2, *ad* 3.
30 *ST* Iª-IIª, q. 94, a. 2
31 *Ibid.* [N.T.: Souza Netto, 2011, p. 80; para esta referência, ver nota 7 do capítulo "Aristóteles e Tomás de Aquino" deste volume.]

componente do bem humano geral? "Porque o bem tem a noção de fim, e o mal, a noção contrária, daí é que todas aquelas coisas para as quais o homem tem inclinação natural, a razão apreende naturalmente como bens e, por consequência, como obras que devem ser praticadas, e as contrárias dessas, como males que devem ser evitados".[32] Os entes humanos têm em comum com as coisas uma inclinação para preservar-se na existência; em comum com os outros animais, eles têm uma inclinação para acasalar, ter filhos e cuidar deles; e eles têm uma inclinação particular – seguindo sua característica definidora, a razão – para conhecer, conversar e viver juntos em sociedade.

As inclinações naturais são as que temos, mas não escolhemos ter: não é uma questão de decisão que a existência seja boa, que o sexo atraia, ou que pensemos. Estamos inclinados a fazer isso, por assim dizer, querendo ou não. É claro que Tomás não está oferecendo como primeiros princípios da ordem moral preceitos que nos dizem para fazer o que não podemos deixar de fazer. Se agíssemos naturalmente, querendo ou não, isso seria a negação, e não o começo da ordem moral. É porque podemos perseguir bem ou mal esses bens como entes humanos, que os preceitos morais são formados a respeito deles. A ordem moral consiste em colocar nossas mentes na perseguição dos objetos das inclinações naturais, de forma que os persigamos bem. Não devemos cuidar do nosso bem-estar contínuo de uma forma que prejudique o nosso bem-estar geral. A ação covarde entra em conflito com esse juízo. Devemos seguir a inclinação da nossa natureza para acasalar e procriar da maneira apropriada a agentes que, como seus descendentes, têm um bem que não se esgota por essa atividade. Se eu pudesse tomar onze esposas e acasalasse de manhã, à tarde e à noite para ver quantos filhos poderia fazer, minhas ações não estariam justificadas pelo fato de que o sexo e os filhos são bens inegáveis. Seria perseguir um bem à custa do bem geral, assim como meu envolvimento na atividade sexual de tal maneira que eu impedisse o bem para o qual tenho uma inclinação natural.

A forma como os preceitos da lei natural são descritos pode nos levar a considerar o discurso moral como um sistema axiomático: primeiro estabelece

---

32 *Ibid.* [N.T.: Souza Netto, 2011, p. 80, ligeiramente modificado.]

os princípios mais gerais, depois articula os menos gerais, e depois procede sistematicamente na direção do concreto e particular. Esse não é o procedimento nas ciências especulativas, com exceção da geometria. Os princípios são pontos de partida na medida em que expressam (quando formulados) os bens mais profundamente incorporados e implícitos nas ações humanas em curso. A lei natural é uma teoria sobre o raciocínio moral, e não devemos atribuir ao que está sendo discutido o que pertence assim à consideração teórica. A lei natural é a teoria de que existem determinados princípios não contraditáveis sobre o que devemos e não devemos fazer. Essas verdades são descritas como princípios conhecidos *per se*. Seria absurdo dizer que todos sabem o que são proposições evidentes por si ou qualquer um dos outros enfeites da teoria. Nem a teoria requer que todo agente humano comece o dia, quanto mais a sua vida moral, lembrando-se de que o bem deve ser feito e o mal, evitado. Essa verdade estará incorporada em preceitos que ele poderá muito bem formular: "Não é justo para com os outros passar tanto tempo no banheiro", "Precisa de um bom café da manhã", "Use um chapéu", etc. A vida moral é expressa nesse discurso. Mais princípios gerais, os princípios mais gerais, serão descobertos e, nesse sentido, encontrados sob a pressão da tentação, conflito ou viagens. Mas proporcionarão um choque de reconhecimento ao invés de parecerem totalmente novos. De fato, quando o princípio mais geral é expresso, estamos propensos a tomá-lo como um tipo de anedota. "Faça o bem e evite o mal" soa um pouco como "o céu está acima de nós". No entanto, há momentos em que enunciá-lo nos permite orientar-nos.

A teologia moral

Nem todos têm uma teoria da lei natural, mas todo agente humano tem acesso aos seus princípios básicos. De fato, pelo menos com respeito ao primeiro princípio do discurso moral, "faça o bem e evite o mal", todo agente humano já o afirma implicitamente. A menos que alguém seja muito corrupto, outros preceitos da lei natural serão também reconhecidos por qualquer agente humano. Isso não quer dizer que eles sejam um conjunto de regras formuladas gravadas no espírito, que requerem apenas a nossa atenção reflexiva para torná-los conhecidos. Pelo contrário, eles são juízos que fazemos apenas depois de uma pequena consideração.[33] Dessa forma, a imoralidade de mentir, roubar e seduzir os cônjuges dos outros é reconhecida como inimiga de um ordenamento humano razoável das nossas vidas. Tomás de Aquino afirma que as proibições de mentira, roubo e adultério são sem exceções e que qualquer um é capaz de reconhecê-lo. Uma sociedade que permita tais práticas conterá as sementes da sua própria dissolução.

Essa convicção de que existem princípios morais no domínio comum, que são o pressuposto das relações entre os entes humanos, tem uma longa e nobre história entre os pagãos, tanto quanto entre os judeus e os cristãos. O questionamento da existência de uma lei natural tem também uma longa história. Do ponto de vista cristão, a afirmação de uma lei natural tem uma despreocupação quase pelagiana, como se a humanidade não tivesse sofrido a catástrofe primitiva que é o pecado original. Nossas vontades foram enfraquecidas; nossas mentes, obscurecidas; e pareceu a alguns que somente com a graça podemos conhecer os preceitos morais mais elementares e respeitá-los. Tomás era um cristão, afirmava a doutrina do pecado original e tinha poucas ilusões sobre o comportamento da maioria de nós, cristãos ou não. Sua doutrina da lei natural admite sua perda quase total por meio do pecado e da perversidade.[34] Mas a natureza não é totalmente destruída pelo pecado; se fosse, a graça não teria nada para corrigir. Embora a graça – observa ele – "seja mais eficaz do que a natureza, a natureza é mais essencial ao homem e, por isso, dotada de maior permanência".[35]

Esse é um grande tema, mas uma faceta disso parece necessária para completar esta apresentação da doutrina moral de Tomás. Já foi sugerido, mesmo pelos alunos de Tomás, que não pode haver nenhuma filosofia moral adequada. Toda a doutrina moral, se é para abordar os agentes humanos como realmente são (isto é, caídos, redimidos e chamados a uma beatitude celeste) deve estar sob a orientação da revelação cristã. Para além disso,

---

33 *ST* Iª-IIª, q. 100, a. 1: *cum modica consideratione*.
34 *ST* Iª-IIª, q. 94, a. 6.
35 *Ibid.*, *ad* 2.

deve dar conselhos falsos sobre o que devemos fazer e o que é bom para as pessoas humanas. Uma versão dessa afirmação é a seguinte: um filósofo pagão como Aristóteles, ao expor o fim último da ação humana, expôs um ideal da conduta humana que seria suficiente para satisfazer-nos e tornar-nos felizes. A revelação cristã oferece uma visão diferente e conflitante da natureza da felicidade ou realização humana. Ambos não podem estar certos. O cristão vai saber qual deles está, e deve, então, rejeitar a consideração pagã.

O fato de que Tomás não rejeitou a consideração de Aristóteles acerca da felicidade humana, do fim último dos entes humanos, deve tanto condená-lo por um lapso radical em um pensamento coerente quanto nos levar a um outro olhar sobre a suposta oposição entre as considerações aristotélicas e cristãs do fim último.

Vimos a distinção que Tomás faz entre a noção de fim último, por um lado, e aquilo no qual essa noção se considera como realizada, por outro. Isso lhe permitiu afirmar que os homens que têm seus corações em objetivos muito diferentes, assim como têm fins últimos diferentes, no entanto, compartilham a mesma noção de fim último. Com base nessa distinção, poderíamos dar pouca atenção à dificuldade e simplesmente dizer que Aristóteles situou o fim último de forma diferente do que os cristãos, mas que tanto Aristóteles quanto os cristãos entendem o mesmo por fim último, isto é, o que é realizador e perfectivo dos entes humanos.

Tomás toma um rumo muito diferente. Ele observa que Aristóteles não considerava que a noção de fim último pudesse ser realizada por agentes humanos. Ao expor a noção, ele falou de um estado que seria suficiente, que seria permanente e não poderia ser perdido, que seria contínuo e não episódico. E, então, ele contrastou a felicidade humana que os entes humanos podem alcançar nesta vida com esse ideal.

> O que impede de declarar como feliz aquele que age de acordo com a virtude completa e está provido suficientemente de bens externos, não por qualquer período, mas por uma vida inteira? Ou talvez devêssemos acrescentar que ele viverá e morrerá de modo semelhante, porque o futuro nos é oculto e concebemos a felicidade como um fim, absolutamente completo sob todos os aspectos? Se assim for,

declararemos como bem-aventurados aqueles entre os vivos que possuem e continuarão a possuir as condições que indicamos – mas bem-aventurados como *entes humanos*.[36]

A felicidade humana é uma realização imperfeita da noção de fim último. É com base nisso que Tomás distingue entre realização imperfeita e perfeita do fim último. O ideal filosófico não entra em conflito com o ideal cristão, como se ambos fossem doutrinas sobre o que realiza perfeitamente o ideal da felicidade humana. A compreensão do filósofo pagão de que nosso alcance conceitual excede nossa apreensão prática, fornece uma base para Tomás falar da complementaridade (em vez de oposição) do filosófico e teológico. A teologia moral não é uma alternativa total ao que os homens podem conhecer naturalmente sobre o bem humano. Antes, pressupõe que o conhecimento, ao menos na forma que o encontramos na *Suma de Teologia*, seja inconcebível sem depender das realizações da filosofia moral.

---

36 *Ética a Nicômaco* I, 10, 1101a14-21.

8 Direito e política

PAUL E. SIGMUND

A teoria de Tomás de Aquino sobre política e direito é importante por três razões. Primeiro, ela reafirma o valor da política, recorrendo a Aristóteles para argumentar que a política e a vida política são atividades moralmente positivas e conformadas à intenção de Deus para o homem. Em segundo lugar, ela combina as perspectivas hierárquicas e feudais tradicionais sobre a estrutura social e política com as ideias emergentes sobre a boa ordem da sociedade, orientadas para a comunidade e incipientemente igualitárias. Em terceiro lugar, ela desenvolve uma teoria integrada e logicamente coerente da lei natural, que continua a ser uma fonte importante de normas legais, políticas e morais. Essas realizações se tornaram parte do patrimônio intelectual do ocidente, inspirando filósofos políticos e jurídicos, bem como movimentos religiosos e sociais até o presente momento.

A legitimidade da ordem política

O desafio enfrentado por Tomás de Aquino foi colocado ao cristianismo medieval pela redescoberta do *corpus* completo das obras de Aristóteles, que, com exceção de alguns tratados lógicos, estiveram indisponíveis para o ocidente antes do século XIII. A *Política* de Aristóteles incluía descrições e estudos sobre uma ampla gama de experiências políticas na Grécia do século IV, diferentes da experiência da ordem feudal medieval. As obras *Metafísica*, *Física* e *Ética a Nicômaco* continham análises da conduta humana e do mundo externo que contrastavam com a abordagem dos textos jurídicos e com a das Escrituras, predominante nas "escolas" medievais (que estavam em processo de se tornarem as ancestrais das universidades modernas). Usando o pressuposto básico de que a razão e a revelação não são contraditórias, que "a graça não contradiz a natureza, mas a aperfeiçoa", Tomás combinou tradição, Escrituras, prática contemporânea e métodos filosóficos aristotélicos para produzir uma "síntese tomista" duradoura e influente na política e na teoria do direito. Para esse esforço, foi fundamental sua confiança na concepção aristotélica de teleologia ou causas finais, que, no pensamento de Tomás, tornou-se a elaboração dos propósitos de Deus na natureza do universo e da humanidade que ele havia criado.

Entretanto, Tomás é, antes de tudo, cristão, e seu aristotelismo é um aristotelismo cristão. Em contraste com o cristianismo, Aristóteles não tinha nenhuma concepção do pecado original e, embora não fosse otimista quanto à possibilidade de criar o Estado ideal, estava aberto às possibilidades da "engenharia constitucional" e consciente das amplas variações nas estruturas políticas das 158 constituições gregas que havia estudado. Para o cristianismo primitivo e os Padres da Igreja, no entanto, caracterizados nos escritos de Santo Agostinho (381-430), a vida política foi corrompida pela inclinação hereditária do homem ao mal, e o Estado era uma instituição coerciva, destinada a manter o mínimo de ordem em um mundo pecaminoso. O governante, mesmo que fosse cristão, somente poderia esforçar-se para moderar os impulsos do poder humano e impor uma justiça mínima na cidade terrestre que tornasse possível aos membros da cidade celeste alcançar sua recompensa eterna.[1] Por outro lado, para Aristóteles, no livro I da *Política*, o homem é um *zoon politikon* – literalmente, um animal orientado à *polis* – e a vida política é uma parte necessária do seu pleno desenvolvimento: "Aquele que não pode viver em sociedade, ou não tem necessidades porque é autossuficiente, [...] é um animal selvagem ou um deus".[2]

Em sua principal obra política, *Sobre o Governo dos Príncipes* (*De Regimine Principum*, 1265-67), Tomás amplia corretamente a tradução de *zoon politikon*, argumentando que "é natural ao homem ser um animal sociável e político" (capítulo 1), que usa sua razão e capacidade de falar para cooperar na construção das comunidades políticas que respondem às necessidades

---
1 Agostinho, *A Cidade de Deus*, Bk. XIV, c. 28; Bk. XIX, c. 6 e 13.
2 Aristóteles, *Política* I, 2.

do grupo e dos indivíduos que o compõem. Essa comunidade política é uma união de homens livres sob a direção de um governante que visa a promoção do bem comum. O governo adquire então um papel positivo e uma justificação moral. Os governantes infiéis (por exemplo, os muçulmanos) podem governar com justiça uma vez que "o domínio e a autoridade são introduzidos a partir do direito humano; a distinção de fiéis e infiéis, porém, vem do direito divino. Ora, o direito divino, que provém da graça, não suprime o direito humano que provém da razão natural".[3]

Dito isso, Tomás argumenta então que a Igreja pode, por razões religiosas, tirar o poder do infiel de governar, de modo que a autonomia do governo temporal não é absoluta. Na questão das relações entre Igreja e Estado, Tomás é contraditório, pois em algumas passagens – notadamente em *Sobre o Governo dos Príncipes*, I, capítulo 15 – parece defender a supremacia papal sobre todos os governantes terrenos porque "a ele, a quem pertence o cuidado do fim último, devem submeter-se aqueles a quem pertencem os cuidados dos fins antecedentes [isto é, o bem comum da comunidade temporal], a serem dirigidos por seu comando",[4] ao passo que em outros textos – *ST* II^a-II^a, q. 60, a. 6 e *In Sent* II, d. 44, q. 2 – ele afirma que o governante civil está sujeito ao espiritual apenas em assuntos religiosos (embora no *In Sent* d. 44, q. 2 faça uma exceção ao Papa como possuidor de poder espiritual e secular). Do ponto de vista teórico, Tomás parece ser um dualista ou defensor do "poder indireto" da Igreja, defendendo uma supremacia moral, e não jurídica ou política da Igreja, mas, à medida que constrói seus textos, ele "é evasivo".

M. J. Wilks argumentou que, ao admitir a legitimidade do governo temporal em uma era sacra, Tomás deu início ao processo de secularização que acabaria destruindo o poder intelectual e ideológico da Igreja Católica.[5] É certamente verdadeiro que Aristóteles forneceu uma justificação racional para o governo diferente daquela da revelação; mas, uma vez

---

3   *ST* II^a-II^a, q. 10, a. 10.
4   N. T.: Souza Netto, 2011, p. 168; para esta referência, ver nota 7 do capítulo "Aristóteles e Tomás de Aquino" deste volume.
5   Wilks, 1963.

admitidas as alegações da razão, como exemplificado por Aristóteles, haveria sempre uma possibilidade de conflito. Para Tomás, no entanto, a crença de que a fé e a razão eram fontes válidas e divinamente legitimadas do conhecimento humano significava que nenhuma deveria ser considerada como dominante em relação a outra (de fato, obviamente, como sugere Tomás na sua discussão da lei divina,[6] a revelação atua como um tipo de verificação negativa da razão, embora isso, por si só, a menos que o Papa fosse o único intérprete da lei divina, não favoreça a supremacia papal sobre o governante temporal).

Tomás de Aquino e o constitucionalismo

Além de voltar a legitimar a vida política, Tomás de Aquino mudou a ênfase na consideração da melhor forma de governo. Até o século XIII, presumia-se que a monarquia não era apenas a melhor forma de governo, como também a única que estava em conformidade com a intenção divina. A visão de mundo neoplatônica da "grande cadeia do ser" coincidia com a realidade da estrutura feudal, de modo a fundamentar uma estrutura hierárquica do universo e da sociedade profundamente anti-igualitária em suas implicações. A hierarquia dos anjos sob um Deus foi reproduzida na Terra com vários graus na Igreja, no Estado e na sociedade, cada um designado a sua posição, sob um único monarca. Como diz Tomás no *Sobre o Governo dos Príncipes*, I, capítulo 1: "em todas as coisas ordenadas a algum fim [...], é mister haver algum dirigente"; e no capítulo 2: "todo regime natural é de um só".[7] Entre as abelhas, há só uma "abelha rainha", e um único Deus criou e governa o universo. Assim, a monarquia é a melhor forma de governo.

No entanto, Tomás também derivou de Aristóteles uma visão de governo sobre homens livres capazes de gerir a si mesmos. Além disso, ele admite que um monarca pode ser facilmente corrompido e parece não haver

---

6 *ST* Iª-IIª, q. 91, a. 4.
7 N. T.: Souza Netto, 2011, p. 130 e 135.

remédio contra o tirano, a não ser a oração.⁸ A solução, sugere Tomás, é a comunidade tomar medidas para livrar-se do mau governante, se isso for legalmente possível (em seu *Escrito sobre os Livros das Sentenças*, redigido quando era jovem, Tomás foi mais longe e defendeu a ação individual contra os tiranos, até ao ponto do tiranicídio contra os usurpadores, embora não contra os governantes legítimos que abusam do seu poder). Em dois outros textos, Tomás defende uma constituição mista, que combina monarquia, aristocracia (em seu sentido etimológico de governo dos virtuosos) e democracia, envolvendo um elemento de participação popular – um sistema que ele descreve como inspirado no governo estabelecido por Moisés e recomendado por Aristóteles na *Política*.⁹

Se essas passagens forem combinadas com a crença de Tomás na supremacia da lei e seu reconhecimento das afirmações específicas da Igreja concernentes ao fim último do homem, é fácil entender porque Lorde Acton descreveu Tomás como "o primeiro Whig" ou crente na limitação do poder governamental. Devemos acrescentar, no entanto, que ele foi também um dos primeiros a endossar a participação popular no governo, apesar do fato de escrever antes da emergência das instituições representativas nacionais.¹⁰ Tomás também pode ter se familiarizado com as instituições republicanas nas cidades-estado italianas e cita, em seus escritos, o exemplo da república romana. Além disso, seu *Comentário à Política* familiarizou estudantes e intelectuais com as discussões de Aristóteles sobre a comunidade (*res publica*), "em que a multidão governa para o bem comum", e com a definição de cidadão do estagirita como aquele que governa e é governado,¹¹ tendendo a minar o modelo hierárquico e monárquico dominante.

A mistura de elementos constitucionais e republicanos no monarquismo de Tomás fez com que, séculos mais tarde, quando neotomistas, como Jacques Maritain e Yves Simon, defenderam uma base tomista

---

8 Tomás de Aquino, *DRP* I, c. 7.
9 *In Sent* II, d. 44, q. 2, exp.; *ST* Iª-IIª, q. 95, a. 4; q. 105, a. 1.
10 O parlamento inglês teve a sua fundação, no formato atual, em 1265, o ano no qual Tomás começou a escrever o *DRP*.
11 Tomás de Aquino, 1963, p. 314 e 332.

para a teoria democrática cristã moderna, não precisassem ir longe para encontrar textos para citar. Isso não quer dizer que o próprio Tomás fosse um democrata. Não há menção, em sua obra, à necessidade de um consentimento explícito à lei e ao governo, e quando ele discute participação, trata-se da participação dos grupos corporativos, não de indivíduos, ou do "povo" como um todo, e não através do voto individual ou do modelo de governo da maioria da democracia moderna.[12] Acima de tudo, a ideia moderna de liberdade religiosa era completamente estranha ao seu pensamento. Os heréticos cometeram "um pecado pelo qual mereceram não apenas serem separados da Igreja pela excomunhão, mas também serem excluídos do mundo pela morte, [de fato] é muito mais grave corromper a fé, que é a vida da alma, do que falsificar o dinheiro, que auxilia a vida temporal".[13] É verdade que Tomás admite haver "um erro que causa o involuntário, proveniente da ignorância de alguma circunstância sem qualquer negligência; então esse erro da razão ou da consciência é desculpável, de modo que a vontade que concorda com a razão errônea não é má";[14] mas, para ele, era impensável que um herético, conhecedor da verdade (diferente de um judeu ou "infiel"), pudesse ser outra coisa além de culpado por rejeitá-la.

A visão de Tomás sobre as mulheres também era muito diferente daquela adotada na teoria democrática liberal moderna. As críticas feministas contemporâneas focaram em um único artigo da *Suma de Teologia*, no qual Tomás argumenta que Deus criou a mulher, não como uma ajudante para o homem, "visto [...] o homem poder ser ajudado mais convenientemente por outro homem [...], mas para ajudar na geração".[15] Ainda mais chocante para as sensibilidades modernas: no mesmo artigo, Tomás rejeita a descrição aristotélica da fêmea como "um macho incompleto", argumentando que, embora Aristóteles afirme que as mulheres são mais fracas e passivas "por causa da fraqueza da capacidade ativa, ou por causa de alguma indisposição material, ou ainda por causa de alguma mudança

---

12   *ST* Iª-IIª, q. 105, a. 1.
13   *ST* IIª-IIª, q. 11, a. 3.
14   *ST* Iª-IIª, q. 19, a. 6.
15   *ST* Iª, q. 92, a. 1.

a partir de fora, por exemplo, dos ventos do sul, que são úmidos, [...] a mulher não é algo incompleto, mas está orientada pela intenção da natureza à geração".[16] Ele acrescenta que a mulher está, naturalmente, sujeita ao homem para utilidade e bem mútuos, "pois o homem tem, por natureza, maior discernimento da razão".

A maior diferença de Tomás em relação ao liberalismo moderno está na abordagem da servidão.[17] Nela, ele tenta reconciliar duas tradições conflitantes. Por um lado, Aristóteles (no capítulo 5 do livro I da *Política*) argumentou que a escravização daqueles que são incapazes de viver uma vida moral é justificada por natureza. Por outro lado, os Padres da Igreja escreveram que todos os homens são iguais por natureza e viam a escravidão como uma consequência do pecado. A resposta de Tomás remete ao argumento de Aristóteles, ao descrever a servidão como uma "adição" à lei natural, "que foi considerada conveniente tanto para o senhor como para o servo", e ao limitar os direitos do senhor sobre seu servo nas áreas da vida privada e familiar, bem como o direito à subsistência.[18] No entanto, não está claro se ele rejeita a visão de Aristóteles sobre a escravidão natural e, no final do século XVI, os teólogos da corte de Espanha debateram se os índios americanos eram ou não escravos naturais.[19]

Em termos atuais, o pensamento político de Tomás, em sua formulação original (isto é, antes das revisões neotomistas), aproxima-se mais do conservadorismo corporativista e integralista europeu ou latino-americano que do

---

16 Aristóteles, *Sobre a Geração dos Animais* IV, 2.
17 N. T.: "Slavery". O termo *slavery*, como o termo latino *servitus*, admitiria a tradução "escravidão" ou "servidão". É preciso considerar, no entanto, a diferença entre escravatura e servidão. Enquanto o escravo é uma coisa, um objeto, o servo é um homem, que "não está sujeito aos seus superiores em todas as coisas, mas em algumas coisas determinadas" (*ST* II^a-II^a, q. 104, a. 5, *ad* 2); o servo é livre "de acordo com o que diz respeito à natureza do corpo [seu sustento, geração da prole]" e "assim quanto ao mais [possuir família, usufruto da terra e transmitir aos filhos esse usufruto e os bens que pudesse adquirir]" (q. 104, a. 5). Em termos históricos, o desparecimento da escravidão nas sociedades ocidentais começa no século IV e sua substituição pela servidão acontece nos séculos VI e VII, havendo o renascimento da escravidão no século XVI. A opção por "servidão" faz ressaltar, portanto, a especificidade do termo *servitus* no período medieval.
18 *SCG* III, c. 81; *ST* II^a-II^a, q. 57, a. 3, *ad* 2; I^a-II^a, q. 94, a. 5, *ad* 3; II^a-II^a, q. 104, a. 5.
19 Hanke, 1959.

liberalismo moderno. Em uma área, no entanto, há menos necessidade de uma reformulação drástica a fim de chegar a uma teoria que é ainda aplicável hoje – e essa é a teoria tomista da lei natural.

A lei natural

Ao lado das cinco vias para provar a existência de Deus (*ST* Iª, q. 2), o tratado da lei (*ST* Iª, q. 90-97) é provavelmente a parte mais conhecida da *Suma de Teologia*. Tomás de Aquino começa com uma definição de lei como "certa ordenação da razão para o bem comum, promulgada por aquele a quem cabe cuidar da comunidade".[20] Dois comentários devem ser feitos sobre essa definição. Primeiro, ao definir a lei como uma ordenação da *razão*, Tomás faz mais do que simplesmente afirmar seu caráter racional. Conforme evidencia sua explicação, ele tem em mente um tipo particular de razão – o raciocínio que é teleológico ou orientado para fins: "Por força de alguém querer um fim, a razão ordena a respeito do que se refere ao fim".[21] Esse comando racional não é um mero ato da vontade. Quando o direito romano diz que "a vontade do príncipe tem vigor e lei", entende-se que "deve ser regulada por certa razão [...] de outro modo, ela seria mais iniquidade do que lei".

O segundo comentário é que, para Tomás, a lei é baseada na comunidade, uma vez que é ordenada ao bem comum e "estabelecer a lei pertence a toda a multidão ou à pessoa pública à qual compete cuidar de toda a multidão".[22] Assim, mesmo sem instituições representativas organizadas, o governante é obrigado a ter em mente o bem comum quando legisla, e os governos corruptos são aqueles que visam o bem privado do governante, e não o bem comum.

Tomás descreve então sua tipologia das leis. No topo da hierarquia das leis está a *lei eterna*, que ele define como "a própria razão do governo

---

20 *ST* Iª-IIª, q. 90, a. 4 [N. T.: Souza Netto, 2011, p. 44].
21 *ST* Iª-IIª, q. 90, a. 1, *ad* 3 [N. T.: Souza Netto, 2011, p. 39].
22 *ST* Iª-IIª, q. 90, a. 3 [N. T.: Souza Netto, 2011, p. 42].

existente, em Deus, como príncipe do universo",[23] e a identifica com a providência divina.

A *lei natural*, subordinada à lei eterna, é definida por Tomás como "a participação da lei eterna na criatura racional". Essa participação se dá por meio de "uma natural inclinação para o seu devido fim e ato".[24] Isso significa, conforme explicação da questão 94, que a razão tem a capacidade de perceber o que é bom para os entes humanos segundo "a ordem das inclinações naturais".[25] Estas, Tomás apresenta como inclinações à auto-preservação, um fim que os entes humanos compartilham com todas as substâncias, à vida familiar, à criação da prole, a qual é compartilhada com todos os animais, e aos objetivos de conhecer Deus e viver em sociedade, que são compartilhados com todas as criaturas racionais. Esses objetivos, por sua vez, são entendidos como obrigatórios, porque a razão prática percebe como um princípio básico que "o bem deve ser praticado e procurado, o mal deve ser evitado", o qual é um princípio evidente por si tal como o princípio de não contradição.

A breve discussão sobre a lei natural na questão 94 foi objeto de consideráveis comentários e debates críticos. Jacques Maritain se valeu dela para argumentar que Tomás acreditava que os entes humanos conhecem intuitivamente a lei natural por meio da inclinação natural, e que, quando esse conhecimento é articulado em termos racionais e universais, torna-se algo mais – *o direito das gentes* (*ius gentium*).[26] Fica claro no texto, no entanto, que Tomás concebe o conhecimento da lei natural como conhecimento racional baseado na nossa percepção de inclinações ou objetivos naturais que "a razão naturalmente apreende como [bons]". É verdade que, numa discussão anterior, Tomás começa a descrever a *synderesis*, a capacidade de inteligir os princípios fundamentais da moralidade, como a "intelecção de algumas coisas, a saber, de coisas naturalmente conhecidas e sem investigação da razão", mas então passa a descrever o modo como os entes humanos

---

23 *ST* Iª-IIª, q. 91, a. 1. [N. T.: Souza Netto, 2011, p. 45].
24 *ST* Iª-IIª, q. 91, a. 2. [N.T.: Souza Netto, 2001, p. 47].
25 *ST* Iª-IIª, q. 94, a. 2. [N.T.: Souza Netto, 2011, p. 80].
26 Maritain, 1951, c. 4.

emitem juízos, com base nesses princípios, "a respeito daquilo que encontramos raciocinando".[27] A aplicação dessa consideração à discussão da lei natural faz parecer que os entes humanos entendem, como que intuitivamente, que o bem deve ser praticado e o mal evitado, mas usam sua razão para fazer juízos que identificam os bens humanos básicos, os quais são o objeto das nossas inclinações naturais.

Outros, além de Maritain, tentaram não enfatizar o caráter racional e proposicional da teoria de Tomás. Michael Novak, por exemplo, descreve a teoria tomista da lei natural como "o pragmatismo tradicional [...] não um conjunto de generalizações, mas um conjunto de ações inteligentes individuais",[28] e E. A. Goerner argumenta que a lei natural é apenas um segundo melhor e imperfeito padrão de moralidade, ao passo que o "direito natural" (*ius naturale*) é "a virtude equitativa, mas não formulável, dos prudentes e justos".[29] Morton White também desfigura a teoria tomista da lei natural quando a descreve como de caráter dedutivo, baseado no modelo de um sistema de lógica.[30]

Tomás afirma explicitamente que o adultério, a homossexualidade, a usura, a embriaguez, a gula, o suicídio, o assassinato, a mentira e a quebra de promessas são contra a natureza e, portanto, proibidos pela lei natural.[31] Seu argumento não é intuitivo, pragmático ou dedutivo, mas teleológico em termos da natureza e dos objetivos dos entes humanos em relação a um dado tipo de ação. Esses objetivos podem entrar em conflito, como reconhece Tomás, mas acredita que tais conflitos não são irreconciliáveis e que as contradições aparentes podem ser resolvidas pelo uso da razão, uma vez que o mundo foi criado e continua a ser conduzido por um Deus racional e intencional.

Tomás construiu sua teoria da lei natural tomando uma série de conceitos aristotélicos e combinando-os de uma maneira diferente da forma

---

27   *ST* Iª, q. 79, a. 12.
28   Novak, 1967, p. 342.
29   Goerner, 1983.
30   White, 1959, p. 124 ss.
31   *ST* Iª-IIª, q. 94, a. 3; IIª-IIª, q. 47, a. 2; q. 64, a. 5; q. 78; q. 88, a. 3; q. 110, a. 3; q. 154, a. 2.

como foram usados por Aristóteles. Pode-se argumentar se ele foi ou não fiel ao espírito de Aristóteles,[32] mas uma comparação da discussão tomista da lei natural com as passagens relevantes nos escritos de Aristóteles revela que Tomás combinou elementos bastante díspares de Aristóteles – a *phronesis* da *Ética a Nicômaco*; a descrição da causalidade final na *Física*; a discussão, no livro I da *Política*, sobre o fundamento natural do governo, da escravidão, da propriedade, etc.; o tratamento ambíguo da justiça natural (não da lei natural) no livro V da *Ética*; e a descrição da lei como razão no livro III da *Política* – em uma nova síntese que torna a determinação dos fins naturais (baseada em inclinações naturais) uma consideração central no desenvolvimento de uma teoria viável da lei natural.

A originalidade da teoria de Tomás é evidente quando é comparada, por exemplo, com as discussões sobre a lei natural no *Decretum* ou *Concordância de Cânones Discordantes*, de Graciano, o principal livro de referência do direito canônico no século XIII. Graciano descreve a lei natural, inicialmente, como "o que está contido no Antigo e no Novo Testamento", em seguida, afirma, com citações das *Etimologias* de Isidoro de Sevilha, que "as leis divinas provêm da natureza", e, numa formulação emprestada das passagens introdutórias do *Disgesto* do direito romano, diz que "a lei natural é a lei que é comum a todas as gentes".[33]

Para Tomás, o *direito das gentes* está relacionado à lei natural como "conclusões a partir de princípios", as quais permitem que as pessoas se relacionem umas com as outras em todas as sociedades.[34] Tomás, portanto, classifica o direito das gentes como um tipo de *lei humana*, isso é, aplicações particulares da lei natural derivada da razão, ao mesmo tempo em que chama de "lei civil" (de *civitas* = "cidade") as aplicações mais específicas e variáveis da lei humana. Ambas as variedades da lei humana são derivadas da lei natural, e se a lei humana não concorda com a lei natural, "já não será lei, mas corrupção da lei".[35]

---

32 Ver, por exemplo, Jaffa, 1952.
33 *D* I, c. 1 e 7, traduzido para o inglês por Sigmund, 1981.
34 *ST* Iª-IIª, q. 95, a. 4.
35 *ST* Iª-IIª, q. 94, a. 2. Cf. Kretzmann, 1988.

Quando Tomás discute a aplicação da lei natural através da lei humana, admite muito mais flexibilidade do que se poderia esperar, dado o caráter absoluto das proibições da lei natural. Assim, males como a prostituição, a usura e a prática difusa dos ritos religiosos de heréticos ou infiéis podem, segundo ele, ser tolerados "para que, ao suprimi-los, não se suprimam bens maiores, ou se sigam também males piores".[36] Os preceitos "segundos" da lei natural, que são "como que conclusões próprias próximas dos primeiros princípios", podem ser modificados "em poucos casos, em razão de algumas causas especiais que impedem a observância de tais preceitos",[37] embora, exceto pela menção à poligamia no Antigo Testamento, não haja mais discussão da diferença entre os dois tipos de princípio.

É também possível que haja adições à lei natural de disposições "para utilidade da vida humana". Além da servidão, já mencionada, a propriedade é citada como uma adição para resolver a contradição entre a afirmação de Isidoro de Sevilha – refletindo uma visão comum dos Padres da Igreja – de que "a posse comum de todos os bens e a igual liberdade de todos diz-se ser de direito natural" e os argumentos aristotélicos a favor do caráter natural da propriedade privada e da escravidão. Para Tomás, "a distinção das posses e a servidão não foram introduzidas pela natureza, mas pela razão dos homens, para utilidade da vida humana".[38] Apesar de a abordagem da propriedade e a da servidão parecerem paralelas, fica claro, a partir de outras passagens citadas anteriormente, que Tomás é muito mais favorável à visão de Aristóteles sobre a ancoragem da propriedade privada na lei natural (dentro de limites como a necessidade de um homem faminto dos meios de subsistência)[39] do que ao argumento aristotélico a favor da escravidão natural.

Dois outros conceitos derivados de Aristóteles servem para dar flexibilidade à aplicação tomista da lei natural. O primeiro é o de prudência, que ele descreve como uma virtude pela qual os entes humanos escolhem os

---

36 *ST* II³-II³, q. 10, a. 11; q. 78, a. 1.
37 *ST* I³-II³, q. 94, a. 5 [N. T.: Souza Netto, 2011, p. 87].
38 *Ibid., ad* 3 [N. T.: Souza Netto, 2011, p. 88].
39 *ST* II³-II³, q. 66, a. 7.

meios certos para o alcance de fins identificados pela razão prática.⁴⁰ Alguns intérpretes modernos do pensamento político de Tomás dão uma grande ênfase à prudência, particularmente na área da conduta das relações internacionais, na qual, conforme afirma-se, as normas da lei natural podem ser aplicadas apenas de maneira modificada. Outros são mais insistentes em que, mesmo no caso da guerra moderna, as proibições da lei natural, contra a matança de inocentes, por exemplo, ainda que indiretamente, continuam a ser obrigatórias.⁴¹

A equidade é uma segunda fonte de flexibilidade que Tomás derivou da *Ética a Nicômaco* (V, 10). A palavra de Tomás para equidade não é seu cognato latino *aequitas*, mas o termo grego original de Aristóteles *epieikeia*. Esta é o poder do governante de afastar-se da letra da lei quando sua aplicação literal viola seu espírito.⁴² Um exemplo que Tomás fornece é a abertura das portas de uma cidade sitiada depois do horário legal de fechamento para admitir defensores da cidade perseguidos pelo inimigo. As exceções, no entanto, não podem violar a lei divina ou os "preceitos gerais" da lei natural.⁴³

No campo da moralidade sexual, que é parte da lei divina, não há nenhum afastamento da doutrina cristã para a qual a expressão sexual seja permitida apenas dentro dos laços do matrimônio monogâmico, embora Tomás admita que a poligamia era tolerada no Antigo Testamento. A fornicação e o adultério estão gravemente errados porque operam contra os objetivos naturais da vida familiar, especialmente a educação das crianças. Como essa é a "própria ordem natural do ato sexual que convém à espécie humana", a masturbação, a sodomia e a bestialidade também são vícios contra a natureza, em ordem crescente de gravidade.⁴⁴

Tomás acreditava que esses pecados deveriam ser objeto de legislação? Por um lado, como Aristóteles, ele acreditava que o objetivo do governo

---

40 *ST* Iª-IIª, q. 57, a. 5. Ver também *QDVC*, q. 1, a. 13.
41 Para as duas visões, ver Novak, 1983 e Finnis, 1987.
42 *ST* IIª-IIª, q. 120, a. 1 e 2.
43 *ST* Iª-IIª, q. 96, a. 6; q. 97, a. 4.
44 *ST* IIª-IIª, q. 154, a. 11.

era promover a virtude. Por outro lado, como já dito anteriormente, ele também estava disposto a permitir uma considerável flexibilidade legislativa "para evitar males maiores", assim, a lei humana pode proibir os vícios, "mas só os mais graves, [...] sobretudo os que são em detrimento de outros, sem cuja proibição a sociedade humana não poderia conservar-se".[45]

Ademais, a discussão de Tomás sobre o prazer sexual como intencionado divinamente (e como mais intenso antes da Queda) implica uma visão mais positiva da sexualidade do que os escritores cristãos anteriores haviam tido.

A abordagem teológica da lei natural também afetou a discussão tomista da usura, que na Idade Média foi definida em sentido amplo como a cobrança de juros pelo empréstimo de dinheiro. Citando a discussão de Aristóteles no livro I da *Política*, Tomás afirma que, como o dinheiro não é em si mesmo produtivo, mas apenas um meio de troca, é errado receber pagamento por um empréstimo de dinheiro. Mas ele admite que "a lei humana permite a usura, não por considerá-la conforme a justiça, mas para não impedir os proveitos de muitos".[46]

Há outras duas questões nas quais a teoria da lei natural, de Tomás, tem sido relevante para as políticas públicas até no presente momento: o aborto e a guerra justa. O aborto deliberado do feto equivale, para Tomás, ao assassinato, mas apenas após a "vivificação" ou "infusão da alma", que ele, seguindo Aristóteles, acreditava que ocorresse quarenta dias após a concepção, no caso dos homens, e oitenta dias no das mulheres.[47] No entanto, ao contrário do que alguns polemistas contemporâneos argumentaram, Tomás acreditava que o aborto, mesmo antes da infusão da alma, era um pecado, embora não o pecado de assassinato. Ele não discutiu o caso em que a vida da mãe está diretamente ameaçada, mas dada a sua oposição biblicamente baseada a fazer o mal para que venha o bem (Rm 3, 8), dificilmente ele teria aprovado.

Tomás não foi o criador da teoria da guerra justa. Cícero defendera as guerras de Roma como justas, e Agostinho havia discutido o problema

---

45 *ST* IIª-IIª, q. 96, a. 2. [N. T.: Souza Netto, 2011, p. 104].
46 *ST* IIª-IIª, q. 78, a. 1, *ad* 3.
47 *In Sent* IV, d. 31, q. 2.

do uso legítimo da violência defensiva pelos governantes cristãos. O que Tomás fez foi sistematizar suas condições, estabelecendo três: a declaração do governante, cujo dever é defender a comunidade, uma causa justa (em particular, a legítima defesa) e uma intenção reta.[48] Possivelmente, também foi importante sua descrição do que veio a ser conhecido na ética como o princípio do "duplo efeito".[49] Ao discutir se matar um agressor injusto para defender a própria vida seria usar de meios nocivos para alcançar um fim bom, Tomás argumenta que, nesse caso, o que se pretende é apenas a defesa da própria vida e não a morte na qual isso possa inevitavelmente resultar, e que apenas a força minimamente necessária pode ser usada. Essa passagem foi citada em conexão com o debate sobre a moralidade da guerra nuclear, com os defensores da dissuasão nuclear argumentando que não é imoral visar objetivos militares que podem incidentalmente ter o efeito não intencional (mas inevitável) de matar pessoas inocentes.[50]

O legado de Tomás de Aquino

Como vimos, o pensamento de Tomás de Aquino exposto nos tópicos deste capítulo é influente ainda hoje. Inicialmente, ele era apenas um dos muitos escritores de *Sumas*, e até foi visto com certa desconfiança por causa da condenação da Igreja às doutrinas dos averroístas latinos.[51] Além do fato de que Tomás se opôs expressamente aos averroístas em detalhes, algumas proposições extraídas de suas obras foram condenadas pelo bispo de Paris, em 1277, em uma condenação geral do averroísmo. Em 1323, no entanto, Tomás foi declarado santo; seus escritos foram amplamente ensinados, especialmente pela ordem dominicana a qual ele pertencia; e quando o Concílio de Trento se reuniu em meados do século XVI, sua *Suma de Teologia* foi colocada no altar junto com a Bíblia como uma fonte

---

48 *ST* II²-II², q. 40, a. 1.
49 *ST* II²-II², q. 64, a. 7.
50 Ver Ramsey, 1961, p. 39 ss.
51 Ver capítulo "A filosofia de Tomás de Aquino em seu contexto histórico".

para extrair respostas aos reformadores protestantes. Em 1879, suas doutrinas foram declaradas como filosofia oficial da Igreja Católica Romana pelo papa Leão XIII e, pelo menos até o Concílio Vaticano II (1962-1965), eram a base principal da instrução teológica e filosófica nos seminários católicos e na maioria das universidades católicas.

Suas ideias políticas foram desenvolvidas por teóricos jesuítas do século XVI, como Suárez e Bellarmino e, por meio deles, influenciaram Grotius e outros escritores pioneiros do direito internacional. Sua teoria da lei natural foi adaptada na Inglaterra no final do século XVI por Richard Hooker em suas *Leis da Política Eclesiástica* e, por meio de Hooker, influenciou John Locke. As ideias de Tomás sobre a propriedade, a família e a moralidade sexual foram amplamente citadas nas encíclicas papais; e uma versão modernizada da sua política, que endossa a democracia, o pluralismo religioso e os direitos humanos, tornou-se a base ideológica de importantes partidos democratas cristãos na Alemanha, Países Baixos, Itália, Chile, Venezuela e em países da América Central. Sua afirmação sobre a invalidade das leis injustas foi citada por Martin Luther King na sua *Carta da Prisão de Birmingham*, e ele inspirou muitos teóricos sociais católicos contemporâneos a defender a instauração de uma sociedade "comunitária" que evitasse tanto o individualismo excessivo do capitalismo quanto o coletivismo do socialismo.

Os cristãos protestantes são críticos do excessivo racionalismo e otimismo da ética tomista, e da sua recusa em reconhecer a existência de contradições entre uma teoria teleológica racionalista da lei natural e certos aspectos da mensagem de Cristo, como o amor sacrificial, o martírio, a rejeição da riqueza e de posses mundanas, e o ensinamento de "dar a outra face". Os radicais desconfiam da ênfase de Tomás no caráter "natural" dos sistemas sociais, que eles insistem estarem sujeitos ao controle humano e condicionados pelas estruturas econômicas. Pelo menos até que o neotomista do século XX mudasse em favor da democracia, da liberdade, dos direitos humanos e do pluralismo religioso, os liberais desconfiaram do clericalismo tomista, do autoritarismo implícito, do sexismo e da perspectiva hierárquica que parecia preferir a ordem à liberdade.

Reconhecendo que muitas ideias sociais e políticas de Tomás, hoje inaceitáveis (como seu monarquismo, sua aceitação qualificada da servidão, suas posturas em relação aos judeus, sua defesa da queima de heréticos, sua crença na inferioridade natural das mulheres), foram condicionadas historicamente ou resultantes de uma aceitação acrítica de Aristóteles, o leitor moderno, como vários filósofos morais e sociais contemporâneos (por exemplo, John Finnis, Alasdair MacIntyre e Alan Donagan),[52] ainda pode achar relevante a crença de Tomás na capacidade humana de identificar fins, valores e intenções na estrutura e funcionamento da pessoa humana, que podem ser usados para avaliar e reformar as estruturas sociais, políticas e jurídicas, e para construir um argumento sustentável com base em evidências e afirmações claras dos seus pressupostos e das conclusões derivadas deles. Essa crença, que, de fato, defende que o sentido da vida humana é, pelo menos em parte, acessível à razão humana, é um elemento importante na atração contínua do que alguns de seus seguidores gostam de chamar de filosofia perene (*philosophia perennis*).

---

52 Finnis, 1980; McIntyre, 1988; Donagan, 1977.

9 Teologia e filosofia

MARK D. JORDAN

Tomás de Aquino, o teólogo

Nada ocorre mais espontaneamente ao leitor moderno de Tomás de Aquino que perguntar sobre as relações entre sua filosofia e sua teologia, e nenhuma questão é mais enganosa. Perguntar como sua filosofia está relacionada com sua teologia supõe que ele admitiria duas doutrinas separadas e que concordaria que uma doutrina fosse *sua* em qualquer sentido importante. Tomás era, por vocação, instrução e compreensão própria, um mestre formado em uma teologia herdada. Ele teria ficado escandalizado de ouvir-se descrito como um inovador em assuntos fundamentais e mais escandalizado ainda – ou qualquer cristão – de ouvir-se chamado de "filósofo", uma vez que esse termo muitas vezes tinha um sentido pejorativo para os autores latinos do século XIII.[1] Ainda assim, há, certamente, algo a ser questionado no amplo uso feito por Tomás de textos e termos filosóficos, em ter comentado meticulosamente várias obras de Aristóteles, e em ter sido considerado por alguns dos seus contemporâneos como demasiado em dívida com os pensadores pagãos. Qual é então a formulação adequada da pergunta do leitor moderno?

Qualquer formulação adequada deve começar por reconhecer que, qualquer que seja a filosofia em Tomás, pode ser abordada apenas através da sua teologia, se for para ser abordada como ele pretendia. De fato, é muito difícil separar as passagens filosóficas em suas obras. Seus escritos são

---

1 Chenu, 1937.

predominantemente sobre os tópicos e nos gêneros das faculdades medievais de teologia. Ele escreveu quase sempre no que evidentemente é a voz de um teólogo. Assim, as três maiores partes do seu *corpus* são, em ordem crescente, os comentários às Escrituras, um comentário exigido a um livro de referência em teologia, e um repensar pedagogicamente motivado dos tópicos desse livro de referência.²

Em alguns textos, Tomás parece, de fato, não escrever como um teólogo, mas esses textos são, na melhor das hipóteses, ambíguos em sua classificação. O maior bloco desses textos é o conjunto de comentários a Aristóteles. Mas estes são comentários "literais", caracterizados pela intenção de explicar, com pouca extrapolação ou questionamento crítico, o que Aristóteles diz. Tomás não escreveu os comentários para expor uma filosofia própria, mas para entender a filosofia de Aristóteles. Além dos comentários a Aristóteles, as outras obras aparentemente "filosóficas" são recapitulações da doutrina recebida (como *De Fallaciis, De Regno*), peças polêmicas (por exemplo, *De Unitate Intellectus, De Aeternitate Mundi*), ou cartas (como *De Principiis Naturae*).³ Mesmo o famoso *De Ente et Essentia*, que tem sido com frequência considerado como uma declaração programática da metafísica tomista, é um conjunto de variações juvenis sobre temas de Avicena. Em resumo, nenhuma obra foi escrita por Tomás para estabelecer uma filosofia.

Tomás escolheu não escrever filosofia. Ele fez isso em parte por causa de outras escolhas que fizera – por exemplo, tornar-se um dominicano e um mestre em teologia. Mas essas escolhas anteriores não resolveriam por si o problema. Afinal, o seu mestre, Alberto Magno, escreveu extensamente em

---

2 Arredondo a contagem de palavras do *Index Thomisticus* referente aos comentários às Escrituras (1.170.000 palavras, 13% do *corpus*), ao *Escrito sobre os Livros das Sentenças* de Pedro Lombardo (1.498.000, 17,2%), e à *Suma de Teologia* (1.573.000, 18%). Como veremos, esses três correspondem a cerca da metade do *corpus* literário de Tomás. Os comentários a Aristóteles, incluindo aquele do primeiro livro do *De Anima*, chegam a 1.165.000 palavras ou pouco mais de 13% do *corpus*.

3 Deixo de lado, é claro, os tratados filosóficos falsa ou incertamente atribuídos a Tomás, assim como as grosseiras renomeações de suas obras, como o costume do início da era moderna de chamar a *Suma Contra os Gentios* de *Suma Philosophica*.

gêneros filosóficos e alguns de seus alunos ou discípulos também o fizeram. A decisão de Tomás de escrever como um teólogo, quando escreveu na sua própria voz, foi principalmente o resultado da sua visão de que nenhum cristão deveria se contentar em falar apenas como filósofo.

"Filosofia" e teologia

Para Tomás de Aquino, *philosophia* designa primeiro uma hierarquia de corpos de conhecimentos.[4] Estes podem ser construídos como virtudes intelectuais nas almas humanas. *Philosophia*, em segundo lugar, é um modelo de ensino dessas virtudes, um modelo adotado nas comunidades de estudantes e nas tradições de textos. Tomás concebeu a filosofia como incorporada em comunidades históricas, nas linhagens de mestres e estudantes que compartilhavam modos de vida, idiomas, tópicos e procedimentos. Essas escolas filosóficas estavam entre as glórias da antiguidade pagã, mas pertencer a elas, segundo ele, não convinha aos cristãos.

Pode-se ver isso tanto na sua terminologia quanto nas formas de alguns de seus argumentos históricos. Ele fala da filosofia como um hábito de conhecer – uma compreensão adquirida de princípios e argumentos – necessário a um crente cristão instruído. No entanto, quando ele fala de uma escola de filosofia ou de filósofos, fala de como a sabedoria foi procurada pelos pagãos. Ele nunca aplica o epíteto *philosophus* a um cristão.[5] Mais ainda, ele nunca inclui cristãos nos seus exames das opiniões filosóficas, mesmo quando inclui escritores além dos mencionados nas narrativas antigas e

---

4 Discuti também alguns dos textos relevantes na "Gilson Lecture at the Pontifical Institute of Mediaeval Studies" de 1990 (Jordan, 1992).

5 A única aparente exceção parece envolver uma corrupção no texto. Na maioria das versões modernas do *In PH*, Tomás faz referência a um "*Ioannes Grammaticus*" como "*philosophus*" (I, lect. 6, n. 4). No *In DC*, I, lect. 8, e por toda parte em Averróis, "*Ioannes Grammaticus*" é João Filopono, um cristão. Mas a edição crítica agora propõe ler "*Philonus*" como "*philosophus*", removendo assim o epíteto confuso (ver *Expos. lib. Peryermeneias*, I, lect. 6, ed. Leonina, I*/I, 34, 85-87). Em todo caso, Tomás não terá conhecido a fé de Filopono, uma vez que soube dele apenas de segunda mão como comentador de Aristóteles.

patrísticas que são suas fontes. Ele está pronto a postular que o compilador do *Liber de Causis* foi um dos "filósofos" árabes.⁶ Nunca fala de um grupo semelhante de cristãos. Os "filósofos" propriamente ditos não são sempre antigos, mas parecem ser sempre "não crentes".

Ninguém pode duvidar que Tomás admirava os filósofos pagãos, tanto por seu zelo na investigação quanto por seu modo de vida. Ele elogia a procura filosófica da contemplação, assim como afirma o abandono dos bens terrenos pelo filósofo.⁷ E, no entanto, ele também diagnostica a origem da contemplação filosófica no amor-próprio, e assim a distingue nitidamente da contemplação cristã.⁸ O ascetismo do filósofo também não é o do cristão, uma vez que o cristão precisa renunciar aos bens mundanos por causa de Cristo.⁹ Os filósofos buscam autoridade por meio da discussão, ao passo que o Senhor ensina os crentes a se sujeitarem pacificamente a uma autoridade divinamente constituída.¹⁰ Os filósofos podem oferecer várias causas para a organização do cosmos, mas o crente sabe que a providência divina organizou o mundo para que os entes humanos pudessem ter um lar.¹¹

Se essas observações esparsas parecem apenas correções particulares, pode-se recorrer aos juízos muito explícitos de Tomás sobre as doutrinas e as promessas dos filósofos. Ele julga que suas doutrinas foram severamente limitadas pela fraqueza da razão humana. Perante audiências gerais, conta-se que Tomás disse, por exemplo, que todos os esforços dos filósofos foram insuficientes para entender a essência de uma mosca.¹² Nos escritos acadêmicos, sempre que Tomás defende a pertinência da revelação de Deus a respeito do que poderia ter sido demonstrado, ele insiste na fraqueza e

---

6   No *In LDC*, proêmio: "Donde, parecer extraído por algum filósofo árabe do mencionado livro de Proclo".
7   Sobre a pobreza filosófica, ver *ST* IIª-IIª, q. 186, a. 3, *ad* 3; q. 188, a. 7, *ad* 5. Cf. *Contra Impugnantes* II, c. 5 e a passagem do sermão *Beata Gens* (Busa 6:40c). No *In Po*, II, lect. 8, Tomás segue Aristóteles ao ver a filosofia como um remédio para a perda dos bens materiais.
8   *In Sent* III, d. 35, q. 1, a. 1.
9   *In Matt.*, c. 19, lect. 2.
10 Sermão *Beati qui Habitant* (Busa 6:45a).
11 *In Ps*, c. 23, lect. 1.
12 *In Sym Ap*, proêmio.

falibilidade da razão humana desamparada.[13] Ele observa as mesmas deficiências ao distinguir os *corpus* filosófico e teológico do conhecimento sobre Deus.[14] Ele julga as promessas da filosofia ainda mais duramente. A filosofia pagã se apresentou como o amor ao melhor conhecimento das coisas mais elevadas, isto é, como uma via para a felicidade. No entanto, a filosofia foi incapaz de proporcionar a felicidade. Os antigos filósofos multiplicaram as ideias sobre o bem humano, mas não conseguiram alcançá-lo.[15] Os filósofos foram incapazes de convencer até seus concidadãos, porque não puderam oferecer uma doutrina sobre a vida que fosse firme, abrangente e útil.[16] Nenhum filósofo teve sabedoria suficiente para chamar os homens de volta do erro; em vez disso, eles levaram muitos ao erro.[17] Os filósofos não puderam evitar o pecado, porque não puderam passar pela purificação única do verdadeiro culto a Deus, que começa com a vinda filosoficamente incognoscível de Cristo.[18]

Tomás reúne essas observações em um punhado de contrastes. Muitas vezes, ele traça uma linha entre o que os filósofos pensam ou dizem e o que "nós", crentes, dizemos.[19] Ele deixa claro o contraste quando constrói uma tricotomia entre filosofia, Lei do Antigo Testamento e Evangelho do Novo. A luz da filosofia era falsa; a luz da Lei era simbólica; a luz do Evangelho é verdadeira.[20] Mais ainda, a filosofia é sabedoria "terrena" e "carnal", "que é de acordo com a natureza das coisas, ou os desejos da carne"; "nós", os cristãos, vivemos antes pela graça.[21] Não é, pois, uma surpresa que Tomás

---

13   *In Sent* I, proêmio; *In BDT*, q. 3, a. 1; *QDV*, q. 14, a. 10; *SCG* I, c. 4-5; *ST* Iª, q. 1, a. 1, onde ele resume sua visão ao dizer que as verdades filosóficas sobre Deus foram descobertas "por poucos, durante um longo tempo e com a mistura de muitos erros".
14   *In BDT*, q. 2, a. 2; q. 5, a. 4. Ver também os contrastes entre as sabedorias do filósofo e do cristão na *ST* IIª-IIª, q. 19, a. 7.
15   Ver, por exemplo, *In BDT*, q. 3, a. 3; q. 6, a. 4; *SCG* III, c. 48, *CT* I, c. 104; *ST* Iª-IIª, q. 3, a. 6.
16   *In Matt.*, c. 13, lect. 3.
17   *In Ioan.*, c. 6, lect. 1.
18   *In II Cor.*, c. 7, lect. 1; *In Col.*, c. 1, lect. 6.
19   Por exemplo, *In Sent* II, d. 3, q. 3, a. 2; *ST* IIª-IIª, q. 19, a. 7.
20   *In Ioan.*, c. 1, lect. 5. Cf. a tríade "luz e profecia", "luz e fé", e "luz e razão" no *In Is*, c. 6, lect. 1 e o contraste entre o modo de falar "entre os filósofos" e "na Lei", de Avicena, no *In Sent* II, d. 14, q. 1, a. 3.
21   *In II Cor.*, c.1, lect. 4, sobre 2 Cor 1,12, em que parafraseia Paulo.

glose as condenações das Escrituras à pretensão secular como aplicando-se especificamente aos filósofos,²² ou que ele agrupe filósofos e heréticos como adversários da fé.²³

No entanto, Tomás utiliza a filosofia e exorta os escritores de teologia à sua utilização. Como isso é possível? A utilização está autorizada pelo que ele compara a uma mudança milagrosa nas doutrinas filosóficas: "Aqueles que utilizam documentos filosóficos na doutrina sagrada reconduzindo até a submissão à fé, não misturam a água com o vinho, mas convertem a água em vinho".²⁴ "Submeter" a filosofia à teologia parece significar várias coisas. Primeiro, significa que o teólogo toma a verdade dos filósofos como a dos usurpadores.²⁵ O fundamento da verdade filosófica é assim afirmado como sendo o Deus revelador, que é descrito mais completa e precisamente na teologia. Isso sugere, em segundo lugar, que a teologia serve como um corretivo à filosofia. Como diz Tomás em um de seus sermões: "Muito mais pode a fé que a filosofia; donde, se a filosofia for contrária à fé, não deve ser aceita".²⁶ Mais ainda, em um comentário a Paulo, ele volta atrás para levantar uma objeção geral: "Mas porventura o raciocínio e as tradições humanas são sempre rejeitados?". Ele responde: "Não, mas quando então o raciocínio físico procede de acordo com elas, e não de acordo com Cristo".²⁷ Proceder "de acordo com Cristo" requer, em terceiro lugar, que as motivações impuras da filosofia – vaidade, contenda, arrogância – sejam transformadas em motivos do crente cristão. As investigações filosóficas devem sempre servir a um fim teológico. Aplicada aos textos, essa regra parece requerer que a argumentação filosófica seja iniciada e efetuada apenas a partir da motivação do crente do duplo amor a Deus e ao próximo.

---

22 *In Is*, c. 19; *ST* Iª, q. 12, a. 13, s.c.; q. 32, a. 1, *ad* 1.
23 Por exemplo, *In Sent* II, d. 14, q. 1, a. 3; *ST* IIª-IIª, q. 2, a. 10, *ad* 3. Para uma visão diferente da relação de Tomás com a filosofia, ver capítulo "A filosofia de Tomás de Aquino em seu contexto histórico" neste volume.
24 *In BDT*, q. 2, a. 4, *ad* 5. Ver também capítulo "Aristóteles e Tomás de Aquino" deste volume.
25 *In I Cor.*, c. 1, lect. 3, seguindo Agostinho.
26 Sermão *Attendite a Falsis* (Busa 6:35b-c).
27 *In Col.*, c. 2, lect. 2.

Mesmo que essas regras de procedimento ou admoestações sejam de algum modo úteis, permanecem abstratas. Para entender como Tomás as põe em prática, é preciso examinar cuidadosamente os lugares em que ele transforma a filosofia em teologia. Escolhi dois desses lugares, ambos da *ST*. As passagens foram historicamente influentes, mas não as selecionei por essa razão. Embora as discussões na *ST*, às vezes, não tenham o detalhe técnico de passagens paralelas em outros lugares em Tomás, elas também oferecem a melhor oportunidade para ver o autor usando os materiais que ele considera essenciais à construção de uma pedagogia teológica equilibrada. A *ST* é a última e melhor experiência tomista na invenção de uma forma literária que acomodaria toda a sua visão da teologia. É, portanto, a melhor obra para observá-lo construindo a doutrina teológica, página a página. Assim, passo à definição das virtudes da *ST* e sua análise da eficácia sacramental como bons exemplos da conversão da filosofia em teologia feita por Tomás.

Definição das virtudes

Os leitores familiarizados com a doutrina de Tomás de Aquino sobre a analogia e com suas ideias sobre a linguagem filosófica não acharão surpreendente que ele trate a "virtude" explicitamente como um termo análogo (Iª-IIª, q. 61, a. 1, *ad* 1).[28] Ainda assim, a extensão analógica da "virtude" é algo mais do que a riqueza de qualquer termo filosófico importante. Tomás está claramente ciente de que não apenas existem autoridades diferentes na definição de virtude, mas que o próprio termo, mesmo em sua melhor definição, deve ser aplicado a tipos muito diferentes de casos. Ele necessita não apenas confrontar textos de autoridade, mas também mostrar que os vários casos abrangidos por eles são ordenados em torno de um caso primário, de modo a evitar que o termo se torne equívoco.

---

28 Para o sistema de citação, ver a seção "Analogia do ente" no capítulo "Metafísica" deste volume.

É claro que Tomás herdou uma série de definições de autoridade, incluindo várias de Cícero[29] e das obras físicas de Aristóteles.[30] Mas a principal disputa é entre duas definições de "virtude", uma da *Ética* de Aristóteles e outra de Agostinho por meio das *Sentenças* de Pedro Lombardo. A definição aristotélica é a famosa conclusão de que a virtude é uma disposição que leva à escolha e que consiste no meio termo relativo a nós, determinado pela razão, isto é, como o homem prudente o determinaria.[31] Tomás parafraseia essa definição de diversas maneiras ao longo da sua discussão das virtudes,[32] embora não na I^a-II^a, q. 55, a questão sobre a definição da virtude. O motivo da omissão aparecerá em seguida. A definição concorrente vem das *Sentenças* de Pedro Lombardo: "A virtude é uma boa qualidade da mente, pela qual se vive retamente, da qual ninguém faz mau uso, que Deus opera em nós, sem nós".[33] É, como sabe Tomás, uma fusão de textos agostinianos e, especialmente, de passagens do livro II do *Sobre o Livre-Arbítrio,* que fornecem o termo médio da definição de Pedro Lombardo.[34] A definição das *Sentenças* é a única que Tomás tem por objetivo explicitamente defender, embora seja uma definição apenas para a virtude divinamente infusa.[35]

A tensão entre essas duas definições é bastante forte. A definição de Aristóteles tem em vista principalmente a virtude moral (isto é, a virtude adquirida pelo homem), com ênfase na noção de meio-termo e fazendo referência ao juízo prudencial do homem virtuoso ao estabelecê-lo. A definição que Pedro Lombardo compõe a partir de Agostinho é uma definição da virtude infusa por Deus, e não é imediatamente claro se ele fala das virtudes teologais infusas de fé, esperança e caridade, ou das virtudes morais infusas. Tomás tenta resolver a tensão entre essas duas definições construindo uma

---

29 Cícero, *De Inventione* II, 53, 159, citado por Tomás na I^a-II^a, q. 56, a. 5. Para alguns usos anteriores, ver Agostinho, *De Diversis Quaestionibus Octogintatribus,* q. 31 (CCL:41, 2-3) e Alberto Magno, *Lectura super Eth.* I, 15 (Colônia 14/1:76, 67-69).
30 Aristóteles, *De Caelo* I, 11 (281a15), citado por Tomás na I^a-II^a, q. 55, a. 1, obj. 1; Aristóteles, *Física* VII, 3 (246b23), citado por Tomás na I^a-II^a, q. 55, a. 2, obj. 3 e q. 56, a. 1, s.c.
31 Aristóteles, *Ética a Nicômaco* II, 6, 1106b36-1107a2.
32 *ST* I^a-II^a, q. 58, a. 2, obj. 1; a. 2, obj. 4; q. 59, a. 1; q. 64, a. 1, s.c; a. 2, s.c.; a. 3, obj. 2.
33 Pedro Lombardo, *Sent* II, 27, 1, n. 1 (Quaracchi I:480).
34 Ver I^a-II^a, q. 55, a. 4, s.c., e Agostinho, *De Libero Arb.* II, 18, 50 (CCL:271).
35 *ST* I^a-II^a, q. 55, a. 4: "Ora, a causa eficiente da virtude infusa, cuja definição é dada [...]".

analogia mais abrangente do termo "virtude", suficientemente ampla para conter tanto Aristóteles como Agostinho. Considero que ele tem sucesso nessa tentativa, mas apenas por subordinar Aristóteles a Agostinho.

Tomás introduz a virtude, de forma dialética, com uma observação sobre seu sentido menos específico: "A virtude designa certa perfeição da potência [*quandam potentiae perfectionem*]" (Iª-IIª, q. 55, a. 1). Esse sentido é dividido entre as potências naturais, que são elas próprias chamadas de *virtudes* enquanto determinadas a um fim específico, e as potências "racionais", para as quais *virtus* designa o hábito ou disposição cumulativa que determina a potência ao ato. Então a distinção é substituída por uma segunda: as virtudes possibilitam o ser ou agir (q. 55, a. 2). Na segunda parte da *ST*, Tomás se preocupa com as virtudes humanas peculiares da ação, e restringe o uso de *virtus* em conformidade. Ele pode acrescentar assim outra parte para uma definição mais completa, a saber, que a virtude é um "hábito operativo" (q. 55, a. 2). É muito fácil concluir, em seguida, que ela deve ser um hábito operativo bom, uma vez que a noção de perfeição está implícita na noção moral de virtude. Então algo intrigante acontece. Ele se volta, no último artigo da questão, para defender a definição muito diferente das virtudes infusas, extraída de Agostinho por meio de Pedro Lombardo.

Qual o sentido de saltar, como parece, da noção geral de virtude, herdada de Aristóteles, para a definição muito mais específica e teológica, fornecida por Pedro Lombardo? Se uma definição completa é necessária para coroar o desenvolvimento dialético da questão 55, por que não fornecer a definição de virtude moral, de Aristóteles, da *Ética*? A resposta não pode ser simplesmente um apelo à autoridade de Agostinho, porque Tomás tem várias maneiras de reler Agostinho ou de construir contextos de revisão para ele quando há coisas que considera imprudentes ou enganosas nos textos agostinianos. A resposta deve sim ser que o *centro* da analogia da virtude não está nas virtudes cívicas, como Aristóteles as entendia, mas nas virtudes infusas por Deus. A definição completa deve ser dada para o primeiro e mais claro membro da analogia, e o caso mais claro é a virtude, não adquirida, mas infusa.

O fato de tornar teológica a principal definição de virtude tem uma série de consequências. Uma é que Tomás precisa reformular a noção de hábito que construiu cuidadosamente nas questões 49-54, utilizando Aristóteles e os intérpretes de Aristóteles.[36] Outra consequência é que ele entende até mesmo as virtudes pagãs como vindas de cima. No final da sua discussão das virtudes cardeais, ele introduz uma passagem de Macróbio que inclui uma citação de Plotino. Nela, Plotino multiplica as quatro virtudes cardeais em quatro passos ou etapas que correspondem a quatro estados da alma: o político, o purificador, a alma já purificada e o exemplar (q. 61, a. 5, s.c.). A passagem aparece várias vezes na *Lectura* sobre a *Ética,* de Alberto Magno, e também é familiar a Tomás de muitos outros textos.[37] Ele não corrige essa doutrina, mas segue seus predecessores dando-lhe uma leitura completamente cristã.

É fácil entender que a etapa política das virtudes corresponde ao homem como naturalmente político, isto é, ao homem "de acordo com as condições da sua natureza". A etapa exemplar corresponde às virtudes como são em Deus – aqui Tomás simplesmente segue a leitura de Macróbio sobre Plotino. As duas etapas intermediárias são assim entendidas como ajudando a alma para o seu fim em Deus. As virtudes cardeais purificadoras são virtudes do movimento para Deus. Assim, a prudência é reinterpretada como a virtude que despreza todas as coisas mundanas em favor da contemplação; as virtudes da alma já purificada são aquelas exercidas na medida em que se possui o fim mais elevado, as virtudes do homem bem-aventurado. Desse modo, a prudência se torna, na terceira etapa, a visão apenas do divino.

---

36 Um sinal disso é a evocação explícita de Aristóteles em importantes argumentos *sed contra*. Dos dezenove *sed contra* que citam uma autoridade nas questões 49-54, quinze citam Aristóteles e não apenas uma premissa intermediária. Outro sinal é a atenção conjunta à exegese dos textos de Aristóteles, marcada particularmente pelo recurso a Simplício. Simplício é citado oito vezes nessas questões (q. 49, a. 1, *ad* 3; a. 2 e *ad* 2; q. 50, a. 1 e *ad* 3; a. 4, *ad* 1; a. 6; q. 52, a. 1). Pelo menos três dessas passagens contêm citações diretas, e uma delas (q. 49, a. 2) utiliza uma longa citação de Simplício como ponto de partida para a reformulação de Tomás de uma importante distinção.

37 Para a utilização dela por Alberto Magno, ver *Lectura* II, 3 (Colônia 14/1:100, 27-30), IV, 12 (272, 71-73), V, 3 (320, 36-39) e VII, 11 (568, 1-8).

Essa leitura alegórica das quatro etapas da virtude, pela qual cada virtude cardeal é transportada do domínio humano para o divino, estende a analogia dos termos em uma direção inesperada. Nas primeiras discussões das virtudes cardeais, toda a questão das virtudes teologais foi mantida à distância. Fica claro agora que as virtudes cardeais políticas são as virtudes mais importantes para nossa condição atual, mas não para nosso fim último, que está para além da capacidade humana (q. 61, a. 1, *ad* 2). Mas as virtudes purificadoras e da alma já purificada estão clara e diretamente relacionadas ao fim último. Elas são algumas das virtudes cardeais que perduram no estado de glória (q. 67, a. 1). De fato, elas devem estar entre as virtudes morais infusas enraizadas na caridade (q. 63, a. 3).

Eis a dificuldade, uma vez que as virtudes morais infusas são de natureza diferente das virtudes morais adquiridas precisamente porque preparam os entes humanos para serem cidadãos da cidade celeste, e não da terrestre (q. 63, a. 4). Se elas são diferentes em natureza e tomam uma definição diferente, é difícil entender como podem ser chamadas pelo mesmo nome, a não ser de maneira equívoca. Tampouco a dificuldade sobre a unidade da analogia está limitada apenas às virtudes cardeais infusas. As três virtudes teologais são ordenadas a um fim diferente daquele das virtudes adquiridas. Elas têm Deus como seu objeto, são infusas somente por Deus, são ensinadas somente por revelação divina (q. 62, a. 1). Elas, portanto, diferem em espécie das virtudes morais e intelectuais (q. 62, a. 2). A diferença não é meramente formal; tem consequências para a ação. As virtudes teologais são mais do que suplementos em auxílio das virtudes cardeais. Ambas permitem e requerem ações diferentes. As virtudes teologais não são virtudes que estão no meio-termo, a não ser acidentalmente, uma vez que sua regra e medida são o próprio Deus (q. 64, a. 4). Elas prescrevem, então, padrões diferentes, mesmo para objetos considerados também pelas virtudes morais. Assim, por exemplo, as virtudes morais infusas exigirão um grau de ascetismo corporal não exigido pelas virtudes morais adquiridas (q. 63, a. 4).

Tudo isso parece estender a analogia da virtude quase até um ponto de ruptura. Ela pode ser mantida ao esclarecer a hierarquia dos casos dentro da analogia, isto é, ao distinguir os sentidos próprios e impróprios do termo?

Tomás fornece um esclarecimento na sua discussão sobre a conexão e a igualdade das virtudes, as quais são, superficialmente, tópicos familiares da filosofia antiga. Ele conhece de várias fontes, como Simplício e Agostinho, que os estoicos ensinavam a unidade de todas as virtudes e a igualdade de todas as faltas. Tomás se preocupa com essas questões. É mais importante para ele, no entanto, a conexão entre as virtudes adquiridas do intelecto e da vontade e as virtudes infusas, sejam elas morais ou teologais. Os tópicos filosóficos antigos se tornam ocasiões para tentar mostrar a unidade e a diferença na analogia da própria virtude.

Quatro objeções são levantadas contra a conexão das virtudes morais adquiridas. Tomás responde no *sed contra* com quatro autoridades, três a partir dos Padres da Igreja e uma a partir de Cícero (q. 65, a. 1). Seu argumento em sentido contrário depende menos dessas autoridades do que de uma distinção entre virtude completa e incompleta. A virtude incompleta não passa de uma inclinação a fazer algo bom, uma inclinação que pode advir tanto do dom natural quanto da prática. As virtudes imperfeitas não estão conectadas umas às outras. Alguém pode ter uma tendência natural ou adquirida para realizar ações generosas sem ter qualquer tendência a ser casto. Em contraste, a virtude completa é o hábito que inclina alguém à boa realização de uma boa ação. As virtudes completas estão conectadas entre si, sejam elas entendidas como componentes comuns da boa ação, ou relacionadas a casos ou assuntos específicos. Primeiro, a conexão tem a ver com a estrutura comum da ação. Em segundo lugar, tem a ver com o papel central da prudência, através da qual todas as virtudes particulares estão conectadas. Sem a prudência, um hábito de autocontrole repetido, quando confrontado com um tipo de tentação, digamos, não se tornará virtude de moderação, porque lhe faltará a relação com a prudência pela qual poderia ser generalizado a situações semelhantes. De fato, as operações da virtude moral estão ordenadas umas às outras de tal maneira que um hábito em uma operação requer um hábito em todas (q. 65, a. 1, *ad* 3).

Até agora, a consideração procedeu de acordo com o que parece um modo filosófico. Mas a próxima questão discute se esse complexo unificado de virtudes morais pode existir sem a caridade (q. 65, a. 2). A resposta de

Tomás é variada. Se a "virtude" é tomada como visando um fim humano naturalmente alcançável, pode-se dizer que ela é adquirida por esforço humano. Essa virtude pode existir sem a caridade, como aconteceu a muitos pagãos. Ainda assim, as virtudes pagãs não "possuem completa e verdadeiramente a noção (*ratio*) de virtude". A noção é satisfeita apenas pelas virtudes que conduzem ao mais elevado fim humano, que é sobrenatural. Em sentido estrito, então, não pode haver virtude sem a caridade. As virtudes morais são infusas, junto com a prudência da qual dependem, após a infusão da caridade. "Fica patente, portanto, a partir do que foi dito, que somente as virtudes infusas são perfeitas, e devem ser chamadas de virtudes única e simplesmente, porque ordenam bem o homem ao fim último único e simplesmente". Tomás afirma que a caridade não pode ser infusa sem as virtudes morais concomitantes, das quais ela é o princípio (q. 65, a. 3), ou sem as outras duas virtudes teologais, que tornam possível a amizade com Deus (q. 65, a. 5).

Para Tomás, então, nenhuma inclinação ao bem, considerada em si, pode ser chamada de virtude simplesmente. É apenas uma virtude incompleta ou antecipada que precisa ser retomada na unidade das virtudes centradas na caridade. As virtudes pagãs são apenas virtudes *secundum quid*, isto é, enquanto ordenadas a um bem particular, que não é o bem completo e final da vida humana. Ele aprova, assim, uma glosa à *Carta aos Romanos* que diz: "Onde falta o conhecimento da verdade, é falsa a virtude, mesmo nos bons costumes [*in bonis moribus*]" (q. 65, a. 2). Assegurar a analogia da virtude levou então não apenas à substituição de uma definição teológica por outra filosófica, mas também a juízos sobre a vida humana muito diferentes dos de Aristóteles. Parece claro que Tomás transformou os materiais filosóficos em teologia. As outras implicações da transformação serão traçadas após a exposição do segundo exemplo.

Análise da eficácia sacramental

É, muitas vezes, atribuída a Tomás de Aquino a formulação decisiva da doutrina de que os sacramentos são causas da graça. Parte do crédito geralmente vai para sua explicação filosófica da causalidade, pela suposição de que por ele ter entendido tão bem Aristóteles é que foi capaz de explicar os sacramentos. Ele se mostra um leitor atento de Aristóteles acerca das causas, como nas suas exposições da *Física* e da *Metafísica*. Além disso, muitas vezes complementa a classificação aristotélica das causas – por exemplo, tomando empréstimos de Avicena e insistindo na importância da causalidade exemplar, isto é, a causalidade por semelhança participada. Tomás não afirma que há uma e apenas uma causa própria para um evento natural, nem ensina uma doutrina estrita do determinismo causal na natureza. Ele é cuidadoso em não reduzir o complexo discurso sobre as causas a um ou vários "princípios" firmemente formulados. Tudo isso contribui para uma consideração complexa da causalidade natural, e alguns concluíram que essa consideração deveria, de certo modo, ser responsável pela famosa conclusão de que os sacramentos são causas. De fato, a motivação parece funcionar na direção oposta. A compreensão de Tomás dos casos de causalidade teologicamente relevantes motiva alterações na sua doutrina da causalidade em geral.

Tomás não foi o primeiro teólogo escolástico a chamar os sacramentos de causas. O uso remonta a pelo menos um século antes dele. Pedro Lombardo distingue os sacramentos de outros sinais apontando sua eficácia causal: "'Sacramento' se diz propriamente do que é tanto um sinal da graça de Deus quanto da forma da graça invisível, que produz a própria imagem e se mostra uma causa [*ipsius imaginem gerat et causa exsistat*]".[38] A linguagem de Pedro Lombardo é retomada explicitamente por teólogos como Guido de Orchellis e Guilherme de Auxerre,[39] sem mencionar franciscanos influentes como Boaventura.[40] Talvez mais importante, afirmações sobre a eficácia causal sacramental podem ser encontradas em muitos predecessores dominicanos de Tomás.[41]

---

38 Pedro Lombardo, *Sent* IV, 1, 4, n. 2 (Grottaferrata, 2:233).
39 Ver Guido de Orchellis, 1953, 3-5, especialmente 5, 10-13; e Guillelmus Altissiodorensis, 1980-1988, 4:12, 15-16.
40 Boaventura, *Sent* IV, 1, 1, 3-4 e *Breviloquium*, VI, 1.
41 Os textos relevantes são coletados por H.-D. Simonin e G. Meersseman (1936).

Se Tomás não é o primeiro a falar dos sacramentos como causas, ele dá uma nova proeminência à causalidade sacramental afirmando-a separada e diretamente. Nas *Sentenças*, por exemplo, todo o tratamento dos sacramentos é parte da "doutrina dos sinais" (*doctrina signorum*) e, assim, suas discussões da causalidade parecem inevitavelmente subordinadas às discussões da significação.[42] Em Boaventura, uma longa revisão das controvérsias sobre a causalidade sacramental termina em uma nota de fundo cético: "Não sei qual [opinião] é mais verdadeira, pois quando falamos de coisas que são milagres, não devemos seguir tanto a razão. Assim, admitimos que os sacramentos da Nova Lei são causas, que produzem efeitos e que dispõem as coisas, segundo o sentido amplo de 'causa' [...] e é prudente dizer isso. Se eles têm algo mais, não quero afirmar nem negar".[43] Até mesmo Alberto Magno tem o cuidado de descrever sua causalidade como um tipo de disposição material e de negar que a graça salvífica esteja de algum modo ligada ao sacramento ou que os sacramentos "contenham" a graça em qualquer acepção usual.[44] Nesse contexto, as afirmações constantes de Tomás sobre a eficácia causal nos sacramentos são impressionantes.[45]

A organização da *ST*, ao contrário daquela das *Sentenças*, torna a causalidade sacramental mais proeminente que a significação. Tomás divide a consideração comum dos sacramentos em cinco tópicos: o que são, por que são necessários, quais são seus efeitos, quais são suas causas, e quantos deles há (III^a, q. 60, proêmio). Cada tópico tem uma questão, exceto o tópico dos efeitos, que é dividido em duas questões, relativas ao efeito principal e ao efeito secundário (q. 62-63). O tópico da eficácia sacramental é, portanto, desde o início, melhor articulado que os outros.

---

42 Pedro Lombardo, *Sent* IV, proêmio (Grottaferrata 2:231). A grande estrutura das *Sentenças* depende das distinções de Agostinho entre coisas para serem fruídas e coisas para serem utilizadas, e entre coisas e sinais.
43 Boaventura, *Sent* IV, 1, 4 (*editio minor* 4:18a).
44 Alberto Magno, *Sent* IV, 1, B.5 (Borgnet, 26, 18).
45 Considere-se os seguintes exemplos anteriores à *ST*: *In Sent* IV, d. 1, q. 1, a. 1, qc. 3, *ad* 5: "Ora, o sacramento pura e simplesmente é o que causa a santidade"; *QDV*, q. 27, a. 4: "É necessário afirmar que os sacramentos da Nova Lei são de algum modo causa da graça".

Tomás começa toda a consideração tradicionalmente, defendendo a afirmação de que os sacramentos são um tipo de sinal. Ele a defende mesmo contra a objeção de que não podem ser sinais porque são causas (q. 60, obj. 1 e *ad* 1). No entanto, logo fica claro que aqui ele fala de "sacramento" de modo geral como todo sinal de alguma coisa sagrada que serve para santificar aqueles que fazem ou recebem adequadamente o sinal (q. 60, a. 2). Nesse sentido amplo, "sacramento" se refere não apenas aos ritos do Antigo Testamento, como o cordeiro pascal ou as bênçãos sacerdotais (q. 60, a. 2, *ad* 2; a. 6, *ad* 3), mas também ao culto a Deus, praticado antes ou depois da revelação especial registrada nas Escrituras (q. 60, a. 5, *ad* 3; q. 61, a. 4, *ad* 2; q. 65, a. 1, *ad* 7). Quando Tomás quer especificar os sacramentos cristãos dentro do gênero do sacramento, ele o faz afirmando sua eficácia causal (q. 62, a. 1; q. 65, a. 1, *ad* 6). Dito de outra forma: quando Tomás fala dos sacramentos como sinais, ele tem em mente toda a gama de rituais religiosos humanos. Quando ele quer se restringir aos sete sacramentos da Igreja cristã, fala dos sacramentos como causas.

O que exatamente Tomás quer dizer? Ele não quer dizer algo que possa ser logo encontrado em Aristóteles. Pelo menos, não remete o leitor a Aristóteles para obter ajuda com a noção pertinente de causa. Há cerca de sessenta citações explícitas nas duas questões sobre os efeitos sacramentais. Apenas cinco são de Aristóteles, e ele é o único autor pagão mencionado.[46] Duas das citações aristotélicas não têm nada a ver com a causalidade. Duas das três restantes afirmam apenas que uma potência é uma causa e que há potências na alma.[47] A terceira afirma que os ministros políticos são instrumentos – uma máxima que Tomás emprega, um tanto dissimuladamente, a fim de incluir o sacerdócio na consideração da instrumentalidade.[48] E, igualmente interessante, ele parece evitar a citação de Aristóteles, mesmo

---

46 São elas: q. 62, a. 2, obj. 3: *Metafísica* VIII, 3, 1043b36; q. 62, a. 3, obj. 1: *Física* IV, 14, 212a14; q. 63, a. 2, obj. 3: *Metafísica* V, 12, 1019a15; q. 63, a. 2, s.c.: *Ética a Nicômaco* II, 5, 1105b20; e q. 63, a. 2: *Política* I, 2, 1253b30.

47 *Metafísica* IV, 12 (paráfrase): "Uma potência leva em consideração uma causa e princípio"; *Ética a Nicômaco* II, 5 (citação): "Três coisas se encontram na alma: paixões, capacidades, disposições".

48 *Política* I, 2 (paráfrase): "Ora, um ministro tem o modo de um instrumento".

quando poderia fazê-la. Ele cita Agostinho em favor do princípio aristotélico comum de que uma causa é superior ou mais nobre que seu efeito (q. 62, a. 1, obj. 2). Não cita nenhuma autoridade para uma máxima peripatética sobre a teleologia da natureza (q. 62, a. 2, s.c.) ou para a doutrina lógica da diferença categorial entre a figura e a potência (q. 63, a. 2, obj. 1).

A importância da ausência de Aristóteles é confirmada quando se vê a elaboração de uma consideração da causalidade sacramental de Tomás. A consideração começa pela distinção entre uma causa e um sinal convencionado (q. 62, a. 1). Os sacramentos são afirmados como causas "a partir da autoridade de muitos santos" (q. 62, a. 1). Eles não são causas principais nem instrumentais. Uma causa principal atua em virtude da sua própria forma e, assim, seus efeitos são semelhantes a essa forma. Uma causa instrumental faz sua ação em virtude do movimento de uma causa principal, de modo que os efeitos de um instrumento não são semelhantes à sua forma, mas sim à forma da causa principal que o move. Todo instrumento, portanto, tem duas ações, aquela da sua própria forma e aquela da causa motora (q. 62, a. 1, *ad* 2). Essas duas estão conectadas: a causa motora produz seus efeitos por meio da ação adequada do instrumento.

Tomás defende explicitamente a imagem da causa motora atuando "através" de um instrumento quando ele argumenta que se pode dizer que os sacramentos "contêm" a graça (q. 62, a. 3). Seu argumento se efetua por exclusão. A graça está no sacramento, não de acordo com a semelhança da espécie, nem de acordo com alguma forma própria e permanente, mas "de acordo com certa capacidade instrumental [*instrumentalem virtutem*], que é fluída e incompleta em seu ser natural" (q. 62, a. 3). Essa última frase, intrigante, não é um lapso. Tomás a repete quando diz que a graça tem um "ser fluído e incompleto" (*esse fluens et incompletum*) (q. 62, a. 3, *ad* 3). De fato, dizer que um sacramento é uma causa instrumental nos obriga a dizer que há "certa capacidade instrumental" no sacramento que é "proporcionada ao instrumento" (q. 62, a. 4). A capacidade tem um ser incompleto que passa de uma coisa para outra.

É difícil imaginar essa capacidade, ainda mais quando se pensa nos sacramentos em particular. Neles, os instrumentos físicos conectam um ente material, que é causa, a um ente parcialmente imaterial, que recebe um efeito espiritual. Além disso, a mesma capacidade instrumental é encontrada nos diferentes elementos de um sacramento – em suas fórmulas verbais, suas ações prescritas, seu material. Por último, a eficácia instrumental dos sacramentos depende da eficácia da humanidade de Cristo, ela própria um instrumento da Sua divindade (q. 62, a. 5). Enquanto o instrumento humano está conjugado com sua causa principal, os instrumentos sacramentais são separados dela. Compreender a causalidade sacramental nos exige, portanto, conceber instrumentos compostos de muitos tipos de partes materiais que recebem e contêm sua força causal a partir de um ente remoto de ordem diferente, de modo a passar essa força a entes de outro tipo.

Muita engenhosidade foi gasta na tentativa de explicar que Tomás não pode ter dito nada disso literalmente, que ele deve ter dito algo mais filosoficamente familiar. Lonergan, por exemplo, argumentou elegante e enfaticamente que a causalidade de Tomás deve ser mencionada geralmente como um "conteúdo formal" no agente ou como uma relação de dependência no efeito; não pode ser algo acrescentado à causa.[49] Mais ainda, Lonergan afirma que "uma influência causalmente eficiente", que passa do agente ao paciente em casos de causalidade eficiente, é "um mero *modus significandi*, ou então pura imaginação".[50] A leitura de Lonergan de Tomás referente à causalidade foi aplicada por outros à teoria tomista dos sacramentos. Assim, McShane argumenta que um sinal pode se tornar uma causa eficiente da graça sem se modificar, não "fazendo" nada, "em qualquer sentido popular da palavra 'fazer'".[51] Mais ainda, afirma que "a ação é predicada do agente apenas por denominação extrínseca".[52] Infelizmente, essas leituras não fazem justiça à linguagem de Tomás nem à sua escolha dos problemas nas questões sobre a eficácia sacramental. O que se exige não é explicar as

---

49 Lonergan, 1971, p. 69.
50 Lonergan, 1946, p. 603.
51 McShane, 1963.
52 *Ibid.*, p. 430.

características importantes dos textos de Tomás, mas ver que ele usa os sacramentos para estender as noções comuns de causalidade.

Uma consideração completa da causalidade instrumental exigiria a leitura de passagens nas quais Tomás argumenta extensamente que as criaturas são instrumentos em relação à ação divina,[53] bem como de outras aplicações da instrumentalidade, como a humanidade de Cristo. Mas, mesmo sem um desenvolvimento completo, pode-se entender que a noção de causalidade instrumental de Tomás excede em muito a consideração aristotélica. Ela excede precisamente ao desenvolver uma consideração tão elaborada dos instrumentos, os quais Aristóteles menciona apenas casualmente em suas principais classificações das causas.[54] A noção de Tomás também excede a análise aristotélica fundamental da causa na medida em que salienta a presença no instrumento de um poder capaz de causar efeitos muito além da própria natureza do instrumento.

A segunda revisão da causalidade aristotélica é sublinhada na *ST* quando Tomás se volta para outro tipo de efeito causado por alguns sacramentos. Aqui, o leitor é convidado a entender que os sacramentos irrepetíveis – o batismo e a ordenação sacerdotal – produzem não apenas a graça, mas um "caráter" permanente na alma do receptor (IIIª, q. 63). Como mostram as observações acadêmicas de Tomás, as formulações teológicas que definem esse "caráter" eram bastante recentes na língua latina. Sua definição mais técnica é uma anônima que não é encontrada antes de seus predecessores imediatos (q. 63, a. 3, s.c.). Ele utiliza a noção, ainda que recém-formulada, para estender ainda mais a consideração da causalidade instrumental.

Esse tipo outorgado de "caráter" permanente é uma capacidade espiritual (*potestas spiritualis*) que permite ao seu possuidor participar devidamente do culto a Deus (q. 63, a. 2; q. 63, a. 4, *ad* 2). A capacidade é, em si, instrumental na medida em que cria "ministros" no culto divino. Tornar-se um ministro não é simplesmente adquirir uma atribuição

---

53 Por exemplo, *SCG* III, c. 70; *QDP*, q. 3, a. 7; *ST* Iª, q. 105, a. 5.
54 Instrumentos são mencionados brevemente como um tipo de meio na *Metafísica* V, 2, 1013b3, mas não na passagem paralela da *Física* II, 3.

extrínseca; requer que algo seja colocado na alma. Esse algo, o "caráter", estabelece uma relação que é então significada pelo ofício particular do ministro no serviço de Deus (q. 63, a. 2, *ad* 3). A relação permanece na alma como um atributo intrínseco permanente – mais permanente do que os hábitos normais ou a graça, que podem ser perdidos. O "caráter" é permanente porque participa da perenidade da sua causa divina (q. 63, a. 5, *ad* 1), que é, mais especificamente, o sacerdócio universal de Cristo (cf. q. 63, a. 3).

Tomando distância dos casos particulares, pode-se ver nessa doutrina uma extensão bastante notável da noção de causalidade. Tomás afirma que há eventos complexos, envolvendo palavras, gestos e objetos físicos, que podem ser propriamente ditos como causas de mudanças permanentes na condição moral daqueles que deles participam. As mudanças são mudanças da condição moral, pois permitem que os participantes realizem ações virtuosas, como o justo culto a Deus, pelo qual se aproximam de seu fim. O receptor que realiza essas ações se aproxima da visão de Deus, que é seu fim mais elevado e desejo mais profundo. Mas Tomás contrastou explicitamente sua consideração com qualquer apelo a ordenamento ou convenção legal (III^a, q. 62, a. 1). Ele quer afirmar que há uma capacidade causal nos instrumentos sacramentais e que alguns de seus efeitos são alterações permanentes e moralmente significativas das potências da alma.

Ora, essa análise da eficácia sacramental parece ser outro caso da transformação da filosofia em teologia. No mínimo, Tomás acrescentou outra linha à explicação da causalidade ao desenvolver a instrumentalidade dos eventos, assim como exigiu um estudo completo das causas para incluir os sacramentos entre seus casos. De fato, Tomás também inverteu a analogia do termo "causa", assim como ele fez com "virtude". O tipo mais rico de causalidade é a causalidade pela qual Deus leva as criaturas racionais à participação na vida divina. Essa causalidade é mais concretamente apreendida por nós nos sacramentos, que assim deixam de parecer casos excepcionais, mas centrais, do ponto de vista teológico, dentro da mais ampla explicação das causas à nossa disposição.

A filosofia dentro da teologia

Tomás de Aquino compara o uso da filosofia pelo teólogo com a transformação milagrosa da água em vinho. No contexto, ele responde a uma admoestação do Antigo Testamento, lida alegoricamente, com um milagre do Novo Testamento, lido literalmente.[55] Ele, portanto, faz questão de argumentar a partir das Escrituras, mas também pretende sugerir que é pelo milagre da graça que o teólogo ganha confiança para iluminar o que os filósofos trabalharam tanto para entender tão parcialmente.

Tomás visa a imagem da mudança substancial com alguma seriedade. Como a água se tornou vinho, assim os materiais filosóficos se tornam outra coisa quando retomados pela teologia cristã. Essa imagem joanina é mais forte do que a imagem paulina com a qual Tomás a conecta – a imagem de "submeter" a filosofia a Cristo. Sugeri anteriormente que a "submissão" poderia ser interpretada no sentido de vários direitos exercidos pelos teólogos sobre a filosofia: um direito de possuir verdades filosóficas, um direito de corrigir erros filosóficos, e um direito de redirecionar a motivação filosófica. No entanto, a imagem de transformar a água em vinho sugere ainda mais. Sugere que a teologia fortalece a reflexão filosófica e melhora as descobertas filosóficas.

Vimos isso nos dois exemplos da *ST*. A definição de virtude do teólogo é mais ampla e mais devidamente ordenada do que as definições dos filósofos. A noção de causalidade do teólogo abrange mais tipos de causas e aprofunda as explicações das causas já reconhecidas. O que o filósofo considerava como virtudes e causas agora são considerados apenas casos particulares e, de fato, casos incompletos. A aceitação do teólogo, na fé, dos dados da revelação permitiu uma revisão completa do que se considerava ser bem conhecido pelo filósofo.

Ficamos, então, com duas respostas de Tomás à questão do leitor moderno sobre a relação da filosofia com a teologia. A primeira resposta é a de que a questão deve ser reformulada para que ela pergunte sobre a

---

55 Ver *In BDT*, q. 2, a. 3, obj. 5 e *ad* 5, onde o objetante cita Is 1,22 e Tomás responde com uma alusão ao milagre de Jesus nas núpcias de Caná (Jo 2,1-11).

incorporação transformadora da filosofia pela teologia. A teologia está relacionada à filosofia como o todo às partes. A segunda resposta é a de que a teologia cristã bem realizada deve falar mais e melhores coisas de assuntos do interesse da filosofia do que os próprios filósofos podem dizer. Se uma teologia cristã não pudesse fazer isso, Tomás não a consideraria uma teologia bem realizada.

10 Comentário bíblico e filosofia

Eleonore Stump

Natureza e cronologia dos *Comentários*

Tomás de Aquino escreveu comentários aos cinco livros do Antigo Testamento – *Salmos, Jó, Isaías, Jeremias, Lamentações*; a dois Evangelhos – *Mateus* e *João*; às epístolas paulinas – *Romanos, 1 e 2 Coríntios, Gálatas, Efésios, Filipenses, Colossenses, 1 e 2 Tessalonicenses, 1 e 2 Timóteo, Filemon* e *Hebreus*. Os primeiros catálogos das obras de Tomás também listam um comentário ao *Cântico dos Cânticos*, mas esse comentário não foi encontrado.[1] Além disso, há duas lições inaugurais (*principia*) que são discussões de textos das Escrituras. A primeira lição inaugural é baseada em um verso do *Salmo* 103: "De tuas altas moradas regas os montes"; a segunda se concentra em uma divisão dos livros das Escrituras. Weisheipl argumenta que ambas as lições foram dadas em conexão com a fase inicial de Tomás como mestre de teologia em Paris, em 1256.[2] Por último, Tomás compôs uma glosa contínua de todos os quatro *Evangelhos*, a *Catena Aurea* (*Cadeia de Ouro*), a qual consiste em uma compilação de passagens relevantes dos escritos dos Padres da Igreja gregos e latinos. Esse trabalho foi encomendado pelo Papa Urbano IV e parece ter sido escrito no período de 1262/3-1267.[3] A *Catena Aurea* é útil para entender o contexto no qual examinar os

---
1 Os comentários ao *Cântico dos Cânticos* impressos nas edições Parma e Vivès são espúrios; de acordo com James Weisheipl (1983, p. 369), o primeiro pertence a Haimo de Auxerre e o segundo, a Egídio de Roma.
2 *Ibid.*, p. 373-374.
3 *Ibid.*, p. 171-173.

próprios comentários bíblicos de Tomás, mas como é sua compilação dos comentários de outros, não será considerada aqui.[4]

Há um desacordo considerável sobre a data de composição de vários dos comentários bíblicos de Tomás.[5] Seguirei de modo geral a datação de Weisheipl, corrigida eventualmente de acordo com os argumentos de Simon Tugwell.[6] Parte do problema em datar as obras de Tomás, e especialmente os comentários que se originaram das lições, é que às vezes parecem ter sido reformulados, talvez até mais de uma vez, de modo que a mesma obra pode conter material de diferentes períodos.[7]

A *Expositio super Isaiam* parece consistir em duas partes principais. O comentário, nos capítulos 1-11, contém alguma discussão teológica. Por exemplo, a lição 1 do capítulo 1 consiste em um exame da natureza da profecia; a lição 1 do capítulo 11 inclui considerações da natureza da fé e dos dons espirituais. Do capítulo 12 até o final, no entanto, o comentário consiste em uma leitura superficial, isto é, uma breve paráfrase ou resumo do texto de *Isaías*, acompanhado de copiosas citações de outros textos bíblicos pertinentes. Tugwell data de 1251 a primeira nomeação de Tomás para Paris (um ano antes da data indicada por Weisheipl); nesse momento, antes de se tornar um mestre, Tomás teria que dar lições sobre a Bíblia. Tugwell

---

4 Os comentários ao Novo Testamento, incluindo a *Catena Aurea*, estão disponíveis na edição Marietti das obras de Tomás; o *Comentário a João* constituirá o volume 31 da edição Leonina. Os comentários ao Antigo Testamento estão disponíveis nas edições Parma e Vivès; os comentários a *Jó* e *Isaías* também estão disponíveis na edição Leonina, nos volumes 26 e 28, respectivamente. Para alguns dos comentários, há também traduções em inglês. Dos comentários ao Antigo Testamento, somente o de *Jó* foi traduzido para o inglês (Tomás de Aquino, 1989). Há uma tradução em inglês da *Catena Aurea*, intitulada *Commentary on the Four Gospels by S. Thomas Aquinas* (1841-1845), em 4 volumes. A primeira parte do *Comentário a João* foi traduzida como *Commentary on the Gospel of St. John*, Part I (Tomás de Aquino, 1980). E quatro comentários às epístolas paulinas estão disponíveis em inglês: *Commentary on Saint Paul's Epistle to the Galatians by St. Thomas Aquinas* (Tomás de Aquino, 1969a); *Commentary on Saint Paul's Epistle to the Ephesians by St. Thomas Aquinas* (Tomás de Aquino, 1966b); e *Commentary on Saint Paul's First Letter to the Thessalonians and the Letter to the Philippians by St. Thomas Aquinas* (Tomás de Aquino, 1969).

5 Para a discussão das controvérsias e da literatura a elas associadas, ver Weisheipl, 1983, p. 368-374, e as discussões anteriores no texto, citadas nessas páginas.

6 Tugwell, 1988.

7 *Ibid.*, p. 245.

argumenta que, como um cursor biblista (*cursor biblicus*), Tomás escolheu dar lições sobre *Isaías*.[8] Wiesheipl sugere que as duas partes do comentário a *Isaías* talvez devessem ser datadas separadamente.[9]

A *Postilla super Ieremiam* e o *Comentário às Lamentações* (*Postilla super Threnos*) parecem pertencer ao mesmo período do *Comentário a Isaías*. Tugwell data o *Comentário a Jeremias* do período de 1252-1253;[10] Weisheipl data ambos os comentários ainda mais cedo, do período em que Tomás estudava com Alberto Magno em Colônia. Como a segunda metade do *Comentário a Isaías*, esses comentários contêm pouca discussão filosófica ou teológica; após um breve resumo ou divisão do texto, eles consistem na apresentação de uma coletânea de passagens bíblicas relacionadas.

Tomás provavelmente produziu sua *Expositio super Iob ad Litteram* durante sua estadia em Orvieto, em 1261/2-1264, quando ele também parece ter escrito a *Catena Aurea*,[11] embora o *Comentário a Jó*, como o temos agora, pareça incorporar revisões posteriores.[12] Ao que tudo indica, ele é aproximadamente contemporâneo do livro III da *Suma Contra os Gentios* de Tomás.[13] Ambos, a *SCG* III e o *Comentário a Jó*, têm a natureza da providência como uma de suas preocupações principais. O *Comentário a Jó*, de Tomás, é um de seus comentários bíblicos mais desenvolvidos e refinados, e voltarei a ele em seguida.

A *Lectura super Matthaeum* é uma *reportatio* (uma transcrição geralmente deixada sem revisão pelo autor) das lições de Tomás sobre *Mateus*. Esse comentário foi comumente considerado como pertencendo à primeira nomeação de Tomás para Paris, 1256-1259, mas Tugwell argumenta que as lições sobre *Mateus*, de Tomás, pertencem, na verdade, ao seu segundo período parisiense, e que podem até ser do período 1270-1271.[14] De fato, o comentário sobrevive em duas versões. A primeira,

---

8 *Ibid.*, p. 211.
9 Weisheipl, 1983, p. 370; ver também p. 479-481.
10 Tugwell, 1988, p. 211.
11 Weisheipl, 1983, p. 153; Tugwell, 1988, p. 223.
12 Weisheipl, 1983, p. 368.
13 Tugwell, 1988, p. 246.
14 *Ibid.*, p. 246-247.

uma *reportatio* provavelmente feita por Pedro d'Andria, cobre *Mateus* até 12,50. A segunda, uma *reportatio* menos detalhada, foi feita por Leger de Bésançon e vai de *Mateus* 6,9 até o final, com exceção de alguns versículos que faltam perto do seu início.[15]

Seja qual for o caso do *Comentário a Mateus*, todos concordam que a *Lectura super Ioannem* é um produto do segundo período parisiense de Tomás, embora pareça difícil determinar o ano exato em que as lições foram dadas no período de 1269-1272.[16] As lições foram anotadas como uma *reportatio* por Reginaldo de Piperno, secretário de Tomás e companheiro fiel nos últimos quinze anos de sua vida, mas o próprio Tomás teria corrigido a transcrição das suas lições nos cinco primeiros capítulos.[17] Esse comentário também pertence à teologia filosófica madura de Tomás e contém discussões detalhadas de assuntos como a natureza da Trindade, a visão beatífica e o amor a Deus, bem como interpretações sensíveis e agudas da narrativa bíblica.

A *Postilla super Psalmos*, que consiste em um comentário aos *Salmos* 1-54, é também uma *reportatio*, provavelmente feita por Reginaldo de Piperno enquanto Tomás lecionava em Nápoles, em 1272-1273.[18] Embora Tomás reconheça a importância do sentido literal dos *Salmos*, ele se concentra no seu sentido espiritual, de acordo com o qual os eventos e as pessoas nos *Salmos* prefiguram ou simbolizam Cristo.[19]

A evidência histórica a respeito dos comentários tomistas às epístolas paulinas é complexa e sua cronologia é particularmente controversa. Tugwell sustenta que a evidência corrobora a atribuição das lições sobre as epístolas tanto ao segundo período parisiense quanto à sua estadia em Nápoles.

---

15 *Ibid*. De acordo com Weisheipl, há duas lacunas no comentário em todas as edições impressas. A primeira vai de Mt 5,11; 6,8, e a outra inclui Mt 6,14-19. Em uma edição do século XVI, essas lacunas foram preenchidas com o comentário de Pedro de Scala, e o texto espúrio continuou a ser incluído nas edições impressas subsequentes. Ver Weisheipl, 1983, p. 371-372.
16 Weisheipl, 1983, p. 246-247; Tugwell, 1988, p. 246.
17 Tugwell, 1988, *loc. cit*.
18 Tugwell defende que não há nenhuma evidência de uma data tão tardia (1988, p. 248). De fato, Tugwell sugere que esse comentário poderia muito bem ser atribuído à primeira regência parisiense; *ibid.*, p. 332-333.
19 Cf. Weisheipl, 1983, p. 302-307.

Por outro lado, ele reconhece que a evidência é ambígua; como Tomás reformulou pelo menos alguns de seus comentários a Paulo, é possível que algumas lições sobre Paulo tenham sido dadas no início do primeiro período parisiense.[20] Os comentários a *Romanos*, *Hebreus* 1-11, e *1 Coríntios* 1-7;19 foram aparentemente escritos e editados pelo próprio Tomás.[21] Os comentários a *Romanos* e *1 Coríntios*, em particular, parecem ser obras maduras, e Tugwell os atribui aos últimos anos de Tomás em Nápoles.[22] As demais lições sobre Paulo, de Tomás, estão preservadas apenas nas *reportationes* de Reginaldo de Piperno.[23] Embora contenham muitas passagens interessantes, os comentários às epístolas menores (como *Gálatas*, *Efésios* e *Filipenses*) tendem a permanecer bastante próximos do texto e evitar um desenvolvimento teológico elaborado. O *Comentário a Hebreus* contém uma discussão detalhada de Cristo como o Salvador encarnado, como a segunda pessoa da Trindade, e como o cumpridor das promessas do Antigo Testamento; e, além da conhecida discussão da natureza do amor, o *Comentário a 1 Coríntios* inclui discussões intrigantes das relações cristãs na família, na Igreja, e com a autoridade secular. O mais rico e mais sofisticado dos comentários às epístolas paulinas, no entanto, é claramente o *Comentário a Romanos*, que inclui discussões sofisticadas sobre a natureza de uma vontade dividida em si mesma e o modo como a vontade é afetada pela graça.

Abordagem de Tomás de Aquino ao comentário escritural

Por volta do século XIII, a tradução latina da Bíblia, a *Vulgata*, existia em diversas versões, e Tomás de Aquino, ao que parece, utilizou mais de uma delas.[24] Em alguns casos, não fica claro qual versão específica da *Vulgata*

---

20 Tugwell, 1988, p. 248.
21 No tocante a *Hebreus*, Weisheipl diz "até o capítulo 11" (1983, p. 373). Ele também diz (*ibid.*) que a exposição sobre *1 Coríntios* de Tomás termina no c. 7, v. 10.
22 Weisheipl (*ibid.*), ao contrário, atribui estes apenas à segunda regência parisiense.
23 Tugwell, 1988, p. 247-248.
24 Popular nas escolas no início do século XIII, foi uma versão normalmente denominada texto de Paris, basicamente uma versão atualizada do texto da *Vulgata* preparado por

Tomás utilizava; em outros casos, podemos determiná-lo com alguma segurança. Por exemplo, ao comentar os *Salmos*, Tomás utiliza o "saltério gálico" da *Vulgata*, embora às vezes também utilize o "saltério romano".[25]

Ainda que muitas vezes mencione uma leitura alternativa, Tomás raramente registra uma preocupação com o fato de ter diferentes manuscritos de um texto bíblico; e às vezes, em vez de escolher uma das alternativas como a leitura mais precisa ou genuína, ele simplesmente incorpora uma exegese de cada alternativa no seu comentário. Assim, por exemplo, ao comentar *Hebreus* 4,13,[26] ele cita uma passagem de *Jeremias* que não condiz exatamente com o ponto que acabara de apresentar ["o coração é o que há de mais enganador, e não há remédio"] (Jr 17,9)], mas acrescenta uma leitura alternativa da *Septuaginta* ("profundo é o coração do homem") que condiz melhor com seu propósito e que então insere na sua interpretação. Do mesmo modo, ao explicar *Tito* 2,12, que se refere à descrença e impiedade, Tomás cita *Jó* 28,28 assim: "Onde se diz 'no temor do Senhor está a sabedoria', outro texto diz 'na piedade está a sabedoria'".[27] Ele continua a basear sua interpretação da passagem de *Tito* no texto alternativo, embora seja claro que não tem a intenção de rejeitar a leitura que identifica a sabedoria com o temor do Senhor.

Weisheipl sustenta que "Tomás não conhecia quase nada sobre línguas bíblicas e do oriente próximo, arqueologia, filologia, religião comparada e o método histórico, [mas] se conhecesse certamente teria utilizado isso".[28] Não está claro que a segunda metade da afirmação de Weisheipl seja verdadeira. A erudição bíblica e seus estudos filológicos complementares, do

---

Alcuíno. Suas deficiências parecem ter sido amplamente sentidas. Em 1236, o capítulo geral dominicano determinou que as Bíblias da ordem fossem padronizadas "de acordo com as correções preparadas na Província da França"; mas essas tentativas de correção parecem não ter sido bem-sucedidas, pois, em 1256, os dominicanos, repudiando os esforços anteriores, empreenderam outra tentativa de padronização baseada em correções feitas por Hugo de Saint-Cher, o prior da casa em Paris. Ver Loewe, 1988, p. 146-149.
25 Weisheipl, 1983, p. 369. Para uma discussão dessas duas versões do saltério e sua história, ver Lowe, 1988, p. 111.
26 *Super ad Hebraeos*, c. 4, lect. 2.
27 *Super ad Titum*, c. 2, lect. 3.
28 Tomás de Aquino, 1980, p. 9.

tipo que Weisheipl recomenda, não eram desconhecidos na Idade Média. Por exemplo, no início do século XIII, Roberto Grosseteste aprendeu grego, estudou o Novo Testamento em grego e leu os comentadores gregos; e também havia alguns importantes hebraístas, especialmente na escola de São Vítor, em Paris. E não muito depois da época de Tomás, houve até um impulso na Igreja, que no Concílio de Viena, em 1311-1312, decretou que cadeiras de ensino de grego, aramaico e árabe devessem ser estabelecidas em Paris, Bolonha, Salamanca e Oxford.[29] O próprio Tomás, no entanto, aparentemente sabia muito pouco de grego e praticamente nada de hebraico, e não parece ter se interessado em aprender esses idiomas. Além disso, é interessante notar a esse respeito que, embora Tomás reconhecesse que os manuscritos bíblicos que comentava eram diferentes versões latinas de textos gregos e hebraicos, ele não mostra nenhum sinal de preocupação em tentar recuperar o texto na sua forma original por meio de seu próprio trabalho ou dos esforços de outros. Por outro lado, ele estava muito preocupado em entender e ter disponíveis as obras dos Padres gregos; ele teve várias passagens gregas especialmente traduzidas para sua *Catena Aurea*.[30] Em geral, as preocupações de estudo de Tomás parecem mais focadas em apropriar-se das ideias e argumentos dos filósofos e teólogos anteriores do que em envolver-se na investigação histórica dos textos bíblicos ou adquirir as ferramentas de estudo necessárias para fazê-lo. Assim, por exemplo, Weisheipl afirma que, em seu *Comentário a João*, Tomás cita Agostinho 373 vezes, Crisóstomo 217 vezes e Orígenes 95 vezes,[31] e há também copiosas citações dos Padres e de Aristóteles, bem como referências nos outros comentários a Cícero, Ovídio, Sêneca, Platão, Demócrito e aos estoicos.[32]

29　Ver Smalley, 1988, p. 216-219 e Loewe, 1988, p. 152. Loewe diz que, no que concerne a Oxford, "essa prescrição permaneceria praticamente letra morta", embora "um ex-judeu convertido, chamado João de Bristol, estivesse ensinando hebraico e grego em Oxford, em 1320-1321".
30　Ver Tomás de Aquino, 1980, *ibid*.
31　*Ibid*., p. 12
32　Tomás de Aquino, 1966b, p. 21. A diferença entre a atitude de Tomás para com os estudos bíblicos e a da nossa própria época é em grande parte, penso eu, em função de compreensões muito diferentes da autoridade das Escrituras. Para discussões interessantes das ideias de Tomás sobre a inspiração das Escrituras, ver os trabalhos de Pierre Benoit, especialmente seu "Saint Thomas et l'Inspiration des Écritures", 1988, p. 115-131. Uma excelente discussão das

Tendo em conta esses fatos, não é de todo claro que Tomás teria acolhido os estudos históricos bíblicos contemporâneos se ele os conhecesse.

Por volta do século XIII, era aceito que as Escrituras tivessem um sentido literal (ou histórico) e um sentido espiritual. O próprio sentido espiritual era subdividido em três sentidos: alegórico, moral ou tropológico, e anagógico.[33] O sentido alegórico é o sentido em que algumas coisas ou eventos descritos nas Escrituras prefiguram alguma ação de Cristo ou algo na história da Igreja. O sentido moral ou tropológico é a interpretação que mostra algo sobre a vida cristã. O sentido anagógico apresenta coisas que têm a ver com a vida no céu. De acordo com Beryl Smalley, a classificação desses sentidos deu azo a alguma confusão,[34] e observa dois problemas em particular. Primeiro, nem sempre foi claro o que deve pertencer ao sentido literal e ao sentido espiritual. Se o texto bíblico emprega metáforas, a leitura metafórica é parte do sentido literal ou parte do sentido espiritual? Além disso, qual é a relação entre o sentido literal e o espiritual? Os comentadores medievais às vezes dão a impressão de que consideram o sentido literal como demasiado elementar para ser interessante, como no caso dos *Moralia in Iob* de Gregório Magno, que enfatiza fortemente o sentido espiritual. De acordo com Smalley, os comentários aos Evangelhos, aos *Salmos* e ao *Apocalipse*, de Joaquim de Fiore, "são uma *reductio ad absurdum* da exposição espiritual" e mostram a necessidade de submeter as interpretações baseadas no sentido espiritual a algum controle.[35]

Tomás geralmente é considerado influente na solução de ambos os problemas.[36] Suas definições dos sentidos literal e espiritual são claras e têm como resultado que as interpretações metafóricas podem ser atribuídas ao

---

atitudes de Tomás com relação à inspiração das Escrituras, que tende a ser crítica das visões de Benoit, pode ser encontrada na introdução de Lamb a Tomás de Aquino, 1966b. Lamb também oferece copiosas referências aos textos de Tomás nos quais a questão é discutida e à literatura secundária que se ocupa da questão. Escrevo sobre a atitude de Tomás em um artigo a ser publicado, "Aquinas on the Authority of Scripture".

33 Ver, por exemplo, Beryl Smalley, 1988, p. 197-219.
34 Smalley, 1970, p. 295ss.
35 *Ibid.*, p. 288.
36 Essa visão é devida especialmente à circulação do trabalho de Beryl Smalley; ver também Tomás de Aquino, 1966b, p. 11ss. Para uma voz discordante, ver Lubac, 1964, p. 272-302.

sentido literal. Mais importante ainda, na prática, assim como na teoria, ele coloca uma grande e sensata ênfase no sentido literal.[37]

Tomás define os sentidos das Escrituras desta maneira:

> As Sagradas Escrituras manifestam a verdade que ensinam duplamente: pelas palavras e pelas figuras das coisas. Ora, a manifestação que é pelas palavras produz o sentido histórico ou literal; donde, tudo o que pertencer ao sentido literal ser tomado da própria significação reta das palavras. Mas o sentido espiritual, como se diz, [...] consiste em que sejam expressas certas coisas pelas figuras de outras coisas [...]. Ora, a verdade que as Sagradas Escrituras ensinam pelas figuras das coisas é ordenada a dois, a saber: para crer retamente e para agir retamente. Se é para agir retamente, assim é o sentido moral, que se diz por outro nome tropológico. Se, porém, é para crer retamente, é preciso distinguir de acordo com a ordem das coisas críveis; com efeito, [...] o estado da Igreja está no meio entre o estado da Sinagoga e o estado da Igreja triunfante. Portanto, o Antigo Testamento foi a figura do Novo, e o Antigo e Novo são simultaneamente figuras do céu. Portanto, o sentido espiritual, ordenado para crer retamente, pode estar fundado naquele modo de figura pelo qual o Antigo Testamento figura o Novo, e esse é o sentido alegórico ou típico de acordo com o qual as coisas que acontecem no Antigo Testamento são expressas sobre Cristo e a Igreja; ou pode estar fundado naquele modo de figura pelo qual o Antigo e o Novo significam simultaneamente a Igreja triunfante, e assim é o sentido anagógico.[38]

E na *Suma de Teologia* ele diz:

> [Nas Sagradas Escrituras,] aquela primeira significação, pela qual as palavras significam as coisas, é relativa ao primeiro sentido, que é o sentido histórico ou literal. Mas aquela significação pela qual

---

37 Para um estudo detalhado do tratamento de Tomás dos sentidos literal e espiritual, ver Arias Reyero, 1971 e a literatura aí referida.
38 *QQ* VII, q. 6, a. 15.

as coisas significadas pelas palavras por sua vez significam outras coisas, diz-se sentido espiritual, que está fundado no literal e o pressupõe [...].

Assim também nenhuma confusão se segue [da multiplicidade de sentidos] nas Sagradas Escrituras, posto que todos os sentidos estão fundados em um só, a saber, o literal, a partir do qual somente se pode extrair argumentos, não, porém, a partir dos que se dizem de acordo com as alegorias [...] nada necessário à fé está contido sob o sentido espiritual que as Escrituras não transmitam manifestamente em alguma parte pelo sentido literal.[39]

Em seus próprios comentários, Tomás se concentra no sentido literal, mas seria um erro supor que ele evita por completo o sentido espiritual, tão popular entre alguns de seus predecessores. Por exemplo, ao comentar *Hebreus* 7,1, Tomás remete seus leitores à relevante passagem de *Gênesis* 14, em que quatro reis se unem e conquistam cinco reis, levando como prisioneiro Ló, o sobrinho de Abrão, nesse processo. Tomás começa sua discussão da passagem do *Gênesis* assim: "Esses quatro reis são os quatro vícios capitais, opostos às quatro virtudes cardeais, que mantêm prisioneiro o [nosso] afeto, o sobrinho da razão". E o comentário continua nessa linha, fornecendo um bom exemplo do sentido moral ou tropológico.[40]

Por último, é preciso dizer algo sobre as divisões do texto de Tomás. Em sua introdução à tradução do *Comentário a João*, de Tomás, Weisheipl diz, em tom de desculpa: "Os escolásticos tiveram um pendor pela *ordem*; onde nenhuma existia, uma era imposta [...] É por isso que a primeira coisa que se nota ao ler um comentário medieval é a *divisão*, ou a ordenação do todo em partes".[41] Tomás geralmente começa uma discussão, mesmo de uma pequena passagem, dividindo-a em suas partes, e as partes em suas partes. Por exemplo, ao comentar *Efésios* 1,8-10, diz Tomás:

---

39 *ST* I^a, q. 1, a. 10 e *ad* 1.
40 Para vários outros exemplos do mesmo tipo, ver Tomás de Aquino, 1966b, p. 23-24.
41 Tomás de Aquino, 1980, p. 12.

Estabelecidos os benefícios comuns a todos, aqui o Apóstolo estabelece os benefícios concedidos especialmente aos apóstolos. Ora, essa parte é dividida em duas: primeiro ele apresenta os benefícios concedidos singularmente aos apóstolos; em segundo lugar, mostra as suas causas [1, 11].[42] Acerca da primeira, faz três coisas, pois primeiro apresenta os benefícios singulares dos apóstolos quanto à excelência da sabedoria; em segundo lugar, quanto à revelação especial do sacramento escondido [1, 9a] [...]; em terceiro lugar, expõe o que é aquele sacramento [1, 9b-10].[43]

Embora esse método não fosse exclusivo de Tomás,[44] para os leitores contemporâneos, a cadeia de subdivisões textuais que liga a interpretação de uma passagem a outra confere aos comentários de Tomás algo do seu caráter distintivo.

O conteúdo dos comentários bíblicos de Tomás de Aquino

Não é possível fazer um breve resumo dos temas filosóficos e teológicos abordados nos comentários bíblicos de Tomás de Aquino; eles são tão variados quanto os próprios textos bíblicos. Assim, por exemplo, ao comentar o prólogo ao *Evangelho de João*, Tomás discute a natureza dos sinais citando as ideias de Aristóteles no *De Interpretatione*;[45] e há uma discussão da explicação de Aristóteles da reprodução no *Comentário a 1 Coríntios*.[46] Como seria de esperar, as exposições teológicas e filosóficas dos textos nos comentários de Tomás são geralmente competentes

---

42 Embora a versão da *Vulgata* que Tomás utilizou muito provavelmente tivesse as divisões em capítulos, faltavam as divisões em versos, e assim Tomás indica o verso que ele tem em mente citando as primeiras palavras do verso. É uma prática comum substituir as citações das primeiras palavras pela citação mais usual do número do verso.
43 *Super ad Ephesios*, c. 1, lect. 3; Tomás de Aquino, 1966b, p. 55-56.
44 De acordo com Lamb, ele foi introduzido por Hugo de Saint-Cher e também pode ser encontrado em Alberto Magno e Boaventura; Tomás de Aquino, 1966b, p. 26.
45 *Lectura super Ioannem*, c. 1, lect. 1.
46 *Super I ad Corinthios*, c. 6, lect. 3.

e agudas. Ao tratar das partes narrativas das Escrituras, ele também mostra uma considerável sensibilidade para o lado literário do texto. Por exemplo, sua ponderada reflexão sobre o papel de Maria no milagre das núpcias de Caná contrasta favoravelmente com a aparente falta de apreço de Agostinho pelo lado humano da interação entre Maria e Jesus nessa história.[47]

Às vezes, é claro, encontram-se medievalismos que muitos leitores contemporâneos acharão inapropriados ou até absurdos. Por exemplo, uma de suas interpretações da fala de João Batista sobre Jesus – "é necessário que ele cresça e eu diminua" – Tomás explica que "João morre diminuído pela decapitação; mas Cristo morre elevado pelo erguimento da cruz".[48] Do mesmo modo, ao explicar por que o texto bíblico se refere ao mesmo lugar às vezes como "Salim" e às vezes como "Salem", diz Tomás: "Entre os judeus, o leitor pode usar livremente qualquer vogal no meio das palavras. Donde, dizer Salim ou Salem não importa entre os judeus".[49]

Em geral, os comentários são claramente o produto da mesma mente notável que compôs a *Summa Theologiae*. Com a possível exceção dos comentários superficiais aos profetas e aos *Salmos*, todos os comentários bíblicos de Tomás compensam um estudo cuidadoso, mas vale a pena destacar três: os comentários aos *Romanos*, ao *Evangelho de João* e a *Jó*. O comentário aos *Romanos* é especialmente rico em interessante teologia filosófica; a discussão sobre a graça e o livre-arbítrio, particularmente em conexão com *Romanos* 7, é significativa e sofisticada.[50] O *Comentário ao Evangelho de João* é uma exposição rica e sutil da narrativa em conjunto com reflexões teológicas concisas que fornecem ideias importantes acerca das visões de Tomás sobre temas como a Trindade, a Encarnação, a graça e o livre-arbítrio, e a redenção. Para dar uma indicação da utilidade dos comentários bíblicos de Tomás para as questões filosóficas e teológicas, concentrar-me-ei no *Comentário a Jó*.

---

47 Agostinho, *Homilias sobre o Evangelho de João*, c. 2, tract. 7 e 8; Tomás de Aquino, *Lectura super Ioannem*, c. 2, lect. 1.
48 *Lectura super Ioannem*, c. 3, lect. 5; Tomás de Aquino, 1980, p. 214.
49 *Lectura super Ioannem*, c. 3, lect. 4; Tomás de Aquino, 1980, p. 208.
50 Para um exame interessante do comentário de Tomás a *Romanos* 7, ver Kretzmann, 1988a.

O *Comentário a Jó*

O *Comentário a Jó*, de Tomás de Aquino, impressionará o leitor contemporâneo como interessante ou incomum de dois modos.

Primeiro, às vezes é difícil para os leitores contemporâneos encontrar qualquer progressão no corpo do livro de *Jó*, que consiste principalmente nos discursos de Jó e seus amigos. Os amigos parecem estender, por páginas, a mesma falsa acusação com repetição maçante, e as respostas de Jó parecem, na melhor das hipóteses, uma variação prolongada do tema da sua inocência. Tomás, porém, entende os discursos como constitutivos de um debate, quase uma disputa medieval[51] (decidida no final pelo próprio Deus), em que o pensamento progride e os argumentos avançam, e ele é engenhoso e persuasivo na interpretação dos argumentos e seu desenvolvimento. Ele também é sensível – de um modo que até mesmo os exegetas contemporâneos muitas vezes não são – ao jogo das relações interpessoais no decorrer dos discursos e ao modo como essas relações avançam ou explicam a progressão dos discursos. Assim, por exemplo, enquanto Tomás concorda com grande parte do que diz Eliú, o quarto "consolador", Tomás afirma que é presunção de Eliú, um ente humano entre outros, dizer essas coisas a Jó. Eliú, de fato, arroga a si mesmo o papel de decidir a disputa sobre as causas do sofrimento de Jó, mas dada a natureza do tema, o único determinante apropriado do argumento é o próprio Deus. Portanto, não surpreende ver que Tomás afirme muito do que Eliú diz, mas também suponha que a primeira linha do discurso de Deus – "quem é esse que obscurece meus desígnios com palavras sem sentido?" – seja dirigida a Eliú, e não a Jó como muitos comentadores supõem.[52] Cumpre dizer a esse respeito, no entanto, que a sensibilidade de Tomás não é a que se poderia esperar quanto à relação pessoal mais importante no livro, aquela entre Jó e Deus. Uma parte importante do sofrimento de Jó reside no fato de que, diante de todo mal que se lhe abateu, ele permanece convencido, não apenas da

---

51 Ver o capítulo "A filosofia de Tomás de Aquino em seu contexto histórico" deste volume.
52 *Expositio super Iob*, c. 38, 1; Tomás de Aquino, 1989, p. 415-416. Cf., por exemplo, Dhorme, 1984, p. 574-575.

existência de Deus, mas também do seu poder e soberania, e até mesmo do seu intenso interesse por Jó; mas Jó se tornou inseguro e hesitante sobre a bondade de Deus. E assim, sua confiança em Deus, que anteriormente era o fundamento da sua vida, fica debilitada, de uma forma que deixa Jó abalado até suas raízes. A apresentação de Jó por Tomás está alheia a esse lado do seu sofrimento, de modo que o Jó de Tomás carece de algo da angústia pungente que muitos de nós pensamos ver na narrativa.

Em segundo lugar, os leitores contemporâneos tendem a pensar no tema do livro de *Jó* como o problema do mal. Como o próprio livro diz que Jó era inocente, e como o livro é igualmente claro sobre o fato de que o sofrimento de Jó é (indiretamente) causado por Deus (embora perpetrado por Satanás), é difícil para os leitores contemporâneos conciliarem essa história com a afirmação de que há um Deus onipotente, onisciente e perfeitamente bom. Como poderia um Deus com essas características permitir que uma pessoa inocente sofra a perda da sua propriedade, a morte dos seus filhos, uma doença dolorosa e desfiguradora, e os demais sofrimentos que Jó suporta? E assim, a história do inocente Jó, terrivelmente afligido por um sofrimento imerecido, parece a muitas pessoas um caso assustadoramente difícil do mal que qualquer teodiceia deve enfrentar. Muito do trabalho recente na filosofia da religião sobre o problema do mal foi marcado por uma postura um tanto parecida diante da maioria das variedades de sofrimento, de modo que as tentativas recentes de teodiceia foram marcadas pela busca de uma razão moralmente suficiente para que Deus permita o mal. Mas Tomás entende o problema e o livro de *Jó* de forma diferente. Ele não parece reconhecer que a história de Jó ponha em questão a bondade de Deus, ou mesmo sua existência. Como ele o entende, o livro de *Jó* é uma tentativa de lidar com a natureza e as operações da providência divina. Como Deus dirige suas criaturas? O sofrimento do justo requer que se diga que a providência divina não se estende aos assuntos humanos? É claro, essa questão não está desconectada da questão contemporânea geralmente estimulada pelo livro de *Jó*. Mas a diferença entre a abordagem contemporânea a *Jó* e aquela que Tomás adota pode nos ensinar algo sobre a compreensão de Tomás da relação entre Deus e o mal.

Na perspectiva de Tomás, o problema com os amigos de Jó é o de terem uma visão errada sobre como a providência opera. Eles supõem que a providência atribui adversidades nesta vida como punição pelos pecados e prosperidade terrena como recompensa pela virtude. Jó, por outro lado, tem uma visão mais correta da providência, pois ele entende que a providência permitirá que os piores tipos de adversidades aconteçam a uma pessoa virtuosa. E a disputa, constituída pelos discursos de Jó e seus amigos, é uma disputa sobre a correta compreensão das operações da providência. Um aspecto mais interessante do que os detalhes dessa disputa, como a compreende Tomás, é sua análise das razões pelas quais os amigos adotam uma visão tão errônea da providência. Em relação a um dos discursos de Elifaz, diz Tomás: "Se nesta vida o homem é recompensado por Deus pelas boas ações e punido pelas más, como Elifaz se inclina a afirmar, parece seguir-se que o fim último do homem está nesta vida. Jó, porém, pretende rejeitar essa opinião e quer mostrar que a vida presente do homem não contém em si o fim último, mas se compara a ele como o movimento ao repouso e o caminho ao fim".[53]

A ideia de Tomás, então, é a de que as coisas que acontecem a uma pessoa nesta vida podem ser explicadas apenas por referência ao seu estado na vida após a morte. Que a consideração de um pensador medieval da condição humana deva ter uma ênfase no outro mundo não é surpresa, é claro, mas à primeira vista é desconcertante ver que Tomás pensa que essa ênfase atenua nossas preocupações sobre como a providência opera. Pois, podemos supor que, mesmo que tudo o que acontece na vida de uma pessoa seja referido ao seu estado na vida após a morte, nada nessa afirmação alivia as preocupações levantadas ao ver que, neste mundo, coisas ruins acontecem a pessoas boas. Como Tomás sempre tem em mente o pensamento de que os dias das nossas vidas aqui são curtos, enquanto a vida após a morte é eterna,[54] ele naturalmente valoriza mais qualquer coisa relacionada à vida após a morte do que as coisas ligadas a esta vida. Mas nada em sua postura é incompatível com a suposição de que as coisas nesta vida podem correr bem para o justo ou até mesmo agradavelmente para todos.

---

53   *Expositio super Iob*, c. 7, 1-4; Tomás de Aquino, 1989, p. 145.
54   Ver, por exemplo, *Super ad Romanos*, c. 12, lect. 2.

Do ponto de vista tomista, o problema que impede a providência de permitir que a vida na Terra seja idílica é a natureza pecadora dos entes humanos, que tendem a pecar mesmo em seus pensamentos.⁵⁵ Mas não é possível às pessoas, cujos pensamentos e ações são maus, viverem felizes com Deus na vida após a morte. E assim, Deus, que ama suas criaturas apesar da sua maldade, aplica o sofrimento medicinalmente. Ao discutir o lamento de Jó de que Deus não ouve suas preces, diz Tomás:

> Pois às vezes acontece que Deus ouve o homem, não quanto às súplicas, mas quanto ao proveito. De fato, assim como o médico não ouve as súplicas do doente que pede para tirar o remédio amargo (se o médico não o tira, sabe que é salutar), mas ouve quanto ao proveito, porque por meio disto conduz à saúde que o doente principalmente deseja, assim também Deus não tira as tribulações do homem colocado nas tribulações, por mais que implore, porque sabe que elas são úteis à saúde final. Assim, embora Deus verdadeiramente ouça, o homem colocado na adversidade não crê que é ouvido.⁵⁶

Poderíamos, é claro, supor que esse tipo de explicação não poderia aplicar-se a Jó, mesmo na visão de Tomás, uma vez que, como o livro de Jó expressa explicitamente, Jó é perfeitamente virtuoso, uma afirmação que Tomás se contenta em aceitar. No entanto, na consideração de Tomás, mesmo uma pessoa perfeitamente virtuosa é afligida por uma propensão ao mal, para o qual o remédio do sofrimento ainda é necessário e importante. Além disso, na visão de Tomás, são precisamente aqueles mais próximos e mais agradáveis a Deus que provavelmente serão os mais afligidos. Como Deus pode confiar neles para lidar com seus sofrimentos sem desespero ou outro colapso espiritual, pode-lhes dar o tipo de sofrimento que não apenas garantirá sua salvação final, mas também contribuirá para sua glória adicional e interminável no céu. Assim, por exemplo, diz Tomás:

---

55 *Super ad Hebraeos*, c. 12, lect. 2.
56 *Expositio super Iob*, c. 9, 11-21; Tomás de Aquino, 1989, p. 174.

Com efeito, é manifesto que aquele que conduz o exército não poupa os soldados mais corajosos do perigo ou do trabalho, mas, de acordo com o que requer a noção da guerra, algumas vezes os expõe a maiores trabalhos e maiores perigos. Mas, depois de alcançada a vitória, honra mais os mais corajosos. Assim, o pai de família confia os maiores trabalhos aos melhores contratados, e no dia de pagamento lhes dá maiores salários. Assim também não é característica da providência divina eximir os bons das adversidades e dos trabalhos da vida presente, mas, em vez disso, melhor recompensá-los ao final.[57]

Tomás entende então os problemas colocados no livro de Jó diferentemente do modo de muitos comentadores contemporâneos, porque a visão de mundo com que ele aborda o livro atribui um valor diferente para as coisas boas deste mundo, e porque aquilo que considera ser o critério último de valor dos assuntos humanos não é nada neste mundo. Quer aprovemos ou desprezemos sua solução, será então em função dos valores e da visão de mundo que nós mesmos trazemos para o texto de *Jó* e o problema do mal. Penso que, quando se leva em conta todos os detalhes e a complexidade da abordagem tomista do problema do mal, que não pode ser feito somente neste livro, há que se reconhecer uma consideração rica, sofisticada e digna de atenção.[58] É claro, no entanto, que o que torna valiosa a abordagem do problema do mal, de Tomás, mesmo para aqueles que acham sua visão de mundo estranha ou absurda, é que ela nos obriga a sermos conscientes e reflexivos sobre a visão de mundo e os valores que nós próprios trazemos ao pensarmos sobre o problema do mal, já que é claro que os valores com os quais iniciamos nossas deliberações influenciarão enormemente seu resultado.

O problema do mal não esgota o que é filosoficamente interessante no comentário de Tomás a *Jó*. Nesse comentário, e em muitos de seus outros comentários bíblicos, espalhados na sua exegese dos textos das Escrituras, há muitos tipos de reflexões e discussões importantes para uma compreensão das suas posições, não apenas na teologia filosófica, mas também em

---

57 *Expositio super Iob*, c. 7, 1-4; Tomás de Aquino, 1989, p. 146.
58 Examino mais detalhadamente a abordagem ao problema do mal, de Tomás, em "The Problem of Evil and Aquinas's Commentary on Job", a ser publicado.

outras áreas da filosofia. Concentrei-me nesse exemplo do problema do mal em *Jó* para indicar o tipo de material filosoficamente interessante que pode ser encontrado nos comentários bíblicos de Tomás e mostrar que eles merecem atenção cuidadosa.[59]

---

59 Meus agradecimentos a Norman Kretzmann pelos comentários muito úteis a uma versão anterior deste capítulo.

Bibliografia

Os editores são gratos a Claudia Eisen pelo trabalho realizado na bibliografia.

AERTSEN, J. A. *Nature and Creature: Thomas Aquinas's Way of Thought*. Leida: E. J. Brill, 1988.

_____. "The Eternity of the World: The Believing and the Philosophical Thomas, Some Comments". *In:* WISSINK, J. B. M. (ed.). *The Eternity of the World in the Thought of Thomas Aquinas and his Contemporaries*. Leida: E. J. Brill, 1990.

ALTMAN, A. "Essence and Existence in Maimonides". *Studies in Religious Philosophy and Mysticism*. Londres: Routledge e Kegan Paul, 1969.

ANSCOMBE, G. E. M.; GEACH, P. T. *Three Philosophers*. Oxford: Basil Blackwell, 1961.

ARIAS REYERO, M. *Thomas von Aquin als Exeget*. Einsiedeln: Johannes Verlag, 1971.

ARISTÓTELES. *Aristotle: Selected Works*. Trad. Apostle-Gerson. Grinnell, Iowa: Peripatetic Press, 1982.

ASHWORTH, E. J. "Signification and Modes of Signifying in Thirteenth-Century Logic: A Preface to Aquinas on Analogy". *Medieval Philosophy and Theology*, 1, 1991.

AGOSTINHO. *Contra Academicos*. Ed. P. Knoell. Viena: Tempsky, 1922 (*Corpus Scriptorum Ecclesiasticorum Latinorum*).

AVERRÓIS. *Aristotelis Opera cum Averrois Commentariis* [Veneza, 1954] e *Averroes' Tahafut al-Tahafut*. Trad. Van den Bergh. Oxford: Oxford University Press, 1562-1574.

AVICENA. *Al Shifa: Ilâhiyyât* (*La Métaphysique*). Ed. C. G. Anawati e S. Zayed. Cairo: [s.ed.], 1960a, vol. 1.

_____. *Al Shifa: Ilâhiyyât* (*La Métaphysique*). Ed. M. Y. Moussa, S. Dunya e S. Zayed. Cairo: [s.ed.], 1960b, vol. 2.

_____. *Liber de Philosophia Prima Sive Scientia Divina*. Ed. S. Van Riet. Lovaina/Leida: E. J. Brill, 1977, vol. 1.

_____. *Avicenne: La Métaphysique du Shifa*. Trad. G. Anawati. Paris: J. Vrin, 1978, vol. 1.

_____. *Avicenna Latinus: Liber de Philosophia Prima*. Ed. S. Van Riet. Leida: E. J. Brill, 1980.

_____. *Avicenne: La Métaphysique du Shifa*. Trad. G. Anawati. Paris: J. Vrin, 1985, vol. 2.

BAUMGARTH, W.; REGAN, R. J. (ed.). *St. Thomas Aquinas, On Law, Morality, and Politics*. Indianápolis: Hackett, 1988.

BENOIT, P. "Saint Thomas et l'Inspiration des Écritures". *In: Il Pensiero di Tommaso D'Aquino e il Problemi Fondamentali del Nostro Tempo. Congresso Internazionale Thommaso d'Aquino nel suo Settimo Centenario*. Roma: Herder, 1974.

BERNARDO DE CLARAVAL. "Sermones Super Canticum Canticorum". *In:* LECLERQ, J. (ed.). *S. Bernardi Opera II*. Roma: Editiones Cistercienses, 1958.

BIGONGIARI, D. (ed.). *The Political Ideas of St. Thomas Aquinas*. Nova Iorque: Hafner, 1953.

BOAVENTURA. *The Works of Bonaventure*. Trad. J. de Vinck. Patterson: St. Anthony Guild Press, 1960-1970.

BOOTH, E. O. P. *Aristotelian Aporetic Ontology in Islamic and Christian Thinkers*. Cambridge: Cambridge University Press, 1983.

BROADIE, A. "Maimonides and Aquinas on the Names of God". *Religious Studies*, 23, 1987.

BURRELL, D. *Analogy and Philosophical Language*. New Haven: Yale University Press, 1973.

_____. *Aquinas: God and Action*. Notre Dame: Notre Dame University Press, 1979.

_____. "Review of James Ross, 'Portraying Analogy'". *New Scholasticism*, 59, 1985.

_____. "Review of Booth, 'Aristotelian Aporetic Ontology in Islamic and Christian Thinkers'". *MIDEO* (*Mélanges Institut Dominicain d'Études Orientales*), 17, 1986a.

_____. "Essence and Existence: Avicenna and Greek Philosophy". *MIDEO*, 17, 1986b.

_____. *Knowing the Unknowable God: Ibn Sina, Maimonides, Aquinas.* Notre Dame: University of Notre Dame Press, 1986c.

_____. *Al Ghazali on the Ninety-Nine Names of God.* Trad. DAHER, N. Notre Dame: University of Notre Dame Press, 1991.

BUSA, R. *Index Thomisticus.* Stuttgart-Bad Cannstatt: Fromann-Holzboog, 1974-1980.

CHENU, M. D. "Les 'Philosophes' dans la Philosophie Chrétienne Médiévale". *Revue des Sciences Philosophiques et Théologiques*, 26, 1937.

_____. *Toward Understanding St. Thomas.* Chicago: Regnery, 1964.

CLARKE, W. N. "The Limitation of Act by Potency: Aristotelianism or Neoplatonism". *The New Scholasticism*, 26, 1952a.

_____. "The Meaning of Participation in St. Thomas Aquinas". *Proceedings of the American Catholic Philosophical Association*, 26, 1952b.

COBBAN, A. B. *The Medieval Universities: Their Development and Organization.* Londres: Methuen, 1975.

COLEMAN, J. *Aquinas Political Writings.* Nova Iorque: Cambridge University Press, (no prelo).

COPLESTON, F. C. *Aquinas.* Baltimore: Penguin, 1955.

CUNNINGHAM, F. *Essence and Existence in Thomism*: a Mental vs. the "Real Distinction?". Washington, D.C.: University Press of America, 1988.

DALES, R. *Medieval Discussions of the Eternity of the World.* Leida: E. J. Brill, 1990.

DENIFLE, H.; CHATÉLAIN, E. (ed.). *Chartularium Universitatis Parisiensis.* Paris: De la Lain, 1889.

DHORME, E. *A Commentary on the Book of Job.* Trad. H. Knight. Nashville: Thomas Nelson, 1984.

DOIG, J. *Aquinas on Metaphysics. A Historico-Doctrinal Study of the Commentary on the Metaphysics*. Haia: Martinus Nijhoff, 1972.

DONAGAN, A. *The Theory of Morality*. Chicago: University of Chicago Press, 1977.

_____. "Thomas Aquinas on Human Action". *In:* KRETZMANN, N.; KENNY, A.; PINBORG, J. (ed.). *The Cambridge History of Later Medieval Philosophy*. Cambridge: Cambridge University Press, 1982.

DRAKE, S. *Discoveries and Opinions of Galileo*. Nova Iorque: Doubleday, 1957.

DUMOULIN, B. *Analyse Génétique de la Métaphysique d'Aristote*. Montreal/Paris: Bellarmin/Les Belles Lettres, 1986.

DÜMPELMANN, L. *Kreation als Ontisch-Ontologisches Verhältnis*. Munique: Verlag Karl Alber, 1969.

DUNPHY, W. "Maimonides and Aquinas on Creation: a Critique of their Historians". *In:* GERSON, L. (ed.). *Graceful Reason*. Toronto: Pontifical Institute of Mediaeval Studies, 1983.

_____. "Maimonides' Not-So-Secret Position on Creation". *In:* ORMSBY, E. (ed.). *Moses Maimonides and His Time*. Washington: Catholic University of America Press, 1989.

FABRO, C. "Un Itinéraire de Saint Thomas. L'éstablissement de la Distinction Réelle entre Essence et Existence". *Revue de Philosophie*, 39, 1939.

_____. *La Nozione Metafisica di Partecipazione*. 2. ed. Turim: Società Editrice Internazionale, 1950.

_____. "Sviluppo, Significato e Valore della 'IV Via'". *Doctor Communis*, 7, 1954.

_____. *Participation et Causalité selon Saint Thomas d'Aquin*. Lovaina/Paris: Publications Universitaires de Louvain/Béatrice-Nauwelaerts, 1961.

FELDMAN, S. "The Theory of Eternal Creation in Hasdai Crescas and Some of His Predecessors". *Viator*, 2, 1980.

FINNIS, J. *Natural Law and Natural Rights*. Nova Iorque: Oxford University Press, 1980.

_____. "Object and Intention in Moral Judgments According to Aquinas". *The Thomist*, 56, 1991.

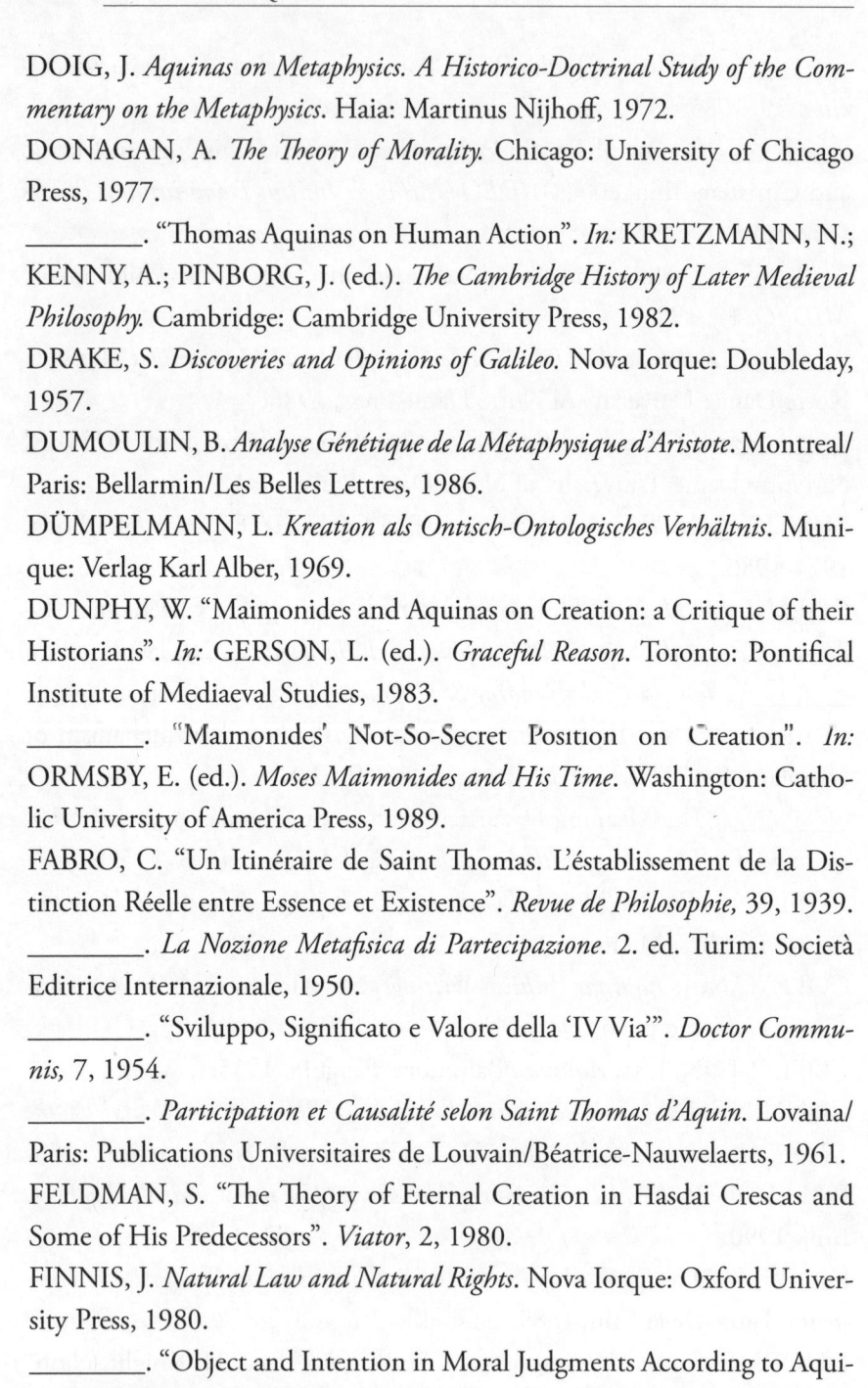

FINNIS, J.; BOYLE, J.; GRISEZ, G. *Nuclear Deterrence, Morality and Realism*. Nova Iorque: Oxford University Press, 1984.

FOSTER, K. *The Life of Saint Thomas Aquinas. Biographical Documents*. Londres: Longmans, Green, 1959.

FRANK, R. "The Origin of the Arabic Philosophical Term *Anniyya*". *Cahiers de Byrsa*, 6, 1956 (Paris, Musée Lavigerie, Imprimerie Nationale).

GADAMER, H. G. *Truth and Method*. Trad. W. Glen-Doepel. 2. ed. Londres: Sheed and Ward, 1979.

GARDET, L. S. "Thomas et ses Prédécesseurs Arabes". *In:* MAURER, A. D. *St. Thomas Aquinas (1274-1974) Commemorative Studies*. Toronto: Pontifical Institute of Mediaeval Studies, 1974, vol. 1.

GEACH, P. "Good and Evil". *Analysis*, 17, 1956.

GEIGER, L. B. *La Participation dans la Philosophie de S. Thomas d'Aquin*. 2. ed. Paris: J. Vrin, 1953.

GERSON, L. P. *God and Greek Philosophy*. Londres: Routledge and Kegan Paul, 1990.

GILBY, T. *The Political Thought of Thomas Aquinas*. Chicago: University of Chicago Press, 1955.

GILSON, E. *The Spirit of Mediaeval Philosophy*. Trad. A. C. H. Downes. Nova Iorque: Charles Scribner's Sons, 1940.

_____. *Being and Some Philosophers*. 2. ed. Toronto: Pontifical Institute of Mediaeval Studies, 1952.

_____. *Introduction à la Philosophie Chrétienne*. Paris: J. Vrin, 1960a.

_____. *Le Philosophe et la Théologie*. Paris: Librairie Arthème Fayard, 1960b.

_____. *The Philosopher and Theology*. Trad. C. Gilson. Nova Iorque: Random House, 1962.

_____. *Pourquoi Saint Thomas a Critiqué Saint Augustin*. Paris: J. Vrin, 1986.

GIMARET, D. *Les Noms Divins en Islam*. Paris: Cerf, 1988.

_____. *La Doctrine d'al-Ash'ari*. Paris: Cerf, 1990.

GOERNER, E. A. "Thomistic Natural Right". *Political Theory*, 2, 1983.

GREDT, J. *Elementa Philosophiae Aristotelico-Thomisticae*. 7. ed. Friburgo: Herder and Co., 1937.

GUIDO DE ORCHELLIS. *Tractatus de Sacramentis ex eius Summa de Sacramentis et Officiis Ecclesiae*. Ed. D. Van den Eynde e O. Van den Eynde. St. Bonaventure, NI: Franciscan Institute, 1953 (Text Series 4).

GUILLEMUS ALTISSIODORENSIS. *Summa Aurea*. Ed. J. Ribaillier. Paris: CNRS/Grottaferata: Collegio S. Bonaventurae, 1980-1988.

HANKE, L. *Aristotle and the American Indians*. Chicago: Regnery, 1959.

HANLEY, T. "St. Thomas' Use of Al-Ghazali's Maquasid-al-falasifa". *Mediaeval Studies*, 44, 1982.

HASSING, R. "Thomas Aquinas on *Phys* VII.I and the Aristotelian Science of the Physical Continuum". *In:* DAHLSTROM, D. (ed.). *Nature and Scientific Methods*. Washington: The Catholic University of America Press, 1991.

HENLE, R. J. *Saint Thomas and Platonism*. Haia: Martinus Nijhoff, 1956.

HISSETTE, R. *Enquête sur les 219 Articles Condamnés à Paris le 7 mars 1277*. Lovaina-Paris: Publications Universitaires-Vander-Oyez, 1977.

HODGSON, M. *The Venture of Islam*. I: *The Classical Age of Islam*. Chicago: University of Chicago Press, 1974.

HOENEN, M. J. F. M. "The Literary Reception of Thomas Aquinas's View on the Provability of the Eternity of the World". *In:* WISSINK, J. B. M. (ed.). *The Eternity of the World in the Thought of Thomas Aquinas and His Contemporaries*. Leida: E. J. Brill, 1990.

HOOKER, R. "Of the Law of Ecclesiastical Polity". *In:* HILL, W. S. (ed.). *The Folger Library Edition of the Works of Richard Hooker*. Cambridge: The Belknap Press of Harvard University Press, (1977-), 5 vols.

IRWIN, T. H. "Aristotle's Philosophy of Mind". *In:* EVERSON, S. (ed.). *Companions to Ancient Thought*. II: *Psychology*. Cambridge: Cambridge University Press, 1991.

JAFFA, H. V. *Thomism and Aristotelianism*. Chicago: University of Chicago Press, 1952.

JENKINS, J. *Knowledge, Faith and Philosophy in Thomas Aquinas*. Oxford: Oxford University, 1989 (Dissertação de Mestrado em Filosofia).

_____. "Aquinas on the Veracity of the Intellect". *The Journal of Philosophy*, 88, 1991.

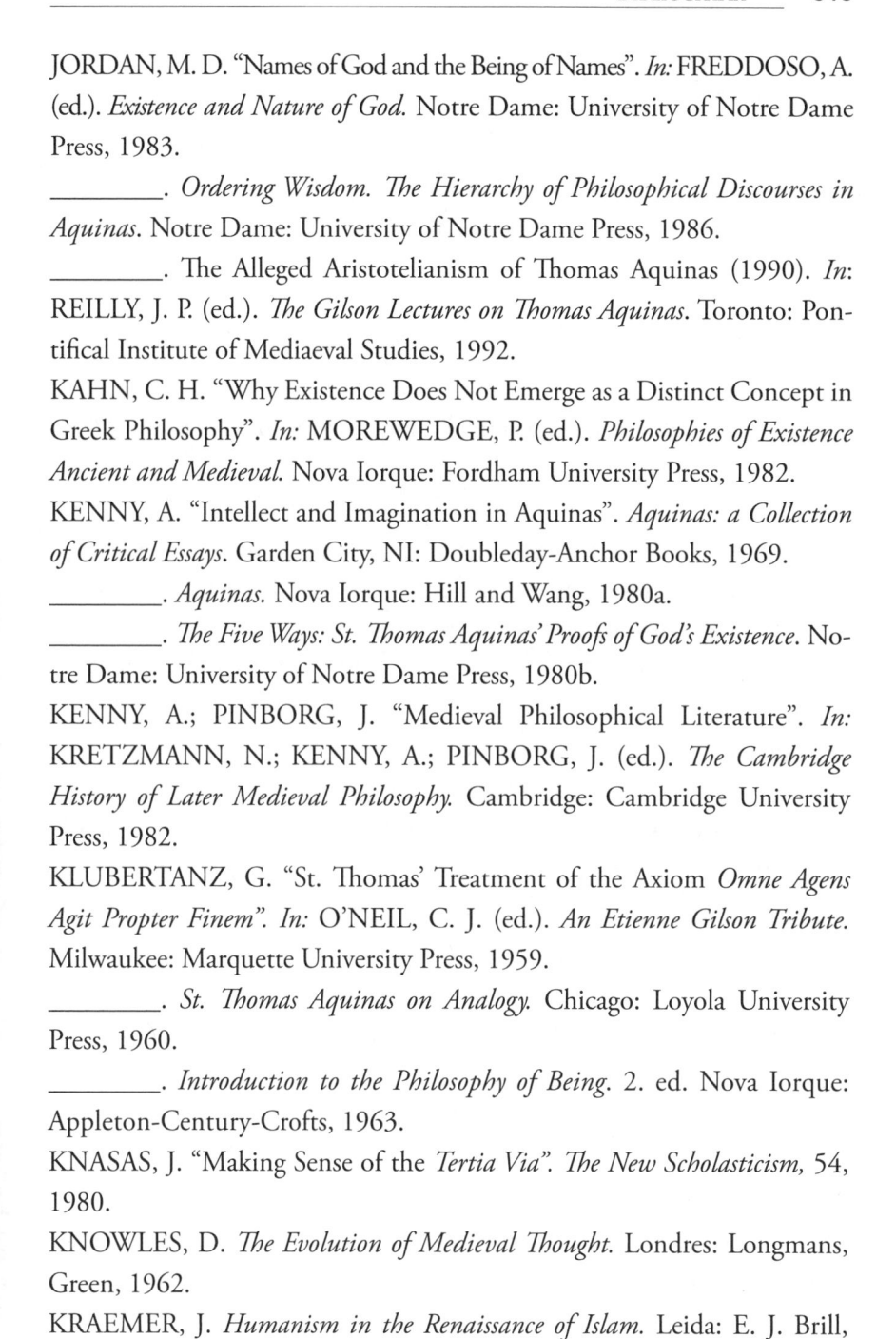

JORDAN, M. D. "Names of God and the Being of Names". *In:* FREDDOSO, A. (ed.). *Existence and Nature of God.* Notre Dame: University of Notre Dame Press, 1983.

_____. *Ordering Wisdom. The Hierarchy of Philosophical Discourses in Aquinas.* Notre Dame: University of Notre Dame Press, 1986.

_____. The Alleged Aristotelianism of Thomas Aquinas (1990). *In*: REILLY, J. P. (ed.). *The Gilson Lectures on Thomas Aquinas.* Toronto: Pontifical Institute of Mediaeval Studies, 1992.

KAHN, C. H. "Why Existence Does Not Emerge as a Distinct Concept in Greek Philosophy". *In:* MOREWEDGE, P. (ed.). *Philosophies of Existence Ancient and Medieval.* Nova Iorque: Fordham University Press, 1982.

KENNY, A. "Intellect and Imagination in Aquinas". *Aquinas: a Collection of Critical Essays.* Garden City, NI: Doubleday-Anchor Books, 1969.

_____. *Aquinas.* Nova Iorque: Hill and Wang, 1980a.

_____. *The Five Ways: St. Thomas Aquinas' Proofs of God's Existence.* Notre Dame: University of Notre Dame Press, 1980b.

KENNY, A.; PINBORG, J. "Medieval Philosophical Literature". *In:* KRETZMANN, N.; KENNY, A.; PINBORG, J. (ed.). *The Cambridge History of Later Medieval Philosophy.* Cambridge: Cambridge University Press, 1982.

KLUBERTANZ, G. "St. Thomas' Treatment of the Axiom *Omne Agens Agit Propter Finem*". *In:* O'NEIL, C. J. (ed.). *An Etienne Gilson Tribute.* Milwaukee: Marquette University Press, 1959.

_____. *St. Thomas Aquinas on Analogy.* Chicago: Loyola University Press, 1960.

_____. *Introduction to the Philosophy of Being.* 2. ed. Nova Iorque: Appleton-Century-Crofts, 1963.

KNASAS, J. "Making Sense of the *Tertia Via*". *The New Scholasticism,* 54, 1980.

KNOWLES, D. *The Evolution of Medieval Thought.* Londres: Longmans, Green, 1962.

KRAEMER, J. *Humanism in the Renaissance of Islam.* Leida: E. J. Brill, 1986.

KRAPIEC, A. M. "Analysis Formationis Conceptus entis Existentialiter Considerati". *Divus Thomas,* 59, 1956.

KREMER, K. *Die Neuplatonische Seinsphilosophie und ihre Wirkung auf Thomas von Aquin.* Leida: E. J. Brill, 1971.

KRETZMANN, N. "Warring Against the Law of My Mind: Aquinas on Romans 7". *In:* MORRIS, T. (ed.). *Philosophy and the Christian Faith.* Notre Dame: University of Notre Dame Press, 1988a.

_____. "Lex Iniusta Non Est Lex". *The American Journal of Jurisprudence,* 33, 1988b.

_____. "Infallibility, Error, and Ignorance". *Canadian Journal of Philosophy,* 1992 (Suplmento 17).

LEAMAN, O. *Averroës and His Philosophy.* Oxford: Clarendon Press, 1988.

LEÃO XIII. "Encyclical '*Aeterni Patris*". *Acta Sanctae Sedis,* 12, 1879.

LEROY, M.-V. "*Abstractio et Separatio* d'après un Texte Controversé de Saint Thomas". *Revue Thomiste,* 48, 1948.

_____. "Review of Wippel, *Metaphysical Themes*". *Revue Thomiste* N.S. 4, 1984.

LOEWE, R. "The Medieval History of the Latin Vulgate". *In:* LAMPE, G. W. H. (ed.). *The Cambridge History of the Bible.* Cambridge: Cambridge University Press, 1988.

LONERGAN, B. "Review of Iglesias's *de Deo in Operatione Naturae vel Voluntatis Operante*". *Theological Studies,* 7, 1946.

_____. *Grace and Freedom: Operative Grace in the Thought of St. Thomas Aquinas.* Ed. J. P. Burns. Nova Iorque: Herder and Herder, 1971.

LUBAC, H. de. *Éxegèse Médiévale, les Quatre Sens de l'Ecriture* (Parte II). Paris: Aubier, 1964, t. 2.

LYTTKENS, H. *The Analogy Between God and the World: an Investigation of Its Background and Interpretation of Its Use by Thomas of Aquino.* Uppsala: Almqvist and Wiksells Boktryckeri AB, 1952.

MACDONALD, S. "The *Esse/Essentia* Argument in Aquinas's *De Ente et Essentia*". *Journal of the History of Philosophy,* 22, 1984.

_____. "Aquinas's Parasitic Cosmological Proof". *Medieval Philosophy and Theology,* 1, 1991a.

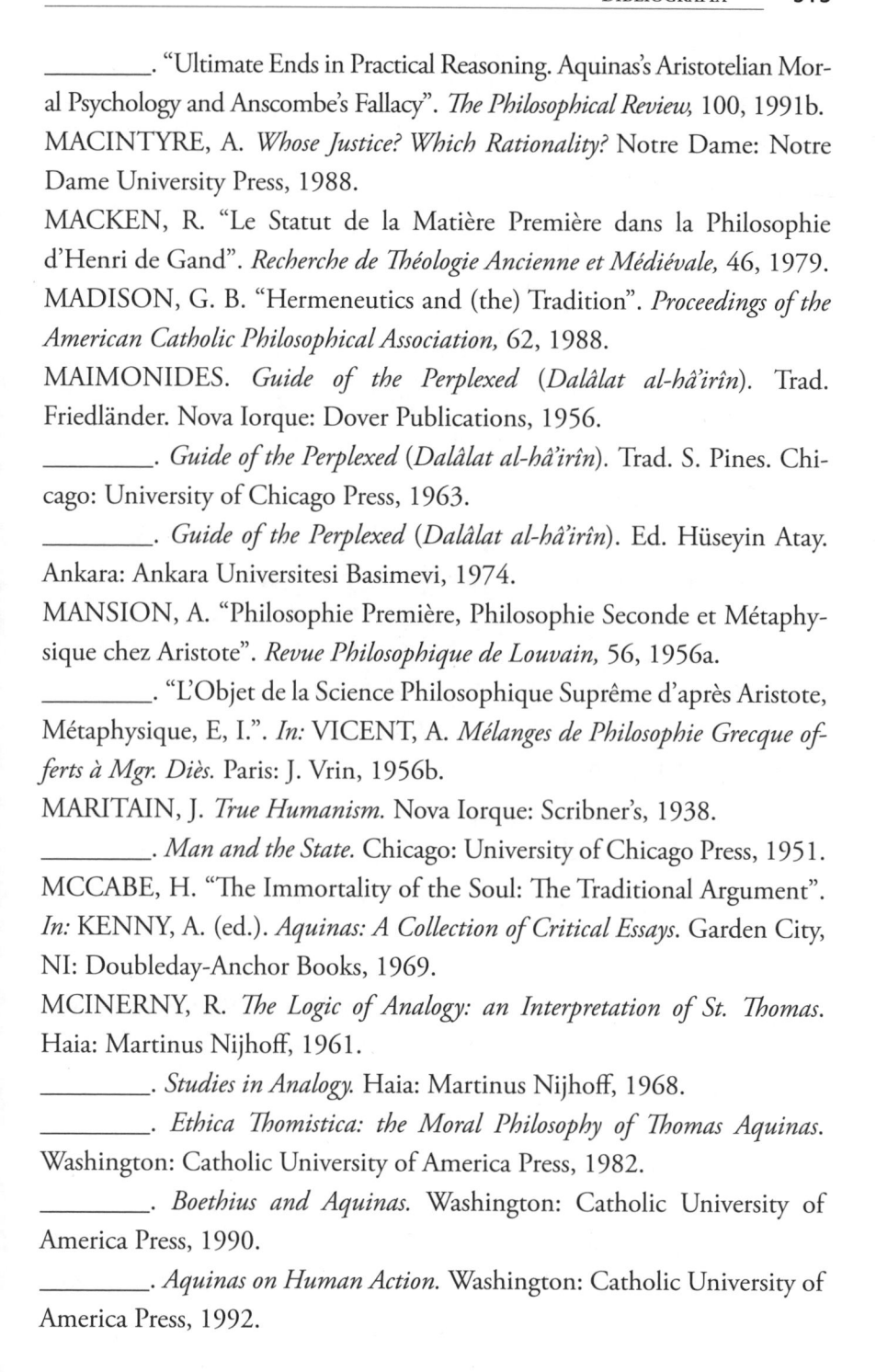

_____. "Ultimate Ends in Practical Reasoning. Aquinas's Aristotelian Moral Psychology and Anscombe's Fallacy". *The Philosophical Review*, 100, 1991b.

MACINTYRE, A. *Whose Justice? Which Rationality?* Notre Dame: Notre Dame University Press, 1988.

MACKEN, R. "Le Statut de la Matière Première dans la Philosophie d'Henri de Gand". *Recherche de Théologie Ancienne et Médiévale*, 46, 1979.

MADISON, G. B. "Hermeneutics and (the) Tradition". *Proceedings of the American Catholic Philosophical Association*, 62, 1988.

MAIMONIDES. *Guide of the Perplexed* (*Dalâlat al-hâ'irîn*). Trad. Friedländer. Nova Iorque: Dover Publications, 1956.

_____. *Guide of the Perplexed* (*Dalâlat al-hâ'irîn*). Trad. S. Pines. Chicago: University of Chicago Press, 1963.

_____. *Guide of the Perplexed* (*Dalâlat al-hâ'irîn*). Ed. Hüseyin Atay. Ankara: Ankara Universitesi Basimevi, 1974.

MANSION, A. "Philosophie Première, Philosophie Seconde et Métaphysique chez Aristote". *Revue Philosophique de Louvain*, 56, 1956a.

_____. "L'Objet de la Science Philosophique Suprême d'après Aristote, Métaphysique, E, I.". *In:* VICENT, A. *Mélanges de Philosophie Grecque offerts à Mgr. Diès*. Paris: J. Vrin, 1956b.

MARITAIN, J. *True Humanism*. Nova Iorque: Scribner's, 1938.

_____. *Man and the State*. Chicago: University of Chicago Press, 1951.

MCCABE, H. "The Immortality of the Soul: The Traditional Argument". *In:* KENNY, A. (ed.). *Aquinas: A Collection of Critical Essays*. Garden City, NI: Doubleday-Anchor Books, 1969.

MCINERNY, R. *The Logic of Analogy: an Interpretation of St. Thomas*. Haia: Martinus Nijhoff, 1961.

_____. *Studies in Analogy*. Haia: Martinus Nijhoff, 1968.

_____. *Ethica Thomistica: the Moral Philosophy of Thomas Aquinas*. Washington: Catholic University of America Press, 1982.

_____. *Boethius and Aquinas*. Washington: Catholic University of America Press, 1990.

_____. *Aquinas on Human Action*. Washington: Catholic University of America Press, 1992.

MCSHANE, P. "On the Causality of the Sacraments". *Theological Studies*, 24, 1963.

MILLER, C. L. "Maimonides and Aquinas on Naming God". *Journal of Jewish Studies*, 28, 1977.

MONTAGNES, B. *La Doctrine de l'Analogie de l'Être d'après Saint Thomas d'Aquin*. Lovaina/Paris: Publications Universitaires de Louvain/Béatrice Nauwelaerts, 1963.

NOVAK, M. A *Time to Build*. Nova Iorque: Macmillan, 1967.

_____. *Moral Clarity in the Nuclear Age*. Nashville: Thomas Nelson, 1983.

OWENS, J. "Quiddity and Real Distinction in St. Thomas Aquinas". *Mediaeval Studies*, 27, 1965.

_____. *The Doctrine of Being in the Aristotelian Metaphysics*. 3. ed. Toronto: Pontifical Institute of Mediaeval Studies, 1978.

_____. "Aquinas on Knowing Existence". *In:* CATAN, J. R. (ed.). *St. Thomas Aquinas on the Existence of God: Collected Papers of Joseph Owens*. Albany: State University of New York Press, 1980a.

_____. "*Quandoque* and *Aliquando* in Aquinas's *Tertia Via*". *The New Scholasticism*, 54, 1980b.

_____. *St. Thomas Aquinas on the Existence of God: Collected Papers of Joseph Owens*. Ed. J. R. Catan. Albany: State University of New York Press, 1980c.

_____. "Stages and Distinction in *De ente:* A Rejoinder". *The Thomist*, 45, 1981.

_____. "The Doctrine of Being in the Aristotelian *Metaphysics* – Revisited". *In:* MOREWEDGE, P. (ed.). *Philosophies of Existence*. Nova Iorque: Fordham University Press, 1982.

_____. "Aquinas's Distinction at *De Ente et Essentia* 4, 119-123". *Mediaeval Studies*, 48, 1986.

PATT, W. "Aquinas's Real Distinction and Some Interpretations". *The New Scholasticism*, 62, 1988.

PEGIS, A. C. "A Note on St. Thomas, Summa Theologiae I, 44, 1-2". *Medieval Studies*, 8, 1946.

_____. (ed.). *Introduction to St. Thomas Aquinas*. Nova Iorque: Modern Library, 1948.

_____. *St. Thomas and the Problem of the Soul in the Thirteenth Century*. Toronto: Pontifical Institute of Mediaeval Studies, 1983.

PEIRCE, C. S. *Collected Papers*. Cambridge: Belknap Press of Harvard University Press, 1960.

PLANTINGA, A. "Reason and Belief in God". *In:* PLANTINGA, A.; WOLTERSTORFF, N. (ed.). *Faith and Rationality*. Notre Dame: University of Notre Dame Press, 1983.

PRADO, N. DEL. *De Veritate Fundamentali Philosophiae Christianae*. Friburgo: Consociatio Sancti Pauli, 1911.

QUINN, J. F. *The Historical Constitution of St. Bonaventure's Philosophy*. Toronto: Pontifical Institute of Mediaeval Studies, 1973.

RAHMAN, F. "Essence and Existence in Avicenna". *In:* HUNT, R. *et al.* (ed.). *Mediaeval and Renaissance Studies*. Londres: Warburg Institute, 1958, vol. 4.

RAMSEY, P. *War and the Christian Conscience*. Durham: Duke University Press, 1961.

REGIS, L. M. *Epistemology*. Nova Iorque: Macmillan, 1959.

RENARD, H. "What is St. Thomas' Approach to Metaphysics?". *The New Scholasticism*, 30, 1956.

RICKABY, J. J. (ed. e trad.). *Aquinas Ethicus*. Londres: Burnes Oates, 1896.

ROLAND-GOSSELIN. *Le "De Ente et Essentia" de S. Thomas d'Aquin*. Kain: Le Saulchoir, 1926.

ROSS, J. F. *Portraying Analogy*. Cambridge: Cambridge University Press, 1981.

_____. "Aquinas on Belief and Knowledge". *In:* ETZKORN, G. (ed.). *Essays Honoring Allan B. Wolter*. St. Bonaventure, NI: Franciscan Institute, 1984.

SAMUELSON, N. M. (ed. e trad.). *Gersonides on God's Knowledge*. Toronto: Pontifical Institute of Mediaeval Studies, 1977.

SCHMIDT, R. W. "L'emploi de la Séparation en Métaphysique". *Revue Philosophique de Louvain*, 58, 1960.

SHEHADI, F. *Metaphysics in Islamic Philosophy.* Delmar: Caravan, 1982.
SHERRY, P. "Analogy Reviewed". *Philosophy,* 51, 1976a.
_____. "Analogy Today". *Philosophy,* 51, 1976b.
SIGER DE BRABANT. *Siger de Brabant. Quaestiones in Metaphysicam.* Ed. W. Dunphy. Louvain-la-Neuve: Editions de l'Institut Superieur de Philosophie, 1981.
_____. *Siger de Brabant. Quaestiones in Metaphysicam.* Ed. A. Maurer. Louvain-la-Neuve: Editions de l'Institut Superieur de Philosophie, 1983.
SIGMUND, P. E. *Natural Law in Political Thought.* Washington: University Press of America, 1981.
_____ (ed. e trad.). *St. Thomas Aquinas on Politics and Ethics.* Nova Iorque: WW. Norton, 1988.
SIMONIN, H. D.; MEERSSEMAN, G. (ed.) *De Sacramentorum Efficientia apud theologos Ord. Praed.* Roma: Pontifical Institute Angelicum, 1936.
SMALLEY, B. *The Study of the Bible in the Middle Ages.* Notre Dame: University of Notre Dame Press, 1970.
_____. "The Bible in the Medieval Schools". *In:* LAMPE, G. W. H. (ed.). *The Cambridge History of the Bible.* Cambridge: Cambridge University Press, 1988, vol. 2.
STUMP, E. *Dialectic and Its Place in the Development of Medieval Logic.* Ithaca: Cornell University Press, 1989.
_____. "Intellect, Will, and the Principle of Alternate Possibilities". *In:* BEATY, M. (ed.). *Christian Theism and the Problems of Philosophy.* Notre Dame: University of Notre Dame Press, 1990.
_____. "Aquinas on the Foundations of Knowledge". *Canadian Journal of Philosophy,* 1992 (Suplemento 7).
_____. "Aquinas on the Authority of Scripture". *Reasoned Faith.* Ithaca: Cornell University Press (no prelo).
SWEENEY, L. "Existence/Essence in Thomas Aquinas's Early Writings". *Proceedings of the American Catholic Philosophical Association,* 37, 1963.
TAVUZZI, M. "Aquinas on Resolution in Metaphysics". *The Thomist,* 55, 1991.

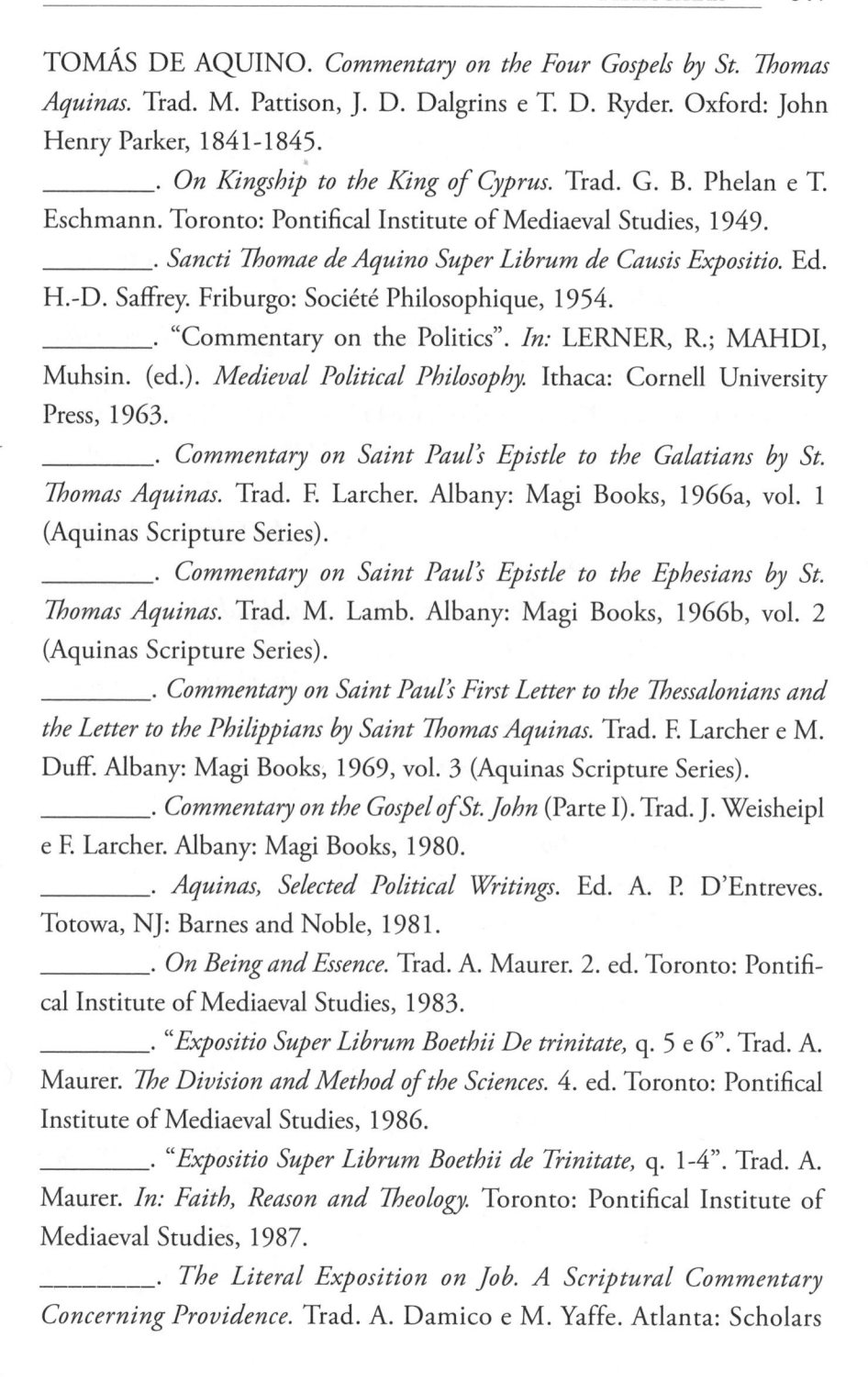

TOMÁS DE AQUINO. *Commentary on the Four Gospels by St. Thomas Aquinas.* Trad. M. Pattison, J. D. Dalgrins e T. D. Ryder. Oxford: John Henry Parker, 1841-1845.

_____. *On Kingship to the King of Cyprus.* Trad. G. B. Phelan e T. Eschmann. Toronto: Pontifical Institute of Mediaeval Studies, 1949.

_____. *Sancti Thomae de Aquino Super Librum de Causis Expositio.* Ed. H.-D. Saffrey. Friburgo: Société Philosophique, 1954.

_____. "Commentary on the Politics". *In:* LERNER, R.; MAHDI, Muhsin. (ed.). *Medieval Political Philosophy.* Ithaca: Cornell University Press, 1963.

_____. *Commentary on Saint Paul's Epistle to the Galatians by St. Thomas Aquinas.* Trad. F. Larcher. Albany: Magi Books, 1966a, vol. 1 (Aquinas Scripture Series).

_____. *Commentary on Saint Paul's Epistle to the Ephesians by St. Thomas Aquinas.* Trad. M. Lamb. Albany: Magi Books, 1966b, vol. 2 (Aquinas Scripture Series).

_____. *Commentary on Saint Paul's First Letter to the Thessalonians and the Letter to the Philippians by Saint Thomas Aquinas.* Trad. F. Larcher e M. Duff. Albany: Magi Books, 1969, vol. 3 (Aquinas Scripture Series).

_____. *Commentary on the Gospel of St. John* (Parte I). Trad. J. Weisheipl e F. Larcher. Albany: Magi Books, 1980.

_____. *Aquinas, Selected Political Writings.* Ed. A. P. D'Entreves. Totowa, NJ: Barnes and Noble, 1981.

_____. *On Being and Essence.* Trad. A. Maurer. 2. ed. Toronto: Pontifical Institute of Mediaeval Studies, 1983.

_____. "*Expositio Super Librum Boethii De trinitate*, q. 5 e 6". Trad. A. Maurer. *The Division and Method of the Sciences.* 4. ed. Toronto: Pontifical Institute of Mediaeval Studies, 1986.

_____. "*Expositio Super Librum Boethii de Trinitate*, q. 1-4". Trad. A. Maurer. *In: Faith, Reason and Theology.* Toronto: Pontifical Institute of Mediaeval Studies, 1987.

_____. *The Literal Exposition on Job. A Scriptural Commentary Concerning Providence.* Trad. A. Damico e M. Yaffe. Atlanta: Scholars

Press, 1989 (The American Academy of Religion. Classics in Religious Studies).

TUGWELL, S. *Albert and Thomas. Selected Writings*. Mahwah, NJ: Paulist Press, 1988 (The Classics of Western Spirituality).

VAN STEENBERGHEN, F. *Le Problème de l'Existence de Dieu dans les Écrits de S. Thomas d'Aquin*. Louvain-la-Neuve: Editions de l'Institut Supérieur de Philosophie, 1980a.

_____. *Thomas Aquinas and Radical Aristotelianism*. Washington: Catholic University of America Press, 1980b.

VERBEKE, G. "Une Nouvelle Theologie Philosophique" [Introdução]. *In:* VAN RIET, S.(ed.). *Avicenna Latinus: Liber de Philosophia Prima*. Leida: E. J. Brill, 1980.

VOLLERT, C. et al. (ed.). *On the Eternity of the World*. Milwaukee: Marquette University Press, 1984.

WEISHEIPL, J. "The Principle *Omne Quod Movetur ab Alio Movetur* in Medieval Physics". *Isis*, 56, 1965.

_____. *Friar Thomas D'Aquino. His Life, Thought, and Works*. Washington: Catholic University of America Press, 1983.

_____. *Nature and Motion in the Middle Ages*. Washington: Catholic University of America Press, 1985.

WHITE, M. *Religion, Politics, and the Higher Learning*. Cambridge: Harvard University Press, 1959.

WILKS, M. J. *The Problem of Sovereignty in the Later Middle Ages*. Cambridge: Cambridge University Press, 1963.

WILLIAMS, B. *Morality: an Introduction to Ethics*. Nova Iorque: Harper and Row, 1972.

WIPPEL, J. F. "The Condemnations of 1270 and 1277 at Paris". *The Journal of Medieval and Renaissance Studies*, 7, 1977.

_____. "Aquinas's Route to the Real Distinction: a Note on *De Ente et Essentia*, c. 4". *The Thomist*, 43, 1979 (Reimpresso em Wippel, 1984b).

_____. "A Reply to Fr. Owens". *Metaphysical Themes in Thomas Aquinas*. Washington: Catholic University of America Press, 1984b (1984a).

_____. *Metaphysical Themes in Thomas Aquinas.* Washington: Catholic University of America Press, 1984b.

_____. "Metaphysics and *Separatio* in Thomas Aquinas". *Metaphysical Themes in Thomas Aquinas.* Washington: Catholic University of America Press, 1984b (1984c).

_____. "Thomas Aquinas on the Distinction and Derivation of the Many from the One: a Dialectic between Being and Nonbeing". *The Review of Metaphysics,* 38, 1985.

_____. "Thomas Aquinas and Participation". *Studies in Medieval Philosophy.* Washington: Catholic University of America Press, 1987a.

_____. Thomas Aquinas on Substance as a Cause of Proper Accidents. *In:* BECKMANN, J. P. *et al.* (ed.). *Philosophie im Mittelalter: Entwicklungslinien und Paradigmen.* Hamburgo, Alemanha: Felix Meiner Verlag, 1987b.

_____. "Thomas Aquinas's Derivation of the Aristotelian Categories (Predicaments)". *Journal of the History of Philosophy,* 25, 1987c.

_____. "Truth in Thomas Aquinas (Parte I)". *Review of Metaphysics,* 43, 1989.

_____. "Truth in Thomas Aquinas (Parte II)". *Review of Metaphysics,* 43, 1990.

WOLFSON, H. A. "Amphibolous Terms in Aristotle, Arabic Philosophy and Maimonides". *Studies in History and Philosophy of Religion.* Cambridge: Harvard University Press, 1973, vol. 1.

WOLTER, A. B. "The Ochamist Critique". *In:* MCMULLIN, E. (ed.). *The Concept of Matter in Greek and Medieval Philosophy.* Notre Dame: Notre Dame University Press, 1965.

ZIMMERMANN, A. *Ontologie Oder Metaphysik? Die Diskussion über den Gegenstand der Metaphysik im 13 und 14 Jahrhundert.* Leida/Colônia: E. J. Brill, 1965.

Referências às obras de Tomás de Aquino

Attendite a Falsis
2 (p. 272, n. 26)

Beati qui Habitant
(p. 270, n. 10)

Beata Gens
(p. 270, n. 7)

Catena Aurea (1262-1267)
(p. 289)

Contra Impugnantes (1256)
II, c. 5 (p. 270, n. 7)

CT – Compendium Theologiae (1269-1273)
I, c. 18 (p. 135, n. 86; p. 142, n. 102)
I, c. 80 (p. 161, n. 20)
I, c. 87 (p. 161, n. 20)
I, c. 104 (p. 271, n. 15)

DAM – De Aeternitate Mundi (1270)
(p. 40)
1 (p. 92)
6 (p. 93)
7 (p. 93)
10 (p. 92)

11 (p. 92)

DEE – De Ente et Essentia (1256)
(p. 106, n. 5)
c. 2 (p. 161, n. 19)
c. 2-5 (p. 117, n. 31)
c. 3, n. 68-70 (p. 68, n. 26)
c. 4 (p. 37; p. 66, n. 22; p. 80; p. 89; p. 106, n. 5; p. 127; p. 127, n. 64; p. 128, n. 65 e 67; p. 129, n. 68; p. 130, n. 70 e 71; p. 142, n. 104; p. 145, n. 112; p. 148; p. 158, n. 14)
c. 4, n. 52 (p. 80)
c. 4, n. 54 (p. 80)
c. 4, n. 56 (p. 80; p. 89)
c. 4, n. 94-146 (p. 66, n. 22)

DPN – De Principiis Naturae (1252-1256)
(p. 113; p. 113, n. 20 e n. 21, p. 114, n. 22 e 23)

DRP – De Regimine Principum (1265-1267)
(p. 250; p. 253, n. 10)
I, c. 1 (p. 250; p. 252)
I, c. 2 (p. 252)
I, c. 7 (p. 253, n. 8)
I, c. 15 (p. 251)

DSS – De Substantiis Separatis (1271-1273)
c. 8 (p. 117, n. 31; p. 132, n. 77)

DUI – De Unitate Intellectus contra Averroistas (1270)
(p. 159, n. 17)
c. 2 (p. 39)
c. 3 (p. 161, n. 20)

Expositio super Iob (1261-1264)
(p. 291; 301)
c. 7, 1-4 (p. 303, n. 53; p. 305, n. 57)
c. 9, 11-21 (p. 304, n. 56)
c. 38, 1 (p. 301, n. 52)

In BDH – Expositio in Librum Boethii De Hebdomadibus (1256-1259)
lect. 1 (p. 202, n. 41)
lect. 2 (p. 117, n. 33)
lect. 2, n. 23 (p. 119, n. 38; p. 126, n. 62)
lect. 2, n. 23-24 (p. 110, n. 12)
lect. 2, n. 24 (p. 121, n. 45; p. 141, n. 102)
lect. 2, n. 25 (p. 118, n. 35)
lect. 2, n. 29 (p. 119, n. 38; p. 126, n. 62)
lect. 2, n. 32 (p. 119, n. 39; p. 126, n. 61; p. 126, n. 62; p. 134, n. 81)
lect. 2, n. 34 (p. 121, n. 44; p. 126, n. 62; p. 134, n. 82)
lect. 2, n. 36 (p. 119, n. 39; p. 126, n. 61; p. 126, n. 62; p. 134, n. 81)

In BDT – Expositio super Librum Boethii De Trinitate (1258-1259)
(p. 187, n. 11)
q. 1, a. 2 (p. 208, n. 53)
q. 1, a. 3 (p. 109, n. 11)
q. 2, a. 1 (p. 212, n. 60)
q. 2, a. 2 (p. 191, n. 20; p. 192, n. 22; p. 271, n. 14)
q. 2, a. 2-3 (p. 208, n. 53)
q. 2, a. 3 (p. 51, n. 50; p. 60, n. 9; p. 107, n. 8; p. 108, n. 9; p. 287, n. 55)
q. 2, a. 4 (p. 272, n. 24)
q. 3, a. 1 (p. 271, n. 13)
q. 3, a. 3 (p. 271, n. 15)
q. 5 (p. 171, n. 44; p. 205, n. 46)
q. 5, a. 1 (p. 105, n. 3; p. 107, n. 7; p. 110, n. 13 e 14; p. 111, n. 15)
q. 5, a. 3 (p. 68, n. 25; p. 110, n. 12; p. 110, n. 13 e 14; p. 111, n. 15)
q. 5, a. 4 (p. 105, n. 1; p. 107, n. 6; p. 107, n. 7; p. 111, n. 15; p. 208, n.

53; p. 271, n. 14)
q. 6 (p. 171, n. 44)
q. 6, a. 1 (p. 109, n. 11; p. 208, n. 53)
q. 6, a. 4 (p. 271, n. 15)

In Col. – Super ad Colossenses (1259-1265)
c. 1, lect. 6 (p. 271, n. 18)
c. 2, lect. 2 (p. 272, n. 27)

In I Cor. – Super I ad Corinthios (1259-1265)
c. 1, lect. 3 (p. 272, n. 25)
c. 6, lect. 3 (p. 299, n. 46)

In II Cor. – Super II ad Corinthios (1259-1265)
c. 1, lect. 4 (p. 271, n. 21)
c. 7, lect. 1 (p. 271, n. 18)

In DA – Sententia super De Anima (1269-1270)
(p. 187, n. 10)
I, lect. 1, n. 3 (p. 42, n. 35)
I, lect. 1, n. 15 (p. 175, n. 57)
II, lect. 1, n. 224 (p. 155, n. 7)
II, lect. 6, n. 301 (p. 165, n. 27)
II, lect. 23, n. 547 (p. 169)
III, lect. 4-6 (p. 167, n. 35)
III, lect. 7 (p. 161, n. 20)
III, lect. 7, n. 680 (p. 159, n. 16)
III, lect. 8, n. 705-706 (p. 174, n. 55)
III, lect. 8, n. 712-713 (p. 174, n. 55)
III, lect. 8, n. 716 (p. 170, n. 43; p. 171, n. 44)
III, lect. 8, n. 717 (p. 171, n. 46)
III, lect. 8, n. 718 (p. 175, n. 58)
III, lect. 10, n. 731 (p. 171, n. 46)

In DC – Sententia super De Caelo et Mundo (1272-1273)
I, lect. 8 (p. 269, n. 5)
I, lect. 22 (p. 34)

In DDN – Expositio super Dionysium De Divinis Nominibus (1265-1267)
proêmio (p. 36; p. 37, n. 26)
c. 1, lect. 3, n. 94 (p. 46, n. 44)
c. 2, lect. 3, n. 158 (p. 123, n. 54)
c. 5, lect. 1, n. 631 (p. 121, n. 48)
c. 5, lect. 2, n. 658 (p. 122, n. 49)
c. 5, lect. 2, n. 658-659 (p. 120, n. 43)
c. 5, lect. 2, n. 660 (p. 107, n. 6; p. 122, n. 49)
c. 7, lect. 3, n. 724 (p. 171, n. 45)

In EN – Sententia libri Ethicorum (1271)
I, lect. 1, n. 2 (p. 226, n. 1)
I, lect. 1, n. 3 (p. 226, n. 2)
VI, lect. 2, n. 1130 (p. 166, n. 31)

In Ioan. – Lectura super Ioannem (1269-1272)
(p. 292)
proêmio (p. 147, n. 115)
c. 1, lect. 1 (p. 299, n. 45)
c. 1, lect. 1, n. 26 (p. 176, n. 60)
c. 1, lect. 5 (p. 271, n. 20)
c. 2, lect. 1 (p. 300, n. 47)
c. 3, lect. 4 (p. 300, n. 49)
c. 3, lect. 5 (p. 300, n. 48)
c. 6, lect. 1 (p. 271, n. 17)

In Is – Expositio super Isaiam (1256-1272)
(p. 290)

c. 6, lect. 1 (p. 271, n. 20)
c. 19 (p. 272, n. 22)

In LDC – Expositio super Librum De Causis (1271-1272)
(p. 36, n. 25)
proêmio (p. 270, n. 6)

In M – Sententia super Metaphysicam (1269-1272)
proêmio (p. 105, n. 1; p. 107, n. 6; p. 107, n. 7)
I, lect. 1, n. 3-4 (p. 166)
I, lect. 1-4 (p. 42)
I, lect. 2, n. 46 (p. 109, n. 11)
I, lect. 4 (p. 46)
I, lect. 9, n. 138 (p. 117, n. 32)
I, lect. 9, n. 138-139 (p. 112, n. 17)
IV, lect. 1, n. 532 (p. 105, n. 3)
IV, lect. 1, n. 535 (p. 115, n. 25)
IV, lect. 1, n. 537-539 (p. 114, n. 22)
IV, lect. 1, n. 540-543 (p. 114, n. 24; p. 136, n. 87)
IV, lect. 14, n. 693 (p. 170, n. 41)
V, lect. 9, n. 890 (p. 137, n. 91)
V, lect. 9, n. 891 (p. 137, n. 92)
V, lect. 9, n. 892 (p. 138, n. 93 e 94)
V, lect. 10, n. 898 (p. 136, n. 88)
V, lect. 10, n. 903-905 (p. 136, n. 88)
V, lect. 19, n. 1050-1057 (p. 226, n. 4)
VI, lect. 4, n. 1231 (p. 166, n. 31)
VII, lect. 2, n. 1285 (p. 140, n. 99)
VII, lect. 2, n. 1286-1287 (p. 140, n. 100)
VII, lect. 2, n. 1287-1289 (p. 141, n. 101)
VIII, lect. 1, n. 1689 (p. 143, n. 106)
XI, lect. 3, n. 2197 (p. 115, n. 25)
XII, lect. 5, n. 2496 (p. 55, n. 6)

In Matt. – Lectura super Matthaeum (1256-1259)
(p. 291)
c. 5, lect. 2 (p. 49)
c. 13, lect. 3 (p. 271, n. 16)
c. 19, lect. 2 (p. 270, n. 9)

In PA – Sententia super Posteriora Analytica (1269-1272)
(p. 187, n. 11)
proêmio (p. 187, n. 8 e 9; 189, n. 17; 190, n. 18; 212, n. 60)
I, lect. 1, n. 4 (p. 176, n. 60)
I, lect. 2 (p. 198, n. 32)
I, lect. 2, n. 2-3 (p. 217, n. 70)
I, lect. 2, n. 9 (p. 200, n. 37)
I, lect. 4 (p. 192, n. 22; p. 198, n. 32; p. 219, n. 74)
I, lect. 4, n. 4 (p. 204, n. 45)
I, lect. 4, n. 5 (p. 190; p. 190, n. 19)
I, lect. 4, n. 8 (p. 206, n. 49)
I, lect. 4, n. 9 (p. 190, n. 20)
I, lect. 4, n. 14 (p. 196; p. 221)
I, lect. 4, n. 16 (p. 205; p. 205, n. 47; p. 207, n. 51)
I, lect. 4, n. 43 (p. 175, n. 57)
I, lect. 5, n. 7 (p. 201; p. 207, n. 50)
I, lect. 5, n. 9 (p. 217, n. 70)
I, lect. 6, n. 2 (p. 191; p. 221)
I, lect. 6, n. 3-4 (p. 191)
I, lect. 6, n. 4 (p. 221)
I, lect. 7, n. 2 (p. 194, n. 26)
I, lect. 7, n. 3 (p. 194, n. 27; p. 196, n. 30)
I, lect. 7, n. 5-8 (p. 193, n. 25)
I, lect. 7, n. 8 (p. 197; p. 192, n. 22)
I, lect. 7-8 (p. 195, n. 29)
I, lect. 10 (p. 198, n. 32; p. 226, n. 4)
I, lect. 16, n. 8 (p. 208)

I, lect. 17, n. 5 (p. 205, n. 47)
I, lect. 18, n. 7 (p. 217, n. 70)
I, lect. 19, n. 2 (p. 200, n. 38; p. 202, n. 41)
I, lect. 19, n. 5 (p. 198, n. 31)
I, lect. 20, n. 6 (p. 200, n. 38)
I, lect. 23 (p. 206, n. 49)
I, lect. 25, n. 4 (p. 205, n. 46)
I, lect. 33 (p. 198, n. 32)
I, lect. 36, n. 7 (p. 202, n. 41)
I, lect. 41, n. 2-3 (p. 205, n. 46)
I, lect. 42 (p. 205, n. 48)
I, lect. 42, n. 3 (p. 209, n. 54 e 56)
I, lect. 42, n. 8 (p. 204, n. 44)
I, lect. 44 (p. 213, n. 62)
I, lect. 44, n. 8 (p. 200, n. 38)
I, lect. 44, n. 8-9 (p. 221)
I, lect. 44, n. 9 (p. 204, n. 44)
II, lect. 2, n. 9 (p. 217, n. 70)
II, lect. 2, n. 11 (p. 198, n. 31)
II, lect. 8 (p. 198, n. 32)
II, lect. 12, n. 5 (p. 209)
II, lect. 13 (p. 219, n. 74)
II, lect. 13, n. 533 (p. 175, n. 57)
II, lect. 19, n. 5 (p. 204, n. 44)
II, lect. 20, n. 2 (p. 214)
II, lect. 20, n. 4 (p. 202, n. 42)
II, lect. 20, n. 12 (p. 215, n. 66)
II, lect. 20, n. 14 (p. 217)

In PH – Sententia super Peri Hermenias (1270-1271)
proêmio (p. 187, n. 8)
I, lect. 2, n. 20 (p. 175, n. 59)
I, lect. 2-3 (p. 189, n. 16)

I, lect. 3 (p. 189, n. 15; p. 189, n. 16)
I, lect. 3, n. 7 (p. 166, n. 31)
I, lect. 3, n. 31 (p. 175, n. 59)
I, lect. 6 (p. 269, n. 5)
II, lect. 2 (p. 110, n. 12)

In Ph – Sententia super Physicam (1269-1270)
I, lect. 1, n. 3 (p. 105, n. 3)
I, lect. 6, n. 39 (p. 112, n. 17)
I, lect. 13, n. 112 (p. 140, n. 98)
I, lect. 13, n. 118 (p. 140, n. 98)
I, lect. 14, n. 121 (p. 117, n. 32)
III, lect. 5, n. 322 (p. 138, n. 96)
III, lect. 5, n. 323 (p. 138, n. 96)
VIII, lect. 21, n. 1153 (p. 132, n. 77)
VIII, lect. 23, n. 1172 (p. 106, n. 5)

In Po – Sententia Libri Politicorum (1269-1273)
(p. 253, n. 11)
II, lect. 8 (p. 270, n. 7)

In Ps – Postilla super Psalmos (1272-1273)
(p. 292)
c. 23 (p. 270, n. 11)

In Sent – Scriptum super Libros Sententiarum (1252-1256)
(p. 253)
proêmio (p. 271, n. 13)
I, d. 2 (p. 28, n. 9)
I, d. 8, q. 4, a. 2 (p. 133, n. 78)
I, d. 8, q. 5, a. 1 (p. 135, n. 85)
I, d. 13, q. 1, a. 3 (p. 126, n. 61)
I, d. 19, q. 2, a. 2 (p. 126, n. 61)

I, d. 19, q. 5, a. 1 (p. 54, n. 4; p. 110, n. 12)
I, d. 19, q. 5, a. 2 (p. 124, n. 56)
I, d. 19, q. 5, a. 7 (p. 174, n. 56)
I, d. 35, q. 1, a. 4 (p. 117, n. 31)
I, d. 38, q. 1, a. 3 (p. 54, n. 4; p. 65, n. 19; p. 110, n. 12)
I, d. 38, q. 1, a. 3, *ad* 2 (p. 66, n. 20)
I, d. 39, q. 2, a. 2 (p. 143, n. 106)
I, d. 43, q. 1, a. 1 (p. 135, n. 86; p. 141, n. 102)
II, d. 1, q. 2, a. 4 (p. 161, n. 20)
II, d. 3, q. 3, a. 2 (p. 271, n. 19)
II, d. 14, q. 1, a. 2 (p. 32, n. 16)
II, d. 14, q. 1, a. 3 (p. 271, n. 20; 272, n. 23)
II, d. 17, q. 2, a. 1 (p. 161, n. 20)
II, d. 44, q. 2 (p. 251; p. 253, n. 9)
III, d. 23, q. 1, a. 2 (p. 176, n. 60)
III, d. 25, q. 1, a. 2 (p. 45, n. 43)
III, d. 35, q. 1, a. 1 (p. 270, n. 8)
III, d. 35, q. 2, a. 2 (p. 176, n. 61)
IV, d. 1, q. 1, a. 1, qc. 3, *ad* 5 (p. 281, n. 45)
IV, d. 31, q. 2 (p. 262, n. 47)
IV, d. 49, q. 2, a. 1 (p. 165, n. 29)

In Sym Ap – Collationes super Credo in Deum (1273)
proêmio (p. 175, n. 57; p. 270, n. 12)

Postilla super Ieremiam (1252-1253)
(p. 291)

Postilla super Threnos (1252-1253)
(p. 291)

QDA – Quaestiones Disputatae De Malo (1269)
a. 1 (p. 161-162; p. 161, n. 19, 20 e 21)

a. 2 (p. 161, n. 20)
a. 3 (p. 159, n. 17)
a. 8 (p. 165, n. 27)
a. 9 (p. 143, n. 108)
a. 11 (p. 143, n. 108)
a. 14 (p. 160, n. 18; p. 161, n. 20)

QDM – Quaestiones Disputatae De Malo (1266-1267)
q. 5, a. 5 (p. 165, n. 27)
q. 6 (p. 183, n. 73)

QDP – Quaestiones Disputatae De Potentia (1265-1266)
q. 1, a. 1, *ad* 7 (p. 143, n. 106)
q. 3, a. 4 (p. 47, n. 45)
q. 3, a. 7 (p. 285, n. 53)
q. 3, a. 9 (p. 161, n. 20)
q. 3, a. 11 (p. 161, n. 20)
q. 3, a. 14 (p. 41, n. 33)
q. 7, a. 2 (p. 64, n. 15; p. 120, n. 41; p. 135, n. 86)
q. 7, a. 3 (p. 133, n. 78)
q. 7, a. 4 (p. 120, n. 41)
q. 7, a. 7 (p. 115, n. 27; p. 149, n. 120)
q. 9, a. 1 (p. 137, n. 89; p. 137, n. 90)

QDSC – Quaestio Disputata De Spiritualibus Creaturis (1267-1268)
a. 1 (p. 124, n. 55; p. 126, n. 62; 132; p. 142, n. 102 e 103; p. 134, n. 84)
a. 1, *ad* 9 (p. 143, n. 108)
a. 2 (p. 161, n. 19 e 20; p. 163, n. 23)
a. 3 (p. 35, n. 22; p. 44, n. 42)
a. 9 (p. 159, n. 17)
a. 10 (p. 159, n. 17)
a. 11 (p. 175, n. 57)

QDV – Quaestiones Disputatae De Veritate (1256-1259)
q. 1, a. 1 (p. 67, n. 24; p. 109, n. 11; p. 114, n. 23; p. 116; p. 116, n. 28)
q. 1, a. 1-2 (p. 189, n. 16)
q. 1, a. 3 (p. 187, n. 8)
q. 1, a. 9 (p. 189, n. 15; p. 189, n. 16)
q. 1, a. 12 (p. 172, n. 51)
q. 2, a. 11 (p. 115, n. 27)
q. 4, a. 1 (p. 175, n. 57; p. 219, n. 74)
q. 6, a. 1 (p. 175, n. 57)
q. 8, a. 6 (p. 143, n. 106)
q. 10, a. 1 (p. 175, n. 57)
q. 10, a. 4 (p. 222, n. 79)
q. 10, a. 4-6 (p. 187, n. 10)
q. 10, a. 6 (p. 168, n. 36; p. 186, n. 4; p. 215, n. 68)
q. 14 (p. 187, n. 11)
q. 14, a. 1 (p. 191, n. 20; p. 203, n. 43)
q. 14, a. 9 (p. 192, n. 22)
q. 14, a. 10 (p. 271, n. 13)
q. 15, a. 1 (p. 187, n. 9; p. 201, n. 39)
q. 15, a. 2 (p. 213, n. 62)
q. 21, a. 1 (p. 109, n. 11)
q. 21, a. 5 (p. 126, n. 62)
q. 22, a. 2 (p. 47, n. 46)
q. 22, a. 4 (p. 182; p. 178, n. 65)
q. 25, a. 4 (p. 179, n. 67)
q. 27, a. 1 (p. 133; p. 133, n. 79; p. 126, n. 61)
q. 27, a. 4 (p. 281, n. 45)

QDVC – Quaestiones Disputatae De Virtutibus (1269-1272)
q. 1, a. 10 (p. 50, n. 49)
q. 1, a. 13 (p. 261, n. 40)

QQ – Quaestiones Quodlibetales (1256-1259; 1269-1272)
III, q. 1, a. 1 (p. 143, n. 107)
III, q. 8, a. 1 (p. 126, n. 62)
IV, q. 9, a. 3 (p. 32, n. 14)
VII, q. 6, a. 15 (p. 297, n. 38)
X, q. 3, a. 2 (p. 160, n. 18)
XII, q. 5, a. 1 (p. 123, n. 53)

SCG – Summa contra Gentiles (1259-1264)
I, c. 2, n. 11 (p. 19)
I, c. 3 (p. 30; p. 219, n. 74)
I, c. 3, n. 18 (p. 175, n. 57)
I, c. 3-6 (p. 107, n. 7)
I, c. 3-9 (p. 208, n. 53)
I, c. 4-5 (p. 271, n. 13)
I, c. 6 (p. 213, n. 61; p. 213, n. 64)
I, c. 7 (p. 107, n. 8)
I, c. 9 (p. 30; p. 212, n. 60)
I, c. 13 (p. 131; p. 144)
I, c. 15 (p. 146)
I, c. 17 (p. 143, n. 106)
I, c. 22 (p. 62, n. 12)
I, c. 25 (p. 133, n. 78)
I, c. 26 (p. 120, n. 42)
I, c. 28-29 (p. 208, n. 53)
I, c. 29 (p. 149, n. 120)
I, c. 30 (p. 148, n. 118; p. 149, n. 119)
I, c. 33 (p. 149, n. 120)
I, c. 34 (p. 115, n. 26; p. 149, n. 119)
I, c. 43 (p. 70, n. 27)
II, c. 4 (p. 108; p. 108, n. 10)
II, c. 15 (p. 146)
II, c. 37 (p. 93)

II, c. 51 (p. 158, n. 14)
II, c. 52 (p. 131; p. 120, n. 41 e 42; p. 131, n. 75)
II, c. 56-59 (p. 161, n. 20)
II, c. 57 (p. 161, n. 19)
II, c. 59-62 (p. 159, n. 17)
II, c. 65 (p. 153)
II, c. 68-70 (p. 161, n. 20)
II, c. 73 (p. 159, n. 17)
II, c. 75 (p. 159, n. 17)
II, c. 78 (p. 159, n. 17)
II, c. 79-81 (p. 160, n. 18)
II, c. 80 e 81, n. 1618 (p. 167, n. 35)
II, c. 93 (p. 142, n. 104)
III (p. 291)
III, c. 2 (p. 147, n. 117)
III, c. 25 (p. 47)
III, c. 41-48 (p. 49)
III, c. 48 (p. 49; p. 271, n. 15)
III, c. 51 (p. 49; p. 165, n. 29)
III, c. 56, n. 2328 (p. 175, n. 58)
III, c. 58, n. 2836 (p. 176, n. 61)
III, c. 70 (p. 285, n. 53)
III, c. 81 (p. 255, n. 18)
III, c. 156 (p. 49, n. 48)

ST – Summa Theologiae (1266-1273)
Iª, q. 1 (p. 31; p. 208, n. 53)
Iª, q. 1, a. 1 (p. 50; p. 271, n. 13)
Iª, q. 1, a. 2 (p. 192, n. 22)
Iª, q. 1, a. 6 (p. 238, n. 21)
Iª, q. 1, a. 8 (p. 51)
Iª, q. 1, a. 9 (p. 34)
Iª, q. 1, a. 10 (p. 298, n. 39)

Iª, q. 1-2 (p. 187, n. 11)
Iª, q. 1-8 (p. 107, n. 7)
Iª, q. 2 (p. 32; p. 256)
Iª, q. 2, a. 1 (p. 66, n. 21; p. 144, n. 109; p. 202, n. 41)
Iª, q. 2, a. 2 (p. 51; p. 144)
Iª, q. 2, a. 3 (p. 31; p. 144; p. 146, n. 113)
Iª, q. 2-26 (p. 164, n. 25)
Iª, q. 3 (p. 148; p. 148, n. 118)
Iª, q. 3, a. 1 (p. 148; p. 165, n. 28)
Iª, q. 3, a. 2 (p. 212, n. 59)
Iª, q. 3, a. 3 (p. 99)
Iª, q. 3, a. 4 (p. 110, n. 12; p. 120, n. 41; p. 122, n. 51)
Iª, q. 3, a. 5 (p. 133, n. 78)
Iª, q. 3-11 (p. 148)
Iª, q. 5, a. 3 (p. 143, n. 106)
Iª, q. 7, a. 1 (p. 70, n. 27; p. 135, n. 86)
Iª, q. 10, a. 3 (p. 92)
Iª, q. 11, a. 3 (p. 148; p. 141, n. 102)
Iª, q. 11, a. 4 (p. 97)
Iª, q. 12 (p. 148; p. 165, n. 29)
Iª, q. 12, a. 1 (p. 165, n. 29)
Iª, q. 12, a. 4 (p. 169; p. 185, n. 2)
Iª, q. 12, a. 12 (p. 148, n. 118)
Iª, q. 12, a. 13 (p. 272, n. 22)
Iª, q. 13 (p. 148)
Iª, q. 13, a. 1 (p. 149, n. 119)
Iª, q. 13, a. 2 (p. 99; p. 149)
Iª, q. 13, a. 3 (p. 99; p. 149)
Iª, q. 13, a. 5 (p. 115, n. 25; p. 149; p. 149, n. 120)
Iª, q. 13, a. 9 (p. 170, n. 42)
Iª, q. 13, a. 12 (p. 171, n. 45)
Iª, q. 14, a. 6 (p. 176, n. 61)
Iª, q. 14, a. 8 (p. 102)

Iª, q. 14, a. 11 (p. 102)
Iª, q. 16, a. 2 (p. 169, n. 39; p. 187, n. 8; p. 189, n. 16)
Iª, q. 17, a. 3 (p. 185, n. 2; p. 188, n. 12; p. 189, n. 15; p. 201, n. 40)
Iª, q. 19, a. 1 (p. 177, n. 64)
Iª, q. 22, a. 2 (p. 103)
Iª, q. 29, a. 1 (p. 219, n. 74)
Iª, q. 29, a. 2 (p. 136; p. 136, n. 88)
Iª, q. 32, a. 1 (p. 272, n. 22)
Iª, q. 44, a. 1 (p. 122; p. 122, n. 51)
Iª, q. 44, a. 2 (p. 43; p. 45)
Iª, q. 44-46 (p. 164, n. 25)
Iª, q. 45, a. 3 (p. 89)
Iª, q. 45, a. 5 (p. 80; p. 121, n. 46)
Iª, q. 46, a. 2 (p. 91)
Iª, q. 46, a. 3, *ad* 3 (p. 93)
Iª, q. 48, a. 3 (p. 143, n. 106)
Iª, q. 50, a. 2 (p. 171, n. 45)
Iª, q. 50, a. 4 (p. 142, n. 104)
Iª, q. 55, a. 1 (p. 171, n. 47)
Iª, q. 57, a. 1 (p. 170, n. 42)
Iª, q. 57, a. 2 (p. 170, n. 42)
Iª, q. 58, a. 5 (p. 175, n. 59; p. 176, n. 61)
Iª, q. 75, a. 1 (p. 152; p. 153; p. 157, n. 12)
Iª, q. 75, a. 2 (p. 151, n. 2; p. 156; p. 157; p. 158; p. 159; p. 160, n. 18; p. 162, n. 22)
Iª, q. 75, a. 4 (p. 161, n. 19)
Iª, q. 75, a. 5 (p. 176, n. 61; p. 186, n. 5; p. 220, n. 75)
Iª, q. 75, a. 5, *ad* 4 (p. 134)
Iª, q. 75, a. 6 (p. 160, n. 18)
Iª, q. 75-76 (p. 186, n. 3)
Iª, q. 75-79 (p. 186, n. 6; p. 187, n. 10)
Iª, q. 75-102 (p. 177, n. 63)
Iª, q. 76 (p. 143)

Iª, q. 76, a. 1 (p. 154, n. 6; p. 161, n. 20)
Iª, q. 76, a. 2 (p. 159, n. 17; p. 185, n. 2)
Iª, q. 76, a. 3 (p. 143, n. 108; p. 155, n. 7)
Iª, q. 76, a. 4 (p. 143, n. 108; p. 155, n. 7)
Iª, q. 77, a. 1 (p. 219, n. 74)
Iª, q. 77, a. 5 (p. 139, n. 97)
Iª, q. 77, a. 6 (p. 155, n. 7)
Iª, q. 77, a. 6, *ad* 2 (p. 139)
Iª, q. 78, a. 4 (p. 167, n. 34)
Iª, q. 78, a. 4, *ad* 4 (p. 167)
Iª, q. 79 (p. 215, n. 67)
Iª, q. 79, a. 3 (p. 220, n. 75)
Iª, q. 79, a. 4 (p. 35, n. 21; p. 220, n. 75)
Iª, q. 79, a. 4, *ad* 3 (p. 218, n. 72)
Iª, q. 79, a. 8 (p. 187, n. 9; p. 201, n. 39)
Iª, q. 79, a. 12 (p. 258, n. 27)
Iª, q. 80, a. 1 (p. 177; p. 178, n. 65)
Iª, q. 80, a. 2 (p. 182; p. 183, n. 73)
Iª, q. 81, a. 1 (p. 178)
Iª, q. 81, a. 2 (p. 179, n. 66)
Iª, q. 81, a. 3 (p. 179; p. 179, n. 67; p. 180)
Iª, q. 82, a. 1 (p. 181; p. 181, n. 70)
Iª, q. 82, a. 2 (p. 181; p. 181, n. 70; p. 183; p. 203, n. 43)
Iª, q. 82, a. 3 (p. 182)
Iª, q. 82, a. 4 (p. 183)
Iª, q. 82-83 (p. 177, n. 63)
Iª, q. 83, a. 1 (p. 181)
Iª, q. 83, a. 3 (p. 181, n. 71)
Iª, q. 84 (p. 157, n. 11; p. 186, n. 4)
Iª, q. 84, a. 1 (p. 167, n. 34; p. 186, n. 5)
Iª, q. 84, a. 2 (p. 185, n. 2)
Iª, q. 84, a. 4 (p. 215, n. 68)
Iª, q. 84, a. 6 (p. 167, n. 33 e 35)

Iª, q. 84, a. 7 (p. 158, n. 14; p. 167, n. 35; p. 173, n. 52 e 53, p. 174, n. 54)
Iª, q. 84, a. 8 (p. 173, n. 53)
Iª, q. 84-86 (p. 186, n. 6; p. 187, n. 10; p. 215, n. 67)
Iª, q. 84-89 (p. 177, n. 63)
Iª, q. 85, a. 1 (p. 167, n. 35; p. 171; p. 170, n. 42; p. 171, n. 44 e n. 47; p. 173, n. 53; p. 205, n. 46)
Iª, q. 85, a. 2 (p. 166; p. 167, n. 35; p. 168, n. 38; p. 172, n. 50; p. 186, n. 5)
Iª, q. 85, a. 3 (p. 176, n. 61)
Iª, q. 85, a. 4 (p. 176, n. 61)
Iª, q. 85, a. 5 (p. 176; p. 173, n. 53; p. 187, n. 8)
Iª, q. 85, a. 6 (p. 173, n. 53; p. 175, n. 59)
Iª, q. 85, a. 8 (p. 173, n. 53)
Iª, q. 86, a. 2 (p. 173, n. 53)
Iª, q. 87, a. 1 (p. 158, n. 15)
Iª, q. 87, a. 2-4 (p. 158, n. 15)
Iª, q. 87, a. 3 (p. 173, n. 53; p. 189, n. 15)
Iª, q. 88, a. 1 (p. 173, n. 53)
Iª, q. 88, a. 3 (p. 173, n. 53)
Iª, q. 90-97 (p. 256)
Iª, q. 91, a. 3 (p. 164; p. 165, n. 27)
Iª, q. 92, a. 1 (p. 254, n. 15)
Iª, q. 93, a. 2 (p. 165, n. 28)
Iª, q. 93, a. 6 (p. 165, n. 28)
Iª, q. 94, a. 4 (p. 166, n. 31)
Iª, q. 104, a. 1 (p. 64, n. 14)
Iª, q. 104, a. 3 (p. 97)
Iª, q. 105, a. 5 (p. 285, n. 53)
Iª, q. 108, a. 5 (p. 165)
Iª, q. 115, a. 1 (p. 143, n. 106)
Iª-IIª, q. 1, a. 1 (p. 226, n. 3; p. 227, n. 5)
Iª-IIª, q. 1, a. 4 (p. 229, n. 8)
Iª-IIª, q. 1, a. 6 (p. 230, n. 11)

Iª-IIª, q. 3, a. 6 (p. 48; p. 271, n. 15)
Iª-IIª, q. 3, a. 8 (p. 165, n. 29)
Iª-IIª, q. 6-17 (p. 181, n. 71)
Iª-IIª, q. 6-21 (p. 177, n. 63)
Iª-IIª, q. 8-17 (p. 238, n. 24)
Iª-IIª, q. 13, a. 1 (p. 184)
Iª-IIª, q. 17, a. 1 (p. 183, n. 74)
Iª-IIª, q. 19, a. 6 (p. 254, n. 14)
Iª-IIª, q. 22-48 (p. 179, n. 66)
Iª-IIª, q. 26, a. 4 (p. 110, n. 12)
Iª-IIª, q. 31, a. 6 (p. 165, n. 26)
Iª-IIª, q. 49, a. 1 (p. 276, n. 36)
Iª-IIª, q. 49, a. 2 (p. 276, n. 36)
Iª-IIª, q. 49-54 (p. 276; p. 276, n. 36)
Iª-IIª, q. 50, a. 1 (p. 276, n. 36)
Iª-IIª, q. 50, a. 4 (p. 276, n. 36)
Iª-IIª, q. 50, a. 6 (p. 276, n. 36)
Iª-IIª, q. 52, a. 1 (p. 276, n. 36)
Iª-IIª, q. 55 (p. 274-275)
Iª-IIª, q. 55, a. 1 (p. 171, n. 47; p. 274, n. 30; p. 275)
Iª-IIª, q. 55, a. 2 (p. 274, n. 30; p. 275)
Iª-IIª, q. 55, a. 4 (p. 109, n. 11; p. 274, n. 34 e 35)
Iª-IIª, q. 56, a. 1 (p. 274, n. 30)
Iª-IIª, q. 56, a. 3 (p. 235, n. 17)
Iª-IIª, q. 56, a. 5 (p. 274, n. 29)
Iª-IIª, q. 56, a. 6 (p. 236, n. 19)
Iª-IIª, q. 57, a. 4 (p. 235, n. 17; p. 236, n. 18)
Iª-IIª, q. 57, a. 5 (p. 261, n. 40)
Iª-IIª, q. 58, a. 2 (p. 238, n. 22 e 23; p. 274, n. 32)
Iª-IIª, q. 58, a. 3 (p. 234, n. 16)
Iª-IIª, q. 59, a. 1 (p. 274, n. 32)
Iª-IIª, q. 60, a. 2 (p. 236, n. 20)
Iª-IIª, q. 61, a. 1 (p. 273; p. 277)

Iª-IIª, q. 61, a. 5 (p. 276)
Iª-IIª, q. 62, a. 1 (p. 277)
Iª-IIª, q. 62, a. 2 (p. 277)
Iª-IIª, q. 63, a. 3 (p. 277)
Iª-IIª, q. 63, a. 4 (p. 277)
Iª-IIª, q. 64, a. 1 (p. 274, n. 32)
Iª-IIª, q. 64, a. 2 (p. 274, n. 32)
Iª-IIª, q. 64, a. 3 (p. 274, n. 32)
Iª-IIª, q. 64, a. 4 (p. 277)
Iª-IIª, q. 65, a. 1 (p. 243, n. 29; p. 278)
Iª-IIª, q. 65, a. 2 (p. 278)
Iª-IIª, q. 65, a. 3 (p. 279)
Iª-IIª, q. 65, a. 5 (p. 279)
Iª-IIª, q. 66, a. 5 (p. 107, n. 6)
Iª-IIª, q. 67, a. 1 (p. 277)
Iª-IIª, q. 75, a. 2 (p. 243, n. 29)
Iª-IIª, q. 90, a. 1, *ad* 3 (p. 256, n. 21)
Iª-IIª, q. 90, a. 3 (p. 256, n. 22)
Iª-IIª, q. 90, a. 4 (p. 241, n. 26; p. 256, n. 20)
Iª-IIª, q. 90-97 (p. 256-263)
Iª-IIª, q. 91 (p. 241, n. 27)
Iª-IIª, q. 91, a. 1 (p. 257, n. 23)
Iª-IIª, q. 91, a. 2 (p. 257, n. 24)
Iª-IIª, q. 91, a. 4 (p. 252, n. 6)
Iª-IIª, q. 94, a. 2 (p. 109, n. 11; p. 243, n. 30 e n. 31; p. 244, n. 32; p. 257, n. 25)
Iª-IIª, q. 94, a. 3 (p. 258, n. 31)
Iª-IIª, q. 94, a. 5 (p. 260, n. 37)
Iª-IIª, q. 94, a. 5, *ad* 3 (p. 255, n. 18; p. 260, n. 38)
Iª-IIª, q. 94, a. 6 (p. 246, n. 34)
Iª-IIª, q. 94, a. 6, *ad* 2 (p. 246, n. 35)
Iª-IIª, q. 95, a. 2 (p. 242, n. 28; p. 259, n. 35)
Iª-IIª, q. 95, a. 4 (p. 253, n. 9; p. 259, n. 34)

Iª-IIª, q. 95, a. 5 (p. 260, n. 37 e n. 38)
Iª-IIª, q. 96, a. 1 (p. 262, n. 45)
Iª-IIª, q. 96, a. 6 (p. 261, n. 43)
Iª-IIª, q. 97, a. 1 (p. 43, n. 40)
Iª-IIª, q. 97, a. 4 (p. 261, n. 43)
Iª-IIª, q. 100, a. 1 (p. 246, n. 33)
Iª-IIª, q. 105, a. 1 (p. 253, n. 9; p. 254, n. 12)
Iª-IIª, q. 109, a. 1 (p. 35, n. 21)
IIª-IIª, q. 1, a. 4 (p. 191, n. 20; p. 192, n. 22)
IIª-IIª, q. 1, a. 5 (p. 221; p. 222, n. 79)
IIª-IIª, q. 1-2 (p. 187, n. 11)
IIª-IIª, q. 2, a. 9 (p. 213, n. 61)
IIª-IIª, q. 2, a. 10 (p. 272, n. 23)
IIª-IIª, q. 8, a. 1 (p. 175, n. 57; p. 219, n. 74)
IIª-IIª, q. 9, a. 1 (p. 192, n. 22)
IIª-IIª, q. 10, a. 10 (p. 251, n. 3)
IIª-IIª, q. 10, a. 11 (p. 260, n. 36)
IIª-IIª, q. 11, a. 3 (p. 254, n. 13)
IIª-IIª, q. 19, a. 7 (p. 271, n. 14; p. 271, n. 19)
IIª-IIª, q. 47, a. 2 (p. 258, n. 31)
IIª-IIª, q. 53, a. 4 (p. 172, n. 48)
IIª-IIª, q. 57, a. 3 (p. 255, n. 18)
IIª-IIª, q. 60, a. 4 (p. 166, n. 31)
IIª-IIª, q. 60, a. 6 (p. 251)
IIª-IIª, q. 64, a. 5 (p. 258, n. 31)
IIª-IIª, q. 64, a. 7 (p. 263, n. 49)
IIª-IIª, q. 66, a. 7 (p. 260, n. 39)
IIª-IIª, q. 78 (p. 258, n. 31)
IIª-IIª, q. 78, a. 1 (p. 260, n. 36)
IIª-IIª, q. 78, a. 1, *ad* 3 (p. 262, n. 46)
IIª-IIª, q. 88, a. 3 (p. 258, n. 31)
IIª-IIª, q. 96, a. 2 (p. 262, n. 45)
IIª-IIª, q. 104, a. 5 (p. 255, n. 17 e 18)

IIa-IIa, q. 110, a. 3 (p. 258, n. 31)
IIa-IIa, q. 120, a. 1 e 2 (p. 261, n. 42)
IIa-IIa, q. 154, a. 2 (p. 258, n. 31)
IIa-IIa, q. 154, a. 11 (p. 261, n. 44)
IIa-IIa, q. 167, a. 1 (p. 43, n. 39)
IIa-IIa, q. 180, a. 4 (p. 172, n. 48)
IIa-IIa, q. 186, a. 3 (p. 270, n. 7)
IIa-IIa, q. 188, a. 7 (p. 270, n. 7)
IIIa, q. 11, a. 2 (p. 165, n. 26)
IIIa, q. 60 (p. 281)
IIIa, q. 60, a. 1 (p. 282)
IIIa, q. 60, a. 2 (p. 282)
IIIa, q. 60, a. 5 (p. 282)
IIIa, q. 60, a. 6 (p. 282)
IIIa, q. 61, a. 4 (p. 282)
IIIa, q. 62, a. 1 (p. 282; p. 283; p. 286)
IIIa, q. 62, a. 2 (p. 283; p. 282, n. 46)
IIIa, q. 62, a. 3 (p. 283; p. 282, n. 46)
IIIa, q. 62, a. 4 (p. 283)
IIIa, q. 62, a. 5 (p. 284)
IIIa, q. 62-63 (p. 281)
IIIa, q. 63 (p. 285)
IIIa, q. 63, a. 2 (p. 282, n. 46; p. 285; p. 286)
IIIa, q. 63, a. 3 (p. 285; p. 286)
IIIa, q. 63, a. 4 (p. 285)
IIIa, q. 63, a. 5 (p. 286)
IIIa, q. 65, a. 1 (p. 282)
Supl., q. 92, a. 1 (p. 165, n. 29)

Super ad Ephesios (1259-1265)
c. 1, lect. 3 (p. 299, n. 43)

Super ad Hebraeos (1259-1265)

c. 4, lect. 2 (p. 294, n. 26)
c. 12, lect. 2 (p. 304, n. 55)

Super ad Romanos (1270-1272)
c. 12, lect. 2 (p. 303, n. 54)

Super ad Titum (1259-1265)
c. 2, lect. 3 (p. 294, n. 27)

Índice remissivo

aborto – 262
abstração – 35, 170-174, 216-219
    da forma (precisiva) – 68, 110
    do todo (não precisiva) – 66, 68, 110
ação – 138, 154(n)
    análise da – 237-238
    circunstâncias da – 237-238, 243
    controle da – 179-181
    e razão – 227-228, 233-234, 239
    e virtude – 274, 277-278, 286
    fim da – 227-232
    individualização da – 228
    moral – 53, 225, 235
    objeto (objetivo) da – 228-232
    razão para a – 227, 230-232
    regra da – 237, 241
acaso – 102, 147
acidente – 44-45, 61, 80, 86, 88-89, 112-116, 118-120, 136-139, 141, 186, 198, 207
    e substância – 136-139
Acton, Lorde – 253
*Actu*s – 154
adequação – 189
Aertsen, J. – 15, 20, 224(n)
afirmação – 54, 176
agente – 113, 284 (*ver também* causa eficiente)
    humano – 184-185, 231-233, 236, 245
Agostinho – 15, 28, 32-33, 35, 42-43, 108, 223, 224(n), 250, 262, 281(n),

283, 295
    Confissões – 42
    De Diversis Quaestionibus Octogintatribus – 90, 274(n)
    De Doctrina Christiana – 28
    De Libero Arbitrio (Sobre o livre-arbítrio) – 274
    sobre a virtude – 273-279
agostinianos – 90
al-Ash'arî – 97
Alberto Magno – 24, 38, 59, 268, 274(n), 276, 281, 291
Alcorão – 79, 97
Alcuíno – 294(n)
alegria – 197
al-Fârâbî – 83, 91, 95
al-Ghazâlî – 93
alma (em geral) (*ver também 'anima'*)
    como forma substancial – 154
    como parte corporal – 152-154
    como primeiro princípio de vida – 151-155
    nos corpos celestes – 55
    nutritiva – 152, 155, 178
    perecível – 55
    sensitiva – 152, 155, 163, 178-179
alma (humana) – 127, 152, 185, 215, 282
    assimilação às coisas – 185-186
    caráter peculiar da – 155-160
    como forma substancial do corpo – 39, 160-164, 165, 180, 185
    como incorporal – 155-160
    como potencialmente todas as coisas – 185
    como subsistente – 156, 160-164
    e virtudes – 276-277
    indestrutibilidade da – 55
    intelectiva – 217
    potências cognoscitivas da – 157, 164-176, 177, 183, 186

       potências apetitivas da – 177-184
       racional – 39, 151, 155, 157, 163-165, 177
       separabilidade do corpo – 156
       status limítrofe da – 163
alteração – 44
Altmann, A. – 88
ambiguidade – 175
amor – 179, 272, 293
analogia – 100, 108, 112-117, 136, 139, 149, 233-234, 273-279, 286 (*ver também* termos análogos)
análogos
       primários – 114
       secundários – 113-114
Anawati, G. – 86-87
angústia – 49
anima – 152
       rationalis – 151
animais (em geral) – 160, 186
animais (não humanos) – 152, 155, 178
anjos – 37, 121, 123(n), 127, 142, 152 (*ver também* criaturas espirituais; inteligências; substâncias separadas)
       hierarquia dos – 252
anniyya – 83-85 (*ver também* ser)
Anselmo – 66, 144(n)
apetência – 230
apetite – 234-236
       intelectivo – 242
       natural – 178
       racional – 178, 182, 236
       sensitivo – 178, 182, 236
aporia central aristotélica – 81, 83, 87
apreensão – 176, 181-182
       do ser – 66, 110
       intelectiva – 181-183

sensitiva – 178, 217
simples – 66, 68, 73, 110
árabe – 33, 79, 295
aramaico – 295
argumento – 14-15, 27, 31, 91, 193, 195-196 (*ver também* demonstração; raciocínio; silogismo)
    antirreducionista – 153-157
    da função – 233
    da incorporalidade – 157-159
    demonstrativo – 30, 95
    dialético – 94, 212
    do efeito à causa – 144-148
    do *kalam* – 95-96
    intellectus essentiae – 127
    ontológico – 66
    provável – 30, 40
    silogístico – 99
Arias Reyero, M. – 297(n)
aristocracia – 253
Aristóteles – 10, 12, 20, 32-35, 41-43, 49, 77, 80-84, 87, 91, 94-95, 103, 105, 138, 160-161, 174, 181, 204, 215(n), 226, 228, 229-238, 247, 249-252, 259, 282-285, 295, 299
    Categorias – 136
    comentários a – 13, 19, 25-26, 34, 38-39, 51, 59, 267-268
    De Anima – 38, 159(n), 170, 182(n), 186(n), 187
    De Caelo – 25
    De Interpretatione – 29, 299
    e Tomás de Aquino – 53-76
    Ética a Nicômaco – 34, 181(n), 229(n), 233, 249, 259, 261, 274-275, 282(n)
    filosofia natural de – 33
    Física – 40, 91, 139, 181(n), 249, 259, 282(n), 285(n)
    Órganon – 32
    Metafísica – 34, 41, 57, 81, 91, 106, 113, 123, 136, 140, 146, 165,

167(n), 182(n), 226(n), 249, 282(n), 285(n)
Política – 180, 249-250, 253, 255, 259, 282(n)
Primeiros Analíticos – 191(n)
recepção medieval de – 26, 32, 37-41, 90(n), 249
Segundos Analíticos – 47, 187, 191(n), 214, 216, 226(n)
sobre a virtude – 273-279
aristotelismo – 25, 33, 35, 39, 76, 169(n), 216, 240
    cristão – 250
artes – 235
    faculdade de – 24-26, 32-33, 37-41, 51
artigos (*ver* método escolástico)
ascetismo – 270, 277
Ash'arite – 91, 92(n), 103
assimilação cognoscitiva – 185-187 (*ver também* identidade formal; semelhança)
Atenas – 56, 59-60
atividade humana – 225-232
ato – 42, 53, 61, 64-65, 66, 69-70, 73-75, 80, 87, 89, 111, 123-125, 134-135, 141-145, 154
    atribuído formalmente/materialmente – 184
    externo – 238-240
    interno – 238-240
    puro – 69-70, 127
    puro e primeiro – 123-124, 134
atos
    da vontade – 239-240
    de um ente humano – 225-227
    humanos – 225-227, 229-231 (componentes dos 238-240)
    morais – 225, 235
    perfectivos – 231-232

atributos
    divinos – 96-101 (*ver também* nomes de Deus)
    per se – 226

atualidade – 44, 142-143
audição – 157
autodeterminação – 182-183
autopreservação – 257
autoridade – 18-19, 31-32, 52, 212-213, 270, 275 (*ver também* textos de autoridade)
Averróis – 38-39, 77, 88, 106, 113, 159(n), 269(n)
averroísmo – 39, 90, 159(n), 263
Avicebron – 127
Avicena – 19, 38, 45(n), 72, 77, 79-80, 86-89, 91, 95-96, 101, 106-107, 109, 159(n), 268, 271(n), 280

baccalaureus (bacharel) – 27
Bagdá – 78
beatitude (*ver* felicidade)
Belarmino, Cardeal Roberto – 87, 218
bem (bondade) – 36, 243-245
    amor ao – 235
    comum – 230, 236, 241-242, 251, 253, 256
    humano – 231-236, 243-244, 258, 271
    imediato – 237
    inteligido –182
    maior – 228
    moral – 227, 236, 257-258
    natural – 166, 177
    particular – 181
    percebido – 178-180, 239, 242, 257
    perfeito – 230
    privado – 256
bem-aventurança – 33-34, 147, 248 (*ver também* felicidade)
beneditinos – 23, 59
Benoit, P. – 295(n)
Bernardo de Claraval – 42
Bíblia – 29, 263 (*ver também* Escrituras)

    comentários à – 18, 29, 289-306
    erudição na – 294
Boaventura – 24, 38, 40, 60(n), 91, 280-281
Boécio – 33, 82
    De Hebdomadibus – 36, 82, 117, 120
    De Trinitate – 36, 82
Bolonha – 295
Booth, E. – 80-81
Burrell, D. – 19

capacidade – 236
caráter – 237, 286
caridade – 274, 277-279
Cassino, Monte – 23, 59
categorias – 37, 45, 89, 114-116, 136-138
causa – 199
causalidade – 40, 279-286
    e conhecimento – 101-102
    e participação – 280
    eficiente – 53, 61-64, 73, 129, 145, 181, 199, 284
    exemplar – 280
    final – 62, 147, 182-183, 259
    formal – 200
    no conhecimento sensitivo – 169
causas – 118-120, 197, 206
    conhecimento das – 8, 29, 169
    eficientes – 53, 61-63, 69, 113, 115, 139, 145, 183
    exemplares – 121-122
    finais – 53, 55, 69, 113, 182-183, 250
    formais – 53
    instrumentais – 283-286
    intermediárias – 145
    materiais – 53, 139

melhores que os efeitos – 191, 283
não ter – 87
primeiras – 18, 47, 49, 62-63, 80, 121-122, 127, 129, 139, 145
principais – 283
sacramentos como – 279-286
semelhança dos efeitos às suas – 149
universais – 45, 48, 80
cérebro – 170
certeza – 203-204, 213, 223
ceticismo – 193-196, 220-223
    geral – 223
Cícero – 262, 274, 278, 295
cidadão – 253
ciência (teoria) – 106, 188(n), 199(n)
ciências
    especulativas – 245
    naturais (*ver* ciência da natureza)
"cinco vias" – 31, 48, 55, 144-148, 256
coação – 181, 183
cognição – 185-187, 222(n)
    autorreflexiva – 189, 222
    completa e certa – 188-190, 203-206, 213, 224
    e conhecimento – 188
    e *scientia* – 188
    infalibilidade da – 175(n), 209, 223
    inata – 216
cognitio – 188(n)
cognoscente e cognoscível, identidade de – 53, 69, 71
cognoscere – 188(n)
coisa sensível – 166-169
Colônia – 24, 59, 79, 291
comando – 238-240, 256
Comentador, o (*ver* Averróis)

comentários – 27 (*ver também* Aristóteles; Bíblia; *Sentenças*)
compatibilismo – 182-183
complexos – 187
composição – 54(n), 66(n), 68, 98, 109, 118-120, 133, 176, 187
    de essência e *esse* – 37, 45-46, 80, 88, 119, 125-136, 141
    de matéria e forma – 37, 65, 80, 118, 127, 131, 134, 139-143, 154 (*ver também* coisas hilemórficas; hilemorfismo)
    de potência e ato – 127, 130, 134, 142
    de *quod est* e *esse* – 130, 133
comunicação ontológica – 136
comunidade – 230, 236, 241-242, 253, 256
    política – 251, 253
    temporal – 251
comunitarismo – 264
conceitos – 171, 175-176
conceptualização – 68-70, 72-73
condenação
    de 1270 – 38
    de 1277 – 142
confiabilismo (fiabilismo) – 221-223
conhecer, desejo natural de – 18, 41-43, 46-47, 166, 244
conhecimento – 29, 34, 42, 47, 53, 69, 102, 147, 167, 181 (*ver também* cognição; *scientia*)
    abstrato/concreto – 174-176
    alfa/ômega – 175-176
    aplicado/teórico – 176
    científico – 175
    conatural – 237-238
    como virtude – 260
    desejo natural do – 41-43, 46-50, 165, 244
    dependente da percepção sensitiva – 53, 71, 166, 205-207, 216, 241(n)
    dos princípios – 214-218
    dos termos – 197, 200-202

e cognição – 188
  e materialidade – 158(n), 167(n)
  e *scientia* – 188, 209-213
  especulativo (teórico) – 48
  imediato – 202
  intelectivo – 35, 48, 53, 157-159, 163, 166-176, 179, 182, 205, 214-219 (*ver também* intelecção)
  natural – 51, 257
  objetos do – 166-176, 214-215
  perfeito – 47
  prático – 225
  proposicional, elementos do – 214
  quiditativo – 148
  sensitivo – 35, 48, 53, 71, 158-159, 165, 169, 173, 178, 182, 186, 205
  teoria do – 185-224 (*ver também* epistemologia)
conhecimento direto – 71, 212, 222
consciência – 254
consentimento – 239-240
conservação – 63
conservadorismo político – 255
consideração – 172
constitucionalismo – 252-256
contemplação – 270, 276
contingência – 208
  radical – 87
cópula – 69, 72
corpo (humano) – 151 [*ver também* alma (humana)]
  criação do – 164
  e cognição – 205-207
  intelecto como forma do – 48
  potências do – 239
  domínio da alma sobre o – 180
corporalidade – 154

corpos – 151-159
    as almas como formas substanciais dos – 156
    inanimados – 154, 178
    naturais (governo dos) – 147
    naturezas dos – 157
corrupção – 87, 114, 136, 145
crença, graus de – 191-192, 213, 221
crescimento – 153
criação – 28, 30, 40-41, 44-46, 62-64, 89-90, 73-74, 80, 83, 88-93, 123(n), 164
    de novo – 92-93
    ex nihilo – 91-92
    livre – 93, 102
criaturas – 208, 285
    corporais – 152
    espirituais (incorporais) – 37, 111, 152, 159(n), 163 (*ver também* substâncias separadas)
    irracionais – 257
    racionais – 164, 212
Crisóstomo – 295
cristianismo – 13, 16, 19, 39, 245-248, 249-250
    e filosofia – 269-273
curiosidade – 42

definição – 113, 136, 202
    real – 198, 200, 217(n), 274-275
democracia – 253-254
Demócrito – 295
demonstração – 197, 207-209, 221-223 (*ver também* argumento demonstrativo; silogismo demonstrativo)
    circular – 194
    quia e *propter quid* – 144, 206-208
    teoria da – 190, 197-199, 217
Descartes – 24, 71, 75, 222-223

desejo – 41-43, 46-49, 179, 239, 256
    natural – 166
desespero – 179
determinatio – 27
determinismo – 183, 280
Deus – 10, 28, 30-31, 35-36, 46-47, 51, 62-63, 80, 93, 94, 111, 119-122, 125, 130, 142-143, 223
    amizade com – 279
    amor a – 103, 272, 292
    cognoscibilidade de – 96, 100-101, 108, 148-149, 207-208, 271
    como governante – 252, 256-258
    como o próprio ser (*ipsum esse*) – 62-66, 73, 97, 151
    culto a – 271, 282, 285
    definição de – 66
    desejo natural de conhecer – 46-50, 257
    e Jó – 301-306
    e metafísica – 105-107, 151
    e o mal – 302-306
    e virtude humana – 274-277
    imagem de – 63, 165
    nomes de – 62-65, 73, 90, 96-101, 112, 115, 148-149
    virtudes em – 276
    visão de – 48-50, 276
    vivo – 152(n)
de Deus
    ação – 89, 91, 93-98, 101, 286
    bondade – 164-166, 223
    conhecimento – 100-102 (dos singulares – 90, 101-104)
    efeitos – 208
    essência – 48-49, 64-66, 97-98, 100, 207
    existência – 106, 108, 111-113, 121-124, 126, 128-133, 144-148, 208, 212(n)
    imaterialidade – 151, 205(n)
    infinitude – 132, 135

inteligir – 115(n)
liberdade – 93-96, 102
onipotência – 142(n), 143(n), 164
onisciência – 164
presciência – 101-102
propósitos – 164, 249-250, 252
simplicidade – 97, 122, 127
unidade – 96, 108, 122, 148
devir – 44-45, 62, 84
dhat – 84
dialética – 74, 94-96 (*ver também* argumento dialético)
diferença – 80, 83, 116, 128, 131, 198
diferenças intencionais/reais – 119
Dionísio – 33, 46, 82
    De Divinis Nominibus – 36, 121
direito – 255
    canônico – 259
    das gentes – 257, 259
    e política – 249-265
    natural – 258
    romano – 256, 259
disposição – 235, 238, 242, 275
    material – 281
disputa – 14, 27, 301, 303
    quodlibetal – 30
distinção real (entre essência e *esse*, ou natureza e ser) – 54, 62, 80, 82, 119, 125-136
divisão – 66, 68, 109, 176, 187
dominicanos – 23-25, 30, 34, 59, 79, 263, 268, 280, 294(n)
domínio – 227-228, 233, 251
Donagan, A. – 238(n), 265
doutrina cristã – 17, 20, 38-40, 44, 213
dualidade composta – 85, 88

Duns Scotus (*ver* John Duns Scotus)

econômica – 226
efeito – 118-120, 206, 284-285
    como caráter – 285-286
    duplo – 263
    final – 145
    principal/secundário – 281
    semelhante à causa – 149
Egídio de Roma – 72, 289(n)
electio – 181(n)
elementos – 139
Elifaz – 303
Eliú – 301
emanação – 81-83, 87, 90-91, 103
emoções – 178 , 234, 237(n) (*ver também* paixões)
empirismo
    aristotélico – 216
    britânico – 15
Encarnação, doutrina da – 17, 300
ens – 80, 119, 126
    commune – 105
ente – 36-37, 61-62, 67 (*ver tamb*ém '*ens*')
    analogia do – 112-117
    contingente – 146
    enquanto ente – 45, 105-111
    hierarquia do – 116
    imaterial – 111
    infinito – 69
    necessário – 146
    noção metafísica de – 110-111
    per se (por si) – 114-116, 136
    primeira intelecção do – 109

primeiro – 63, 122, 128-129, 132
ente humano – 226
    a alma como forma substancial do – 160-164, 180
    atos de um (*ver* atos)
    como animal sociável – 250, 276
    fim último do – 46-48, 53, 181, 226, 247-248, 253, 257, 303-305
    operação própria do – 165, 258
    status epistemológico do – 205, 216, 224
    status metafísico do – 152
    unidade do – 160
entes compostos/simples – 119
entes matemáticos – 67, 157(n)
epieikeia – 261
epistêmica, anterioridade – 192, 195, 203, 205
epistêmicos, fundamentos – 197-204
epistemologia – 20, 34, 66, 71-72, 175(n), 177, 185-224
    e metafísica – 185-187, 198-201, 203
    e psicologia – 185-187
    e teologia – 107-108, 220
epistemológico, otimismo – 220-224
equidade – 261
equívoco – 98, 100, 112-113
escolasticismo – 12-15, 28
escolásticos – 12
escolha – 53, 180-184, 226, 238-239
    livre – 181-183
    dos meios – 237, 242
escotista, pensamento – 54
escravidão – 255, 259, 260 (*ver também* servidão)
Escrituras – 18-19, 28, 49, 62, 97, 250, 287 (*ver também* Bíblia; Alcorão; Torá)
    comentários às – 18, 29, 289-306
    inspiração das – 295

sentidos das – 99, 296-298
espécie – 80, 118, 128, 131, 141-142, 162-163, 199(n)
    inteligível – 167, 170-174, 186, 216
    sensível – 167-168
esperança – 179, 236(n), 274
esse – 37, 45-46, 80, 82, 86, 89, 96, 118-125 (*ver também* ser)
    commune – 120-122, 124, 134-135
    e essência – 125-136
    limitado – 135
    materiale –129
    subsistens (*ver* ser subsistente)
    suum creatum – 98-99
essência – 37, 45, 48, 69, 73, 80-89, 88, 96, 136-137 (*ver também* quididade; *mahiyya*)
    e quididade – 84(n), 136
    e ser (ou *esse*) – 54, 62, 125-134, 141
    em si – 80, 86, 88
Estado
    e Igreja – 251-252
    ideal – 250
Estevão Tempier, bispo de Paris – 142, 263
estoicos – 278, 295
eternidade – 92
"eternidade" do mundo (mundo sem-começo) – 38-40, 55, 58, 70, 92-93
ethos – 57
ética – 20, 177, 225-248
evidência – 203
    fenomenológica – 202-203
execução, ordem da – 229, 239
existência – 65, 84-87 (*ver também* ser; *esse*; *huwiyya*)
existir – 84-85, 88, 94
    per se – 136
exitus/reditus (saída e retorno) – 28, 35, 46, 50

experiência – 218, 220(n)
expiação – 28
explicação – 199-200, 203, 206
externalismo – 220-224

Fabro, C .– 112(n)
faculdades cognoscitivas, confiabilidade das – 221-223 [*ver também* potências cognoscitivas; alma (humana)]
falecer (*ver* perecer)
falsidade inconcebível – 200-203
família – 236, 255, 257, 261, 264, 293
fantasia – 167(n), 170
fantasias – 167, 168-174, 179, 218(n)
    não verídicas – 169(n)
    voltar-se para as – 172-173
fatos
    imediatos – 199, 201
    metafisicamente anterior/posterior – 206-207
    necessidade dos – 202
fé – 38-39, 49, 60, 96, 290 (*ver também* crença)
    artigos de – 32, 46, 51
    e filosofia – 77-78, 90, 97, 107, 121, 126
    e razão – 252
    mistérios da – 108
    preâmbulos da – 108
    proposições da – 221
    luz da – 50-51
    virtude da – 235, 236(n), 274
Feldman, S. – 91(n), 93(n)
felicidade – 47-48, 58-60, 180-183, 230-232, 247-248, 271
feudalismo – 249
Filopono – 269(n)
filosofia da mente – 20, 151-184 (*ver também* psicologia)

aspectos teológicos da – 164-166
e epistemologia – 177
e ética – 177
e metafísica – 151
filosofia medieval – 10-17, 24
e teologia – 15-19, 25
textos de – 11
método escolástico na – 14-15
filosofia (*ver também* filosofia medieval)
árabe – 39
"aristotélico-tomista" – 20, 35, 54-56
cristã – 55
da primeira modernidade – 12-13, 24-25
da religião – 1, 302
e argumento – 15
e comentário bíblico – 18, 29, 289-306
e cristianismo – 269-273
e outras disciplinas em geral – 15
e religião – 7, 71, 77
e teologia – 9, 15-17, 19, 25-26, 32, 37-41, 49-51, 60, 64, 164-166, 267-288
escolástica – 15, 28
grega – 11, 13, 38, 44-46, 89-90, 97
legitimidade da – 41-43
limites da – 48-49
moral – 225-226, 245-248
natural – 33, 105, 110, 140
perene – 265
prática e teórica – 56-57
primeira – 47, 106-107
progresso da – 43-46
Filósofo, Aristóteles como o – 33-34, 35, 41
"filósofo" – 267, 270

fim – 113, 147, 227-232, 237-240, 242-244, 256, 259, 275 (*ver também* causa final)
    antecedente – 251
    natural – 259
    naturalmente alcançável – 279
    subordinado – 183, 229
    subordinante – 231-232
    último – 46-50, 181, 228-230, 251, 277, 279
Finnis, J. – 265
física – 106
formação – 54(n), 168(n), 175 (*ver também* apreensão)
formas – 37, 44, 61, 67-70, 72-74, 80, 118-120, 129-130, 136, 283
    acidentais – 44-45, 160
    como causas do ser – 64, 80
    e inclinação – 177
    e matéria – 139-143
    materiais – 168
    pluralidade das – 143
    puras – 70, 120
    substanciais – 39, 44-45, 136, 139-143, 154-156
    separadas – 62
formas (platônicas) – 33, 35-36, 82, 86, 120-121, 216
franciscanos – 23-24, 41, 280
Frank, R. – 85
função – 232-233
fundacionismo – 193-196, 211, 223

Gadamer, H.-G. – 29(n)
Gardet, L. – 90
Geach, P. T. – 166(n), 233
gênero – 80, 84(n), 116, 128, 131, 162, 198-199(n)
    argumento baseado no – 133
    máximo em um – 146

gêneros superiores (*ver* categorias)
geometria – 204, 234-235
geração – 44, 87, 114, 136, 139, 145, 254
Gerson, L. P. – 101
Gersônides – 101
Gilson, E. – 24-25
glória – 277, 304
Goerner, E. A. – 258
governantes – 241, 250, 256, 263 (*ver também* Papa)
    civis – 251
    cristãos/infiéis – 250-251
    espirituais – 251
    maus – 253
governo
    corrupto – 256
    e revelação – 252
    e virtude 261 262
    fundamento natural do – 259
    justificação do – 251
    melhor forma de – 252
    participação popular no – 253
graça – 50-51, 57, 60, 63, 103, 133(n), 246, 287
    e livre-arbítrio – 300
    e natureza – 51, 246
    e sacramentos – 279-281, 283-285
Graciano – 259
graus acadêmicos – 27-28
Gredt, J. – 54(n)
grego – 13, 34, 295
Gregório Magno – 296
Grotius, Hugo – 264
guerra – 261, 263
    justa – 262

Guido de Orchellis – 280
guildas – 24, 26
Guilherme de Auxerre – 280
Guilherme de la Mare – 41
Guilherme de Moerbeke – 34, 36
Guilherme de Ockham – 138, 142(n)
Guilherme de Ware – 142(n)

hábito – 234, 237, 276, 278, 286
    operativo – 275
    voluntário – 274
habitus – 138
Haimo de Auxerre – 289(n)
hebraico – 295, 300
Henrique de Gand – 138, 142(n)
heréticos – 18, 254, 260, 265, 272
hilemórficas, coisas – 169, 177
hilemorfismo – 185
    universal – 152(n)
hoc aliquid – 161-163
Hodgson, M. – 78, 79(n)
Hooker, R. – 264
Hugo de Saint-Cher – 294(n), 299(n)
humanistas – 12-13
huwiyya – 83 (*ver também* ser)

Ibn Rushd (*ver* Averróis)
Ibn Sînâ (*ver* Avicena)
ideias inatas – 34
identidade formal – 166-168, 185-181 (*ver também* assimilação cognoscitiva)
Igreja
    e Estado – 251-252

　　　　e secularização – 251
　　　　hierarquia na – 252
　　　　história da – 296-297
igualdade humana – 255
iluminação divina – 35
Iluminismo – 13
imagens – 168
imaginatio – 167(n)
imortalidade – 39, 55, 160
impassibilidade – 94
imutabilidade – 92
inclinação – 177-182, 236, 278-279
　　　　natural – 243-244, 257-259
incorporalidade, tese da – 159
Index Thomisticus (Busa 1974-1980) – 156(n), 268(n)
individuação – 136, 170-174
indivíduos – 67, 82, 85, 88, 101-104, 118, 128, 131, 137, 141, 162 (*ver também* particulares)
　　　　cognição dos – 169, 171-173
indução – 217-218
inerência – 105(n)
inferir – 187
infiéis – 254, 260
inspiração – 295(n)
instintos – 178
instrumentos – 164, 282-286
intelecção – 156-157, 163-165, 169-170, 212, 222
　　　　dados da – 158-159
　　　　espiritualidade da – 163
　　　　objetos da – 157(n), 174-176
intelecto – 35, 38-39, 42, 46-48, 67, 164-176, 179, 187, 222 (*ver também* razão; unidade do intelecto)
　　　　agente – 167, 172(n), 174, 214-216, 219
　　　　como cognoscente de si – 158, 189

    como forma do corpo – 48
    como incorporal – 157
    e ação – 227, 239
    em ato – 166
    inorganicidade do – 159, 169
    luz natural do – 35
    possível – 168, 175
    prático – 233-235
    primeira operação (simples apreensão) do – 66-68, 109, 174-176
    segunda operação (juízo) do – 66-68, 109, 176
    teórico (especulativo) – 233-235
    terceira operação (raciocínio) do – 176(n)
    virtudes do – 235
inteligência dos indivisíveis – 54(n)
inteligências – 127, 129-130, 134, 142, 215
inteligir – 173
intelligere – 166(n), 172(n)
intenção – 147, 239
    ordem da – 229, 238-239
internalismo – 221-222
Ioannes Grammaticus – 269(n)
ira – 179
Irwin, T. H. – 151(n)
Isidoro de Sevilha – 259-260
islâmicos, pensadores – 49, 65, 73, 77-104, 270 (*ver também* al-Ash'arî; al-Fârâbî; al-Ghazâlî; Averróis; Avicebron; Avicena)
islã – 16, 19, 38, 78
islamíticos, países – 78-79, 97
ius gentium – 257
ius naturale – 258

Jenkins, J. – 166(n), 220(n)
jesuítas – 264

Jesus Cristo – 103, 270-272, 284-287, 292, 296-297, 300
Jó – 301-306
João Damasceno – 79
João de Bristol – 295(n)
John Duns Scotus – 72, 142(n)
John Pecham –142(n)
Joaquim de Fiore – 296
Jordan, M. – 17, 19, 20
judaísmo – 16, 18
judeus – 18, 77, 79, 92, 246, 254, 265
judeus, pensadores – 77-104
juízo – 66, 67-69, 72-73, 176, 181-182(n)
    afirmativo/negativo – 111, 176
    de existência – 110
    moral – 242, 246, 258
justiça – 236, 250
    natural – 259
justificação
    circular – 194-195
    epistêmica – 189-190, 217, 220-224
    graus de – 192, 203-204, 208-213
    inferencial – 192-196, 203
    não demonstrativa – 212-213
    não inferencial – 193, 196, 201-203
justo meio – 274, 277

Kahn, C. – 81, 83, 87-88
Kenny, A. – 9, 16-17, 145(n), 146(n), 164(n), 170(n), 173(n)
King, Martin Luther – 264
Knowles, D. – 33
Kretzmann, N. – 18, 20, 300(n)

Lamb, M. –296(n), 299(n)

latim – 11 (*ver também* traduções medievais)
Leão XIII, Papa – 54, 264
lectio – 27-29, 33
Leger de Bésançon – 292
Lei e Evangelho – 271
lei – 241
    civil – 241-242, 259
    da carne – 241(n)
    definição de – 256
    divina – 241(n), 252, 261
    e pecado – 261-262
    e razão – 252, 256, 259
    eterna – 241(n), 256
    humana – 242(n), 251, 259-260
    injusta – 242, 259, 263
    moral – 242
    natural – 240-245, 249, 256-263
    preceitos da – 244-245, 260 (gerais – 261)
    supremacia da – 253
Leibniz – 13
Levi ben Gerson (*ver* Gersônides)
Lião – 25
Liber de Causis – 35, 47, 81-82, 270
liberalismo – 255-256
liberdade
    humana – 53, 101-103, 180-184, 228, 260
    política – 251, 252
    religiosa – 254
    restrição da – 241-242
liberum arbitrium – 181-183, 227 (*ver também* livre-arbítrio)
limitação, argumentação baseada na – 134-136
linguagem e pensamento – 74-75
livre-arbítrio – 103, 181, 227, 300

Locke, J. – 264
Loewe, R. – 294(n), 295(n)
lógica – 53, 140-141, 205, 210
    e epistemologia – 187
    e metafísica – 140, 198
Logos – 29
Lonergan, B. J. – 180(n), 284
Lubac, H. de – 296(n)
lugar – 138

MacDonald, S. – 18, 20
MacIntyre, A. – 265
Macróbio – 276
magister (mestre) – 27-28
mahiyya – 83-85 (*ver também* essência)
Maimônides – 19, 77-79, 89-90
    Guia dos Perplexos – 77, 90
mal – 230, 244-245, 257-258, 262
    inclinação ao – 250
    problema do – 302-306
Maritain, J. – 253, 257-258
matemática – 105, 204, 209(n)
matéria – 37, 61-62, 64-65, 67, 70, 80, 87-89, 110-111, 118-121, 129, 164, 205(n)
    corporal – 152, 173
    do sujeito – 138
    e forma – 139-143
    espiritual – 152(n)
    eterna – 94-95
    individuante – 110, 169-173, 186(n)
    não incluída nas categorias – 140
    primeira – 43-45, 136, 140-142
    sensível – 110

materialidade – 208, 217
materialismo – 153-154, 160
mawjûd – 83-85 (*ver também* ser)
McCabe, H. – 160(n)
McInerny, R. – 18, 20
McShane, P. – 284
medo – 179
meios – 237-240, 242
    escolha dos – 181, 239-240, 261
memória – 214
mendicantes – 23-24
mente – 151 (*ver também* filosofia da mente)
metafísica – 18, 20, 35, 37, 47, 66, 69-70, 80, 105-149
    atomística – 91
    e epistemologia – 185-187, 198-201, 203
    e Deus – 105-107, 151
    e filosofia da mente – 151
    e lógica – 140, 198
    proposições da – 205(n)
    tomista – 55
metáfora – 296-297
método escolástico – 13-15, 26-28, 31
modi essendi (modos de ser) – 116(n), 137
modi significandi (modos de significar) – 99-100, 149, 284
Moisés – 77, 94-95, 98-99, 253
monarquia – 252-253
monarquismo – 253, 265
monasticismo – 42, 60
monopsiquismo – 159(n)
morais
    preceitos – 245
    princípios – 241-246, 257-260
    virtudes – 234-237, 242, 274, 277-278

moral
    discurso – 243-244
    filosofia – 246
    juízo – 242-243, 246
    raciocínio – 245 (*ver também* silogismo prático)
    teologia – 225-226, 245-248
    teoria – 225
moralidade – 180, 225-248
    e revelação – 246, 277
    sexual – 261-264
motor
    de si mesmo – 144
    movido – 144, 182
    não movido – 182
    primeiro – 63, 87, 145
movimento – 40, 55, 62, 64, 114, 136, 138, 140, 144
muçulmanos – 18, 35, 77-79, 92
mudança – 44-45, 61, 93, 114
    acidental – 139
    substancial – 44, 139
mulheres – 254, 265
mutakallimûn – 90-91
mutazilîes – 97

não ente, relativo – 117(n)
não existência – 87, 94
Nápoles – 23, 292
natureza – 43, 49-51, 280
    ciência da – 157, 175, 207
    e graça – 51, 246, 250
    leis da – 93
    segunda – 243
    teleologia da – 283

naturezas – 33, 64, 68-69, 73, 76, 81, 116, 123-125, 128-130, 136-137, 187, 198-200 (*ver também* essência; quididade)
    acidentais – 67
    cognição das – 167-173, 208, 214-219
    comuns (unidade das) – 131
    dos corpos – 157
    específicas – 171
    negação das – 91
    ser das – 169
    substanciais – 67
necessidade – 146, 181, 183, 200, 202, 208-209 (*ver também* verdade necessária)
    condicional – 209
    natural – 181, 209, 221, 222(n)
necessidades – 239
negação – 98, 114, 136, 176
neoescolasticismo – 54-55, 76
neoplatonismo – 28, 35, 46, 87, 91, 252
    muçulmano – 215
noções – 67, 72, 127
    mais e menos gerais – 119
nota – 188(n)
notitia – 188(n)
Novak, M. – 258

objeções (*ver* método escolástico)
objetivo (*ver* fim)
objetos inteligíveis – 205, 215
obrigação – 242, 256-257
ódio – 179
operação
    intelectiva (*ver* intelecção)
    racional – 233-234
    vital – 153-156, 159, 163

opinião – 213, 221
o-que-uma-coisa-é (*ver* '*quod quid est*')
ordem – 147
ordens causais – 113
órgãos – 154, 158-159, 163, 168-169
Orígenes – 295
Orvieto – 24, 291
ousadia – 179
ousia – 136
Ovídio – 295
Owens, J. – 20, 129(n)
Oxford – 295

Padres da Igreja – 28, 250, 255, 260, 278, 289, 295
pagãos – 19, 246-248, 269-270, 279, 282
paixões – 178-180, 237 (*ver também* emoções)
paladar 158
palavras – 27
    sentido literal/figurado das – 100
panteísmo – 123
Papa, como governante – 251
Paris – 59, 79-80, 142
    Universidade de – 24-25, 28, 30, 33, 35, 38, 56
Parmênides – 58, 112
parte-todo, relação – 162
participação – 35-36, 45-46, 102, 117-125, 126
    argumentos baseados na – 133-134, 147(n)
    na lei eterna – 257
    lógica/real – 118-119
particulares – 84, 87, 172-173, 182-183, 186-187, 206, 218 (*ver também* indivíduos)
particularidade – 86, 208, 217
partidos democratas cristãos – 254, 264

passio – 138
Paulo, S. – 57
pecado – 246, 255, 261, 271, 304
    original – 246, 250
Pedro d'Andria – 292
Pedro de Scala – 292(n)
Pedro Lombardo – 28, 274-275, 280
Pegis, A. C. – 45(n), 152(n)
Peirce, C. S. – 86(n)
pensamento abstrato – 172-173
pensamento e linguagem – 74-75
percepção sensitiva – 34-35, 48, 112, 144, 166, 173, 186-187, 205, 214-215, 220(n)
    como base do conhecimento – 53, 71, 167, 205-208, 216
    evidente a – 208
    objetos da – 167-168, 218
perecer – 55, 62
perfeições – 42, 46, 51, 55, 69-70, 73, 89, 98-101, 118, 123, 132, 134-135, 232
    causa das – 146
    puras – 149
perfeição, graus de – 146
perseidade – 226(n)
philosophia – 19, 269
phronesis – 259
Pinborg, J. – 16
plantas – 152, 155
Platão – 10, 12-13, 15, 32, 35, 56, 59, 94, 121-122, 161, 215-216, 237, 295
    Timeu – 25
platonismo – 25, 33, 35(n), 36, 169(n), 215
Plotino – 81-82, 90-91, 95, 276
poder
    espiritual – 251, 285

indireto – 251
instrumental – 283
secular – 251
politeísmo – 57
política – 20, 226
   e direito – 249-265
Porfírio – 81
   árvore de – 82, 199(n)
posição – 138
possibilidade – 87, 146
possíveis – 89
potência – 28, 42, 61, 64, 80, 89, 111, 124-125, 127, 144
   natural – 154
potência concupiscível – 178-180
potência imaginativa – 179 (*ver também* fantasia)
potência irascível – 178-180
potência memorativa – 174
potencialidade – 44, 62, 69, 85
   pura – 141-142
potências – 282
   cognoscitivas – 158, 164-176, 177-179, 183, 186
   naturais/racionais – 275
potências apetitivas –164, 177-184
prazer – 239
   sexual – 262
predicabilidade – 86
predicação – 68, 82, 98-99, 136-137, 140-141
   análoga (*ver* analogia)
   concreta – 140
   denominativa – 140
   equívoca – 113, 149
   essencial – 201
   modos de – 137

unívoca – 113, 116, 149
predicado – 66, 68-69, 198, 200-201, 214
predicamentos (*ver* categorias)
premissas
    como causa da conclusão – 199, 206
    fundamentais – 197, 202
    imediatas – 196-199
    mediatas – 196-197
prescindir (desligar, excluir) – 68
pré-socráticos – 44, 153, 215
primeiros princípios – 74, 151-155, 181, 191, 199, 203, 206, 210-212
    cognição dos – 214-217
    imediatos/universais – 217
princípio de não contradição – 243, 257
princípio primeiro – 36
princípios – 214, 240, 243, 245
    comuns – 202
    morais – 241-246, 257
    per se/per accidens – 140
    das proposições – 217-219
    da razão suficiente – 212
privação – 98, 114, 136, 140, 143
probabilidade – 231
Proclo – 25, 46, 81, 91, 95, 270(n)
    Elementatio Theologica – 35-36
profecia – 103, 290
proporcionalidade – 115
proposições – 66, 69, 136, 176, 187, 189-191
    analíticas – 210
    categóricas – 197, 214
    contingentes – 213
    evidentes – 201, 222
    evidentes por si – 210-211, 245, 257

imediatas – 197-204, 206-207, 210-214, 217-219, 221-223
   mediatas – 197
   necessárias – 203, 209-210
   per se – 198(n)
   per se nota – 193, 201, 210
   princípios das – 217-218
   probabilísticas – 209, 213
   sentidos das – 296-298
   sobre os objetos sensíveis particulares – 206
   universais – 198, 203, 209
proposicionais, atitudes – 188(n), 199(n), 214
propriedade (posse) – 259-260, 264
propriedade proporcionalmente universal – 226
proprium – 139, 217(n)
prostituição – 260
protestantes
   postura em relação à ética e política tomista – 264
   reformadores – 13, 264
providência – 57, 63, 70, 73, 83, 257, 270, 291, 302-305
   alcance da – 90, 101-104
prudência – 235-236, 260, 276-279
   comando da – 238, 240
   juízo da – 237, 274
Pseudo-Dionísio, o Areopagita (*ver* Dionísio)
psicologia – 185-187, 215 (*ver também* filosofia da mente)

qualidade – 67, 98-99, 110-111, 114-115, 138
quantidade – 110, 114-115, 138
questões disputadas – 27-29 (*ver também* método escolástico)
quididade – 54, 80, 127-128, 133, 173-174 (*ver também* naturezas)
   conhecimento da – 174-176, 214
   e essência – 84
   simples – 66

quod quid est – 174, 201(n)
quodlibetal, disputa (*ver* disputa)

Rabi Moisés (*ver* Maimônides)
raciocínio – 18, 176, 187, 272 (*ver também* argumento)
    dialético (provável) – 209(n), 212-213
    moral – 245 (*ver também* silogismo prático)
    teleológico – 256, 258
    na teologia – 108
racionalidade – 156, 165
Rahman, F. – 88
rationes (conteúdos inteligíveis) – 81, 114, 118
razão – 244 [*ver também* intelecto; alma (humana) racional]
    e ação – 227-228, 233-234, 240
    e fé – 252
    e lei – 252, 256, 259
    erro da – 254
    e revelação – 89-90, 94, 98, 250-252, 270
    fraqueza da – 270-271
    natural – 19, 30 (luz da – 51)
    prática – 179-180, 233, 238, 243, 257, 261
    teórica (especulativa) – 191
realismo – 224
    direto – 166-169, 172
    metafísico – 198
redenção – 89, 300
Reginaldo de Piperno – 292, 293
regressão, ao infinito – 130, 145, 194
    não viciosa – 194
    viciosa – 196
relação – 138
    metafisicamente imediata – 199
réplicas (*ver* método escolástico)

reportatio – 291-293
representação – 170-173
representacionismo – 167
republicanismo – 253
repugnância –179
res significata – 99, 100
resolução – 109(n)
responsabilidade – 39, 227
revelação – 18, 31, 46, 50, 61, 107, 148, 213(n)
 e governo – 251-252
 e moralidade – 246-247, 277
 e razão – 89-90, 94, 98, 250-252, 270
Ricardo de Middleton – 142(n)
Roberto Grosseteste – 295
Roccasecca – 23
Roma – 24, 72, 253
 queda de – 12
Ross, J. F. – 188

sabedoria – 269, 271
 prática – 236, 294
sacramentos – 279-286
salvação – 28, 50, 304
scientia – 42, 188-197, 221-222
 como paradigma – 204-210, 212-213
 divina (ciência do divino) – 105-107
 e conhecimento – 188
 e fundacionismo – 193-196, 196, 211
 não paradigmática (secundária) – 204-212
 probabilística – 209
 subordinada (subalternada) – 207(n)
scire – 188(n)
sed contra (*ver* método escolástico)

semântica e ontologia – 96-99
semelhanças – 123, 166, 169, 280, 283
sempiternidade – 55
Sêneca – 295
sensação – 165-169, 180, 188
    inicial – 179, 121
sensibilidade
    controle da – 178-180
    e vontade – 182 (*ver também* apetite sensitivo)
Sentenças – 28, 274, 281
    comentários às – 28
sententiarius –28
sentidos – 151-153, 158-159, 165
    em ato – 166
    externos/internos – 166-169, 173-174, 179
    objetos próprios/comuns do – 166-169
separação
    no juízo – 111
    ontológica – 35, 37, 38, 66-68, 86, 128
ser – 54, 61-71, 72-74, 80-82, 84-86, 88 (*ver também* ente; *ens*; *esse*; existir; existência)
    ato de – 119, 123-129, 133-135
    como acidente – 88-89
    contingente – 81
    e essência – 54
    finito – 72
    incompleto – 283
    infinito – 65, 69
    necessário – 82, 83-85
    origem do – 44
    participação no – 117-121, 134-135
    possível – 83-89
    primeiro – 84-85, 87, 122

subsistente – 66, 69, 96, 119-124, 129, 131-132, 135
servidão – 255, 260, 265
Sicília, reino da – 33, 79
Síger de Brabante – 38-39, 125
Sigmund, P. – 18, 20
significação – 99, 112, 149, 198(n), 281, 297 (*ver também* '*modi significandi*')
    abstrata – 118
    concreta – 118
significado (*ver* semântica; significação)
silogismo – 197
    categórico – 197
    demonstrativo – 190-192, 196, 202
    prático – 237-238, 240-243
Simon, Y. – 253
simplicidade – 37, 97, 122, 127, 134
Simplício – 25, 276(n), 278
sinais – 91, 280-282, 284, 299
    convencionados – 283
singulares (*ver* indivíduos)
síntese tomista – 250
Smalley, B. – 296
sociedade – 242, 246, 250
    estrutura da – 249, 252
    preservação da – 262
    viver em – 250, 257
sofrimento – 301-304
studia dos dominicanos – 59, 79
studium generale – 24
Stump, E. – 18, 180, 218
Suárez, Francisco – 72, 264
suareziano, pensamento – 54
subsistência, tese da – 160

substância – 44, 61, 81, 88-89, 111-117, 133
    corporal – 163, 186, 208, 219
    e acidente – 136-139
    natural – 140, 208
    particular – 186-187
    primeira – 81, 137, 162
    segunda – 81, 86, 137
substâncias separadas – 37, 55, 63, 67, 80, 111, 121, 127, 152, 163 (*ver também* anjos; criaturas espirituais; inteligências)
sujeito – 66, 68, 114-115, 118-119, 131-132, 137-138, 162, 197-202, 214
    elementar – 141-142
    individual – 82
    limitante – 72, 131-132, 134-135
suposições – 204
suppositum – 136
synderesis – 257

tato – 153
Tavuzzi, M. – 109(n)
teísmo – 16
racional – 164
teleologia – 250, 283
Tempier (*ver* Estevão Tempier)
tempo – 55, 92-94, 138
teodiceia – 302
Teologia de Aristóteles – 81
teologia
    como "doutrina sagrada" – 24
    cristã – 9-10, 25, 237-238
    dogmática – 16
    e filosofia em geral – 9-10, 15-17, 19, 50-52, 60, 64, 108, 164, 267-288
    e filosofia medieval – 15-19, 24-26, 32, 37-41

e metafísica – 107-108, 220
  escolástica – 26
  faculdade de – 17, 24-26, 28, 38, 40, 51, 268
  filosófica – 9-10, 18, 223, 292, 300, 306
  moral – 225, 245-248, 273-279
  necessidade da – 49-50
  proposições da – 207
  raciocínio na – 107-108
termos
  abstratos – 99
  ambíguos – 100
  análogos – 114-115, 241(n), 274-275
  cognição dos – 197, 200-202
  concretos – 99
  equívocos – 98, 100, 273, 277
  extremos – 197
  médios – 197
  propriedades dos – 27
  sentidos dos – 275, 277, 296-298
  significação dos – 198(n)
  tipos de – 198
  transcendentais (*ver* transcendentais)
textos
  de autoridade – 27, 47, 249, 273, 275
  divisões dos – 298
tirania – 58-59, 253
to ti esti – 174
Tomás de Aquino
  canonização – 263
  carreira acadêmica – 23-24, 28-30, 290
  como comentador bíblico – 18, 29, 289-306
  como teólogo – 267-288
  concepção de filosofia de – 269-273

  e Aristóteles – 13, 19-20, 26, 34, 53-76
  e pensadores islâmicos – 77-104
  e pensadores judeus – 77-104
  legado – 263-265
  na Universidade de Paris – 24, 28, 80, 289-293
  período italiano – 31
  reputação filosófica – 9, 20-21
  vida – 23-24, 59
 obras, caráter das – 267-268
 comentários (a Aristóteles)
  ao *De Anima* (*In DA*) – 34
  ao *De Caelo* (*In DC*) – 34, 274(n)
  ao *De Generatione et Corruptione* – 34
  ao *De Interpretatione* (ou *Peri Hermenias*) (*In PH*) – 34, 269(n)
  ao *De Memoria et Reminiscentia* – 34
  ao *De Sensu et Sensato* – 34
  ao *Metafísica* (*In M*) – 25, 34, 108(n), 280
  aos *Meteora* – 34
  à *Ética a Nicômaco* (*In EN*) – 34
  à *Física* (*In Ph*) – 34, 280
  aos *Segundos Analíticos* (*In PA*) – 34
  à *Política* (*In Po*) – 34, 253
 comentários (bíblicos) – 289-306
  a *Isaías* – 289, 291, 300
  a *Jeremias* – 289, 291, 300
  a *Jó* – 29, 289, 291, 300-306
  ao *Evangelho de João* (*In Ioan.*) – 29, 289, 290(n), 295, 298, 300
  ao *Evangelho de Mateus* (*In Matt.*) – 29, 289, 292
  às *Lamentações* – 289, 291, 300
  aos *Salmos* – 29, 289, 294, 300
  às epístolas paulinas – 29, 289, 292-293, 298-299
  Catena Aurea – 289, 291, 295
 comentários (além de aristotélicos ou bíblicos)

ao *De Hebdomadibus* de Boécio (*In BDH*) – 36, 82

ao *De Divinis Nominibus* de Dionísio (*In DDN*) – 36, 121

ao *De Trinitate* de Boécio (*In BDT*) – 36, 82, 108

às *Sentenças* de Pedro Lombardo (*In Sent*) – 28, 32, 35, 46, 133, 135, 253

questões disputadas

De Anima (*QDA*) – 30, 161-163

De Malo (*QDM*) – 30

De Potentia (*QDP*) – 30

De Spiritualibus Creaturis (*QDSC*) – 30

De Veritate (*QDV*) – 29

outros tratados

Compendium Theologiae (*CT*) – 30(n)

De Aeternitate Mundi (*DAM*) – 40, 46, 92-93, 268

De Ente et Essentia (*DEE*) – 37, 45, 51, 80, 69, 89, 127-130, 144-145, 268

De Fallaciis – 268

De Principiis Naturae (*DPN*) – 113, 268

De Regimine Principum (*DRP*) – 250

De Regno – 268

De Substantiis Separatis (*DSS*) – 37, 117

De Unitate Intellectus (*DUI*) – 39, 51, 268

Principia – 289

Quaestiones Quodlibetales (*QQ*) – 30-32

Summa contra Gentiles (*SCG*) – 14, 30, 32, 108, 268, 271

Summa Theologiae (*ST*) – 31, 50, 236(n), 248, 263, 273, 281, 285, 287, 300 (tratado da lei 211)

sermões

Beata Gens – 270(n)

Beati qui Habitant – 270(n)

tomismo – 24, 54-55, 76, 253, 255, 264

Torá (Lei) – 95-96, 100, 102

traduções medievais – 25, 32, 34, 36, 79, 86, 90, 298

transcendentais – 37, 112, 116

Trento, Concílio de – 263
Trindade, doutrina da – 18, 28, 30, 108, 123(n), 292, 300
tristeza – 179
Tugwell, S. – 290-293

unidade do intelecto – 38-39, 51
unidade – 36, 85, 112, 143
universais – 82-83, 173(n), 182, 186, 205, 214-218 (*ver também* naturezas)
    ante/post res – 52
    cognição dos – 214-219
universalidade – 86, 169, 172, 206
universidades, medievais – 14, 23-43, 59, 249
unívoco – 112-113, 116, 233
Uno – 82
    e múltiplo, problema do – 117, 135, 141
Urbano IV, Papa – 289
uso – 235, 239
usura – 258, 260, 262
usurpadores – 253

Vaticano II, Concílio – 9, 264
Verbo – 29
verdade – 128, 189-190
    contingente – 213
    dupla – 51
    duplo modo de – 30
    e virtude – 279
    como bem natural do intelecto – 166
    lógica – 146
    na-maioria-das-vezes – 208-209
    necessária – 200, 203, 210, 227
    ontológica – 146
    universal – 200

valores – 214
veracidade – 171
via negativa – 96, 101
vício – 243(n), 261
vida – 151-155
    política – 249-250
vida após a morte – 303-304
Viena, Concílio de – 295
violência – 181
vir a ser (*ver* devir)
virtude – 232-238, 242-243, 287
    completa/incompleta – 278-279
    e adversidade – 303
    e governo – 261-262
    e verdade – 279
virtudes
    adquiridas – 274-279
    cardeais – 236(n), 276-277
    cívicas – 275
    definição das – 273-279
    e alma – 276
    etapas da – 276
    infusas – 274-279
    intelectuais (especulativas) – 234-235, 269, 277-278
    morais – 234, 242, 274, 277
    pagãs – 276, 279
    teologais – 236(n), 274, 277-279
    unidade das – 279
virtus – 275
visão
    beatífica – 48-50, 165(n), 208, 292 (*ver também* Deus, visão de)
    intelectiva – 222
    sensitiva – 153, 159

Viterbo – 24
Vitor, Escola de São – 295
volição – 178-184, 239
vontade – 164, 177-184, 227, 228, 235, 242, 293
    atos da – 239-240, 256
    diferença da – 182-183
    disposição da – 235
    do príncipe – 256
    e sensibilidade – 182-183
    enfraquecimento da – 246
Vulgata – 293-294, 299(n)

Weisheipl, J. – 289-291, 294-295, 298
White, M. – 258
Wilks, M. J. – 251
Williams, B. – 233
Wippel, J. – 18, 20
Wittgenstein, L. – 92
wujûd – 84-86

zoon politikon – 250

Esta obra foi composta em CTcP
Capa: Supremo 250g – Miolo: Pólen Soft 70g
Impressão e acabamento
Gráfica e Editora Santuário